PEARSON

"十二五"国家重点图书出版规划项目

工商管理经典译丛

U0674952

Mathematics for Economics and Business

(Seventh Edition)

Ian Jacques

商务与经济数学

(第7版)

［英］伊恩·雅克 著

黄万阳 译

东北财经大学出版社
Dongbei University of Finance & Economics Press

大连

图书在版编目（CIP）数据

商务与经济数学：第 7 版／（英）雅克（Jacques, I.）著；黄万阳译．—大连：东北财经大学出版社，2013.4（2019.1 重印）
（工商管理经典译丛）
书名原文：Mathematics for Economics and Business, Seventh Edition
ISBN 978-7-5654-1136-6

Ⅰ．商… Ⅱ．①雅… ②黄… Ⅲ．经济数学 Ⅳ．F224.0

中国版本图书馆 CIP 数据核字（2013）第 049637 号

辽宁省版权局著作权合同登记号：图字 06-2012-18 号

东北财经大学出版社出版
（大连市黑石礁尖山街 217 号 邮政编码 116025）
教学支持：（0411）84710309
营 销 部：（0411）84710711
总 编 室：（0411）84710523
网　　址：http：//www. dufep. cn
读者信箱：dufep @ dufe. edu. cn

大连永盛印业有限公司印刷　　　东北财经大学出版社发行

幅面尺寸：185mm×260mm　字数：642 千字　印张：28.25　插页：1
2013 年 4 月第 1 版　　　　　　　2019 年 1 月第 3 次印刷

责任编辑：刘东威　吉　扬　刘　佳　　责任校对：贺　荔
封面设计：冀贵收　　　　　　　　　　　版式设计：钟福建

定价：79.00 元

版权所有 侵权必究　举报电话：（0411）84710523

译者前言

本书的英文版由英国著名教育出版公司——培生教育出版集团出版，在全球同步出版发行。本人受东北财经大学出版社的委托，将该书第七版译成中文，供我国广大读者特别是经济类和管理类大学生学习和使用。

《商务与经济数学》是一本欧美大学经济类专业大学生的数学教材，作为一本数学教材，自1991年第一版问世以来，能在2013年推出第七版，这本身足以说明该书具有强大的生命力！

本书特色鲜明，体现在以下几个方面：

● 数学与经济学、管理学、金融学应用较完美的结合是其突出特色，前面介绍的数学知识都能在后面找到在经济学、管理学、金融学中的应用，后面介绍的经济学、管理学、金融学知识都运用了前面介绍的数学工具。

● 数学内容的简单化恰到好处，微积分是本书的主题，作者在这部分内容的处理上，舍弃了三角函数与反三角函数的求导与求积分、换元积分法、分部积分法、有理分式积分法、二重积分等内容，在矩阵代数部分，舍弃了 n 维向量组的线性相关性、线性方程组解的结构等内容，舍弃的内容正是学起来难度大而在经济学、管理学、金融学上的应用非常有限的部分。

● 数学内容的简单化为在经济学、管理学、金融学中的应用内容丰富化创造了条件，本书包含了微积分、矩阵代数、差分方程与微分方程在微观经济学与宏观经济学中的应用，包含了微观经济学与宏观经济学的静态、比较静态与动态分析，包含了金融数学在金融学上的应用，包含了线性规划在管理学上的应用。

● 细微处见功夫，数学家与经济学家在需求函数的作图处理上有何不同？需求函数的因变量需求量为什么作图时作为横轴？克莱姆法则解线性方程组的优势何在？二阶导数为零的点为什么称为驻点？无差异曲线和等产量曲线图的想法源自何处？本书将为你提供答案。

● 作者处处为读者着想，全书通俗易懂，简单直观，每道例题后配一至两道同类型习题，为不同水平的学生分别提供一套练习题，为有更高数学要求的学生在每章末提供关于正规数学的简短小节，提供与本书配套的丰富的网上资源。

当前，我国有些经济管理类院校已经开设数学分析等数学课程，经济管理类院校的数学课程一般由获得数学学位的教师来讲授，数学内容的深度不成问题，但在经济学、管理学、金融学中的应用内容则很成问题，结果导致数学禀赋一般的学生学习非常吃力，学生为学数学到底有什么用而感到困惑，学生学数学的兴趣不浓厚，学生学数学的主动性不强，有些学生开始畏惧数学、厌恶数学，甚至放弃数学。许多有识之士意识到这是一个严重问题，要改革，但对如何改感到茫然。阅读本书，你将从中获得宝贵的启示！

本书适合我国经济类、管理类、应用数学的大学生和研究生使用，适合作为经济类、管理类大学生的教科书，以及作为经济类、管理类、应用数学的大学生和研究生的工具书。对于从事经济类、管理类、应用数学的大学数学课程教学的教师，这本书具有非常高的参考价值。

需要说明的是，我在翻译过程中发现了原书有一些错误，已在翻译版中一一标注并更正，读者在阅读的过程中可以看到。另外，各章习题的答案放在东北财经大学出版社的网站（www.dufep.cn）上，可登录免费下载。

我采用本书为东北财经大学萨里学院的学生讲授"商务与经济数学"课程多年，也曾经长期为东北财经大学本科生讲授"微积分"、"线性代数"、"概率论与数理统计"、"计量经济学"等相关课程，并为东北财经大学本科生和研究生讲授"微观经济学"，为东北财经大学MBA研究生讲授"管理科学"课程多年。尽管有多年的教学经验，但由于本人水平有限，书中仍然会有许多错误与疏漏之处，欢迎广大读者批评指正。

黄万阳

2013 年 1 月

前　言

　　本书主要为经济学、商务研究、管理课程的学生而作。它只需要很少的预备知识，因此即使一段时间没有接触数学课程的学生也能够读懂它。本书的风格是非正规的，包含大量精心挑选的例子。鼓励学生在阅读每节时独立解答问题，并提供了详细的解答步骤，因此能够检查所有的答案，完全可以用于自学。本书内容丰富，包含从初级的百分比和线性方程到多元函数的约束最优化问题等更复杂的主题。因此本书适合用于低级与高级定量方法课程。

　　本书第一版出版于1991年。写作本书的初衷是提供一本学生事实上能够独立阅读和理解的教科书。这仍然是写作第七版的指导原则。基于以前版本许多匿名评论人提出的建议（谢谢你们），第七版有六个重要变化：

- ● 所有问题的答案现在包含在教科书后，因此学生能很容易地检查他们的答案
- ● 所有习题和重要问题的完整解答在网上资源中提供，因此学生能从他们的错误中吸取教训
- ● 通过 MyMathLab Global 改进了网上资源
- ● 关于线性规划以及动态的另外两章现在包含在教科书中
- ● 每章用为那些想进一步学习该主题的学生设计的正规数学的简短小节结束
- ● 应用计算机软件包 Excel 和 Maple 的例子与练习题包含在网上资源中

伊恩·雅克

目　录

第 9 章

动态

导论：入门指南

对学生解释：怎样利用本书

我总是对第一年经济课程学生水平的参差不齐感到吃惊。有些学生没有掌握初等代数以上的任何数学知识（甚至连这也要带上相当疑问），有些学生以前从没有学过经济学，而其他学生已通过这两门初级课程。无论你是哪一种情况，我希望你将发现本书的价值。涵盖代数运算、简单微积分、金融、矩阵、线性规划的本书会让商务研究和管理课程的学生受益。

开头的几章是为完全的初学者和没有在数学课程上花费时间的学生准备的。我认为这些学生一旦喜爱数学就会有目的地继续该领域的学习，他们从来没有在已经排得满满的大学时间表里挤出时间。可是，我怀疑实际情况并非如此。可能的情况是，他们憎恨该门课程，不能理解该门课程，早早地放弃了该门课程。如果你发现自己是这种情况，你可能恐惧地发现，你为了应付即将临近的考试，必须学习定量方法课程。可是，没有必要担心。我的经验表明，每个学生都能够通过数学考试。全部要求就是，专心学习、抛弃在学校对该门课程的一切偏见的意愿。你已经购买本书的事实表明，你准备这样做。

为了帮助你学好本书，我对经济学和工程学学生学习实践做个比较。前者很少深入地读一本本书。他们倾向于光顾大学图书馆（通常由于要求提交论文后几天），浏览大量书籍，挑选相关信息。有选择地阅读和比较各种来源信息的能力确实是所有艺术和社会科学学生必须掌握的一项重要技能。与经济学学生不同，工程学学生更可能每年仅读几本书。他们反复读每本书，努力搞懂遇到的每个问题。尽管从完全的意义上讲你不是工程学学生，但学习数学时你必须采用工程学的方法。理由如下：首先，即使最热心的数学迷，一本数学书永远不能当成一本好的睡觉前的消遣读物。专心致志一两个小时的努力仅能理解几页数学教科书。所以，建议你系统地学习本书，不要试图在极短时间内读整本书。每节设计成花 1～2 个小时完成，一学期时间是相当充裕的。其次，数学是一门前后内容联系紧密的层级结构课程。在不确定中间楼层和地基安全的情况下，建办公楼的建筑公司几乎不可能建第 50 层。同理，除非学好了主题的预备知识，否则你无法深入一本数学书的中间并期望理解。最后，实际上你必须通过做数学题理解数学。无论你的老师讲课多么好，无论在课堂上讨论多少问题，只有通过自己解题，你才能在运用数学技术上信心十足。基于此理，课本里安排了几个问题，鼓励你紧跟课程进度解答这些问题。你要为此准备稿纸、作图纸、钢笔、计算器。除非你特别富有，不必买一只昂贵的计算器。一只基本功能的科学计算器就足够好了。书后附有每个问题的答案，你能够尽快随进度检查自己的答案。与本书配套的网上资源也提供完整答案。可是，在你已经诚实地努力做过每道题之前，请抗拒看答案的诱惑。记住将来你也可能不得不坐在一把不舒服的椅子上,面对一张空白纸,想求解相似类型的考试问题。

每节末尾有两套平行的练习题。没加星号的练习题是为那些第一次遇到这些主题的学生准备的,设计的这些问题是为了巩固基本原理。加星号的练习题更有挑战性,但没有超出范围。因此有更大精力的学生能够集中精力于这些问题,避免从两套练习题中挑选和组合。章之间的依赖关系如图 I-1 所示。如果你以前已经学过一些高等数学,你将发现第 1、2、4 章的部分内容是熟悉的。可是,你会发现经济应用的章节包含新材料。建议你从每节加星号的练习题中选一些做,检验你自己的水平,看看你是否有必要将这些内容作为一门更新课程的部分来读。非常急于体验微积分乐趣的经济学学生在不失连贯性的情况下,可以跳过第 3 章直接进入第 4 章。金融数学可能与商务和会计的学生更相关,但是如果金融数学是你经济学大纲的一部分,以后你总能读到它。

我希望本书帮你在数学课程上成功。你不曾知道,你甚至喜欢它。记住读书时用工程学的方法。我已尽最大努力使材料让你感到可亲近。剩下得靠你自己!

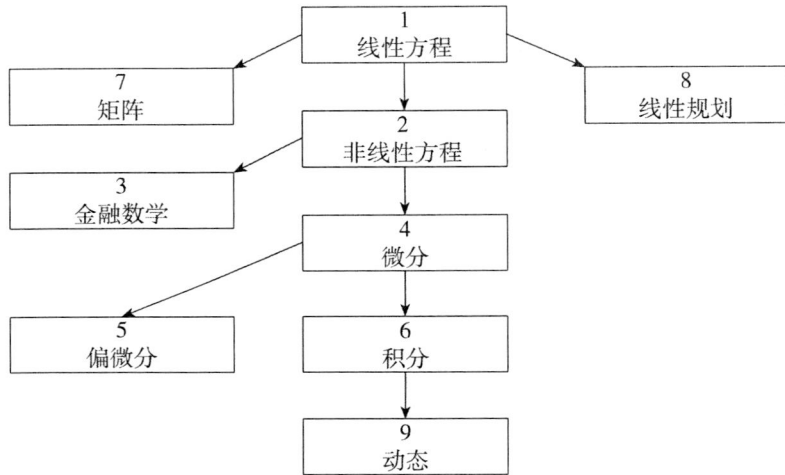

图 I—1

第1章　线性方程

本章的主要目的是介绍线性方程。线性方程有广泛应用,容易学,是一本导论性教科书的第一选择。本章共七节,建议按顺序阅读。

1.1 节、1.2 节、1.3 节、1.4 节、1.6 节介绍数学方法。这五节用于复习你可能见过但已经忘记的算术和代数法则,特别考虑了负数和分数的特性。提醒怎样乘开括号和怎样处理数学表达式。还教你怎样解联立线性方程组。两个未知数的方程组能够用 1.3 节介绍的图解法求解。更好的方法是 1.4 节介绍的消元法。这种代数方法的优点在于总可以得出精确解和容易推广到更大的方程组。

剩下两节是在微观经济学和宏观经济学中的应用。你能够用这里介绍的基本数学工具分析许多经济学理论,你会对此感到惊奇。1.5 节介绍经济函数的基本概念和说明怎样计算供求理论中的均衡价格和数量。1.7 节是关于用简单宏观经济学模型确定国民收入。

前六节是本书其余部分的基础和必读的。最后一节重要性不如前六节,在这个阶段可以省略。

1.1　代数导引

学习目标

本节学完,你应能够:
- 加、减、乘、除负数
- 理解代数表达式意味着什么
- 从数值上计算代数表达式
- 通过合并同类项化简代数表达式
- 乘开括号
- 分解代数表达式

代数是枯燥的

无法回避的事实是,代数是枯燥的。毫无疑问,有几个热心的学生熟练掌握代数运算,但是,经济学和商科学生几乎不在此列。确实,仅仅提起"代数"这个词就足以让许多一年级学生心生恐惧。不幸地是,除非你已完全掌握该主题,否则你无法深入数学。一个恰当的类比是下棋。在能开始玩棋之前,你必须经历乏味的过程反复学习移动一个个棋子。同样,在享受数学"游戏"之前,你必须学会代数法则。当然,仅因为你知道法则不意味着你将在游戏中胜出,没有人期望你成为数学大师。然而,你至少应能够理解出现在经济学书和杂志里的数学,还应能够自己解简单问题。

1.1.1　负数

　　数学上,数分为三类:正数、负数、零。在学校,可能通过测量温度度数的温度计上的温度向你介绍过负数的思想。数-5解释为零下5度。个人理财上,负的银行余额意味着账户出现"红字"或"负债"。类似地,公司利润$-500\,000$意味着亏损50万。

　　负数乘法法则:

负数×负数=正数

负数×正数=负数

这些法则与两数相乘的顺序无关,因此

正数×负数=负数

由这些法则得

$(-2) \times (-3) = 6$

$(-4) \times 5 = -20$

$7 \times (-5) = -35$

　　因为除法与乘法是同类运算(它只是乘法的逆运算,使你回到开始的地方),一个数除以另一个数完全适用同样的法则。例如

$(-15) \div (-3) = 5$

$(-16) \div 2 = -8$

$2 \div (-4) = -1/2$

　　一般地,为了乘除许多数,忽略开始的符号直接得出答案是简单的。如果负号的总数是奇数,那么最终结果为负数;如果负号的总数是偶数,那么最终结果为正数。

例题

计算

（a）$(-2)\times(-4)\times(-1)\times2\times(-1)\times(-3)$

（b）$\dfrac{5\times(-4)\times(-1)\times(-3)}{(-6)\times2}$

解

（a）不考虑符号，得

$2\times4\times1\times2\times1\times3=48$

负号有奇数个（实际上 5 个），因此答案为-48。

（b）不考虑符号，得

$\dfrac{5\times4\times1\times3}{6\times2}=\dfrac{60}{12}=5$

负号有偶数个（实际上 4 个），因此答案为 5。

建议

用计算器和不用计算器尝试做下列问题。对大多数计算器，负数-6通过先按 $\boxed{(-)}$ 键后按 $\boxed{6}$ 键实现。

习题

1.（1）不用计算器计算

（a）$5\times(-6)$ （b）$(-1)\times(-2)$ （c）$(-50)\div10$

（d）$(-5)\div(-1)$ （e）$2\times(-1)\times(-3)\times6$ （f）$\dfrac{2\times(-1)\times(-3)\times6}{(-2)\times3\times6}$

（2）用计算器验证（1）的答案

为加减负数利用数轴有助于思考：

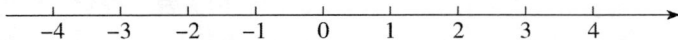

如果b是正数，那么$a-b$能看成是从a出发向左移动b单位的一个指示。例如 $1-3=-2$

因为如果你从 1 出发向左移动 3 单位，你于-2处结束类似地，$-2-1=-3$

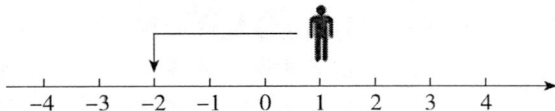

因为-2向左移动 1 单位是-3

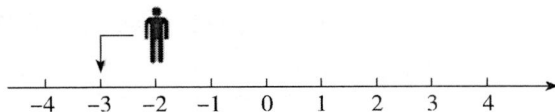

另一方面，$a - (-b)$ 取 $a + b$。这遵循两个负数乘法法则，由于

$$-(-b) = (-1) \times (-b) = b$$

因此，为了计算 $a - (-b)$

你从 a 出发向右移动 b 单位（即向正向）。例如 $-2 - (-5) = -2 + 5$

因为如果你从 -2 出发向右移动 5 单位，你于 3 处结束

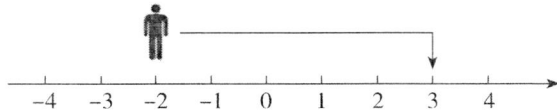

例题

计算

（a）$-32 - 4$

（b）$-68 - (-62)$

解

（a）$-32 - 4 = 36$，因为 -32 向左 4 单位是 -36。

（b）$-68 - (-62) = -68 + 62 = -6$，因为 -68 向右 62 单位是 -6。

习题

2.（1）不用计算器计算

（a）$1 - 2$　　　　　　（b）$-3 - 4$　　　　　　（c）$1 - (-4)$

（d）$-1 - (-1)$　　　　（e）$-72 - 19$　　　　　（f）$-53 - (-48)$

（2）用计算器验证（1）部分的答案

1.1.2　表达式

代数里字母用来表示数。在纯数学里最常用的字母是 x 和 y。可是，在应用中选择更有意义的字母是有益的，我们可以用 Q 表示数量，用 I 表示投资。一个代数表达式简单地说就是字母、括号、其他诸如 $+$、$-$ 之类的数学符号的一个组合。例如，表达式

$$P\left(1 + \frac{r}{100}\right)^n$$

能用于算出某时间段一个储蓄账户积累了多少钱。字母 P, r, n 分别表示原投资额（称为本金，因此用字母 P）、利率、年数。为了完成计算，你不仅需要用实际数替代这些字母，而且需要理解像这样的代数表达式所遵循的各种各样的惯例。

代数中，当两个字母表示的数相乘时，我们通常省略它们之间的乘号。a 与 b 的乘积简单地写为 ab，不用写符号之间的乘号。同样当字母 Y 表示的一个数加倍时，我们写为 $2Y$。在这种情况下，我们不仅省略乘号，而且遵循将数字写在字母前面的惯例。下面是一些例子：

● $P \times Q$ 写为 PQ

- $d \times 8$ 写为 $8d$
- $n \times 6 \times t$ 写为 $6nt$

$z \times z$ 写为 z^2（用指数 2 表示一个数的平方）

$1 \times t$ 写为 t（由于乘以 1 不改变一个数）

为了计算这些表达式，必须给定每个字母的数值。一旦给定每个字母的数值，你就能通过按下面顺序进行运算算出最终数值：

第一，括号　　　　　　　（B）
第二，指数　　　　　　　（I）
第三，除法与乘法　　　　（DM）
第四，加法与减法　　　　（AS）

有时用缩写 BIDMAS 记该运算顺序，重要的是做所有数学计算都用到该运算顺序。例如，你要计算当 $n = 3$ 时下列每个表达式：

$2n^2$ 和 $(2n)^2$

将 $n = 3$ 代入第一个表达式得：

$2n^2 = 2 \times 3^2$　　（当我们从代数转为数时，乘号显现）
$\quad\ = 2 \times 9$　　（由 BIDMAS，指数运算在乘法运算之前进行）
$\quad\ = 18$

对第二个表达式我们得：

$(2n)^2 = (2 \times 3)^2$　　（在此乘号显现）
$\quad\ = 6^2$　　　　　　（由 BIDMAS，我们首先进行括号内的运算）
$\quad\ = 36$

两个答案是不同的，因此 BIDMAS 指明的顺序确实在发挥作用。看前面列示的运算顺序，要注意顺序三的乘法与除法之间的并列，顺序四的加法与减法之间的另一个并列。这两对运算有相同的优先级，在这样的情况下，你计算表达式时从左到右进行。例如，将 $x = 5$ 和 $y = 4$ 代入表达式 $x - y + 2$ 得：

$x - y + 2 = 5 - 4 + 2$
$\quad\ = 1 + 2$　　（从左到右读，先做减法）
$\quad\ = 3$

例题

（a）求 $x = 9, y = 4$ 时 $2x - 3y$ 的值

（b）求 $Q = 10$ 时 $2Q^2 + 4Q + 150$ 的值（原书有误）

（c）求 $a = 4, b = 6, c = 1$ 时 $5a - 2b + c$ 的值

（d）求 $t = 4$ 时 $(12 - t) - (t - 1)$ 的值

解

（a）$2x - 3y = 2 \times 9 - 3 \times 4$　　（代入数）
$\quad\ = 18 - 12$　　（乘法优先于减法）
$\quad\ = 6$

$$（b）2Q^2 + 4Q + 150 = 2 \times 10^2 + 4 \times 10 + 150 \quad （代入数）$$
$$= 2 \times 100 + 4 \times 10 + 150 \quad （指数运算优先于乘法和加法）$$
$$= 200 + 40 + 150 \quad （乘法优先于加减法）$$
$$= 390$$
$$（c）5a - 2b + c = 5 \times 4 - 2 \times 6 + 1（代入数）$$
$$= 20 - 12 + 1 \quad （乘法优先于加减法）$$
$$= 8 + 1 \quad （加法和减法运算有相同的优先级,从左到右进行）$$
$$= 9$$
$$（d）(12 - t) - (t - 1) = (12 - 4) - (4 - 1) \quad （代入数）$$
$$= 8 - 3 \quad （括号优先）$$
$$= 5$$

习题

3. 通过用给定数代替字母,计算下列各式

（a）当 $Q = 7$ 时,计算 $2Q + 5$

（b）当 $x = 10, y = 3$ 时,计算 $5x^2 y$

（c）当 $d = 7, f = 2, g = 5$ 时,计算 $4d - 3f + 2g$

（d）当 $a = 5, b = 1, c = 3$ 时,计算 $a(b + 2c)$

同类项是同样字母的乘积。例如,$2P$, $-34P$, $0.3P$ 都是 P 的乘积因而是同类项。同样,xy, $4xy$, $69xy$ 都是 xy 的乘积因而是同类项。如果一个代数表达式包含同类项相加减,那么它能化简成相等的更简短的表达式。

例题

化简下列表达式(如果可能的话)

（a）$2a + 5a - 3a$

（b）$4P - 2Q$

（c）$3w + 9w^2 + 2w$

（d）$3xy + 2y^2 + 9x + 4xy - 8x$

解

（a）所有三项是同类项,它们都是 a 的乘积,该表达式能够化简成:

$2a + 5a - 3a = 4a$

（b）$4P$ 和 $2Q$ 是不同的,因为一个是 P 的乘积而另一个是 Q 的乘积,该表达式不能够化简。

（c）第一项和最后一项是同类项,它们都是 w 的乘积,我们能够将这两项合并写成:

$3w + 9w^2 + 2w = 5w + 9w^2$

该式不能进一步化简,因为 $5w$ 和 $9w^2$ 不是同类项。

（d）$3xy$ 和 $4xy$ 是同类项,$9x$ 和 $8x$ 也是同类项。这两对能合并得:

$$3xy + 2y^2 + 9x + 4xy - 8x = 7xy + 2y^2 + x$$

注意到我们写 x 不写 $1x$,由于最终结果包含三个非同类项,不可能进一步化简。

习题

4. 化简下列表达式(如果可能的话)

(a)$2x + by - x + 3y$　　　　　　(b)$5x + 2y - 5x + 4z$

(c)$4Y^2 + 3Y - 43$　　　　　　　(d)$8r^2 + 4s - 6rs - 3s - 3s^2 + 7rs$

(e)$2e^2 + 5f - 2e^2 - 9f$　　　　　(f)$3w + 6W$

(g)$ab - ba$

1.1.3　括号

能够将一个包含括号的表达式改写为一个相等的无括号表达式是方便的,反过来也是如此。去除括号的过程称为"展开括号"或"乘开括号"。这基于分配律,它表明,对任意三个数 a,b,c,下列式成立

$$\boxed{a(b + c) = ab + ac}$$

在简单情形下容易证明该规律。例如,如果 $a = 2, b = 3, c = 4$,那么左边是

$$2 \times (3 + 4) = 2 \times 7 = 14$$

然而,$ab = 2 \times 3 = 6, ac = 2 \times 4 = 8$

因此右边是 6×8,结果也是 14。

该规律适用于括号内有任意项数。我们有

$$a(b + c + d) = ab + ac + ad$$
$$a(b + c + d + e) = ab + ac + ad + ae$$

两数相乘的结果与顺序无关,我们有

$$(b + c)a = ba + ca$$
$$(b + c + d)a = ba + ca + da$$
$$(b + c + d + e)a = ba + ca + da + ea$$

例题

乘开括号

(a)$x(x - 2)$

(b)$2(x + y - z) + 3(z + y)$

(c)$x + 3y - (2y + x)$

解

(a) 用分配律乘开 $x(x - 2)$ 是简单的。括号外的 x 乘括号内的 x 得 x^2。括号外的 x 乘括号内的 2 得 $2x$。因此

$$x(x - 2) = x^2 - 2x$$

（b）为了展开 $2(x+y-z)+3(z+y)$，我们需要运用两次分配律。我们有

$$2 \times (x+y-z) = 2x + 2y - 2z$$
$$3(z+y) = 3z + 3y$$

加在一起得

$$2 \times (x+y-z) + 3(z+y) = 2x + 2y - 2z + 3z + 3y$$
$$= 2x + 5y + z \text{（合并同类项）}$$

（c）怎样展开 $x+3y-(2y+x)$ 不太明显。然而,注意 $-(2y+x)$ 与式 $(-1) \times (2y+x)$ 是相同的

上式展开得

$$(-1) \times 2y + (-1) \times x = -2y - x$$

因此

$$x + 3y - (2y+x) = x + 3y - 2y - x = y$$

建议

　　本例的求解已详细写出。这样做是为了向你展示如何准确运用分配律。所有这三部分仅写出 1～2 个运算步骤。当然,你可以随意压缩求解步骤,但请不要在该问题上做得太过。你可能过了较长时间后想看你的答案,但由于你耍小聪明你可能发现难以看懂你做的答案。

习题

5. 乘开括号,尽可能化简答案

（a）$(5-2z) \times z$　　　　　　　（b）$6 \times (x-y) + 3 \times (y-2x)$

（c）$x - y + z - (x^2 + x - y)$

在我们结束这部分之前,我们要提出一个警告。当我们展开如例题中（c）部分和习题中很简单的表达式中的括号时要保持谨慎。一个常见错误是

$(a+b) - (c+d) = a+b-c+d$　　这是错误的

分配律告诉我们 -1 乘第二个括号适用于 d 也适用于 c,正确答案是

$(a+b) - (c+d) = a+b-c-d$

代数中,逆过程返回括号里有时是有用的。该逆过程称为因式分解。考虑表达式 $12a+8b$。有很多数能同时整除 8 和 12。可是,我们总是选择其中的最大数,在这种情况下是 4,我们将因子 4 提到括号的外面

$12a+8b = 4 \times (?\ \ +?\ )$

其中,? 表示括号内未揭晓的项。我们要 4 乘以括号内第一项变成 $12a$,我们缺 $3a$。同样,我们要生成 $8b$,括号内第二项只能是 $2b$。

因此

$12a+8b = 4 \times (3a+2b)$

作为检查,注意当你展开右边的括号,你真的得到左边的表达式。

例题

因式分解

(a)$6x - 3x^2$

(b)$5a - 10b + 20c$

解

(a) 两项有公因子 3。因为 $x^2 = x \times x$，$6x$ 和 $3x^2$ 都有因子 x。因此我们能够一起提取公因子 $3x$

$$6x - 3x^2 = 3x \times 2 - 3x \times x = 3x \times (2 - x)$$

(b) 三项都有公因子 5，我们得

$$5a - 10b + 20c = 5 \times a - 5 \times 2b + 5 \times 4c = 5 \times (a - 2b + 4c)$$

习题

6. 因式分解

(a)$7d + 21$ (b)$16w - 20q$

(c)$6x - 3y + 9z$ (d)$5q - 10Q^2$

我们通过描述怎样将两个括号乘在一起结束关于括号的讨论。 表达式 $(a + b)(c + d)$ 中，两项 a 和 b 中每个必须乘括号 $(c + d)$，因此

$$(a + b)(c + d) = a(c + d) + b(c + d)$$

第一项 $a(c + d)$ 展开为 $ac + ad$。同理，$b(c + d) = bc + bd$。因此

$$(a + b)(c + d) = ac + ad + bc + bd$$

这种程序推广到包含多于两项括号的情形：

$$(a + b)(c + d + e) = a(c + d + e) + b(c + d + e)$$
$$= ac + ad + ae + bc + bd + be$$

例题

乘开括号

(a)$(x + 1)(x + 2)$ (b)$(x + 5)(x - 5)$

(c)$(2x - y)(x + y - 6)$

尽可能化简答案

解

$$\begin{aligned}(a)\,(x + 1)(x + 2) &= x(x + 2) + 1 \times (x + 2)\\ &= x^2 + 2x + x + 2\\ &= x^2 + 3x + 2\end{aligned}$$

$$\begin{aligned}(b)\,(x + 5)(x - 5) &= x(x - 5) + 5 \times (x - 5)\\ &= x^2 - 5x + 5x - 25\\ &= x^2 - 25\end{aligned}$$

$$(c)(2x - y)(x + y - 6) = 2x(x + y - 6) - y(x + y - 6)$$
$$= 2x^2 + 2xy - 12x - yx - y^2 + 6y$$
$$= 2x^2 + xy - 12x - y^2 + 6y$$

习题

7. 乘开括号

$(a)(x + 3)(x - 2)$

$(b)(x + y)(x - y)$

$(c)(x + y)(x + y)$

$(d)(5x + 2y)(x - y + 1)$

回顾上例(b)部分,注意到

$$(x + 5)(x - 5) = x^2 - 25 = x^2 - 5^2$$

相当普遍地

$$(a + b)(a - b) = a(a - b) + b(a - b)$$
$$= a^2 - ab + ba - b^2$$
$$= a^2 - b^2$$

结果是

$$\boxed{a^2 - b^2 = a(a + b)(a - b)}$$

称为平方差公式。它提供了分解某些表达式的快捷方法。

例题

分解下列表达式

$(a)x^2 - 16$ $(b)9x^2 - 100$

解

(a) 注意到

$$x^2 - 16 = x^2 - 4^2$$

我们用平方差公式得

$$x^2 - 16 = (x + 4)(x - 4)$$

(b) 注意到

$$9x^2 - 100 = (3x)^2 - 10^2$$

我们用平方差公式得

$$9x^2 - 100 = (3x + 10)(3x - 10)$$

习题

8. 分解下列表达式

$(a)x^2 - 64$ $(b)4x^2 - 81$

建议

　　到此完成你数学的第一部分。我们希望你感觉到不像你当初想象的那么糟糕。现在接下来额外有几个问题让你更多地练习。它们将不仅有助于提高你的数学技能,而且能够增强你的信心。有两套练习题可用。练习题 1.1 适合数学较差需要加强对数学的理解的学生。练习题 1.1* 包括更有挑战性的问题更适合那些觉得本节很容易的学生。

关键术语

　　Difference of two squares(平方差):代数结果表明 $a^2 - b^2 = (a + b)(a - b)$。
　　Distributive law(分配律):对任意数 a,b,c,算术规律表明有 $a(b + c) = ab + ac$。
　　Factorisation(因式分解):用括号将一个表达式表示为一些简单表达式的乘积的过程。
　　Like terms(同类项):相同代数符号的乘积。

练习题 1.1

1. 不用计算器计算

(a) $10 \times (-2)$ (b) $(-1) \times (-3)$ (c) $(-8) \div 2$

(d) $(-5) \div (-5)$ (e) $24 \div (-2)$ (f) $(-10) \times (1-5)$

(g) $\dfrac{20}{-4}$ (h) $\dfrac{-27}{-9}$

(i) $(-6) \times 5 \times (-1)$ (j) $\dfrac{2 \times (-6) \times 3}{(-9)}$

2. 不用计算器计算

(a) $5 - 6$ (b) $-1 - 2$ (c) $6 - 17$

(d) $-7 + 23$ (e) $-7 - (-6)$ (f) $-4 - 9$

(g) $7 - (-4)$ (h) $-9 - (-9)$ (i) $12 - 43$

(j) $2 + 6 - 10$

3. 不用计算器计算

(a) $5 \times 2 - 13$ (b) $\dfrac{-30 - 6}{-18}$

(c) $\dfrac{(-3) \times (-6) \times (-1)}{2 - 3}$ (d) $5 \times (1 - 4)$

(e) $1 - 6 \times 7$ (f) $-5 + 6 \div 3$

(g) $2 \times (-3)^2$ (h) $-10 + 2^2$

(i) $2^2 - 5 \times 6 + 1$ (j) $\dfrac{(-4)^2 \times (-3) \times (-1)}{(-2)^3}$

4. 化简下列代数表达式

(a) $2 \times P \times Q$ (b) $I \times 8$ (c) $3 \times x \times y$

$(d)4 \times q \times w \times z$ $(e)b \times b$ $(f)k \times 3 \times k$

5. 通过合并同类项化简下列代数表达式

$(a)6w - 3w + 12w + 4w$ $(b)6x + 5y - 2x - 12y$

$(c)3a - 2b + 6a - c + 4b - c$ $(d)2x^2 + 4x - x^2 - 2x$

$(e)2cd + 4c - 5dc$ $(f)5st + s^2 - 3ts + t^2 + 9$

6. 不用计算器求下列各式的值

(a) 当 $x = 7, y = 4$ 时,计算 $2x - y$

(b) 当 $x = 6$ 时,计算 $x^2 - 5x + 12$

(c) 当 $m = 10$ 时,计算 $2m^3$

(d) 当 $f = 2, g = 3$ 时,计算 $5fg^2 + 2g$

(e) 当 $v = 20, w = 10$ 时,计算 $2v + 4w - (4v - 7w)$

7. 如果 $x = 2, y = -3$,计算

$(a)2x + y$ $(b)x - y$ $(c)3x + 4y$

$(d)xy$ $(e)5xy$ $(f)4x - 6xy$

8. (a) 不用计算器,算出 $(-4)^2$ 的值

(b) 依次按你的计算器上下列各键

$\boxed{(-)}\boxed{4}\boxed{x^2}$

谨慎解释为什么得到的结果与(a)部分的结果不同,给出能得到正确答案的按键序列。

9. 不用计算器计算

$(a)(5 - 2)^2$ $(b)5^2 - 2^2$

一般地,$(a - b)^2 = a^2 - b^2$ 成立吗?

10. 用你的计算器计算下列算式。如果必要,答案保留 2 位小数

$(a)5.31 \times 8.47 - 1.01^2$ $(b)(8.34 + 2.27) \div 9.41$

$(c)9.53 - 3.21 + 4.02$ $(d)2.41 \times 0.09 - 1.67 \times 0.03$

$(e)45.76 - (2.55 + 15.83)$ $(f)(3.45 - 5.38)^2$

$(g)4.56 \times (9.02 + 4.73)$ $(h)6.85 \div (2.59 + 0.28)$

11. 乘开括号

$(a)7(x - y)$ $(b)3(5x - 2y)$ $(c)4(x + 3)$ $(d)7(3x - 1)$

$(e)3(x + y + z)$ $(f)x(3x - 4)$ $(g)y + 2z - 2(x + 3y - z)$

12. 分解

$(a)25c + 30$ $(b)9x - 18$ $(c)x^2 + 2x$

$(d)16x - 12y$ $(e)4x^2 - 6xy$ $(f)10d - 15e + 50$

13. 乘开括号

$(a)(x + 2)(x + 5)$ $(b)(a + 4)(a - 1)$ $(c)(d + 3)(d - 8)$

$(d)(2s + 3)(3s + 7)$ $(e)(2y + 3)(y + 1)$ $(f)(5t + 2)(2t - 7)$

$(g)(3n + 2)(3n - 2)$ $(h)(a - b)(a - b)$

14. 通过合并同类项化简下列表达式

(a)$2x + 3y + 4x - y$ (b)$2x^2 - 5x + 9x^2 + 2x - 3$

(c)$5xy + 2x + 9xy$ (d)$7xyz + 3yx - 2zyx + yzx - xy$

(e)$2(5a + b) - 4b$ (f)$5(x - 4y) + 6(2x + 7y)$

(g)$5 - 3(p - 2)$ (h)$x(x - y + 7) + xy + 3x$

15. 用平方差公式分解

(a)$x^2 - 4$ (b)$Q^2 - 49$ (c)$x^2 - y^2$ (d)$9x^2 - 100y^2$

16. 化简下列代数表达式

(a)$3x - 4x^2 - 2 + 5x + 8x^2$ (b)$x(3x + 2) - 3x(x + 5)$

练习题 1.1*

1. 不用计算器计算

(a)$(12 - 8) - (6 - 5)$ (b)$12 - (8 - 6) - 5$ (c)$12 - 8 - 6 - 5$

2. 给下面等式左边加括号使结论正确

(a)$2 - 7 - 9 + 3 = -17$

(b)$8 - 2 + 3 - 4 = -1$

(c)$7 - 2 - 6 + 10 = 1$

3. 不用计算器计算,$a = 3, b = -4, c = -2$,时下列表达式的值

(a)$a(b - c)$ (b)$3c(a + b)$ (c)$a^2 + 2b + 3c$ (d)$2abc^2$

(e)$\dfrac{c + b}{2a}$ (f)$\sqrt{2(b^2 - c)}$ (g)$\dfrac{b}{2c} - \dfrac{a}{3b}$ (h)$5a - b^3 - 4c^2$

4. 不用计算器计算,$x = -1, y = -2, z = 3$,时下列表达式的值

(a)$x^2 + y^2 + z$ (b)$\sqrt{\left(\dfrac{x^2 + y^2 + z}{x^2 + 2xy - z}\right)}$ (c)$\dfrac{xyz(x + z)(z - y)}{(x + y)(x - z)}$

5. 乘开括号并化简

$(x - y)(x + y) - (x + 2)(x - y + 3)$

6. 化简

(a)$x - y - (y - x)$ (b)$(x - ((y - x) - y))$

(c)$x + y - (x - y) - (x - (y - x))$

7. 乘开括号

(a)$(x + 4)(x - 6)$ (b)$(2x - 5)(3x - 7)$

(c)$2x(3x + y - 2)$ (d)$(3 + g)(4 - 2g + h)$

(e)$(2x + y)(1 - x - y)$ (f)$(a + b + c)(a - b - c)$

8. 分解

(a)$9x - 12y$ (b)$x^2 - 6x$

(c)$10xy + 15x^2$ (d)$3xy^2 - 6x^2y + 12xy$

(e)$x^3 - 2x^2$ (f)$60x^4y^6 - 15x^2y^4 + 20xy^3$

9. 用平方差公式分解

(a)$p^2 - 25$ (b)$9c^2 - 64$ (c)$32v^2 - 50d^2$ (d)$16x^4 - y^4$

10. 不用计算器计算

(a)$50\ 563^2 - 49\ 437^2$ (b)$90^2 - 89.90^2$

(c)$759^2 - 541^2$ (d)$123\ 456\ 789^2 - 123\ 456\ 788^2$

1.2 进一步的代数

学习目标

学完本节,你应该能够:

● 通过消除公因子化简分式

● 加、减、乘、除分式

● 通过对方程两边做同样变换解方程

● 认识符号: $<$, $>$, $\leqslant$, $\geqslant$

● 解线性不等式

本节分为三小节

● 分式

● 方程

● 不等式

1.1 节提出的建议完全适用本节。请努力分别学习这些内容,然后放下书,认真思考课本中出现的习题。

1.2.1 分式

对数值分数

$$\frac{7}{8}$$

上面数字7称为分子,下面数字8,称为分母。本书中,我们对分子和分母涉及字母和数字的情形感兴趣。涉及字母和数字的分式是代数分式。例如

$$\frac{1}{x^2-2} \text{和} \frac{2x^2-1}{y+z}$$

都是代数分式。字母 x,y,z 通常表示数,代数分式的运算法则与普通数值分数相同。所以你必须乐意不用计算器处理数值分式,因此你能够将这种技能扩展到有字母的分式。

如果表示相同的数值,我们说两个分式相等。我们知道 3/4 等于 6/8,两者都等于小数0.75。直觉上两者显然相等。设想将1块巧克力分成4等份,吃其中3份。你吃的巧克力的量与将1块巧克力分成8等份吃其中6份的人吃的巧克力的量相同。每份只一半大小,你需要通过吃2倍补偿。从形式上说,我们说当分子和分母同乘相同数时,分数的值不变。本例中,我们有

$$\frac{3}{4} = \frac{3 \times 2}{4 \times 2} = \frac{6}{8}$$

该过程是可逆的,当分子和分母同除相同数时,分数的值不变。例如

$$\frac{16}{24} = \frac{16/8}{24/8} = \frac{2}{3}$$

分式 16/24 和 2/3 相等。当分子和分母没有公因子时,分数是最简式。为了将任意给定分数用最简式表示,你必须找到分子和分母的最大公因子,然后分数上下同除以最大公因子。

例题

将下列分式约为最简式

(a) $\frac{14}{21}$ (b) $\frac{48}{60}$ (c) $\frac{2x}{3xy}$ (d) $\frac{3a}{6a + 3b}$ (e) $\frac{x - 2}{(x - 2)(x + 1)}$

解

(a) 14 和 21 的最大公除数为 7,我们选择上下同除以 7

$$\frac{14}{21} = \frac{14/7}{21/7} = \frac{2}{3}$$

另一种写法(我们处理代数分式时将是方便的)为

$$\frac{14}{21} = \frac{2 \times 7}{3 \times 7} = \frac{2}{3}$$

(b) 48 和 60 的最大公因子为 12,我们有

$$\frac{48}{60} = \frac{4 \times 12}{5 \times 12} = \frac{4}{5}$$

(c) 因子 x 是 $2x$ 和 $3xy$ 的公因子,我们需要上下同除以 x,即消去 x

$$\frac{2x}{3xy} = \frac{2 \times x}{3 \times x \times y} = \frac{2}{3y}$$

(d) 分解分母得

$$6a + 3b = 3(2a + b)$$

这表明上下有可以消去的公因子 3

$$\frac{3a}{6a + 3b} = \frac{3 a}{3(2a + b)} = \frac{a}{2a + b}$$

(e) 我们很快看到上下有可以消去的公因子 $(x - 2)$

$$\frac{x - 2}{(x - 2)(x + 1)} = \frac{1}{x + 1}$$

在我们结束这部分之前,我们要提出一个警告。注意你仅能通过除以分子或分母的一个因子消去。上例(d) 部分中,你不必继续想消去 a,写成像如下这样愚笨的等式:

$\frac{a}{2a + b} = \frac{1}{2 + b}$ 这是错误的

为了看清这总是错误的,让我们将 $a = 3, b = 4$ 代入两边。左边得

$$\frac{a}{2a + b} = \frac{3}{2 \times 3 + 4} = \frac{3}{10}$$

而右边得

$$\frac{1}{2+b} = \frac{1}{2+4} = \frac{1}{6}$$

两边的值不同。

习题

1. 将下列分式约为最简式

(a) $\frac{9}{15}$　　(b) $\frac{24}{30}$　　(c) $\frac{x}{2xy}$　　(d) $\frac{3x}{6x+9x^2}$　　(e) $\frac{x(x+1)}{x(x-4)(x+1)}$

乘法法则和除法法则如下：

乘分式分子和分母对应相乘

用符号表示

$$\frac{a}{b} \times \frac{c}{d} = \frac{a \times c}{b \times d} = \frac{ac}{bd}$$

除分式将其先倒过来后相乘

用符号表示

$$\frac{a}{b} \div \frac{c}{d} = \frac{a}{b} \times \frac{d}{c}（除数分子分母倒过来，同时变除法为乘法）$$

$$= \frac{ad}{bc}（用乘分式法则）$$

例题

计算

(a) $\frac{2}{3} \times \frac{5}{4}$　　　(b) $2 \times \frac{6}{13}$　　　(c) $\frac{6}{7} \div \frac{4}{21}$　　　(d) $\frac{1}{2} \div 3$

解

(a) 由乘法法则得

$$\frac{2}{3} \times \frac{5}{4} = \frac{2 \times 5}{3 \times 4} = \frac{10}{12}$$

尽管上下同除以 2 得 5/6，能简化答案，我们可以就这样不管。开始消除 2 也行，即

$$\frac{\overset{1}{2}}{3} \times \frac{5}{\underset{2}{4}} = \frac{1 \times 5}{3 \times 2} = \frac{5}{6}$$

(b) 整数 2 等于分数 2/1，因此

$$2 \times \frac{6}{13} = \frac{2}{1} \times \frac{6}{13} = \frac{2 \times 6}{1 \times 13} = \frac{12}{13}$$

(c) 为了计算

$$\frac{6}{7} \div \frac{4}{21}$$

除数倒过来得 21/4，然后相乘得

$$\frac{6}{7} \div \frac{4}{21} = \frac{\cancel{6}^{3}}{\cancel{7}_{1}} \times \frac{\cancel{21}^{3}}{\cancel{4}_{2}} = \frac{3 \times 3}{1 \times 2} = \frac{9}{2}$$

（d）我们将 3 写成 3/1，因此

$$\frac{1}{2} \div 3 = \frac{1}{2} \div \frac{3}{1} = \frac{1}{2} \times \frac{1}{3} = \frac{1}{6}$$

习题

2.（1）不用计算器计算

（a）$\dfrac{1}{2} \times \dfrac{3}{4}$ （b）$7 \times \dfrac{1}{4}$ （c）$\dfrac{2}{3} \div \dfrac{8}{9}$ （d）$\dfrac{8}{9} \div 16$

（2）用计算器验证（1）部分的答案

加法法则和减法法则如下：

加（减）两个分式，先将它们写成相同分母的相等分式，然后分子相加（减）

例题

计算

（a）$\dfrac{1}{5} + \dfrac{2}{5}$ （b）$\dfrac{1}{4} + \dfrac{2}{3}$ （c）$\dfrac{7}{12} - \dfrac{5}{8}$

解

（a）分式 1/5 和 2/5 已经有相同的分母，我们将它们的分子相加得

$$\frac{1}{5} + \frac{2}{5} = \frac{1 + 2}{5} = \frac{3}{5}$$

（b）分式 1/4 和 2/3 的分母分别为 4 和 3。能整除 3 和 4 的一个数是 12，我们选 12 作公分母。4 的 3 倍是 12，因此

$$\frac{1}{4} = \frac{1 \times 3}{4 \times 3} = \frac{3}{12}$$

3 的 4 倍是 12，因此

$$\frac{2}{3} = \frac{2 \times 4}{3 \times 4} = \frac{8}{12}$$

因此

$$\frac{1}{4} + \frac{2}{3} = \frac{3}{12} + \frac{8}{12} = \frac{3 + 8}{12} = \frac{11}{12}$$

（c）分式 7/12 和 5/8 的分母分别为 12 和 8。能整除 12 和 8 的一个数是 24，我们选 24 作公分母。12 的 2 倍是 24，因此

$$\frac{7}{12} = \frac{7 \times 2}{24} = \frac{14}{24}$$

8 的 3 倍是 24，因此

$$\frac{5}{8} = \frac{5 \times 3}{24} = \frac{15}{24}$$

因此

$$\frac{7}{12} - \frac{5}{8} = \frac{14}{24} - \frac{15}{24} = \frac{-1}{24}$$

用最小公分母不是必需的。能整除两个原分母的任意数都行。如果你图省事,那么你总是将两个原分母相乘到一起。(c)部分中,分母相乘得 96,改用 96 得

$$\frac{7}{12} = \frac{7 \times 8}{96} = \frac{56}{96}$$

$$\frac{5}{8} = \frac{5 \times 12}{96} = \frac{60}{96}$$

因此

$$\frac{7}{12} - \frac{5}{8} = \frac{56}{96} - \frac{60}{96} = \frac{56 - 60}{96} = \frac{-4}{96} = -\frac{1}{24}$$

结果是一样的。

注意本例(c)部分的最终答案是怎样写的。我们简单地利用负数除正数结果为负的事实。像这样写负分式是一种标准做法,因此我们偏爱写成 $-\frac{3}{4}$ 而不是 $\frac{3}{-4}$ 或 $\frac{-3}{4}$,当然,$\frac{-3}{-4}$ 写成 $\frac{3}{4}$。

在我们结束这部分之前,我们要提出一个警告。注意你只能在找到公分母后加减分式。特别地,如下的直接处理不能得到正确的答案

$$\frac{a}{b} + \frac{c}{d} = \frac{a + c}{b + d} \quad \text{这是错误的}$$

通常你能选实际数验证这种做法是完全错误的。

习题

3.(1)不用计算器计算

(a) $\frac{3}{7} - \frac{1}{7}$ (b) $\frac{1}{3} + \frac{2}{5}$ (c) $\frac{7}{18} - \frac{1}{4}$

(2)用计算器验证(1)部分的答案

假如你能处理普通分式,没有理由你不能一样容易地处理代数分式,因为法则是一样的。

例题

求下列表达式:

(a) $\frac{x}{x - 1} \times \frac{2}{x(x + 4)}$ (b) $\frac{2}{x - 1} \div \frac{x}{x - 1}$

(c) $\frac{x + 1}{x^2 + 2} + \frac{x - 6}{x^2 + 2}$ (d) $\frac{x}{x + 2} - \frac{1}{x + 1}$

解

(a)为了乘两分式,我们将它们对应的分子和分母相乘,因此

$$\frac{x}{x-1} \times \frac{2}{x(x+4)} = \frac{2\not{x}}{(x-1)\not{x}(x+4)} = \frac{2}{(x-1)(x+4)}$$

（b）为了除

$$\frac{x}{x-1}$$

我们先将它倒过来，然后相乘，因此

$$\frac{2}{x-1} \div \frac{x}{x-1} = \frac{2}{\not{x-1}} \times \frac{\not{x-1}}{x} = \frac{2}{x}$$

（c）分式

$$\frac{x+1}{x^2+2} \text{ 和 } \frac{x-6}{x^2+2}$$

已经有相同分母，因此，为了它们相加，我们只将它们的分子相加得

$$\frac{x+1}{x^2+2} + \frac{x-6}{x^2+2} = \frac{x+1+x-6}{x^2+2} = \frac{2x-5}{x^2+2}$$

（d）分式 $\frac{x}{x+2}$ 和 $\frac{1}{x+1}$ 分别有分母 $x+2$ 和 $x+1$。一个显而易见的公分母是两个分母的乘积$(x+2)(x+1)$。$x+2$ 的 $x+1$ 倍是$(x+2)(x+1)$，因此

$$\frac{x}{x+2} = \frac{x(x+1)}{(x+2)(x+1)}$$

$x+1$ 的 $x+2$ 倍也是$(x+2)(x+1)$，因此

$$\frac{x}{x+1} = \frac{(x+2)}{(x+2)(x+1)}$$

因此

$$\frac{x}{x+2} - \frac{1}{x+1} = \frac{x(x+1)}{(x+2)(x+1)} - \frac{(x+2)}{(x+2)(x+1)}$$

$$= \frac{x(x+1) - (x+2)}{(x+2)(x+1)}$$

乘开上面括号化简是值得的，即

$$\frac{x^2+x-x-2}{(x+2)(x+1)} = \frac{x^2-2}{(x+2)(x+1)}$$

习题

4. 求下列代数分式的表达式，尽可能化简答案

（a）$\dfrac{5}{x-1} \times \dfrac{x-1}{x+2}$　　　　　　（b）$\dfrac{x^2}{x+10} \div \dfrac{x}{x+1}$

（c）$\dfrac{4}{x+1} + \dfrac{1}{x+1}$　　　　　　　　（d）$\dfrac{2}{x+1} - \dfrac{1}{x+2}$

1.2.2　方程

在1.1.2节、1.2.1节，我们已见过怎样以简单的等价形式改写代数表达式。例如，

我们写过

$$x^2 + 3x + 3x^2 - 10x = 4x^2 - 7x \quad （合并同类项）$$

或者

$$\frac{x}{x+2} - \frac{1}{x+1} = \frac{x^2 - 2}{(x+2)(x+1)} \quad （前例（d）部分）$$

我们回忆以前学过的知识,左边与右边是一致的,因此对的所有可能值,每个陈述成立,因此上述关系称为恒等。将这些陈述与如下陈述进行比较。

$$7x - 1 = 13$$

$$x^2 - 5x = 1$$

这些关系称为方程,它们仅对需要求出的特定值成立。上面的第一个方程刚好有一个解,而第二个方程有两个解。后者称为二次方程将在下一章考虑。

解如 $7x - 1 = 13$ 这样方程的一个幼稚办法是试错法,即我们不断猜测的值,直到我们找到使方程成立的那一个为止。你能发现这种情况下 x 是多少吗？ 然而,一个更可靠和系统的方法是用数学法则解该方程。事实上,我们需要的唯一法则是:

如果对方程两边做同样的事情,你可以用想对方程实施的任何运算。

仅有一个例外:不能两边除以零。这显而易见,因为像 $11/0$ 之类的数不存在。（如果你不相信这一点,用计算器 11 除以 0 试试看）

妨碍我们从方程 $7x - 1 = 13$ 快速解出 x 值的第一个障碍是 -1 出现在方程左边。这能通过加 1 移除。根据逻辑,我们必须对右边也加 1,得

$$7x - 1 + 1 = 13 + 1$$

$$7x = 14$$

第二个障碍是乘 x 的数 7。这能通过左边除 7 移除。当然,我们必须也对右边做同样的事情,得

$$\frac{7x}{7} = \frac{14}{7}$$

$$x = 2$$

毫无疑问,通过简单试错你早看出解,可能对为什么需要用正规方法感到奇怪。简单的理由是:猜测法将无助于解不明显的更复杂方程甚至解含分数的简单方程。在这些情形下,我们需要采用上面描述的"等价方程"方法。

例题

求解

（a）$6x + 1 = 10x - 9$ 　　　　　　　（b）$3(x-1) + 2(2x+1) = 4$

（c）$\dfrac{20}{3x-1} = 7$ 　　　　　　　（d）$\dfrac{9}{x+2} = \dfrac{7}{2x+1}$

（e）$\sqrt{\dfrac{2x}{x-6}} = 2$

解

（a）为了解方程 $6x + 1 = 10x - 9$,策略是将包含的项集中到方程的一边,将常数项

集中到方程的另一边。用什么方法做到这点没有关系。本方程右边的 x 多于左边的 x。为避免负数,你将 x 集中于右边更好。具体如下:

$1 = 4x - 9$　　（两边减 $6x$）

$10 = 4x$　　（两边加 9）

$\dfrac{10}{4} = x$　　（两边除以 4）

因此 $x = \dfrac{5}{2} = 2\dfrac{1}{2}$

（b）方程 $3(x-1) + 2(2x+1) = 4$ 的新特征是出现括号。为了解出它,我们首先通过乘开去括号,然后合并同类项

$3x - 3 + 4x + 2 = 4$　　（乘开括号）

$7x - 1 = 4$　　（合并同类项）

注意现在方程具有我们知道怎样求解的形式:

$7x = 5$　　（两边同除以 1）

$x = \dfrac{5}{7}$　　（两边除以 7）

（c）方程 $\dfrac{20}{3x-1} = 7$ 的新特征是包含代数分式。两边乘分式很容易地去除分式:

$$\dfrac{20}{3x-1} \times (3x-1) = 7(3x-1)$$

约分得

$20 = 7(3x-1)$

其余步骤与（b）部分类似

$20 = 21x - 7$　　（乘开括号）

$27 = 21x$　　（两边加 7）

$\dfrac{27}{21} = x$　　（两边除以 21）

因此,$x = \dfrac{9}{7} = 1\dfrac{2}{7}$

（d）方程 $\dfrac{9}{x+2} = \dfrac{7}{2x+1}$ 由于两边有分式看上去特别麻烦。然而,两边依次乘以分母就很容易地去除分式:

$$9 = \dfrac{7(x+2)}{2x+1}　　（两边乘 x+2）$$

$9(2x+1) = 7(x+2)$　　（两边乘 $2x+1$）

做题时,你可以同时做这两步作为做题的第 1 步。直接从 $\dfrac{9}{x+2} = \dfrac{7}{2x+1}$ 到 $9(2x+1) = 7(x+2)$ 的程序称为"交互相乘"。一般地,如果 $\dfrac{a}{b} = \dfrac{c}{d}$,那么 $ad = bc$。

其余步骤与本例前面部分采用的步骤类似:

$$18x + 9 = 7x + 14 \quad \text{（乘开括号）}$$
$$11x + 9 = 14 \quad \text{（两边减 } 7x\text{）}$$
$$11x = 5 \quad \text{（两边减 } 9\text{）}$$
$$x = \frac{5}{11} \quad \text{（两边除以 } 11\text{）}$$

（e）最后方程 $\sqrt{\dfrac{2x}{x-6}} = 2$ 的左边带平方根，两边取平方容易地去除根式

$$\frac{2x}{x-6} = 4$$

其余是标准的做法：

$$2x = 4(x - 6) \quad \text{（两边乘 } x - 6\text{）}$$
$$2x = 4x - 24 \quad \text{（乘开括号）}$$
$$-2x = -24 \quad \text{（两边减 } 4x\text{）}$$
$$x = 12 \quad \text{（两边除以 } -2\text{）}$$

回顾前例的每部分，注意有一个共同策略。在每种情形下，目标是将给定方程变为如下形式

$$ax + b = c$$

这种方程是我们容易求解的方程类型。如果原方程含有括号，那么通过乘开去除括号。如果原方程包含分式，那么通过交互相乘去除分式。

建议

如果你有时间，将得到的解代回原方程检查你的答案总是值得的。对上例的最后部分，将代入得，$x = 12$ 代入 $\sqrt{\dfrac{2x}{x-6}}$ 得，$\sqrt{\dfrac{2 \times 12}{12 - 6}} = \sqrt{\dfrac{24}{6}} = \sqrt{4} = 2$。 $\checkmark$

习题

5. 解下列方程。如有必要，答案保留分数

（a）$4x + 1 = 25$ （b）$4x + 5 = 5x - 7$ （c）$3(3 - 2x) + 2(x - 1) = 10$

（d）$\dfrac{4}{x - 1} = 5$ （e）$\dfrac{3}{x} = \dfrac{5}{x - 1}$

1.2.3　不等式

在 1.1.1 节，我们用过数轴：

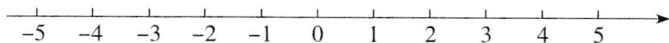

现在，尽管只有整数在图形上标出，但隐含假设数轴也能用于表示分数和小数。数轴上每个点对应一个特定数。反过来，每个数能用数轴上一个特定点表示。例如，

$-2\frac{1}{2}$ 刚好位于 -3 与 -2 的中间。类似地,$4\frac{7}{8}$ 位于 4 与 5 之间 $\frac{7}{8}$ 位置。理论上,我们甚至能找到对应数 $\sqrt{2}$ 的数轴上的点,尽管实际上难以精确画出该点。我的计算器给出的 8 位小数的 $\sqrt{2}$ 的值是 1.414 213 56。该数略小于 1 和 2 中间位置的数。

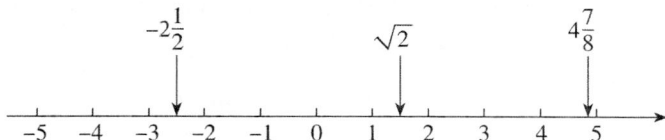

一条数轴能用来决定一个数是否大于或小于另一个数。如果在数轴上 a 位于 b 的右边,我们说数 a 大于数 b,记为

$a > b$

同理,如果 a 位于 b 的左边,我们说数 a 小于数 b,记为

$a < b$

从图形上我们看出

$-2 > -4$

因为 -2 位于 -4 的右边。这与下面表示等价

$-4 < -2$

类似地

$0 > -1$ （或等价地，$-1 < 0$）

$2 > -2\frac{1}{2}$ （或等价地，$-2\frac{1}{2} < 2$）

$4\frac{7}{8} > \sqrt{2}$ （或等价地，$\sqrt{2} < 4\frac{7}{8}$）

有些场合,我们愿意用字母 a 和 b 表示数学表达式而不用实际数。在这种情形下,我们有时用符号 $\geq$ 和 $\leq$ 分别表示"大于或等于"和"小于或等于"。

我们已经明白,假如对两边实施同样运算,我们能以喜欢的任意方式处理。要问的明显的问题是:该法则是否能推广到不等式? 为了研究该问题,考虑下面例题。

例题

从正确陈述 $1 < 3$ 开始,决定下列哪些是对两边实施的有效运算

（a）加 4 　　　　（b）加 -5 　　　　（c）乘 2 　　　　（d）乘 -6

解

（a）如果我们对不等式 $1 < 3$ 两边加 4,那么我们得 $5 < 7$,这是正确陈述。

（b）如果我们对不等式 $1 < 3$ 两边加 -5,那么我们得 $-4 < -2$,这也是正确陈述。

（c）如果我们对不等式 $1 < 3$ 两边乘 2,那么我们得 $2 < 6$,这再次是正确陈述。

（d）如果我们对不等式 $1 < 3$ 两边乘 -6,那么我们得 $-6 < -18$,这是错误陈述。

事实上,反过来是正确的,数轴上 -6 位于 -18 的右边,因此 -6 实际上大于 -18。这表明在我们将其推广到不等式之前,法则需要修正。当修正法则时,我们必须谨慎。

6. 从正确陈述 $6 > 3$ 开始,决定下列哪些是对两边实施的有效运算

(a) 加 6   (b) 乘 2   (c) 减 3   (d) 加 -3 (e) 除以 3

(f) 乘 -4 (g) 乘 -1 (h) 除以 -3 (i) 加 -10

这些例题表明通常法则不适用于不等式,不等式有重要规定

如果两边乘或除以负数,那么不等式改变方向。

这意味着" $>$ "变为" $<$ "," $\leqslant$ "变为" $\geqslant$ ",等等。

例题

化简不等式

$2x + 3 < 4x + 7$

解

第一个问题是决定单词"化简"意味着什么。此刻不等式符号两边都有含 x 的项,如果将它们集中到一起,显然看起来整齐些。我们通过两边减 $4x$ 做到这点,得

$-2x + 3 < 7$

我们也能将常数项放到右边,通过两边减 3 得

$-2x < 4$

这当然是个改进,但我们能更进一步使不等式更有意义。我们可以两边除以 -2 得

$x > -2$

注意:由于我们除以负数,在最后阶段不等式的方向反过来了。所以我们已经证明数轴上位于 -2 右边的任意数满足原不等式。

建议

你应该用一对检验值检查你的答案。将 $x = 1$(该点位于 -2 的右边,应该满足不等式)代入原不等式 $2x + 3 < 4x + 7$ 的两边得 $5 < 11$,这是对的。另一方面,将 $x = -3$(该点位于 -2 的左边,应该不满足不等式)代入原不等式 $2x + 3 < 4x + 7$ 的两边得 $-3 < -5$,这是错的。

当然,像这样仅检验一对值不能证明最终不等式是正确的,但它能保护你不犯愚蠢的错误。

习题

7. 化简不等式

(a) $2x < 3x + 7$ (b) $21x - 19 \geqslant 4x + 15$

关键术语

Algebraic fraction(代数分式):两个表达式的比率;$p(x)/q(x)$,其中$p(x)$和$q(x)$是像$ax^2 + bx + c$或$dx + e$之类的代数表达式。

Denominator(分母):分式下面的数(或表达式)。

Equation(方程):两个代数表达式的相等,仅对变量的某些值成立。

Equivalent fractions(等分式):形式不同但有相同数值的分式。

Factor(因子):一个表达式的部分,当它乘所有其他因子时得到完整的表达式。

Identity(恒等):两个代数表达式的相等,对变量的所有值成立。

Number line(数轴):一条无限的直线,其上的点通过它们到原点的(带符号的)距离表示实数。

Numerator(分子):分式上面的数(或表达式)。

练习题1.2

1. 将下列数值分式化简为最简式

(a) $\dfrac{13}{26}$　　(b) $\dfrac{9}{12}$　　(c) $\dfrac{18}{30}$　　(d) $\dfrac{24}{72}$　　(e) $\dfrac{36}{27}$

2. 将下列代数分式化简为最简式

(a) $\dfrac{6x}{9}$　　(b) $\dfrac{x}{2x^2}$　　(c) $\dfrac{b}{abc}$　　(d) $\dfrac{4x}{6x^2y}$　　(e) $\dfrac{15a^2b}{20ab^2}$

3. 通过对下列分式的分子或分母进行因式分解,将其化简为最简式

(a) $\dfrac{2p}{4q+6r}$　　(b) $\dfrac{x}{x^2-4x}$　　(c) $\dfrac{3ab}{6a^2+3a}$　　(d) $\dfrac{14d}{21d-7de}$　　(e) $\dfrac{x+2}{x^2-4}$

4. 下列代数分式中哪一个能化简? 解释为什么另外两个分式不能化简

$\dfrac{x-1}{2x-2}\cdot\dfrac{x-2}{x+2}\cdot\dfrac{5t}{10t-s}$

5. (1) 不用计算器计算下列各式,答案保留最少项数

(a) $\dfrac{1}{7}+\dfrac{2}{7}$　　(b) $\dfrac{2}{9}-\dfrac{5}{9}$　　(c) $\dfrac{1}{2}+\dfrac{1}{3}$　　(d) $\dfrac{3}{4}-\dfrac{2}{5}$

(e) $\dfrac{1}{6}+\dfrac{2}{9}$　　(f) $\dfrac{1}{6}+\dfrac{2}{3}$　　(g) $\dfrac{5}{6}\times\dfrac{3}{4}$　　(h) $\dfrac{4}{15}\div\dfrac{2}{3}$

(i) $\dfrac{7}{8}\times\dfrac{2}{3}$　　(j) $\dfrac{2}{75}\div\dfrac{4}{5}$　　(k) $\dfrac{2}{9}\div3$　　(1) $3\div\dfrac{2}{7}$

(2) 用计算器检查(1)部分的答案

6. 计算下列各式,尽可能化简答案

(a) $\dfrac{2}{3x}+\dfrac{1}{3x}$　　(b) $\dfrac{2}{x}\times\dfrac{x}{5}$　　(c) $\dfrac{3}{x}-\dfrac{2}{x^2}$　　(d) $\dfrac{7}{x}+\dfrac{2}{y}$

(e) $\dfrac{a}{2}\div\dfrac{a}{6}$　　(f) $\dfrac{5c}{12}+\dfrac{5d}{18}$　　(g) $\dfrac{x+2}{y-5}\times\dfrac{y-5}{x+3}$　　(h) $\dfrac{4gh}{7}\div\dfrac{2g}{9h}$

(i) $\dfrac{t}{4}\div5$　　(j) $\dfrac{P}{Q}\times\dfrac{Q}{P}$

7. 解下列方程。如有必要,答案可以有分数和保留最少项数

(a) $x + 2 = 7$ (b) $3x = 18$ (c) $\dfrac{x}{9} = 2$

(d) $x - 4 = -2$ (e) $2x - 3 = 17$ (f) $3x + 4 = 1$

(g) $\dfrac{x}{6} - 7 = 3$ (h) $3(x - 1) = 2$ (i) $4 - x = 9$

(j) $6x + 2 = 5x - 1$ (k) $5(3x + 8) = 10$ (l) $2(x - 3) = 5(x + 1)$

(m) $\dfrac{4x - 7}{3} = 2$ (n) $\dfrac{4}{x + 1} = 1$ (o) $5 - \dfrac{1}{x} = 1$

8. 下列不等式中哪些成立

(a) $-2 < 1$ (b) $-6 > -4$ (c) $3 < 3$

(d) $3 \leqslant 3$ (e) $-21 \geqslant -22$ (f) $4 < 25$

9. 化简下列不等式

(a) $2x > x + 1$ (b) $7x + 3 \leqslant 9 + 5x$

(c) $x - 5 > 4x + 4$ (d) $x - 1 < 2x - 3$

10. 化简代数表达式

$\dfrac{4}{x^2 y} \div \dfrac{2x}{y}$

11. (a) 解方程

$6(2 + x) = 5(1 - 4x)$

(b) 解不等式

$3x + 6 \geqslant 5x - 14$

练习题 1.2 *

1. 化简下列代数分式

(a) $\dfrac{2x - 6}{4}$ (b) $\dfrac{9x}{6x^2 - 3x}$ (c) $\dfrac{4x + 16}{x + 4}$

(d) $\dfrac{x - 1}{1 - x}$ (e) $\dfrac{x + 6}{x^2 - 36}$ (f) $\dfrac{(x + 3)(2x - 5)}{(2x - 5)(x + 4)}$

(g) $\dfrac{3x}{6x^3 - 15x^2 + 9x}$ (h) $\dfrac{4x^2 - 25y^2}{6x - 15y}$

2. (1) 不用计算器计算

(a) $\dfrac{4}{5} \times \dfrac{25}{28}$ (b) $\dfrac{2}{7} \times \dfrac{14}{25} \times \dfrac{5}{8}$ (c) $\dfrac{9}{16} \div \dfrac{3}{8}$

(d) $\dfrac{2}{5} \times \dfrac{1}{12} \div \dfrac{8}{25}$ (e) $\dfrac{10}{13} - \dfrac{12}{13}$ (f) $\dfrac{5}{9} + \dfrac{2}{3}$

(g) $2\dfrac{3}{5} + 1\dfrac{3}{7}$ (h) $5\dfrac{9}{10} - \dfrac{1}{2} + 1\dfrac{2}{5}$ (i) $3\dfrac{3}{4} \times 1\dfrac{3}{5}$

(j) $\dfrac{3}{5} \times \left(2\dfrac{1}{3} + \dfrac{1}{2}\right)$ (k) $\dfrac{5}{6} \times \left(2\dfrac{1}{3} - 1\dfrac{2}{5}\right)$ (l) $\left(3\dfrac{1}{3} \div 2\dfrac{1}{6}\right) \div \dfrac{5}{13}$

(2) 用计算器验证(1)部分的答案

3. 求下列分式的表达式

(a) $\dfrac{x^2 + 6x}{x - 2} \times \dfrac{x - 2}{x}$

(b) $\dfrac{1}{2} \div \dfrac{1}{x + 1}$

(c) $\dfrac{2}{xy} + \dfrac{3}{xy}$

(d) $\dfrac{x}{2} + \dfrac{x + 1}{3}$

(e) $\dfrac{3}{x} + \dfrac{4}{x + 1}$

(f) $\dfrac{3}{x} + \dfrac{5}{x^2}$

(g) $x - \dfrac{2}{x + 1}$

(h) $\dfrac{5}{x(x + 1)} - \dfrac{2}{x} + \dfrac{3}{x + 1}$

4. 解下列方程

(a) $5(2x + 1) = 3(x - 2)$

(b) $5(x + 2) + 4(2x - 3) = 11$

(c) $5(1 - x) = 4(10 + x)$

(d) $3(3 - 2x) - 7(1 - x) = 10$

(e) $9 - 5(2x - 1) = 6$

(f) $\dfrac{3}{2x + 1} = 2$

(g) $\dfrac{2}{x - 1} = \dfrac{3}{5x + 4}$

(h) $\dfrac{x}{2} + 3 = 7$

(i) $5 - \dfrac{x}{3} = 2$

(j) $\dfrac{5(x - 3)}{2} = \dfrac{2(x - 1)}{5}$

(k) $\sqrt{(2x - 5)} = 3$

(l) $(x + 3)(x - 1) = (x + 4)(x - 3)$

(m) $(x + 2)^2 + (2x - 1)^2 = 5x(x + 1)$

(n) $\dfrac{2x + 7}{3} = \dfrac{x - 4}{6} + \dfrac{1}{2}$

(o) $\sqrt{\dfrac{45}{2x - 1}} = 3$

(p) $\dfrac{4}{x} - \dfrac{3}{4} = \dfrac{1}{4x}$

5. Ariadne 2/3 的钱加上 Brian 5/7 的钱等于 Catriona 3/5 的钱。如果 Ariadne 有 2.40 美元，Catriona 有 11.25 美元，写出一个能用来求出 Brian 有多少美元的方程。解该方程

6. P 美元存在一个储蓄账户。年度复合利率为 $r\%$，n 年后储蓄账户金额 S 将是

$$S = P\left(1 + \dfrac{r}{100}\right)^n$$

(a) 求 $P = 2\,000$，$n = 5$，$r = 10$ 时的 S

(b) 求 $S = 65\,563.62$，$n = 3$，$r = 3$ 时的 P

(c) 求 $S = 7\,320.50$，$P = 5\,000$，$n = 4$ 时的 r

7. 解下列不等式

(a) $2x - 19 > 7x + 24$

(b) $2(x - 1) < 5(3x + 2)$

(c) $\dfrac{2x - 1}{5} \geqslant \dfrac{x - 3}{2}$

(d) $3 + \dfrac{x}{3} < 2(x + 4)$

(e) $x < 2x + 1 \leqslant 7$

8. 列出同时满足下列两个不等式的所有整数

$-7 \leqslant 2x < 6$ 和 $4x + 1 \leqslant x + 2$

9. (a) 化简

$$\dfrac{31x - 8}{(2x - 1)(x + 2)} - \dfrac{14}{x + 2}$$

（b）解方程

$$\frac{x+1}{8} = \frac{x+3}{4} - \frac{1}{2}$$

（c）化简不等式

$$(2x+1)(x-5) \leqslant 2(x+2)(x-4)$$

10. 化简

$$\frac{x^2}{x+1} \div \frac{2x}{x^2-1}$$

1.3　线性方程的图形

学习目标

学完本节，你应该能够：

● 在作图纸上描出给定坐标的点

● 通过找到直线上两点的坐标画出一条直线

● 用图解法解联立线性方程组

● 用直线的斜率和截距画出一条直线

考虑如图1—1所示的两条直线。水平线记作 x 轴，垂直线记作 y 轴。两条线的交点称为原点，用字母表示为 O 。这些线使我们能根据坐标 (x,y) 识别唯一的点 P 。第一个数 x 表示沿 x 轴的水平距离，第二个数 y 表示沿 y 轴的垂直距离。轴上的箭头表示每种情形下的正向。

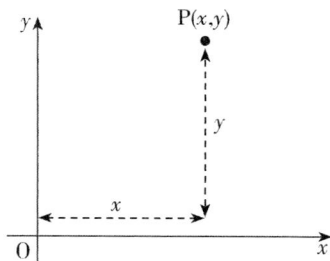

图 1—1

例题

描点 A(2,3)，B(−1,4)，C(−3，−1)，D(3，−2)，E(5,0)

解

坐标为(2,3)的 A 点通过从原点出发，先向右移动 2 单位，后垂直向上移动 3 单位得到。类似地，坐标为(−1,4)的 B 点位于 O 左边 1 单位（因为 x 坐标是负的）和向上 4 单位。这些点同 C(−3，−1)，D(3，−2)，E(5,0) 一起在图 1—2 中描出。

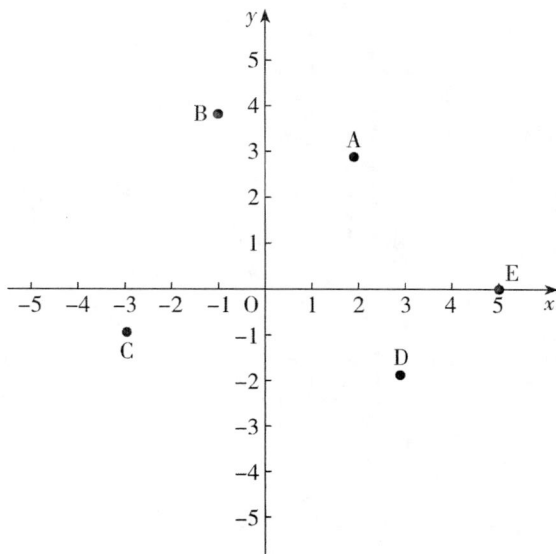

图 1—2

注意,由于 x 和 y 坐标都是负的,C 点位于第三象限。同样值得注意的是,E 点由于 y 坐标是零,事实上位于 x 轴上。同样,坐标形式为(0,y)的点位于 y 轴上。当然,坐标为(0,0)的点是原点 O。

习题

1. 在作图纸上描出下列点。你观察到什么?

$(2,5),(1,3),(0,1),(-2,-3),(-3,-5)$

经济学中,远不止在作图纸上描出一个个点这么简单。我们更愿意画出方程所表示的曲线并从中推出信息。本节我们将注意力限定于图形是直线的那些方程,更一般曲线的作图分析留到第 2 章。

习题 1 中,你注意到五个点 $(2,5),(1,3),(0,1),(-2,-3),(-3,-5)$ 都在一条直线上。事实上,该直线的方程为:

$$-2x + y = 1$$

x 和 y 的坐标满足该方程的任意点位于该直线上。例如,$(2,5)$ 位于该直线上,因为将 $x = 2$ 和 $y = 5$ 代入方程的左边,我们得

$$-2 \times 2 + 5 = -4 + 5 = 1$$

这正是方程的右边。其他点能类似地检验(表 1—1)。

表 1—1

点	检查	
$(1,3)$	$-2(1) + 3 = -2 + 3 = 1$	√
$(0,1)$	$-2(0) + 1 = 0 + 1 = 1$	√
$(-2,-3)$	$-2(-2) - 3 = 4 - 3 = 1$	√
$(-3,-5)$	$-2(-3) - 5 = 6 - 5 = 1$	√

直线方程的一般形式为：

$$\boxed{x \text{ 的数乘}} + \boxed{y \text{ 的数乘}} = \boxed{\text{常数}}$$

即对给定常数 d, e, f

$$dx + ey = f$$

因此,这样一个方程称为线性方程。数 d 和 e 称为系数。线性方程 $-2x + y = 1$ 的系数为 -2 和 1(y 的系数为 1,因为 1 可以看成 $1 \times y$)。

例题

判定下面哪些点位于直线 $5x - 2y = 6$ 上:
A$(0, -3)$,B$(2, 2)$,C$(-10, -28)$,D$(4, 8)$

解

$5 \times 0 - 2 \times (-3) = 0 - (-6) = 0 + 6 = 6$

$5 \times 2 - 2 \times 2 = 10 - 4 = 6$

$5 \times (-10) - 2 \times (-28) = -5 - (-56) = -50 + 56 = 6$

$5 \times 4 - 2 \times 8 = 20 - 16 = 4 \neq 6$

因此,A,B,C 点在直线上,但 D 点不在。

习题

2. 检查点

$(-1, 2), (-4, 4), (5, -2), (2, 0)$

都在直线 $2x + 3y = 4$ 上,在作图纸上画出该直线。点 $(3, -1)$ 在该直线上吗?

一般地,画一条数学方程表示的直线,算出直线上任意两点的坐标就够了。先在作图纸上画出这两点,然后用直尺画过它们的直线。找直线上一点坐标的一种方法是简单地选择一个 x 值代入方程,推出对应的 y 值。整个过程可以重复,通过选择另一个 x 值找到第二个点的坐标。

例题

画出直线

$$4x + 3y = 11$$

解

对第一个点,选择 $x = 5$。将它代入方程得

$4 \times 5 + 3y = 11$

$\quad 20 + 3y = 11$

现在的问题是对解该方程:

$3y = -9$ （两边减 20）

$\ y = -3$ （两边除以 3）

因此,直线上第一个点的坐标为 $(5, -3)$。

对第二个点,选择 $x = -1$。将它代入方程得

$$4 \times (-1) + 3y = 11$$
$$-4 + 3y = 11$$

该方程对 y 求解如下:

$$3y = 15 \quad (\text{两边加 } 4)$$
$$y = 5 \quad (\text{两边除以 } 3)$$

因此,$(-1,5)$ 在该直线上,现在直线能画在图纸上,如图 1—3 所示。

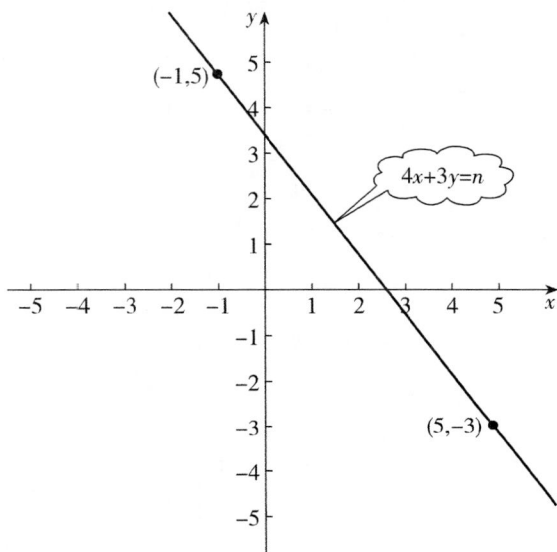

图 1—3

习题

3. 取第一个点 $x = 2$ 和第二个点 $x = -2$,求直线 $3x - 2y = 4$ 上两点的坐标。画出它的图形。

本例中,我们任意选取 x 的两个值,用直线方程求出对应的 y 值。选变量 x 并不是特定做法。我们完全可以选 y 值,解对 x 的方程。事实上,最容易的做法(依据涉及的计算量)是令 $x = 0$ 求 y,令 $y = 0$ 求 x。

例题

作直线 $2x + y = 5$ 的图形

解

令 $x = 0$,得

$$2(0) + y = 5$$
$$0 + y = 5$$
$$y = 5$$

因此(0,5)在直线上。

令 $y = 0$,得

$2x + 0 = 5$

$2x = 5$

$x = 5/2$　（两边除以 2）

因此(5/2,0)在直线上。

直线 $2x + y = 5$ 的图形画在图 1—4 中。注意这种方法用到的代数是多么容易。两点也更有意义。它们是直线与坐标轴的交点。

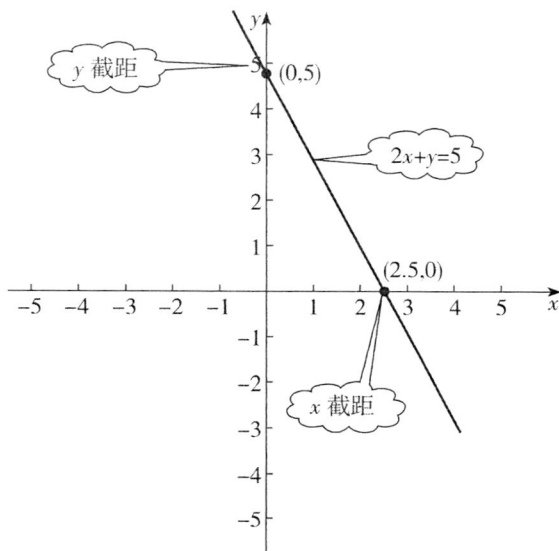

图 1—4

习题

4. 求直线 $x - 2y = 2$ 与坐标轴交点的坐标。作出它的图形。

经济学中,有时需要同时处理一个以上的方程。例如,在供求分析中我们对供给方程和需求方程两个方程感兴趣。两者包含相同变量 Q 和 P,因此将它们画在同一个图形中有意义。这使我们能够通过两条线的交点确定市场均衡数量和价格。我们将在 1.5 节转向供求分析。有许多经济学和商务研究场合需要确定交点的坐标。下面是说明确定交点的坐标的一般原理的一个简单的例题。

例题

求下列两条线的交点

$4x + 3y = 11$

$2x + y = 5$

解

在前面两个例题中,我们已经了解怎样作这两条直线。我们发现

$4x + 3y = 11$

过$(5, -3)$和$(-1, 5)$,

$2x + y = 5$

过$(0, 5)$和$(5/2, 0)$。

这两条直线都画在图1—5中,从中看出交点为$(2, 1)$。

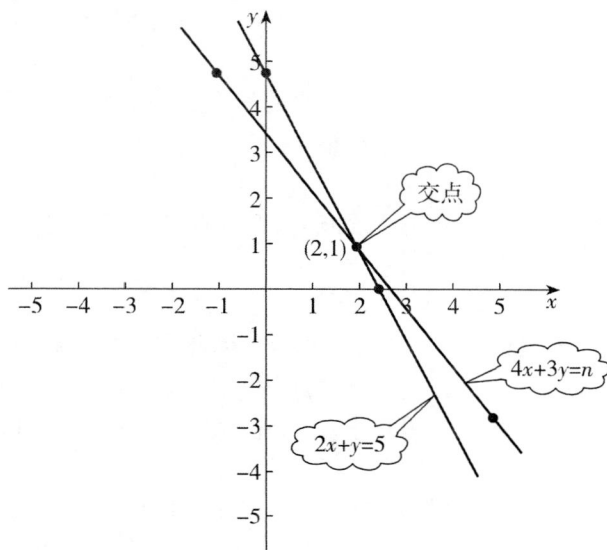

图1—5

通过检查$(2, 1)$是否位于两条直线上容易验证我们做对了。它位于$4x + 3y = 11$上,因为$4 \times 2 + 3 \times 1 = 8 + 3 = 11$,它位于$2x + y = 5$上,因为$2 \times 2 + 1 = 4 + 1 = 5$。基于此理,我们说$x = 2, y = 1$是联立线性方程组

$4x + 3y = 11$

$2x + y = 5$

的解。

习题

5. 求

$3x - 2y = 4$

$x - 2y = 2$

的交点。

(提示:你可能发现习题3和4的答案有用)

制作一个方程的精确图形通常没有必要。需要的是揭示一般形状的几个关键点或关键特征。可以证明,假如e非零,任意方程

$dx + ey = f$

能整理为特殊形式

$y = ax + b$

向你说明怎样实施这种整理的一道例题稍后给出。系数 a 和 b 特别重要,我们现在检查。作为特殊情形,考虑

$y = 2x - 3$

其中,$a = 2$ 和 $b = -3$。

当 x 取零时,y 的值为 $y = 2(0) - 3 = -3$

直线过 $(0, -3)$,因此 y 截距为 -3。这正是 b 的值。换句话说,常数项 b 代表 y 轴上的截距。

同样方法容易看出 x 的系数 a 决定直线的斜率。一条直线的斜率简单来说就是 x 值 1 单位增加引起的 y 值的变化。对方程

$y = 2x - 3$

我们选择 $x = 5$,增加 1 单位,增加到 $x = 6$。对应的 y 值则是

$y = 2(5) - 3 = 10 - 3 = 7$

$y = 2(6) - 3 = 12 - 3 = 9$

当 x 的值增加 1 单位时,y 的值增加 2 单位。因此直线的斜率为 2,这是 a 的值。直线的斜率沿整条线是固定的,因此它不受两点如何选取的影响。$x = 5$ 和 $x = 6$ 的特定选择完全是任意的。你可以通过选择另外两点,比如说 $x = 20$ 和 $x = 21$,重复前面的计算,使自己相信这一点。

直线 $y = 2x - 3$ 的图形如图 1—6 所示。作该图利用了截距是 -3 和沿水平方向移动 1 单位,向上移动 2 单位这些信息。本例中 x 的系数为正。这不是必需的。如果 a 是负的,那么对 x 增加对应的 y 下降,表明直线向下倾斜。如果 a 是零,那么方程为

$y = b$

表明 y 固定于 b,直线是水平的。三种情形如图 1—7 所示。

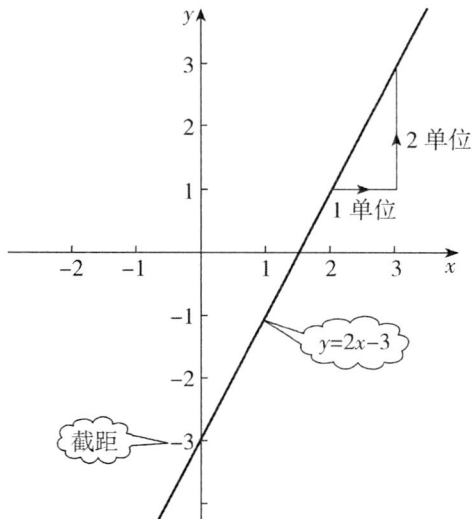

图 1—6

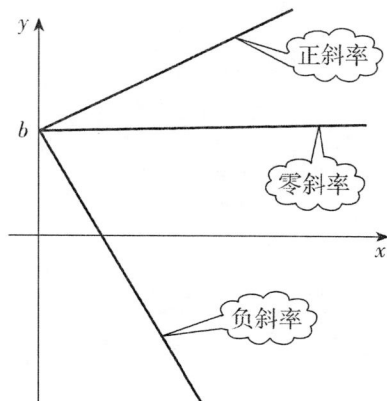

图 1—7

重要的是,为了用斜率－截距方法,必须将方程写成

$$y = ax + b$$

这种形式。如果线性方程不具备这种形式,通常进行简单整理就能将 y 分离出来置于方程左边,如下例所示。

例题

用斜率－截距方法画出直线 $2x + 3y = 12$

解

我们能通过减 $2x$ 消除方程

$$2x + 3y = 12$$

左边的 x 项。与通常做的一样,为了使方程相等,我们必须从方程右边也减 $2x$,得

$$3y = 12 - 2x$$

现在我们除以 3 得

$$y = 4 - \frac{2}{3}x$$

现在这是所要求的形式,$a = -2/3, b = 4$。该直线画在图 1—8 中。斜率为 $-2/3$ 意味着对沿水平方向每增加 1 单位,我们沿垂直方向向下 2/3 单位(或等价地,对沿水平方向每增加 3 单位,我们沿垂直方向向下 2 单位)。截距为 4 意味着直线过 $(0,4)$。

习题

6. 用斜率－截距方法画出直线

(a) $y = x + 2$

(b) $4x + 2y = 1$

网上资源说明怎样用 Excel 作图。Excel 的一个应用指南提供给那些不熟悉该软件的学生。资源包括基于本章材料的一些特别的例子以及让你做的习题。

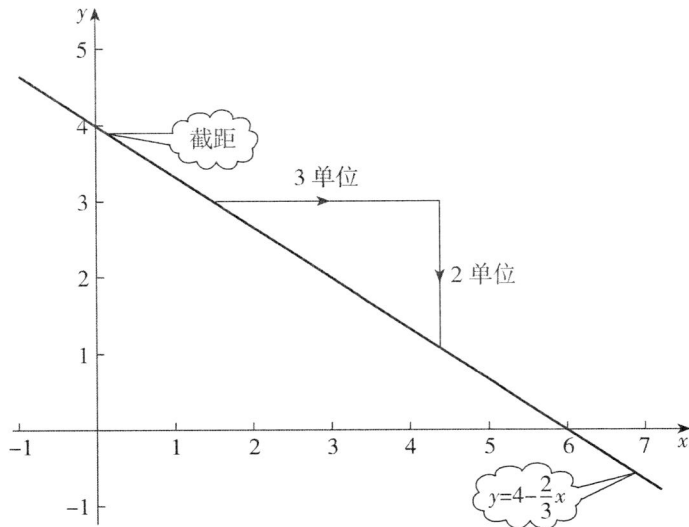

图 1—8

关键术语

Coefficient(系数):一个代数项中变量的数值乘数,如表达式 $4x + 7yz^2$ 中的数 4 和 7。

Coordinates(坐标):决定一个点相对数轴位置的数对。

Intercept(截距):图形与坐标轴的交叉点。

Linear equation(线性方程):形如 $dx + ey = f$ 的方程。

Origin(原点):坐标轴的交点。

Simultaneous linear equations(联立线性方程组):线性方程的集合,(通常)包含同样数目的方程和未知数。解由同时满足所有方程的未知数的值组成。

Slope of a line(直线的斜率):又称为梯度,它是 x 增加 1 单位所对应的 y 值的变化。

x axis(x 轴):从左到右的横轴。

y axis(y 轴):向上的纵轴。

练习题 1.3

1. 在作图纸上画 x 和 y 值在 -3 与 10 之间的坐标轴和下列各点

P(4,0),Q(−2,9),R(5,8),S(−1,−2)

求过 P 和 Q 的直线与过 R 和 S 直线的交点的坐标。

2. 用代入法确定下列点中哪些点在直线 $x + 4y = 12$ 上

A(12,0),B(2,2),C(4,2),D(−8,5),E(0,3)

3. 对直线 $3x − 5y = 8$

(a) 求 $y = 2$ 时 x 的值

(b) 求 $x = 1$ 时 y 的值

写出直线上两点的坐标。

4. 如果 $4x + 3y = 24$,完成下表,画出该直线

x	y
0	
	0
3	

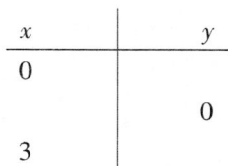

5. 图解法解下列联立线性方程组

(a) $-2x + y = 2$ (b) $3x + 4y = 12$ (c) $2x + y = 4$ (d) $x + y = 1$

    $2x + y = 4$ $x + 4y = 8$ $4x - 3y = 3$ $6x + 5y = 15$

6. 指出下列直线的斜率和 y 截距值

(a) $y = 5x + 9$ (b) $y = 3x - 1$ (c) $y = 13 - x$

(d) $-x + y = 4$ (e) $4x + 2y = 5$ (f) $5x - y = 6$

7. 用斜率 – 截距法画下列直线

(a) $y = -x$ (b) $x - 2y = 6$

练习题 1.3*

1. 下列各点中哪些位于直线 $3x - 5y = 25$ 上

$(5, -2), (10,1), (-5,0), (5,10), (-5,10), (0, -5)$

2. 图解法解下列联立线性方程组

(a) $y = 3x - 1$ (b) $2x + y = 6$ (c) $2x + 3y = 5$ (d) $3x + 4y = -12$

    $y = 2x + 1$ $x - y = -3$ $5x - 2y = -16$ $-2x + 3y = 25$

3. 指出下列直线的斜率和截距值

(a) $y = 7x - 34$ (b) $y = 1 - x$ (c) $3x - 2y = 6$ (d) $-4x + 2y = 5$

(e) $x - 5y = 0$ (f) $y = 2$ (g) $x = 4$

4. 从下列直线中找出两条平行直线

(a) $3x + 5y = 2$ (b) $5x - 3y = 1$ (c) $5x + 3y = 13$

(d) $10x - 6y = 9$ (e) $y = 0.6x + 2$

5. (a) Wonderful 移动电话公司每月收取 70 美元, 每分钟电话成本 0.50 美元。如果我一个月用电话 x 分钟, 写出总成本关于 x 的表达式

(b) 对 Fantastic 移动电话公司重复 (a) 部分, 它们每月收取 20 美元, 每分钟电话成本 1 美元

(c) 将两条直线画在同一图形中, 用图形求两个公司总成本相同的每月通话时间

6. (1) 证明: 当 $ae - bd = 0$ 时, 直线 $ax + by = c$ 与 $dx + ey = f$ 是平行的

(2) 用 (1) 部分的结果, 对如下联立方程组的解作出评论

  $2x - 4y = 1$

$-3x + 6y = 7$

7. 写出直线 $ax + by = c$ 与坐标轴相交的点的坐标

1.4 联立线性方程组的代数解法

学习目标

学完本节, 你应该能够:

- 用消元法解两个未知数的两联立线性方程组
- 判别什么情况下方程组无解
- 判别什么情况下方程组有无穷组解
- 用消元法解三个未知数的三联立线性方程组

1.3 节中,描述了联立线性方程组的图解法。两条直线画在同一图形中,交点的坐标简单地从图形中就能看出。不幸的是,该方法有几个缺陷。第一个缺陷,确定坐标轴的合适刻度不总是容易的。即使刻度可以将四个点(每条直线两个点)在图形上标出,也不能保证交点本身位于其上。当这种情况发生时,你没有替代选择,只能扔掉作图纸,希望选择适合的更小刻度,重新开始。第二个缺陷,涉及图解法的精度。1.3 节中的所有问题经过精心挑选,因此答案有好的数值,像 $-1, 2, 5$ 之类的整数,或差些,像 $\frac{1}{2}, 2\frac{1}{2}, -\frac{1}{4}$ 之类的简单分数。实际上,方程的系数也可能涉及小数,我们可能期望一个小数解。确实,即使系数是整数,解可能涉及讨厌的像 $\frac{7}{8}$ 甚至 $\frac{231}{571}$ 之类的分数。稍想片刻你就会认识到,在这些情况下,事实上不可能获得图形解,即使我们用很大的刻度和最尖的 HB 铅笔。最后一个缺陷,涉及问题本身的性质。经济学中相当常见,我们经常需要解三个未知数的三个方程或四个未知数的四个方程。不幸的是,图解法不能扩展到这些情形。

本节中,介绍建立在代数上的另一种求解方法。该方法称为消元法,由于求解过程的每个阶段消除一个(或多个)未知数。该方法总是得到精确解,适用于超过两个未知数两个方程的方程组。为了说明该法,我们回到前节考虑过的简单例题:

$$4x + 3y = 11 \tag{1}$$
$$2x + y = 5 \tag{2}$$

方程(1)中 x 的系数是 4,方程(2)中 x 的系数是 2。如果这些数变换成相同的,那么通过两个方程相减我们能消除变量 x。然而,我们通过第二个方程左边乘 2 就能实现。当然,为了使这种运算有效,我们必须记住第二个方程右边也乘 2。第二个方程变为

$$4x + 2y = 10 \tag{3}$$

现在从方程(1)中减方程(3)得 $y = 1$

你可以将这想成两个普通数相减的通常排列,即

$$\begin{array}{r} 4x+3y=11 \\ 4x+3y=10- \\ \hline y=1 \end{array}$$

你相减时消除 x

该数代入某个原方程推导 x。由方程(1)得

$$4x + 3 \times 1 = 11(代入 \ y - 1)$$
$$4x + 3 = 11$$
$$4x = 8(两边减 \ 3)$$
$$x = 2(两边除以 \ 4)$$

因此解为 $x = 2, y = 1$。作为检查,将解代入原方程(2)得

$$2 \times 2 + 1 = 5 \quad \checkmark$$

消元法总结如下：

第 1 步　从另一个方程的数乘中加或减一个方程的数乘消除 x

第 2 步　对 y 解第 1 步得出的方程

第 3 步　将 y 值代入某个原方程推出 x

第 4 步　将 x 和 y 值代入另一个原方程检查没有错误

例题

解方程组

$$3x + 2y = 1 \tag{1}$$
$$-2x + y = 2 \tag{2}$$

解

第 1 步　方程 (1) 和方程 (2) 中 x 的系数分别为 3 和 −2。我们能通过方程 (1) 乘 2 和方程 (2) 乘 3 实现方程 (1) 和方程 (2) 中 x 的系数相同（但符号相反）。新方程 x 的系数为 6 和 −6，因此这一次我们能通过将方程加到一起消除 x。详述如下。

第一个方程 2 倍得　　$6x + 4y = 2$ $\tag{3}$

第二个方程 3 倍得　　$-6x + 3y = 6$ $\tag{4}$

方程 (4) 加到方程 (3) 得

$$\begin{aligned} 6x+4y&=2 \\ -6x+3y&=6+ \\ \hline 7y&=8 \end{aligned} \tag{5}$$

你相加时消除 x

第 2 步　方程 (5) 两边除以 7 得

$y = 8/7$

第 3 步　如果 $y = 8/7$ 代入方程 (1)，那么

$$3x + 2\left(\frac{8}{7}\right) = 1$$

$$3x + \frac{16}{7} = 1$$

$$3x = 1 - \frac{16}{7} \qquad （两边减 16/7）$$

$$3x = \frac{7 - 16}{7} \qquad （置于公分母上）$$

$$3x = -\frac{9}{7}$$

$$x = \frac{1}{3} \times \left(-\frac{9}{7}\right) \qquad （两边除以 3）$$

$$x = -\frac{3}{7}$$

所以，解为 $x = -3/7$，$y = 8/7$。

第 4 步
作为检查,将解代入原方程(2)得

$$-2\left(-\frac{3}{7}\right)+\frac{8}{7}=\frac{6}{7}+\frac{8}{7}=\frac{6+8}{7}=\frac{14}{7}=2 \quad \checkmark$$

建议

在方法的一般描述中,我们建议第 1 步消除变量 x。这并没有什么特别之处。我们完全能在该步中消除 y 和在第 2 步中解出 x。

你可以用后一种策略解上面例题,你需要将方程(2)加倍然后从方程(1)中减去。

习题

1.(a)用消元法解方程组

$3x - 2y = 4$

$\ x - 2y = 2$

(b)用消元法解方程组

$\ \ 3x + 5y = \ \ 19$

$-5x + 2y = -11$

下面例题用来进一步熟悉方法和说明可能发生的某些特殊情形。

例题

解方程组

$\ x - 2y = \ \ 1$

$2x - 4y = -3$

解

第 2 步　变量通过第一个方程的 2 倍减第二个方程消除,得

$$\begin{array}{r} 2x-4y=\ 2 \\ 2x-4y=-3\ - \\ \hline 0=\ 5 \end{array}$$

消除 x 和 y

除数"$0 = 5$"完全无意义,是严重错误。为了理解此处出了什么问题,让我们试着用图解法解该问题。

直线 $x - 2y = 1$ 过点$(0,-1/2)$和$(1,0)$(检查这一点)。直线 $2x - 4y = -3$ 过点$(0,3/4)$和$(-3/2,0)$(检查这一点)。图 1—9 显示这两条直线平行不相交。因此我们用代数方法找不到解并不奇怪,因为该方程组无解。前面减方程时我们能推出这点。

第 2 步　只涉及 y 的方程可以写成

$0y = 5$

问题是求使该方程成立的 y 值。由于

$\boxed{零} \times \boxed{任意数} = \boxed{零}$

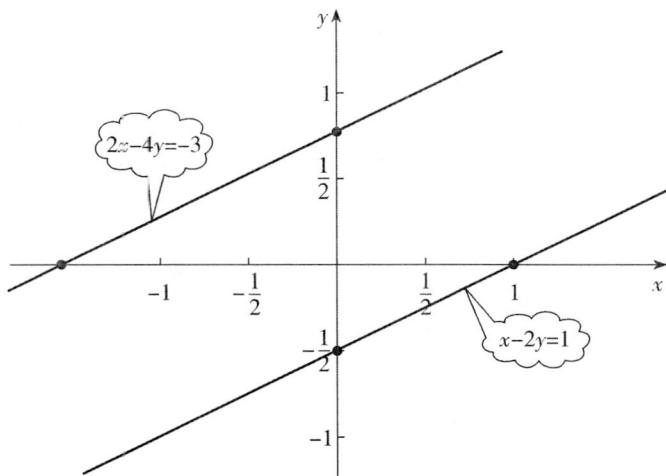

图 1—9

这样的数值不存在,因此原方程组无解。

例题

解方程组

$$2x - 4y = 1$$
$$5x - 10y = 5/2$$

解

第 1 步　第一个方程乘 5,第二个方程乘 2,然后相减消除变量 x 得

$$10x - 20y = 5$$
$$\underline{10x - 20y = 5}$$
$$0 = 0$$

消去包含右边的所有项

再次,容易用图形解释这种情形。直线 $2x - 4y = 1$ 过点 $(0, -1/4)$ 和 $(1/2, 0)$。直线 $5x - 10y = 5/2$ 过点 $(0, -1/4)$ 和 $(1/2, 0)$。所以,两个方程代表同一条直线。如图 1—10 所示,直线重合,直线上任意点都是解。这种特殊方程组有无穷多组解。这也能用代数方法推出。

第 2 步　涉及 y 的方程为

$$0y = 0$$

该方程对任意 y 值成立。

这些例题表明方程组能够有唯一解、无解、无穷组解。代数上,这能在第 2 步中发现。如果消除 x 后的方程看起来像

$$\boxed{任意非零数} \times \boxed{y} = \boxed{任意数}$$

方程组有唯一解,如果看起来像

$$\boxed{零} \times \boxed{y} = \boxed{任意非零数}$$

方程组无解,如果看起来像

$$\boxed{零} \times \boxed{y} = \boxed{零}$$

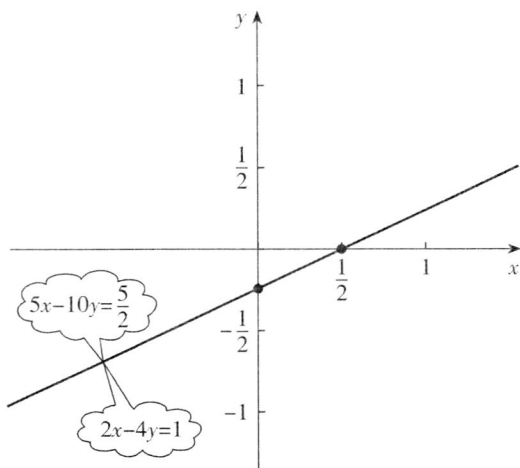

图 1—10

方程组有无穷组解。

有趣的是,注意在前面的两个例题中图解法多么省事。它们说明有用的图形如何帮助理解数学。

习题

2. 解下列方程组

(a) $3x - 6y = -2$ (b) $-5x + y = 4$

   $-4x + 8y = -1$ $10x - 2y = -8$

评论每种情形下解的特性。

我们现在说明代数法如何用来解三元线性方程组。如你所料,过程比二元线性方程组复杂,但原理相同。我们开始用一个简单例子说明一般方法。

考虑方程组

$$x + 3y - z = 4 \tag{1}$$
$$2x + y + 2z = 10 \tag{2}$$
$$3x - y + z = 4 \tag{3}$$

目标是求同时满足这些方程的三个数 x, y, z。我们先前的工作表明,我们应该从一个方程保留其余所有方程消除 x 开始。

方程(1)乘 2,减方程(2),从方程(2)中消除变量 x 得

$$\begin{array}{r} 2x + 6y - 2z = 8 \\ \underline{2x + y + 2z = 10} - \\ 5y - 4z = -2 \end{array} \tag{4}$$

类似地,方程(1)乘 3,减方程(3),从方程(3)中消除变量 x 得

$$\begin{array}{r} 3x + 9y - 3z = 12 \\ \underline{3x - y + z = 4} - \\ 10y - 4z = 8 \end{array} \tag{5}$$

在该阶段,方程(1)不变,方程(2)和方程(3)分别变为方程(4)和方程(5),因此

现在的方程组为

$$x + 3y - z = 4 \tag{1}$$
$$5y - 4z = -2 \tag{4}$$
$$10y - 4z = 8 \tag{5}$$

注意后两个方程构成 y 和 z 的二元方程组。当然,这是我们已经知道如何求解的一类问题。一旦求出 y 和 z,将它们代入方程(1)推出 x。

方程(4)乘 2,减方程(5),从方程(5)中消除变量 y 得

$$10y - 8z = -4$$
$$\underline{10y - 4z = 8} \; - \tag{6}$$
$$-4z = -12$$

将现在的方程集中到一起得

$$x + 3y - z = 4 \tag{1}$$
$$5y - 4z = -2 \tag{4}$$
$$-4z = -12 \tag{6}$$

由最后方程得

$$z = \frac{-12}{-4} = 3 \quad (\text{两边除以} -4)(\text{原书有误})$$

如果把结果代入方程(4),那么

$$5y - 4(3) = -2$$
$$5y - 12 = -2$$
$$5y = 10(\text{两边加 } 12)$$
$$y = 2(\text{两边除以 } 5)$$

最后,将 $y = 2$ 和 $x = 3$ 代入方程(1)得

$$x + 3(2) - 3 = 4$$
$$x + 3 = 4$$
$$x = 1(\text{两边减 } 3)$$

因此解为 $x = 1, y = 2, z - 3$。

像通常做法一样,将解代回原方程(1),方程(2),方程(3)检查答案是可能的:

$$1 + 3(2) - 3 = 4 \quad \sqrt{}$$
$$2(1) + 2 + 2(3) = 10 \quad \sqrt{}$$
$$3(1) - 2 + 3 = 4 \quad \sqrt{}$$

一般策略总结如下:

考虑方程组

$$? \, x + ? \, y + ? \, z = ?$$
$$? \, x + ? \, y + ? \, z = ?$$
$$? \, x + ? \, y + ? \, z = ?$$

其中,? 表示数值系数。

第 1 步 第二个和第三个方程的倍数中加或减第一个方程的倍数消除 x。得到新的方程组

$$? \ x \ +? \ y \ +? \ z = ?$$
$$? \ y \ +? \ z = ?$$
$$? \ y \ +? \ z = ?$$

第 2 步　第三个方程的倍数中加或减第二个方程的倍数消除 y。得到新的方程组

$$? \ x \ +? \ y \ +? \ z = ?$$
$$? \ y \ +? \ z = ?$$
$$? \ z = ?$$

第 3 步　对 z 解最后方程。将 z 值代入第二个方程推出 y。最后,将 y 和 z 的值代入第一个方程推出 x。

第 4 步　将 x, y, z 值代入原方程检查没有错误。

采用与上面建议不同的策略是可能的。例如,第 2 步最后方程中消除 z 比 y 可能更方便。然而,重要的是要注意到,我们用第二个方程而不用第一个方程。第 2 步中用第一个方程的任何企图会将变量 x 重新引入方程,那是我们最后要做的。

例题

解方程组

$$4x + y + 3z = 8 \tag{1}$$
$$-2x + 5y + z = 4 \tag{2}$$
$$3x + 2y + 4z = 9 \tag{3}$$

解

第 1 步　为了从第二个方程中消除 x,我们对它乘 2,然后加方程(1) 得

$$4x + y + 3z = \ 8$$
$$\underline{-4x + 10y + 2z = \ 8} + \tag{4}$$
$$11y + 5z = 16$$

为了从第三个方程中消除 x,方程(1) 乘 3,方程(3) 乘 4,然后相减得

$$12x + 3y + 9z = \ 24$$
$$\underline{12x + 8y + 16z = \ 36} - \tag{5}$$
$$-5y - 7z = -12$$

得到新的方程组

$$4x + y + 3 = \ 8 \tag{1}$$
$$11y + 5z = \ 16 \tag{4}$$
$$-5y - 7z = -12 \tag{5}$$

第 2 步　为了从新的第三个方程(即方程(5))中消除 y,方程(4) 乘 5,方程(5) 乘 11,然后相加得

$$55y + 25z = \ 80$$
$$\underline{-55y - 77z = -132} + \tag{6}$$
$$-52z = -52$$

得到新的方程组

$$4x + y + 3z = \quad 8 \tag{1}$$
$$11y + 5z = \quad 16 \tag{4}$$
$$-52z = -52 \tag{6}$$

第 3 步 由最后方程得

$$z = \frac{-52}{-52} = 1 \quad (两边除以 -52)$$

如果这代入方程(4),那么

$$11y + 5(1) = 16$$
$$11y + 5 = 16$$
$$11y = 11 \quad (两边减 5)$$
$$y = 1 \quad (两边除以 11)$$

最后,将 $y = 1$ 和 $z = 1$ 代入方程(1)得

$$4x + 1 + 3(1) = 8$$
$$4x + 4 = 8$$
$$4x = 4 \quad (两边减 5)$$
$$x = 1 \quad (两边除以 4)$$

因此解为 $x = 1, y = 1, z = 1$。

第 4 步 作为检查,代入原方程(1),方程(2),方程(3)得

$$4(1) + 1 + 3(1) = 8 \quad \checkmark$$
$$-2(1) + 5(1) + 1 = 4 \quad \checkmark$$
$$3(1) + 2(1) + 4(1) = 9 \quad \checkmark$$

习题

3. 解如下方程组:

$$2x + 2y - 5z = -5 \tag{1}$$
$$x - y + z = \quad 3 \tag{2}$$
$$-3x + y + 2z = -2 \tag{3}$$

如你所料,三元线性方程组无解或有无穷组解是可能的。练习题1.4* 中第4题对此给出了一个说明。本节说明的方法显然可以扩展到更大的方程组。然而,手工计算是极端繁琐的。幸运的是,有许多能精确高效求解大型方程组的计算机软件包可用(几秒钟能解 10 000 元方程组)。

建议

我们在第7章回到解联立线性方程组,到时我们说明如何用矩阵理论解方程组。这不依赖本书后面的各章,因此你可以现在看这些材料。给出了两种技术:一是基于7.2节介绍的逆矩阵,二是是第7.3节介绍的克莱姆法则。

关键术语

Elimination method(消元法):通过将一个方程的倍数与另一个方程的倍数相加减从方程组中移除变量的方法。

练习题 1.4

1. 用消元法解下列联立线性方程组

(a) $-2x + y = 2$ (b) $3x + 4y = 12$ (c) $2x + y = 4$ (d) $x + y = 1$

     $2x + y = -6$ $x + 4y = 8$ $4x - 3y = 3$ $6x + 5y = 15$

2. 将下列直线画在同一图形中

$2x - 3y - 6, 4x - 6y = 18, x - \dfrac{3}{2}y = 3$

评论下列方程组解的特征

(a) $2x - 3y = 6$ (b) $4x - 6y = 18$

     $x - \dfrac{3}{2}y = 3$ $x - \dfrac{3}{2}y = 3$

3. 用消元法解下列方程组,评论每种情况下解的特征

(a) $-3x + 5y = 4$ (b) $6x - 2y = 3$

     $9x - 15y = -12$ $15x - 5y = 4$

4. 如果如下线性方程组有无穷组解,求 k 的值

    $6x - 4y = 2$

   $-3x + 2y = k$

练习题 1.4*

1. 解下列联立方程组

(a) $y = 3x - 1$ (b) $2x + y = 6$ (c) $2x + 3y = 5$ (d) $3x + 4y = -12$

     $y = 2x + 1$ $x - y = -3$ $5x - 2y = -16$ $-2x + 3y = 25$

2. 对每个方程组写出 a 和 b 可能取值的集合

(a) $2x + 3y = 4$ 无穷组解

     $ax + 6y = b$

(b) $4x - 6y = 1$ 无解

     $2x + ay = b$

3. 解下列方程组

(a) $x - 3y + 4z = 5$ (1)   (b) $3x + 2y - 2z = -5$ (1)

     $2x + y + z = 3$ (2) $4x + 3y + 3z = 17$ (2)

     $4x + 3y + 5z = 1$ (3) $2x - y + z = -1$ (3)

4. 解下列方程组,评论每种情况下解的特征

(a) $x - 2y + z = -2$ (1)   (b) $2x + 3y - z = 13$ (1)

     $x + y - 2z = 4$ (2) $x - 2y + 2z = -3$ (2)

   $-2x + y + z = 12$ (3) $3x + y + z = 10$ (3)

5. 如果如下线性方程组有无穷组解,求 k 的值

$$x + 2y - 5z = 1$$
$$2x - y + 3z = 4$$
$$4x + 3y - 7z = k$$

对 k 的其他值,你能说出解的特征吗?

1.5 供求分析

学习目标

学完本节后,你应该能够:

● 用函数符号 $y = f(x)$
● 了解经济学模型中的内生变量与外生变量
● 了解和画出线性需求函数
● 了解和画出线性供给函数
● 用图解法和代数法确定单一商品市场的均衡价格和数量
● 通过解联立线性方程组确定多个商品市场的均衡价格和数量

微观经济学涉及单个公司和市场的经济学原理和政策的分析。本节我们专注于供求平衡 —— 市场均衡这一特定方面。我们阐述了前两节介绍的数学如何用于计算均衡价格和数量。然而,在我们做这些之前,解释函数概念是有用的。函数的思想是数学在经济学中所有应用的核心。

一个函数是对每个输入的 x 指派一个唯一的确定的输出 y 的规则。一个函数可以想成是做特定算术计算的"黑匣子"。作为一个例子,考虑规则"加倍后加 3"。该法则对两个特殊输入数 5 和 -17 的影响如图 1—11 所示。

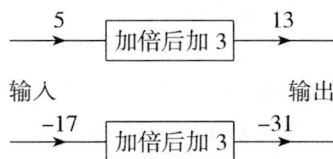

图 1—11

不幸的是,这样表示是相当不方便的。然而,有两种更简洁的表示该规则的方法。我们写成

$$y = 2x + 3 \text{ 或 } f(x) = 2x + 3$$

由于我们前面的工作,第一个你是熟悉的,对应任意输入的数 x,右边告诉你对 x 做怎样的处理生成输出数 y。第二个符号也是有用的。它的优点包括用于命名法则的标记 f。比如说,在经济学理论中有两个或多个函数,我们能用不同的标记标识每一个。例如,第二个函数可以写为

$$g(x) = -3x + 10$$

我们随后简单地通过它们的名称即 f 或 g 识别相应的函数。

新符号也使图 1—11 传递的信息能够写为

$$f(5) = 13 \qquad\qquad f(-17) = 31$$

括号内的数是输入值 x,右边是对应的输出值 y。

例题

（a）如果 $f(x) = 2x^2 - 3x$,求 $f(5)$ 的值。

（b）如果 $g(Q) = \dfrac{3}{5 + 2Q}$,求 $g(2)$ 的值。

解

（a）将 $x = 5$ 代入 $2x^2 - 3x$ 得

$$
\begin{aligned}
f(5) &= 2 \times 5^2 - 3 \times 5 \\
&= 2 \times 25 - 3 \times 5 \\
&= 50 - 15 \\
&= 35
\end{aligned}
$$

（b）尽管字母 Q 代替了 x,程序是相同的:

$$g(2) = \frac{3}{5 + 2 \times 2} = \frac{3}{9} = \frac{1}{3}$$

习题

1. 对两个函数

$$f(x) = -2x + 50$$

$$g(x) = -\tfrac{1}{2}x + 25$$

计算

（a）$f(25)$　　（b）$f(1)$　　（c）$f(17)$　　（d）$g(0)$　　（e）$g(48)$　　（f）$g(16)$

你注意到 f 与 g 之间有关系吗?

输入变量和输出变量分别称为自变量和因变量。y 值明显依赖于输入函数的 x 的实际值。例如,微观经济学中,一种商品的需求量 Q 依赖于市场价格 P。我们可以将其表示为

$$Q = f(P)$$

这样一个函数称为需求函数。给定 $f(P)$ 的任意特定公式,在图形纸上作对应的需求曲线的图形则是一件简单的事情。然而,在如何作图上,数学家与经济学家在观点上有差别。如果你的定量方法教员是数学家,那么他或她可能将 Q 画在纵轴上,P 画在横轴上。而经济学家通常相反,将 Q 画在横轴上。这样做的过程中,我们注意到既然 Q 与 P 相关,那么反过来,P 必然与 Q 相关,因此有如下形式的函数

$$P = g(Q)$$

两个函数 f 和 g 说成是反函数,即 f 是 g 的反函数,等价地,g 是 f 的反函数。我们在本书中用经济学家的方法。在后面各章,我们将研究如总收益、平均成本、利润等其他

微观经济学函数。这些函数对 Q 作图（Q 为横轴）是惯例,本书用同样做法对保持一致是有意义的。

写成形式 $P = g(Q)$,需求函数告诉我们 P 是 Q 的函数,但没有告诉我们这两个变量精确关系的信息。为了找到这种关系,我们必须知道来自经济学理论或经验证据的函数的形式。现在,我们假设函数是线性的,因此,用某些适当的常数（称为参数）a 和 b,则有

$$P = aQ + b$$

当然,现实中,价格与数量之间的关系可能复杂得多。然而,用线性函数使数学漂亮、容易,分析的结果至少是对现实的一种初步的近似。识别现实世界的关键特征,做适当的简化和假设的过程称为建模。模型基于经济学规律,有助于解释和预测现实世界情形下的行为。不可避免,数学容易与模型精度之间有冲突。模型越接近现实,数学可能越复杂。

典型的线性需求函数的图形如图 1—12 所示。初等原理表明,商品价格增加需求通常下降,因此直线的斜率是负的。数学上,P 则说成是 Q 的递减函数。

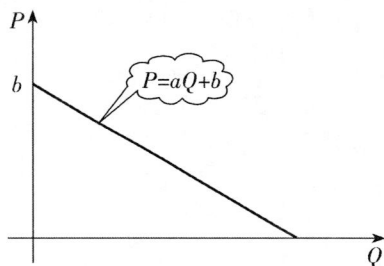

图 1—12

用符号表示,$a < 0$,读 a 小于0。图形上看,明显地,截距 b 是正的:即 $b > 0$,读 b 大于0。事实上,$a = 0$,需求曲线是水平的,这在理论上是可能的。这对应完全竞争,第4章我们将回到这种特殊情形。

例题

作需求函数 $P = -2Q + 50$ 的图形,用图形确定下列值
（a）$Q = 9$ 时的 P （b）$P = 10$ 时的 Q

解

对需求函数 $P = -2Q + 50$,$a = -2$,$b = 50$,因此直线斜率为 -2 截距为50。对沿水平方向每增加1单位,直线下降2单位,因此直线与横轴交叉于 $Q = 25$（另一种方法是注意到,当 $P = 0$ 时,方程为 $0 = -2Q + 50$,解为 $Q = 25$）。图形如图 1—13 所示。

（a）给定任意数量 Q,用图形找到对应的价格 P 是简单的。垂直向上画一条直线,直到它与需求曲线相交,从纵轴上读出 P 值。从图 1—13 中我们看出,当 $Q = 9$ 时 $P = 32$。这也能够通过将 $Q = 9$ 直接代入需求函数求出,得

$$P = -2 \times 9 + 50 = 32$$

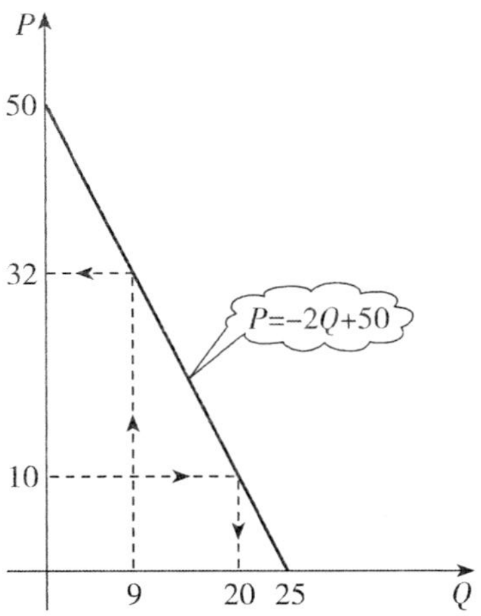

图1—13

（b）相反过程使我们能够在已知 P 的情况下计算 Q。沿水平方向画一条直线，直到它与需求曲线相交，从横轴上读出 Q 值。图1—13表明 $P = 10$ 时 $Q = 20$。这能够通过计算求出。如果 $P = 10$，那么方程为

$$10 = -2Q + 50$$
$$-40 = -2Q \qquad （两边减 50）$$
$$20 = Q \qquad （两边除以 -2）$$

习题

2. 作需求函数 $P = -3Q + 75$ 的图形，用图形或其他方法确定下列值

（a）$Q = 23$ 时的 P　　　　　　（b）$P = 18$ 时的 Q

至今给出的消费者需求模型是相当初级的，因为它假设数量仅依赖于所考虑商品的价格 P。实际上，Q 也依赖其他因素。这些因素包括消费者的收入 Y、替代品的价格 P_s、互补品的价格 P_c、广告支出 A、消费者的口味 T。替代品是能够代替所考虑商品消费的商品。例如，在交通工业，公共汽车与出租车在城市显然能够相互替代。互补品是与其他商品一起使用的商品。例如，音乐唱片与音响系统一起消费。数学上，我们说 Q 是 P, Y, P_s, P_c, A, T 的函数。写为

$$Q = f(P, Y, P_s, P_c, A, T)$$

其中，括号内的变量用逗号分开。按"黑匣子"图，用六条输入线一条输出线表示，如图1—14所示。在我们前面的讨论中，隐含假定变量 Y, P_s, P_c, A, T 保持固定。我们通过称 Q 和 P 是内生变量描述这种情形，因为它们可以变化并由模型内决定。其余变量称为外生变量，因为它们是常数并由模型外决定。

现在让我们回到图1—15中直线 EF 表示的标准的需求曲线。这建立在 Y, P_s, P_c, A, T 都是常数的假设的基础上。注意到当价格是 P^* 时，需求量是 Q_1。现在假设收入 Y 增加。我们正常预期需求增加，因为增加的收入以价格 P^* 买更多的商品。效应是将需求曲线向右移动，因为以价格 P^* 消费者能买得起更多的商品 Q_2。由图1—15我们推断，如果需求曲线为

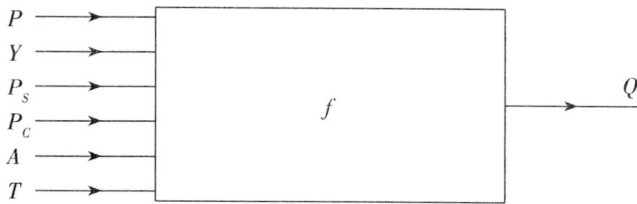

图 1—14

$$P = aQ + b$$

那么收入增加导致截距 b 增加。

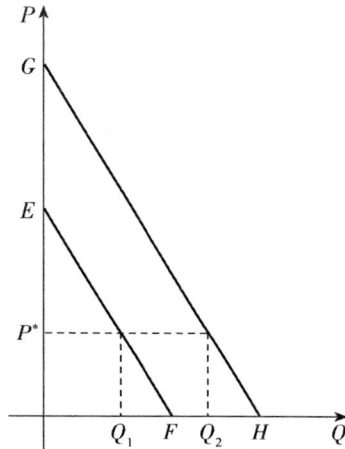

图 1—15

我们得到结论：如果某个外生变量变化，那么整条需求曲线移动；而如果某个内生变量变化，则简单地沿固定曲线移动。

顺便说一句，对某些商品，可能收入增加事实上引起需求曲线向左移动。在 20 世纪 60 年代和 70 年代，大多数西方经济出现了煤的国内消费的下降，这是收入增加的结果。在这种情况下，更多的财富意味着更多的人有能力安装用其他形式能源的集中供暖系统。这些情形下的商品称为劣等品。另一方面，优等品是随着收入增加需求增加的商品。小汽车和电子产品明显是优等品的例子。当前，关注全球变暖也降低了对煤的需求。该因素属于感受，但是，由于实际上不可能量化感受和从数值上定义感受，所以难以用数学表达感受。

供给函数是生产者计划投放市场商品的数量 Q 与商品的价格 P 之间的关系。典型的线性供给曲线如图 1—16 所示。经济学理论表明，随着价格增加，供给增加。数学上，P 则说成是 Q 的递增函数。价格增加，鼓励在位的生产者提高产出，激励新公司进入市场。图 1—16 所示的直线方程为

$$P = aQ + b$$

斜率 $a > 0$，截距 $b > 0$。注意市场价格等于 b 时供给为零。仅当价格超过该临界水平，生产者才认为值得供给无论什么商品。

再次，这是对真实世界发生情况的简化。供给函数不一定是线性的，供给量 Q 受价

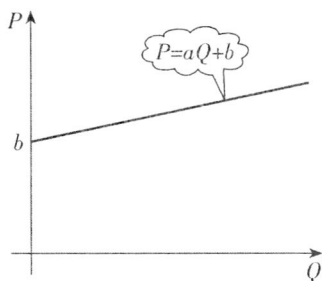

图 1—16

格之外的因素的影响。这些外生变量包括：生产要素（土地、资本、劳动、企业家）的价格、其他商品可获得的利润、技术。

微观经济学中，我们考虑供给与需求的相互作用。图 1—17 在同一图形中展示了典型的供求曲线。特别重要的是交点。在该点市场是均衡的，因为供给量刚好等于需求量。对应的价格 P_0 和数量 Q_0 称为均衡价格和数量。

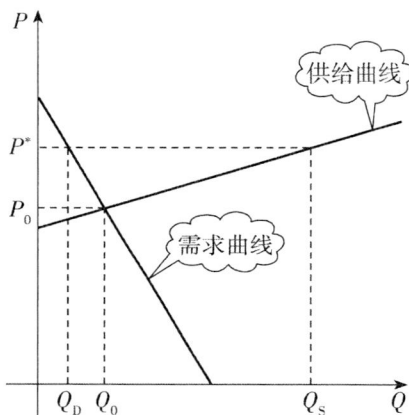

图 1—17

实际上，市场价格经常偏离我们最感兴趣的均衡价格。假设市场价格 P^* 超过均衡价格 P_0。由图 1—17，供给量 Q_S 大于需求量 Q_D，因此出现过度供给。未销售商品的存货倾向于压低价格，导致公司削减生产。这种效应是市场力量使市场向回归均衡变化。同理，如果市场价格下降到均衡价格以下，那么需求超过供给。短缺推动价格向上和激励公司生产更多商品，市场向回归均衡变化。

例题

商品的需求和供给函数为

$P = -2Q_D + 50$

$P = \frac{1}{2}Q_S + 25$

其中，P, Q_D, Q_S 分别表示价格、需求量、供给量。

（a）确定均衡价格和数量。

（b）如果政府决定对每件商品加收 5 美元的固定税，分析对市场均衡的影响。

解

（a）需求曲线已经画在图 1—13 中。对供给函数

$P = \frac{1}{2}Q_S + 25$

我们有 $a = 1/2$，$b = 25$，因此直线斜率为 $1/2$，截距为 25。所以直线过$(0,25)$。对第二个点，让我们选择 $Q_S = 20$。对应的 P 值为

$P = \frac{1}{2}(20) + 25 = 35$

因此直线还过$(20,35)$。现在描出点$(0,25)$与$(20,35)$，然后画出供给曲线。图 1—18 显示了作在同一图形中的需求和供给曲线。交点坐标为$(10,30)$，因此均衡数量为 10，均衡价格为 30。

用代数法计算这些值是可行的。均衡时，$Q_D = Q_S$。如果该共同值用 Q 表示，那么需求与供给方程变为

$P = -2Q + 50$ 与 $P = \frac{1}{2}Q + 25$（原书有误）

这是两个未知数 P 和 Q 的联立方程组，因此能用前面章节介绍的消元法求解。然而，这不是严格需要的，因为上面方程两边等于 P，我们可以立即得

$-2Q + 50 = \frac{1}{2}Q + 25$

为了计算 Q，整理得：

$-2\frac{1}{2}Q + 50 = 25$ （两边减 $\frac{1}{2}Q$）

$-2\frac{1}{2}Q = -25$ （两边减 50）

$Q = 10$ （两边除以 $-2\frac{1}{2}$）

最后，P 能通过将 $Q = 10$ 代入任意原方程求出。

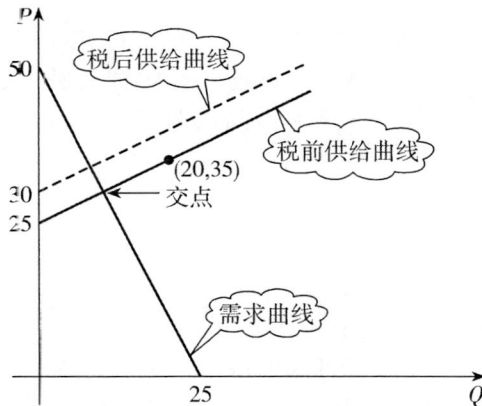

图 1—18

由需求方程得

$P = -2 \times 10 + 50 = 30$

作为检查，由供给方程得

$P = \frac{1}{2}(10) + 25 = 30$ $\checkmark$

（b）如果政府在每件商品上加 5 美元的固定税，那么公司实际上从每件商品销售中收到的货币是消费者支付量 P 减 5 美元税：即，$P - 5$。数学上，该问题能通过在供给

方程中用 $P-5$ 替代 P 解决,得新的供给方程

$P-5 = \frac{1}{2}Q_S + 25$

即 $P = \frac{1}{2}Q_S + 30$

其余计算步骤与前面一样。均衡时,$Q_D = Q_S$。再次设这个共同值为 Q 得

$P = -2Q + 50$

$P = \frac{1}{2}Q + 30$

因此

$-2Q + 50 = \frac{1}{2}Q + 30$

与前面一样求解得 $Q = 8$。代入任意原方程得 $P = 34$(详细检查)。

图中,税的引入使供给曲线向上移动5单位。显然需求曲线不变。图1—18上虚线代表新的供给曲线,从上面可以看出,新的均衡数量为8,均衡价格为34。注意政府税收对市场均衡价格的影响。市场均衡价格增加到34美元,不是所有的税转嫁到消费者头上。消费者每件商品额外支付4美元,剩下1美元的税由公司支付。

习题

3. 商品的需求和供给函数为

$P = -4Q_D + 120$

$P = \frac{1}{3}Q_S + 29$

其中,P, Q_D, Q_S 分别表示价格、需求量、供给量。

(a)计算均衡价格和数量。

(b)计算对每件商品加13美元的固定税后新的均衡价格和数量?谁付税?

网上资源说明怎样用 Excel 求出增加固定税时的均衡价格和数量。

我们用考虑供给和需求的一个更现实的模型来结束本节,该模型考虑了替代品和互补品。让我们假设相互关联的市场上有两种商品,我们称之为商品1和商品2。对每种商品的需求依赖于两种商品的价格。如果对应的需求函数是线性的,那么

$Q_{D_1} = a_1 + b_1 P_1 + c_1 P_2$

$Q_{D_2} = a_2 + b_2 P_1 + c_2 P_2$

其中,P_i 和 Q_{D_i} 表示商品 i 的价格和需求量,a_i, b_i, c_i 是参数。对第一个方程,$a_1 > 0$,因为当两种商品的价格为零时需求为正。$b_1 < 0$,因为商品的需求随它的价格提高而下降。c_1 的符号依赖取决于商品的特性。如果商品是可替代的,那么商品2价格增加意味着消费者将从商品2转向商品1,导致 Q_{D_1} 增加。替代品以正的 c_1 为特征。另一方面,如果商品是互补的,那么每种商品价格提高导致需求下降,因此 c_1 是负的。类似结果适用于 a_2, b_2, c_2 的符号。两商品市场模型均衡价格和数量计算在下面例题中说明。

例题

两种相互依赖商品的需求和供给函数为

$Q_{D_1} = 10 - 2P_t + P_2$

$$Q_{D_1} = 5 + 2P_1 - 2P_2$$

$$Q_{S_1} = -3 + 2P_1$$

$$Q_{S_2} = -2 + 3P_2$$

其中,Q_{D_i},Q_{S_i},P_i 分别表示商品 i 的需求量、供给量、价格。请确定该两商品模型的均衡价格和数量。

解

我们知道在均衡状态每种商品的供给量等于需求量,因此

$$Q_{D_1} = Q_{S_1}, Q_{D_2} = Q_{S_2}$$

让我们将这些共同值分别记为 Q_1 与 Q_2。商品 1 的需求和供给方程则变为

$$Q_1 = 10 - 2P_1 + P_2$$

$$Q_1 = -3 + 2P_1$$

由于两边等于 Q_1,匦此

$$10 - 2P_1 + P_2 = -3 + 2P_1$$

通过将所有包含未知数的项集中到左边,常数项移到右边,简单整理方程是有意义的:

$$10 - 4P_1 + P_2 = -3 \quad (两边减 2P_1)$$

$$-4P_1 + P_2 = -13 \quad (两边减 10)$$

我们能对商品 2 进行类似处理。因为均衡时 $Q_{D_2} = Q_{S_2} = Q_2$,需求和供给方程变为

$$Q_2 = +52P_1 - 2P_2$$

$$Q_2 = -2 + 3P_2$$

因此

$$5 + 2P_1 - 2P_2 = -2 + 3P_2$$

$$5 + 2P_1 - 5P_2 = -2 \quad (两边减 3P_2)$$

$$2P_1 - 5P_2 = -7 \quad (两边减 5)$$

所以,我们已经证明均衡价格 P_1 与 P_2 满足联立线性方程组

$$-4P_1 + P_2 = -13 \tag{1}$$

$$2P_1 - 5P_2 = -7 \tag{2}$$

该方程组能用消元法解。下面步骤 1.4 节说明过。我们进行如下:

第 1 步　方程(2)的 2 倍加到方程(1)得

$$-4P_1 + P_2 = -13$$

$$4P_1 - 10P_2 = -14 + \tag{3}$$

$$\overline{\quad\quad -9P_2 = -27}$$

第 2 步　方程(3)两边除以 -9 得 $P_2 = 3$

第 3 步　如果将 $P_2 = 3$ 代入方程(1),那么

$$-4P_1 + 3 = -13$$

$$-4P_1 = -16 \quad (两边减 3)$$

$$P_1 = 4 \quad (两边除以 -4)$$

第 4 步 作为检查,由方程(2)得

$2(4) - 5(3) = -7$ √

因此,$P_1 = 4$,$P_2 = 3$。

最后,均衡数量通过将这些值代回原供给方程推出。对商品 1

$Q_1 = -3 + 2P_1 = -3 + 2(4) = 5$

对商品 2

$Q_2 = -2 + 3P_2 = -2 + 3(3) = 7$

检查一下,由需求方程得

$Q_1 = 10 - 2P_1 + P_2 = 10 - 2(4) + 3 = 5$ ✓

$Q_2 = 5 + 2P_1 - 2P_2 = 5 + 2(4) - 2(3) = 7$ ✓

习题

4. 两种相互依赖商品的需求和供给函数为

$Q_{D_1} = 40 - 5P_1 - P_2$

$Q_{D_2} = 50 - 2P_1 - 4P_2$

$Q_{S_1} = -3 + 4P_1$

$Q_{S_2} = -7 + 3P_2$

其中,Q_{D_i},Q_{S_i},P_i 分别表示商品 i 的需求量、供给量、价格。请确定该两商品模型的均衡价格和数量。这些商品是可替代的还是互补的?

对两商品市场均衡价格和数量能够通过解二元联立方程组解出。完全相同的程序适用三商品市场,它需要解三元联立方程组。

建议

练习题 1.5^* 中问题 6 给出了一个三商品模型的例子。

其他方法和进一步的例子在第 7 章中说明。一般地,对 n 种商品,必须解 n 元方程组,如 1.4 节所指出的,无论 n 多大,最好用计算机软件包处理。

关键术语

Complementary goods(互补品):一起消费的一对商品。随着每种商品的价格上升,两种商品的需求下降。

Decreasing function(递减函数):x 增加 y 下降的函数 $y = f(x)$。

Demand function(需求函数):需求量与影响需求的各种因素(包括价格)之间的关系。

Dependent variable(因变量):值由自变量决定的变量,在 $y = f(x)$ 中,y 是因变量。

Endogenous variable(内生变量):值是在模型内决定的变量。

Equilibrium (market)(均衡(市场)):供给量与需求量相等的状态。

Exogenous variable(外生变量):值是在模型外决定的变量。

Function(函数):对每个输入的 x 值指派唯一确定输出 y 值的规则。

Increasing function(递增函数):x 增加 y 增加的函数 $y = f(x)$。

Independent variable(自变量):值决定因变量的变量,在 $y = f(x)$ 中,x 是自变量。

Inferior good(劣等品):随收入增加需求下降的商品。

Inverse function(反函数):与已知函数 f 效应相反的函数,记为 f^{-1},因此,当 $y = f(x)$ 时,$x = f^{-1}(y)$。

Modelling(建模):表示(简化)实际经济学某些方面数学理论的构造。

Parameter(参数):一个常数,其值影响特定值但不影响数学表达式的一般形式,如 $ax^2 + bx + c$ 中的常数 a, b, c。

Substitutable goods(替代品):相互替代的一对商品。随着一种商品的价格上升,另一种商品的需求上升。

Superior good(优等品):随收入增加需求增加的商品。

Supply function(供给函数):供给量与影响需求的各种因素(包括价格)之间的关系。

练习题 1.5

1. $f(x) = 3x + 15, g(x) = \dfrac{1}{3}x - 5$,计算

(a)$f(2)$　　　(b)$f(10)$　　　(c)$f(0)$　　　(d)$g(21)$　　　(e)$g(45)$　　　(f)$g(15)$
如何描述 f 与 g 之间的关系?

2. 作供给函数 $P = \dfrac{1}{3}Q + 7$ 的图形。确定下列值

(a)$Q = 12$ 时的 P　　　(b)$P = 10$ 时的 Q　　　(c)$P = 4$ 时的 Q

3. 某种商品的需求函数为

$Q = 100 - P + 2Y + \frac{1}{2}A$

其中,Q, P, Y, A 分别表示需求量、价格、收入、广告支出。

(a)计算 $P = 10, Y = 40, A = 6$ 时的需求。假设价格和收入固定,计算需求增加到 179 单位需要增加的广告支出。

(b)该商品是劣等品还是优等品?

4. 某种商品的需求 Q 依赖于自己的价格 P 和另一种商品的价格 P_A:

$Q = 30 - 3P + P_A$

(a)如果 $P = 4, P_A = 5$,求 Q。

(b)另一种商品是可替代的还是互补的? 给出理由。

(c)如果 $Q = 23, P_A = 11$,确定 P 的值。

5. (a)对供给函数 $P = \dfrac{1}{2}Q + 20$,完成下列数值表

Q	0		50
P		25	

作该函数 Q 和 P 在 0 到 50 之间取值的精确图形。

（b）在同一图形中，作需求函数 $P = 50 - Q$ 的图形，求均衡数量和价格。

（c）考虑商品是优等品。描述收入增加对均衡数量和价格的影响。

6. 某种商品的需求和供给函数为

$$P = -3Q_D + 48$$

$$P = \frac{1}{2}Q_S + 23$$

如果政府对每件商品加收 4 美元的固定税，求均衡数量。

7. 两种相互依赖商品的需求和供给函数为

$$Q_{D_1} = 100 - 2P_1 + P_2$$

$$Q_{D_2} = 5 + 2P_1 - 3P_2$$

$$Q_{S_1} = -10 + P_1$$

$$Q_{S_1} = -5 + 6P_2$$

其中，Q_{D_i}，Q_{S_i}，P_i 分别表示商品 i 的需求量、供给量、价格。请确定该两商品模型的均衡价格和数量。

8. 某种商品的需求方程为

$$Q = -20P + 0.04Y + 4T + 3P_r$$

其中，Q，P，Y，T，P_r 分别表示需求量、价格、收入、口味、某种相关商品的价格。

（a）计算 $P = 8$，$Y = 1\,000$，$T = 15$，$P_r = 30$ 时的 Q。

（b）相关商品是可替代的还是互补的？给出理由。

（c）求 $Q = 235$，$Y = 8\,000$，$T = 30$，$P_r = 25$ 时 P 的值。

（d）外生变量现在固定于 $Y = 2\,000$，$T = 10$，$P_r = 5$。当需求方程按下列方式作图

（i）P 作横轴，Q 作纵轴　　　（ii）Q 作横轴，P 作纵轴

指出斜率和纵轴截距。

练习题 1.5*

1. 描述由于下列因素增加对需求曲线的影响

（a）替代品的价格　　（b）互补品的价格　　（c）广告支出

2. 直线 $P = -\frac{2}{3}Q + 6$ 按 P 作横轴，Q 作纵轴作图，求梯度 m 和纵轴截距 c。

3. 如果某种商品的需求函数为

$$2P + 3Q_D = 60$$

其中，P 和 Q_D 分别表示价格和需求量，求该函数在经济学上有意义的 P 的最大值和最小值。

4. 某种商品的需求和供给函数为

$$P = -5Q_D + 80$$

$$P = 2Q_S + 10$$

其中, P, Q_D, Q_S 分别表示价格、需求量、供给量。

（1）求均衡价格和数量,用

（a）图解法　（b）代数法

（2）如果政府对每件商品按市场价格的 15% 征税,确定新的均衡价格和数量。

5. 某种商品的需求和供给函数为

$$P = Q_S + 8$$

$$P = -3Q_D + 80$$

其中, P, Q_D, Q_S 分别表示价格、需求量、供给量。

（a）如果政府对每件商品征收 36 美元的固定税,求均衡价格和数量。

（b）求对应的政府税收收益。

6. 三种相互依赖商品的需求和供给函数为

$$Q_{D_1} = 15 - P_1 + 2P_2 + P_3$$

$$Q_{D_2} = 9 + P_1 - P_2 - P_3$$

$$Q_{D_3} = 8 + 2P_1 - P_2 - 4P_3$$

$$Q_{S_1} = -7 + P_1$$

$$Q_{S_2} = -4 + 4P_2$$

$$Q_{S_3} = -5 + 2P_3$$

其中, Q_{D_i}, Q_{S_i}, P_i 分别表示商品 i 的需求量、供给量、价格。确定该三商品模型的均衡价格和数量。

7. 某种商品的需求和供给函数为

$$P = -3Q_D + 60$$

$$P = 2Q_S + 40$$

如果政府对每件商品征收 t 美元的税,证明均衡数量为

$$Q = 4 - \tfrac{1}{5}t$$

对均衡价格写出类似表达式。

（a）如果已知均衡数量为 3,计算 t 的值。公司付多少税?

（b）如果不征税,政府对每件商品提供 5 美元补贴,求新的均衡价格和数量。

1.6　公式变换

学习目标

学完本节,你应该能够:

● 处理公式

● 作表示公式的流程图

● 用逆流程图进行公式变换

● 变换包含几个字母的公式的目标变量

数学建模涉及用公式表示经济学变量之间的关系。在微观经济学中,我们已经了解供给与需求公式多么有用。这些公式给出了价格与数量之间的精确关系。例如,价格 P 和数量 Q 之间关系模型为

$$P = -4Q + 100$$

已知 Q 值,容易推出对应的 P 值,仅需要用某个数值代替符号 Q。比如说,$Q = 2$ 代入得

$$P = -4 \times 2 + 100$$
$$= -8 + 100$$
$$= 92$$

另一方面,已知 P,必须解方程推出 Q。例如,当 $P = 40$ 时,方程变为

$$-4Q + 100 = 40$$

求解如下

$$-4Q = -60 \text{(两边减 100)}$$
$$Q = 15 \text{(两边除以 } -4\text{)}$$

该方法仅当 P 的一或两个值给定时是合理的。然而,如果我们已知许多 P 的值,每次解方程求 Q 是相当繁琐和无效率的。更好的方法是公式变换。换句话说,我们将公式

$$P = \text{一个包含 } Q \text{ 的表达式}$$

变换成

$$Q = \text{一个包含 } P \text{ 的表达式}$$

写成该方式,公式使我们能通过用一个数代替 P 求 Q。对特定公式

$$-4Q + 100 = P$$

步骤为

$$-4Q = P - 100 \text{(两边减 100)}$$
$$Q = \frac{P - 100}{-4} \text{(两边除以 } -4\text{)}$$

注意到

$$\frac{P - 100}{-4} = \frac{P}{-4} - \frac{100}{-4}$$
$$= -\tfrac{1}{4}P + 25$$

因此,变换后的公式简化为

$$Q = -\tfrac{1}{4}P + 25$$

如果我们现在想求 $P = 40$ 时的 Q,我们立即得

$$Q = \tfrac{1}{4} \times 40 + 25$$
$$= -10 + 25$$

重要的是注意单个步骤与前面解方程涉及的代数是一样的

$$-4Q + 100 = 40$$

亦即运算再次为两边减 100,接着两边除以 -4

例题

使 x 成为如下公式的目标变量

$$\frac{1}{7}x - 2 = y$$

解

如果你要解像 $\frac{1}{7}x - 2 = 4$ 这样的方程,你会先两边加2后两边乘7。对一般方程

$$\frac{1}{7}x - 2 = y$$

进行同样的运算得

$$\frac{1}{7}x = y + 2 \qquad (两边加2)$$

$$x = 7(y + 2) \quad (两边乘7)$$

如果愿意,你可以乘开括号得到另一种形式:

$$x = 7y + 14$$

习题

1.(a)解方程

½Q + 13 = 17

准确陈述求解的每个阶段你对方程两边实施的运算

(b)通过实施(a)部分同样的运算,将公式

½Q + 13 = P

转换成形式

Q = 一个包含 P 的表达式

(c)将 P = 17 代入(b)部分推导出的公式,检查与(a)部分的答案是否一致。

一般来说,涉及公式变换有两个问题。首先,我们需要决定对给定公式两边做什么运算和实施运算的顺序。其次,我们需要准确执行这些步骤。第一个问题通常更困难。然而,有一种逻辑策略能提供帮助。为了说明该策略,考虑将 Q 变化成

P = ⅓Q + 5

的目标变量,即将该公式变换成形式

Q = 一个包含 P 的表达式

设想从某个 Q 值开始,用计算器由

P = ⅓Q + 5

计算 P。

下面图形表明需要的两种运算以及运算的顺序。该图形称为流程图。

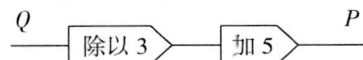

$$Q \longrightarrow \boxed{除以\ 3} \longrightarrow \boxed{加\ 5} \longrightarrow P$$

为了从 P 回到 Q,我们需要反过来做这些运算。"除以3"的逆运算是"乘以3",

"加 5"的逆运算是"减 5",因此公式变换需要的运算如下：

该图形称为逆流程图。过程与打开包裹（或削洋葱）类似，你开始打开包裹的外层，然后往里一层层打开。如果我们按逆流程图设定的顺序完成这些步骤，我们得

$\frac{1}{3}Q + 5 = P$

$\frac{1}{3}Q = P - 5$ （两边减 5）

$Q = 3(P - 5)$ （两边乘 3）

变换后的公式能通过乘开括号化简，得

$Q = 3P - 15$

顺便说一句，如果你愿意，事实上，你能用逆流程图本身完成代数运算。你要做的就是从字母 P 出发通过逆流程图，从右向左运算得

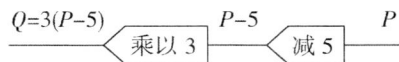

注意：取 P 作为输入值，盒子"减 5"得输出值 $P - 5$，这作为盒子"乘 3"的输入值，最终输出是答案 $3(P - 15)$。因此

$Q = 3(P - 5)$

例题

将 x 变化成下面公式的目标变量

$(a) y = \sqrt{\dfrac{x}{5}}$ $(b) y = \dfrac{4}{2x + 1}$

解

（a）为了从 x 到 y，运算为

因此，公式变换需要的步骤为

代数过程如下：

$\sqrt{\dfrac{x}{5}} = y$

$\dfrac{x}{5} = y^2$ （两边平方）

$x = 5y^2$ （两边乘 5）

因此，变换后的公式为 $x = 5y^2$

如果你愿意，另一种方法能直接用逆流程图，得

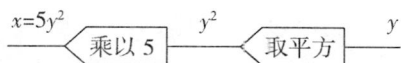

因此 $x = 5y^2$

（b）前向流程图为

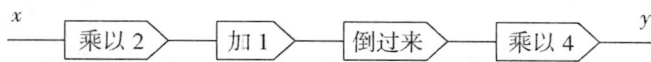

因此逆流程图为

 代数过程如下：

$$\frac{4}{2x+1} = y$$

$$\frac{1}{2x+1} = \frac{y}{4} \qquad （两边除以 4）$$

$$2x + 1 = \frac{4}{y} \qquad （两边倒过来）$$

$$2x = \frac{4}{y} - 1 \qquad （两边减 1）$$

$$x = \frac{1}{2}\left(\frac{4}{y} - 1\right)（两边除以 2）（原书有误）$$

变换后的公式能通过乘开括号化简，得 $x = \dfrac{2}{y} - \dfrac{1}{2}$

再次能直接用逆流程图，得

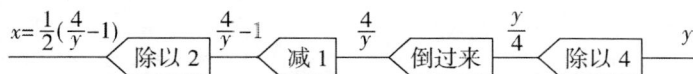

习题

2. 用流程图将 x 变换成下列公式的目标变量：

（a）$y = 6x^2$　　　　（b）$y = \dfrac{1}{7x-1}$

下面例题包含变换的两种困难情形。两种情形中，字母 x 不只出现在右边。如果这种情况出现，流程图技术不可用。然而，即使有些步骤不明显，也可能完成运算。

例题

将下列公式变换成用 y 表示 x：

（a）$ax = bx + cy + d$　　　　（b）$y = \dfrac{x+1}{x-2}$

解

（a）在公式 $ax = bx + cy + d$ 中，两边有包含 x 的项，由于我们希望将它变换成形式 $x = $ 包含 y 的一个表达式

将包含 x 的项集中到左边是有意义的。为此,我们两边减 bx 得 $ax - bx = cy + d$

注意 x 是左边的一个公因子,因此反过来用分配律将 x 提到括号的外面,即 $(a - b)x = cy + d$

最后,两边除以 $a - b$ 得 $x = \dfrac{cy + d}{a - b}$

这是所求的形式。

(b) 困难在于不知道对公式 $y = \dfrac{x + 1}{x - 2}$ 从何处入手,因为分子和分母都有一个 x。确实,妨碍我们开始的是表达式为一个分数。然而,我们能简单地移去分数,两边乘分母得 $(x - 2)y = x + 1$

如果我们乘开括号,那么 $xy - 2y = x + 1$

我们想变换成形式 $x = $ 一个包含 y 的表达式

我们将包含 x 的项集中在左边,其余项放到右边。为此,我们首先两边加 $2y$ 得 $xy = x + 1 + 2y$

然后两边减 x 得 $xy - x = 1 + 2y$

分配律反过来用,提出公因子 x,即 $(y - 1)x = 1 + 2y$

最后,除以 $y - 1$ 得 $x = \dfrac{1 + 2y}{y - 1}$

建议

　本例包含本书至今见到的最难的代数运算。我希望你设法遵循每个步骤。然而,它们看起来好像我们在"玩魔术"。你可能感到,如果完全由你来做,你永远不能决定每阶段做什么。不幸的是,没有完美的方法总是管用,尽管下面五步法当你遇到困难时值得考虑。

　为了将给定形式为

　$y = $ 一个包含 x 的表达式的公式

　变换为形式

　$x = $ 一个包含 y 的表达式

　你进行的步骤如下:

　第 1 步　移去分式

　第 2 步　乘开括号

　第 3 步　将包含 x 的项集中到左边

　第 4 步　提出因子 x

　第 5 步　除以 x 的系数

　按该方法回头看前面的例题,你会发现它是有帮助的。例题(b)我们很容易分辨出这五步的每一步。例题(a)从第 3 步开始也用了该方法。

例题

将 x 变换成如下公式的目标变量。

$$y = \sqrt{\dfrac{ax + b}{cx + d}}$$

解

在该公式里右边有平方根符号。这能够移去,两边取平方得

$$y^2 = \dfrac{ax + b}{cx + d}$$

我们现在用五步法:

第 1 步　$(cx + d)y^2 = ax + b$

第 2 步　$cxy^2 + dy^2 = ax + b$

第 3 步　$cxy^2 - ax = b - dy^2$

第 4 步　$(cy^2 - a)x = b - dy^2$

第 5 步　$x = \dfrac{b - dy^2}{cy^2 - a}$

习题

3. 将下列公式变换成用 y 表示 x:

(a) $x - ay = cx + y$

(b) $y = \dfrac{x - 2}{x + 4}$

关键术语

Flow chart(流程图):由表明一系列运算及运算顺序的盒子组成的一种图形。

Reverse flow chart(逆流程图):表明相反顺序的原系列运算的反运算的一种流程图。

Transpose a formula(公式变换):将一个公式变换为以另一个字母为目标变量的公式。

练习题 1.6

1. 将 Q 变换成公式 $P = 2Q + 8$ 的目标变量。求 $P = 52$ 时的 Q 值

2. 写出表示下列流程图的公式

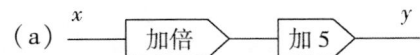

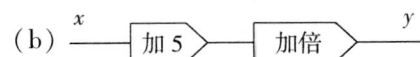

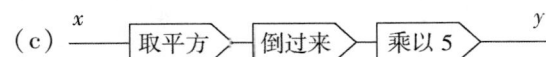

(a) x ──→〉加倍 〉──→ 加 5 〉──→ y

(b) x ──→ 加 5 〉──→ 加倍 〉──→ y

(c) x ──→ 取平方 〉──→ 倒过来 〉──→ 乘以 5 〉──→ y

(d) x —→ 加4 > 取平方 > 乘以2 > 减3 —→ y

3. 作下列公式的流程图

(a) $y = 5x + 3$ (b) $y = 5(x + 3)$ (c) $y = 6x - 9$ (d) $y = 4x^2 - 6$

(e) $y = \dfrac{x}{2} + 7$ (f) $y = \dfrac{2}{x}$ (g) $y = \dfrac{1}{x + 3}$

4. 将 x 变换成下列公式的目标变量

(a) $y = 9x - 6$ (b) $y = (x + 4)/3$ (c) $y = \dfrac{x}{2}$

(d) $y = \dfrac{x}{5} + 8$ (e) $y = \dfrac{1}{x + 2}$ (f) $y = \dfrac{4}{3x - 7}$

5. 变换公式

(a) $Q = aP + b$, 用 Q 表示 P

(b) $Y = aY + b + I$, 用 I 表示 Y

(c) $Q = \dfrac{1}{aP + b}$, 用 Q 表示 P

6. 将 x 变换成公式 $y = \dfrac{3}{x} - 2$ 的目标变量

练习题 1.6*

1. (1) 作下列公式的流程图

(a) $y = 9x + 1$ (b) $y = 3 - x$ (c) $y = 5x^2 - 8$

(d) $y = (3x + 5)$ (e) $y = \dfrac{4}{x^2 + 8}$

(2) 用图形或其他方法, 每种情形, 用 y 表示 x

2. 将 x 变换成下列公式的目标变量

(a) $\dfrac{a}{x} + b = \dfrac{c}{x}$ (b) $a - x = \dfrac{b + x}{a}$ (c) $e + \sqrt{x + f} = g$

(d) $a\sqrt{\left(\dfrac{x - n}{m}\right)} = \dfrac{a^2}{b}$ (e) $\dfrac{\sqrt{x - m}}{n} = \dfrac{1}{m}$ (f) $\dfrac{\sqrt{x} + a}{\sqrt{x} - b} = \dfrac{b}{a}$

3. 将公式 $V = \dfrac{5t + 1}{t - 1}$ 变换为用 V 表示 t。用公式或其他方法, 求 $V = 5.6$ 时 t 的值

4. 将 r 变换成如下公式的目标变量

$$S = P\left(1 + \dfrac{r}{100}\right)^n$$

5. 变换如下公式

$$Y = \dfrac{-aT + b + I + G}{1 - a + at}$$

使下列字母成为目标变量

(a) G (b) T (c) t (d) a

1.7 国民收入认定

学习目标

学完本节,你应该能够:

- 了解和画出线性消费函数
- 了解和画出线性储蓄函数
- 建立简单的宏观经济学模型
- 计算均衡国民收入
- 分析 IS 和 LM 曲线

宏观经济学涉及国家层面经济学原理和政策的分析。本节我们专注于国民收入决定这个特定方面。我们说明怎样建立简单的能计算出均衡国民收入水平的国民经济模型。开始我们假设经济分成家庭和公司两个部门。公司用土地、资本、劳动、原材料之类的资源生产商品和服务。这些资源称为生产要素,取自和属于家庭。国民收入表示从公司到家庭作为这些要素支付的收入流。家庭以两种方式中的一种花费货币。收入可以用于消费公司生产的商品或储蓄起来。因此,消费 C 和储蓄 S 是收入 Y 的函数,即对适当的消费函数 f 和储蓄函数 g

$$C = f(Y)$$

$$S = g(Y)$$

C 和 S 通常被预期随收入增加而增加,因此 f 和 g 都是递增函数。

我们开始分析消费函数。通常我们需要量化 C 与 Y 之间的精确关系。如果这种关系是线性的,那么典型消费函数的图形如图 1—19 所示。图形清楚地表明,如果

$$C = aY + b$$

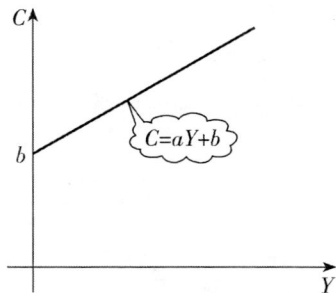

图 1—19

那么,$a > 0$,$b > 0$。截距 b 是没有收入(当 $Y = 0$ 时)时的消费水平,称为自发消费。斜率 a 是 Y 上 1 单位增加引起 C 的变化,称为边际消费倾向(MPC)。如前所述,收入用于消费和储蓄,因此

$$Y = C + S$$

此外,收入上增加 1 单位,只有某个比例用于消费,其余用于储蓄。因此斜率 a 一般小于1:即 $a < 1$。数学上标准的做法是将两个分开的不等式 $a > 0$ 和 $a < 1$ 合并成单个不等式

$0 < a < 1$

关系 $Y = C + S$ 使我们能从任意给定的消费函数确定储蓄函数的精确形式。这在下面例题中说明。

例题

作消费函数 $C = 0.6Y + 10$ 的图形。确定对应的储蓄函数并作出它的图形。

解

消费函数 $C = 0.6Y + 10$ 的图形有截距10和斜率0.6。它过$(0,10)$。对第二个点,我们选取 $y = 40$,得 $C = 34$。因此直线也过$(40,34)$。消费函数画在图 1—20 中。

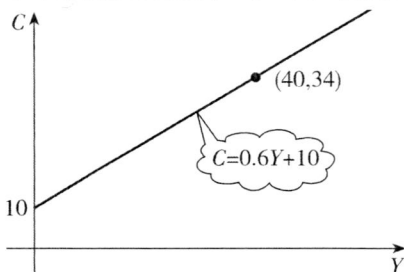

图 1—20

为了求储蓄函数,我们利用关系

$Y = C + S$

$S = Y - C$ （两边减 C）

$\quad = Y - (0.6Y + 10)$ （代入 C）

$\quad = Y - 0.6Y - 10$ （乘开括号）

$\quad = 0.4Y - 10$ （合并同类项）

储蓄函数也是线性的。它的图形有截距 -10 和斜率 0.4。用它过$(0, -10)$ 与 $(25,0)$ 的事实,将其图形作于图 1—21 中。

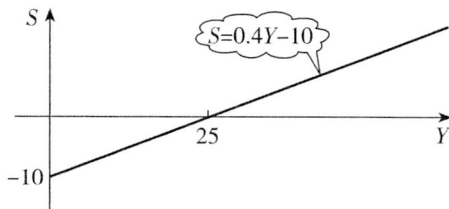

图 1—21

习题

1. 确定消费函数 $C = 0.8Y + 25$ 对应的储蓄函数

对一般的消费函数

$$C = aY + b$$

我们有

$$S = Y - C$$
$$\ = Y - (aY + b)(代入 C)$$
$$\ = Y - aY - b \quad (乘开括号)$$
$$\ = (1 - a)Y - b(提起公因子 Y)$$

储蓄函数的斜率称为边际储蓄倾向(MPS)，为 $1 - a$，即 $MPS = 1 - a = 1 - MPC$

由于 $a < 1$，斜率 $1 - a$ 是正的。图1—22 显示了该储蓄函数的图形。与至今考虑的其他经济函数对比，一个有趣特征是允许它取负值。特别地，注意自发储蓄（$Y = 0$ 时的 S 值）等于 $-b$，它是负的，因为 $b > 0$。这符合预期，因为当消费超过收入，家庭必须通过提取储蓄为超出的支出融资。

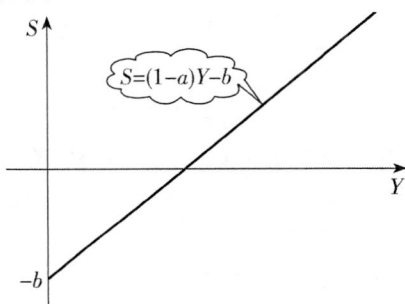

图 1—22

建议

结果 $MPC + MPS = 1$ 总是成立的，即使消费函数是非线性的。该结论的一般化证明能在 4.3.3 节找到。

国民经济的最简单模型通过图 1—23 说明，该图显示了收入和支出的循环流动。这是相当粗略的，因为它没有考虑政府活动或外贸。在该图中，投资 I 以资本商品花费的形式注入循环图。

让我们更严谨地检验，用符号表示图形信息。首先考虑标注"家庭"的盒子。进入该盒子的货币流是 Y，离开它的货币流是 $C + S$。因此我们得到熟悉的关系

$$Y = C + S$$

对标注"公司"的盒子。进入它的货币流是 $C + I$，离开它的货币流是 Y。因此

$$Y = C + I$$

假设公司计划注入经济的投资水平是已知的某个固定值 I^*。如果经济在均衡状态，收入流和支出流相等，因此

$$Y = C + I^*$$

由假设对 a 与 b 的给定值，消费函数为

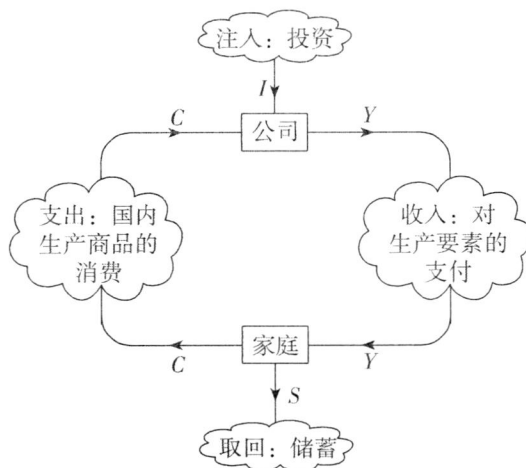

图 1—23

$C = aY + b$

这两个方程表示两个未知数 Y 与 C 的联立方程组。在这种情形下，C 和 Y 视作内生变量，因为它们的精确值在模型内决定；而 I^* 是固定的，在模型外决定，是外生的。

例题

如果消费函数为 $C = 0.6Y + 10$，计划投资 $I^* = 12$，求收入和消费的均衡水平。

解

我们知道

$Y = C + I$　　（由理论）

$C = 0.6Y + 10$（问题中给出）

$I^* = 12$　　　（问题中给出）

如果 I 的值代入第一个方程，那么

$Y = C + 12$

C 的表达式也代入方程得

$Y = 0.6Y + 10 + 12$

$Y = 0.6Y + 22$

$0.4Y = 22$　　　　　（两边减 $0.6Y$）

$Y = 55$　　　　　（两边除以 0.4）

将该收入水平代入消费函数得

$C = 0.6(55) + 10 = 43$

均衡收入也能通过作支出对收入的图形从图形中找到。本例中，总支出 $C + I$，通过 $0.6Y + 22$ 给出。用它过 $(0,22)$ 和 $(80,70)$ 的事实，将它画在图 1—24 中。还画出了"45°线"，如此称谓是因为它与水平方向成45°角。该线过点 $(0,0)$，$(1,1)$，$\cdots$，$(50,50)$，等等。换句话说，在该线上的任意点，支出和收入相等。因此通过观察该直线与总支出线 $C + I$ 的交点就能找到均衡收入。由图 1—24 看出，当 $Y = 55$ 时，两条直线相交，这与计算值一致。

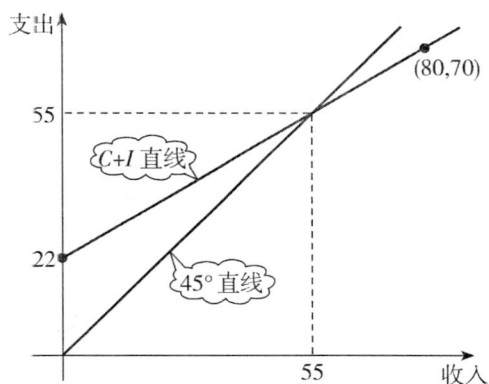

图 1—24

习题

2. 如果消费函数为 $C = 0.8Y + 25$，计划投资 $I^* = 17$，求收入的均衡水平。如果计划投资增加 1 单位，计算新的均衡收入

为了使模型更现实，让我们现在将政府支出 G 和税收 T 引入模型。图 1—23 中的注入盒子现在除包括投资外，还包括政府支出，因此

$Y = C + I + G$

我们假设计划政府支出和计划投资是自发的，分别有固定值 G^* 和 I^*，因此均衡时

$Y = C + I^* + G^*$

图 1—23 中抽出盒子现在包括税收。这意味着家庭花费在消费品上的收入不再是 Y 而是 $Y - T$（收入减税），称为可支配收入 Y_d。因此

$C = aY_d + b$

$Y_d = Y - T$

实际上，税是自发的（对定额 T^*，$T = T^*$），或国民收入的一定比例（对比例 t，$T = tY$），或两者的组合（$T = tY + T^*$）。

例题

已知

$G = 20$

$I = 35$

$C = 0.9Y_d + 70$

$T = 0.2Y + 25$

计算国民收入的均衡水平。

解

该问题初看起来相当可怕，特别地，由于有这么多变量。然而，我们要做的是写出相关方程，系统地将一个代入另一个直到仅剩下 Y。

我们知道

$$Y = C + I + G \quad (\text{由理论}) \tag{1}$$

$$G = 20 \qquad (\text{问题中给出}) \tag{2}$$

$$I = 35 \qquad (\text{问题中给出}) \tag{3}$$

$$C = 0.9 Y_d + 70 \, (\text{问题中给出}) \tag{4}$$

$$T = 0.2 Y + 25 \quad (\text{问题中给出}) \tag{5}$$

$$Y_d = Y - T \qquad (\text{由理论}) \tag{6}$$

这表示六个未知数六个方程的方程组。明显要做的是将 G 和 I 的固定值代入方程(1) 得

$$Y = C + 35 + 20 = C + 55 \tag{7}$$

这至少已经消除 G 和 I,因此仅剩三个变量 (C, Y_d, T) 有待消除。我们能够消除 T,将方程(5) 代入方程(6) 得

$$
\begin{aligned}
Y_d &= Y - (0.2Y + 25) \\
&= Y - 0.2Y - 25 \\
&= 0.8Y - 25
\end{aligned} \tag{8}
$$

然后将方程(8) 代入(4) 消除 Y_d 得

$$
\begin{aligned}
C &= 0.9(0.8Y - 25) + 70 \\
&= 0.72Y - 22.5 + 70 \\
&= 0.72Y + 47.5
\end{aligned} \tag{9}
$$

我们将方程(9) 代入方程(7) 消除 C 得

$$
\begin{aligned}
Y &= C + 55 \\
&= 0.72Y + 47.5 + 55 \\
&= 0.72Y + 102.5
\end{aligned}
$$

最后,解 Y 得

$$0.28Y = 102.5 \quad (\text{两边减 } 0.72Y)$$

$$Y = 366 \qquad (\text{两边除以 } 0.28)$$

习题

3. 已知

$$G = 40$$

$$I = 55$$

$$C = 0.8 Y_d + 25$$

$$T = 0.1 Y + 10$$

计算国民收入的均衡水平。

为了结束本节,我们回到简单的两部门模型:

$$Y = C + I$$

$$C = aY + b$$

前面投资 I 取常数。更现实的是假设计划投资依赖利率 r。随着利率增加投资下

降,我们有如下关系

$$I = cr + d$$

其中,$c < 0$,$d > 0$。不幸的是,该模型由四个未知数 Y, C, I, r 的三个方程组成,因此我们不能期望它确定唯一的国民收入。我们能做的最好就是消除 C 和 I,建立 Y 与 r 之间关系的一个方程。这通过一个例子最容易理解。假设

$$C = 0.8Y + 100$$

$$I = -20r + 1\,000$$

我们知道商品市场均衡

$$Y = C + I$$

将给出的 C 和 I 的表达式代入该方程得

$$Y = (0.8Y + 100) + (-20r + 1\,000)$$
$$= 0.8Y - 20r + 1\,100$$

整理为 $0.2Y + 20r = 1\,100$

国民收入 Y 与利率 r 之间关系的该方程称为 IS 曲线。

显然在我们确定 Y 和 r 的值之前,我们需要其他信息。这可以通过研究货币市场均衡实现。货币市场可以说成是均衡的,当货币供给 M_S 等于货币需求 M_D 时,即当下式成立时

$$M_S = M_D$$

有许多方法测度货币供给。在简单情形下,它由流通中的纸币和硬币以及银行储蓄存款组成。假设 M_S 的水平由中央银行控制,是自发的,因此

对固定值 M_S^*,$M_S = M_S^*$

货币需求来源于三个方面:交易性、预防性、投机性。交易性需求用于商品和服务的日常交易,而预防性需求用于为未预见到的紧急支出情况提供资金。假设两者与国民收入成比例。因此,我们将它们合并写为

$$L_1 = k_1 Y$$

其中,L_1 表示总交易性 – 预防性需求,k_1 是正常数。货币的投机性需求用作储备资金,以备个人或公司决定投资政府债券之类的其他资产之需要。在第 3 章,我们证明随着利率增加,投机性需求下降。我们将模型设定为

$$L_2 = k_2 r + k_3$$

其中,L_2 表示投机性需求,k_2 是负常数,k_3 是正常数。总需求 M_D 是交易性 – 预防性需求与投机性需求之和:即

$$M_D = L_1 + L_2$$
$$= k_1 Y + k_2 r + k_3$$

如果货币市场均衡,那么 $M_S = M_D$,即 $M_S^* = k_1 Y + k_2 r + k_3$

国民收入 Y 与利率 r 之间关系的该方程称为 LM 曲线。如果我们假设均衡在商品和货币市场都存在,那么 IS 和 LM 曲线提供了两个未知数 Y 和 r 的两个方程的方程组。这容易用消元法或图解法求解。

例题

确定均衡收入和利率。已知商品市场的信息如下:

$$C = 0.8Y + 100$$
$$= -20r + 1\,000$$

已知货币市场的信息如下：

$$M_S = 2\,375$$
$$L_1 = 0.1Y$$
$$L_2 = -25r + 2\,000$$

货币供给下降对 Y 和 r 的均衡水平的影响如何？

解

对这些特定的消费和投资函数的 IS 曲线在前面已经得到。已经证明在下式成立时商品市场均衡

$$0.2Y + 20r = 1\,100 \tag{1}$$

对货币市场，我们看出货币供给为

$$M_S = 2\,375$$

货币的总需求（交易性 – 预防性需求 L_1 与投机性需求 L_2 之和）为

$$M_D = L_1 + L_2 = 0.1Y - 25r + 2\,000$$

当下式成立时，货币市场均衡 $M_S = M_D$，即 $2\,375 = 0.1Y - 25r + 2\,000$

因此，LM 曲线为

$$0.1Y - 25r = 375 \tag{2}$$

方程（1）和方程（2）构成两个未知数 Y 和 r 的两个方程的方程组。1.4 节说明的步骤能用来求解该方程组：

第 1 步

方程（1）减方程（2）的 2 倍得

$$0.2Y + 20r = 1\,100$$
$$\underline{0.2Y - 50 = \quad 750} - \tag{3}$$
$$70r = \quad 350$$

第 2 步

方程（3）两边除以 70 得

$$r = 5$$

第 3 步

将 $r = 5$ 代入方程（1）得

$$0.2Y + 100 = 1\,100$$
$$0.2Y = 1\,000（两边减 100）$$
$$Y = 5\,000（两边除以 0.2）$$

第 4 步

作为检查，由方程（2）得

$$0.1 \times 5\,000 - 25 \times 5 = 375 \quad \checkmark$$

因此 Y 和 r 的均衡水平分别为 5 000 和 5。

为了研究货币供给下降时 Y 和 r 如何变化,我们能给 M_S 取个较小的值,比如说 2 300,将计算重复一次。然而,更有指导意义的是用图形进行研究。图 1—25 给出了以 r 为横轴 Y 为纵轴画在同一图形上的 IS 和 LM 曲线。两条直线相交于 $(5, 5\ 000)$,验证了通过计算获得的利率和收入的均衡水平。显然货币供给的任何变化对 IS 曲线没有影响。另一方面,货币供给的变化对 LM 曲线有影响。为了看清这点,让我们回到一般的 LM 曲线

$$k_1 Y + k_2 r + k_3 = M_S^*$$

将它变换成以 r 表示 Y

$$k_1 Y = -k_2 r - k_3 + M_S^* \quad (\text{两边减 } k_2 r + k_3)$$

$$Y = \left(\frac{-k_2}{k_1}\right) r + \frac{-k_3 + M_S^*}{k_1} (\text{两边除以 } k_1)$$

表示为这种形式,我们看出 LM 曲线有斜率 $\dfrac{-k_2}{k_1}$ 和截距 $\dfrac{-k_3 + M_S^*}{k_1}$。

因此,M_S^* 的任意下降将导致截距(而不是斜率)下降和 LM 曲线向下移动。这用图 1—25 中的虚线表示。交点向右下移动。我们推断,随着货币供给下降,利率增加,国民收入下降(假设商品和货币市场仍然处于均衡状态)。

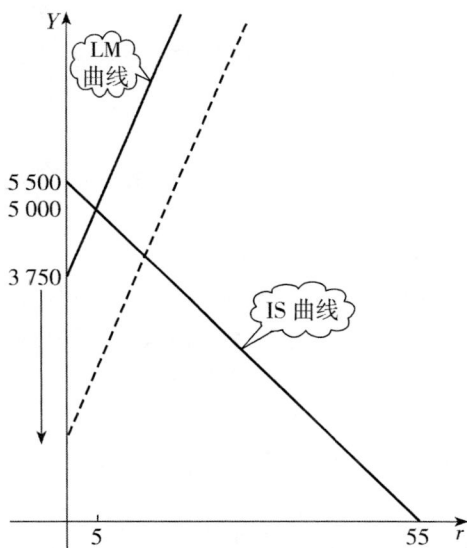

图 1—25

建议

有可能得到以床于设定模型的各种参数表示的均衡收入水平的一般公式。如你所料,代数有点难,但使这些参数变化的效应的更一般研究成为可能。我们将在 5.3 节回到该问题上。

习题

4. 确定均衡收入 Y 和利率 r。已知商品市场的信息如下：

$C = 0.7Y + 85$

$I = -50r + 1\ 200$

已知货币市场的信息如下：

$M_s = 500$

$L_1 = 0.2Y$

$L_2 = -40r + 30$

在同一图形上作 IS 和 LM 曲线的图形。自发投资增加对 Y 和 r 的均衡水平的影响如何？

说明怎样用 Excel 分析 IS 和 LM 曲线。

关键术语

Autonomous consumption(自发消费)：没有收入时的消费水平。

Autonomous savings(自发储蓄)：没有收入时提取的储蓄。

Consumption function(消费函数)：国民收入和消费之间的关系。

Disposable income(可支配收入)：扣税和加上补贴后的家庭收入。

Factors of production(生产要素)：商品和服务生产中的投入：土地、资本、劳动、原材料。

Government expenditure(政府支出)：政府在国防、教育、健康、警察等方面花费货币的总量。

Investment(投资)：创造产出而不是立即消费。

IS schedule(IS 曲线)：基于商品市场均衡假设的国民收入与利率的关系方程。

LM schedule(LM 曲线)：基于货币市场均衡假设的国民收入与利率的关系方程。

Marginal propensity to consume(边际消费倾向)：增加的国民收入中进入消费的比例。它是消费函数的斜率。

Marginal propensity to save(边际储蓄倾向)：增加的国民收入中进入储蓄的比例。它是储蓄函数的斜率。

Money supply(货币供给)：流通中的纸币和硬币以及银行储蓄存款。

National income(国民收入)：从公司到家庭的货币流。

Precautionary demand for money(货币的预防性需求)：个人或公司为未预见到的支出提供资金在储备中持有的货币。

Speculative demand for money(货币的投机性需求)：个人或公司为在将来投资政府债券之类的其他资产之目的持有的货币。

Taxation(税收)：基于个人收入和财富付给政府的货币(直接税)以及基于支出商品或服务的供给商付给政府的货币(间接税)。

Transactions demand for money(货币的交易性需求)：用于商品和服务日常交易的货币。

练习题 1.7

1. 给定消费函数为

$C = 0.7Y + 40$

指出下列值

（a）自发消费

（b）边际消费倾向

将该公式变换为以 C 表示 Y，求 $C = 110$ 时的 Y 值

2. 如果消费函数为

（a）$C = 0.9Y + 72$ （b）$C = 0.8Y + 100$

写出储蓄函数的表达式

3. 对没有政府干预的封闭经济体，消费函数为 $C = 0.6Y + 30$

计划投资为 $I = 100$

计算（a）国民收入；（b）消费；（c）储蓄

的均衡水平

4. 消费函数为 $C = aY + b$

已知当 $Y = 10$ 时，C 的值为 28；当 $Y = 30$ 时，C 的值为 44

通过解联立方程组，求 a 与 b 的值，推导对应的储蓄函数为 $S = 0.2Y - 20$

确定计划投资 $I = 13$ 时收入的均衡水平

5. 给定

$G = 50$

$I = 40$

$C = 0.75_d + 45$

$T = 0.2Y + 80$

计算国民收入的均衡水平

练习题 1.7*

1. 给定消费函数为

（a）$C = 0.7Y + 30$ （b）$C = \dfrac{Y^2 + 500}{Y + 10}$

写出储蓄函数的表达式，尽可能简化

2. 如果

$C = aY + b$

$Y = C + I$

$I = I^*$

证明

$Y = \dfrac{b + I^*}{1 - a}$

得出以 a, b, I^* 表示 C 的类似表达式

3. 将公式
$$Y = \frac{b + I^*}{1 - a}$$
转换成以 Y, b, I^* 表示 a (原书有误)

4. 开放经济当下式成立时均衡
$$Y = C + I + G + X - M$$
其中, Y = 国民收入, C = 消费, I = 投资, G = 政府支出, X = 出口, M = 进口
给定
$$C = 0.8Y + 80$$
$$I = 70$$
$$G = 130$$
$$X = 100$$
$$M = 0.2Y + 50$$
确定均衡收入水平

5. 已知

消费 $C = 0.8Y + 60$

投资 $I = -30r + 740$

货币供给 $M_s = 4\,000$

对货币的交易性 – 预防性需求 $L_1 = 0.15Y$ (原书有误)

对货币的投机性需求 $L_2 = -20r + 3\,825$

假设商品与货币市场均衡, 确定国民收入 Y 和利率 r 的值

6. 考虑国民收入模型
$$Y = C + I$$
$$C = aY_d + 50$$
$$I = 24$$
$$Y_d = Y - T$$
$$T = 20$$
证明国民收入的均衡水平为
$$Y = \frac{74 - 20a}{1 - a}$$
将该方程变换为以 Y 表示 a。求 $Y = 155$ 时的 a 值和 C 值

1.8   正规数学

本书采用的方法是很不正规的。整本书强调数学和经济学应用尽可能容易接近。这样做是希望帮助你理解和喜欢这门课程。然而,你的老师可能使用更正规的语言和符号。由于这个原因,我们用简要讨论结束每章,该讨论包含更有朝气的数学语言和为

你将来可能学习的更高级课程提供框架的思想。

1.2 节中,数轴用于表示线性不等式的解。数轴上两数之间所有数的集合称为区间,我们采用的符号总结在下表中:

区间	符号
$a \leqslant x \leqslant b$	$[a,b]$
$a < x < b$	(a,b)
$a \leqslant x < b$	$[a,b)$
$a < x \leqslant b$	$(a,b]$

第一个区间,包含两个端点,称为闭区间;第二个区间,不包含两个端点,称为开区间。用该符号,我们写 $[2,5]$ 作为 $2 \leqslant x \leqslant 5$ 的简写,$(3,9)$ 作为 $3 < x \leqslant 9$ 的简写。也能用该符号表示无界区间。例如,区间 $x \geqslant 6$,包含数轴上 6 右边的所有数(包括 6 本身),能够写为

$[6,\infty)$。符号 ∞(无穷大)不是数而是仅仅表示区间永远延伸没有上限。用该符号,我们能将数的全集写为 $(-\infty,\infty)$。

忽略数的符号有意使它为正在数学上通常是方便的。这称为数 x 的绝对值或模,写为 $|x|$。用该符号,我们有

$|-5| = 5, |4| = 4$

如果一个数是负的,我们改变符号使它变为正的,而如果一个数已经是正的,它不变,因此我们有

如果 $x < 0, |x| = -x$;如果 $x \geqslant 0, |x| = x$。

例题

解下列不等式,用区间符号给出答案。

(a) $|x| \leqslant 6$ (b) $|2x-1| < 3$

解

(a) 如果数 x 的绝对值小于或等于 6,那么该数必然在 -6 与 6 之间,因此不等式 $|x| \leqslant 6$ 的解可以用区间符号表示为 $[-6,6]$。

(b) 如果数 $|2x-1|$ 的绝对值小于 3,那么该数必然在 -3 与 3 之间,因此我们需要

解

$-3 < 2x - 1 < 3$

$-2 < 2x < 4$ (两边加 1)

$-1 < x < 2$ (两边除以 2)

用区间符号写为 $(-1,2)$。

1.5 节我们引入了函数这个关键概念。函数的定义域由所有可能输入的集合组成,对应的输出的集合称为函数的值域。有时我们被迫限制函数的输入,因为对某些 x 的值,不可能计算函数值。例如,对函数

$$f(x) = \frac{1}{x-4}$$

不可能计算 $f(4)$。如果你试着将 $x = 4$ 代入该函数,你得到"1/0",这是无意义的。

计算器上你得到"除以零"的错误信息。对该函数定义域由 $x \neq 4$ 的所有数组成。不可能对小于 3 的 x 计算 $f(x) = \sqrt{x-3}$，因为不可能求负数的平方根。对该函数，定义域由 $x \geq 3$ 的所有数组成，因此用区间符号定义域为 $[3, \infty)$。

有时我们选择限制函数的定义域使它在经济学上有意义。例如，在如图 1—13 所示的需求函数 $P = -2Q + 50$ 中，我们选择定义域为 $[0,25]$。显然我们必须从定义域中排除负的数值，图形表明如果 Q 超过 25，那么 P 将是负的，这是无意义的。从纯数学观点看，任意数输入函数都没有问题。作于图 1—13 中的直线在每个方向都可以永远延伸下去。然而，函数要在经济学上有意义，我们选择限制定义域为 $[0,25]$。如果我们这样做，那么图 1—13 中纵轴也表明对应的输出由 0 与 50 之间的所有可能数组成。换句话说，函数的值域为 $[0,50]$。

数学符号的存在使对象精确和不模糊。它也提供了方便的速记，减少了我们必要的书写量。下表列示了表述数学观点时的常用符号，当阅读较高水平的书籍和杂志时，你可能会遇到这些符号。

符号	含义
$\therefore$	所以
$\exists$	存在
$\forall$	对于
$\Rightarrow$	意味着
$\Leftrightarrow$	等价于

意味着符号"$\Rightarrow$"提供将数学陈述连在一起的简洁方式。当解方程时我们能按如下方式书写

$2x - 8 \Rightarrow 10 \Rightarrow 2x = 18 \Rightarrow x = 9$

用该符号使我们将一连串的数学步骤放在一条线上。等价符号"$\Leftrightarrow$"用于意味着两种方式都行的时候。技术上，由于步骤是可逆的，上面的代数中，你能够用 $\Leftrightarrow$ 代替 $\Rightarrow$。然而，这样做没有意义，因为这部分数学上明确使用解方程的方法，你要从左到右进行。然而，不是所有的意味着是可逆的，因此运用双向含义的符号时，你必须小心。例如

$x = -5 \Rightarrow |x| = 5$

成立，但反过来不一定成立，因为我们有其他选择 $x = 5$，因此这里用 $\Leftrightarrow$ 是不正确的。另一方面，下面 $\Leftrightarrow$ 的运用是正确的，它传递出重要信息，两数相乘值为零当且仅当它们中至少有一个为零。

$xy = 0 \Leftrightarrow x = 0$ 或 $y = 0$

关键术语

Absolute value(绝对值)：数的正值或大小。

Closed interval(闭区间)：两数之间(包括两数)所有实数的集合：$a \leq x \leq b$。

Domain(定义域)：用作函数输入的数。

Interval(区间)：两数之间(可能包括两数)所有实数的集合。

Modulus(模)：数的正值或大小。

Open interval(开区间)：两数之间(不包括两数)所有实数的集合：$a < x < b$。

Range(值域)：形成函数输出集合的数。

第2章 非线性方程

本章的主要目的是介绍非线性方程,方法与第 1 章类似,共四节。2.1 节应该在 2.2 节之前学习,2.3 节应该在 2.4 节之前学习。

2.1 节研究最简单的非线性方程,即二次方程。二次方程能够用分解因式法或公式法容易地解出。本节介绍了怎样作二次函数的图形。通过求二次供给和需求函数的均衡价格和数量说明了这项技术。

2.2 节引入了微观经济学中另外的函数,包括收益函数和利润函数。本节有很少的新内容,主要包括用 2.1 节的思想作二次收益和利润函数的图形以及求它们的最大值。

最后,始于第 1 章的代数主题通过研究指数和对数法则在此告一段落。基本概念放在 2.3 节。指数的符号和法则极其重要,后面各章经常用到。2.4 节专注于指数和自然对数函数这两种特殊函数。如果你遇到困难,或缺时间,那么本节从时间考虑可以省略,特别地,如果你不打算学习下一章金融数学的话。

2.1 二次函数

学习目标

学完本节,你应该能够:

● 用公式解二次方程
● 用因式分解解二次方程
● 用函数值表作二次函数的图形
● 通过求截距的坐标作二次函数的图形
● 用图形解二次不等式
● 用符号图解不等式
● 已知二次需求和供给函数确定均衡价格和数量

第 1 章考虑线性数学主题。特别地,我们说明了怎样作线性函数的图形和怎样解线性方程(或联立线性方程组),也指出过并不是所有的经济函数具有这样简单的形式。假设需求和供给的图形是直线,我们当然使数学分析变得容易,但我们也可能牺牲了真实性。需求和供给的图形可能是曲线,在这些情形下,有必要用更复杂的函数对它们建模。最简单的非线性函数是二次的,对参数 a,b,c 取如下形式

$$f(x) = ax^2 + bx + c$$

(事实上,即使需求函数是线性的,由它推出的函数,比如说总收益函数和利润函数,结果是二次的。我们在下节研究这些函数。)现在我们集中精力研究二次函数的

数学知识,说明怎样作二次函数的图形和怎样解二次方程。

考虑初等方程 $x^2 - 9 = 0$,容易看出左边的表达式是前面形式 $a = 1, b = 0, c = 0$ 的特殊情形。为了解该方程,我们两边加 9 得, $x^2 = 9$

我们需要求自乘得 9 的数 x。稍思片刻你会想到两个数 3 和 -3,因为

$$3 \times 3 = 9, (-3) \times (-3) = 9$$

这两个解称为 9 的平方根。符号 $\sqrt{}$ 表示正平方根,因此用该符号,解为 $\sqrt{9}$ 和 $-\sqrt{9}$。通常合写为 $\pm\sqrt{9}$。方程 $x^2 - 9 = 0$ 容易解,因为数 9 有明显的平方根。一般地,必须用计算器计算平方根。例如,方程 $x^2 - 2 = 0$ 可以写为 $x^2 = 2$

因此解为 $x = \pm\sqrt{2}$。我的计算器对 2 的平方根给出的是 1.414 213 56(保留到 8 位小数),因此以上方程的解为 1.414 213 56 和 -1.414 213 56。

例题

解下列二次方程:

$(a) 5x^2 - 80 = 0$ $(b) x^2 + 64 = 0$ $(c)(x + 4)^2 = 81$

解

$(a) 5x^2 - 80 = 0$

$5x^2 = 80$ (两边加 80)

$x^2 = 16$ (两边除以 5)

$x = \pm 4$ (两边取平方根)

$(b) x^2 + 64 = 0$

$x^2 = -64$ (两边减 64)

该方程无解,因为你不能对实数取平方得负数。

$(c)(x + 4)^2 = 81$

$x + 4 = \pm 9$ (两边取平方根)

通过分别取正号和负号得两个解。取正号

$x + 4 = 9 \quad\quad x = 9 - 4 = 5$

取负号

$x + 4 = -9 \quad\quad x = -9 - 4 = -13$

两个解为 5 与 -13。

习题

1. 解下列二次方程(如果有必要,答案保留 2 位小数)

$(a) x^2 - 100 = 0$ $(b) 2x^2 - 8 = 0$ $(c) x^2 - 3 = 0$ $(d) x^2 - 5.72 = 0$

$(e) x^2 + 1 = 0$ $(f) 3x^2 + 6.21 = 0$ $(g) x^2 = 0$

思考一下习题 1,所有的方程有特殊形式

$$ax^2 + c = 0$$

其中,x 的系数是零。为了解更一般的二次方程,我们用公式使解能用几个固定步

骤计算出。 能够证明 $ax^2 + bx + c = 0$ 的解为 $x = \dfrac{-b \pm \sqrt{(b^2 - 4ac)}}{2a}$

下面的例题说明怎样用该公式,也说明二次方程可能有两个解、唯一解、无解(你已经在习题 1 中发现)。

例题

解二次方程

(a) $2x^2 + 9x + 5 = 0$ (b) $x^2 - 4x + 4 = 0$ (c) $3x^2 - 5x + 6 = 0$

解

(a) 对方程

$2x^2 + 9x + 5 = 0$

我们有 $a = 2, b = 9, c = 5$。将这些值代入公式

$$x = \frac{-b \pm \sqrt{(b^2 - 4ac)}}{2a}$$

得

$$x = \frac{-9 \pm \sqrt{(9^2 - 4(2)(5))}}{2(2)}$$

$$= \frac{-9 \pm \sqrt{(81 - 40)}}{4}$$

$$= \frac{-9 \pm \sqrt{41}}{4}$$

通过分别取正号和负号得两个解:即

$$\frac{-9 + \sqrt{41}}{4} = -0.649 \ (保留 3 位小数)$$

$$\frac{-9 - \sqrt{41}}{4} = -3.851 \ (保留 3 位小数)$$

很容易通过将它们代入原方法检查这些解。

例如,将 $x = -0.649$ 代入 $2x^2 + 9x + 5$ 得 $2(-0.649)^2 + 9(-0.649) + 5 = 0.001402$

这接近所要求的零。我们不能指望得到正好是零,因为我们用舍入法将 $\sqrt{41}$ 保留 3 位小数。你自己可以检查 -3.851 也是解。

(b) 对方程 $x^2 - 4x + 4 = 0$

我们有 $a = 1, b = -4, c = 4$。将这些值代入公式

$$x = \frac{-b \pm \sqrt{(b^2 - 4ac)}}{2a}$$

得

$$x = \frac{-(-4) \pm \sqrt{((-4)^2 - 4(1)(4))}}{2(1)}$$

$$= \frac{4 \pm \sqrt{(16 - 16)}}{2}$$

$$= \frac{4 \pm \sqrt{0}}{2}$$

$$= \frac{4 \pm 0}{2}$$

明显地,此处无论我们取正号还是负号,我们会得到同样的答案。换句话说,该方程有唯一解 $x = 2$。作为检查,将 $x = 2$ 代入原方程得

$$(2)^2 - 4(2) + 4 = 0$$

(c)对方程 $3x^2 - 5x + 6 = 0$

我们有 $a = 3, b = -5, c = 6$。将这些值代入公式

$$x = \frac{-b \pm \sqrt{(b^2 - 4ac)}}{2a}$$

得

$$x = -(-5) \pm \frac{\sqrt{((-5)^2 - 4(3)(6))}}{2(3)}$$

$$= \frac{5 \pm \sqrt{(25 - 72)}}{6}$$

$$= \frac{5 \pm \sqrt{(-47)}}{6}$$

平方根符号下的数是负的,如你在习题1中所发现的,不可能找到负数的平方根。我们得出结论:二次方程

$$3x^2 - 5x + 6 = 0$$

无解。

本例说明解二次方程能够出现三种情况。方程能有的解的精确数目依赖于平方根下的数的符号是否为正、零、负。数 $b^2 - 4ac$ 称为判别式,因为该数的符号能判别出现的三种情况。

● 如果 $b^2 - 4ac > 0$,那么有两个解

$$x = \frac{-b + \sqrt{b^2 - 4ac}}{2a} \text{ 和 } x = \frac{-b - \sqrt{b^2 - 4ac}}{2a}$$

● 如果 $b^2 - 4ac = 0$,那么有唯一解

$$x = \frac{-b \pm \sqrt{0}}{2a} = \frac{-b}{2a}$$

● 如果 $b^2 - 4ac < 0$,那么无解,因为 $\sqrt{b^2 - 4ac}$ 不存在。

习题

2. 解下列二次方程(其中可能的)

(a)$2x^2 - 19x - 10 = 0$ (b)$4x^2 + 12x + 9 = 0$

(c)$x^2 + x + 1 = 0$ (d)$x^2 - 3x + 10 = 2x + 4$

你可能熟悉解二次方程的另一种方法。该方法建立在将二次式分解成两个线性因子的乘积的基础上。1.1 节说明了怎样乘开两个括号。那一节的一个例题表明

$$(x + 1)(x + 2) = x^2 + 3x + 2$$

因此,方程 $x^2 + 3x + 2 = 0$ 的解与方程 $(x + 1)(x + 2) = 0$ 的解相同。

两数相乘得零的唯一方法是其中至少一个数为零。

如果 $ab = 0$ 那么 $a = 0$ 或 $b = 0$(或两者)

因此

$x + 1 = 0$,解为 $x = -1$

或

$x + 2 = 0$,解为 $x = -2$ 所以,二次方程

$$x^2 + 3x + 2 = 0$$

有两个解,$x = -1$ 和 $x = -2$。

该方法的困难在于除很简单的情形外,不可能对任意给定的二次式进行因式分解,因此更好的方法是公式法。然而,如果你足够幸运,已知因式,或许你足够聪明自己看出因式,那么它提供了一种切实可行的选择。

例题

写出下列二次方程的解

$(a) x(3x - 4) = 0$ $\qquad\qquad$ $(b)(x - 7)^2 = 0$

解

(a) 如果 $x(3x - 4) = 0$,那么 $x = 0$ 或 $3x - 4 = 0$

第一个得解 $x = 0$,第二个得解 $x = \dfrac{4}{3}$。

(b) 如果 $(x - 7)(x - 7) = 0$,那么 $x - 7 = 0$ 或 $x - 7 = 0$

两个选择导致同样的解 $x = 7$。

习题

3. 写出下列二次方程的解(没必要乘开括号)

$(a)(x - 4)(x + 3) = 0$

$(b) x(10 - 2x) = 0$

$(c)(2x - 6)^2 = 0$

线性函数的一个重要特征是它们的图形总是直线。显然截距和斜率从函数到函数不同,但形状总是相同的。类似特性对二次函数成立。现在,无论何时要求你制作一个不熟悉函数的图形,一个好主意通常是对函数建立数值表格,在图形纸上描出这些点,用光滑的曲线将这些点连接起来。选取点的精确数目依赖函数,但作为一般规则,选取 5 ~ 10 个点通常可以制作一个好图形。

例题

作二次函数 $f(x) = x^2$ 的图形。

解

简单二次函数

$$f(x) = x^2$$

的数值表如下：

x	-3	-2	-2	$-$	1	2	3
$f(x)$	9	4	1	0	1	4	9

表的第一行给出输入数 x 的一系列值,而第二行显示对应的输出数 y。坐标为 (x, y) 的点则画在图形纸上生成如图2—1所示的曲线。为方便起见,x 和 y 轴用不同的标度。

数学家称该曲线为抛物线,而经济学家称之为 U 型。注意图形关于 y 轴对称,原点为最小值点,如果将一面镜子放在 y 轴上,那么左边部分是右边部分的图像。

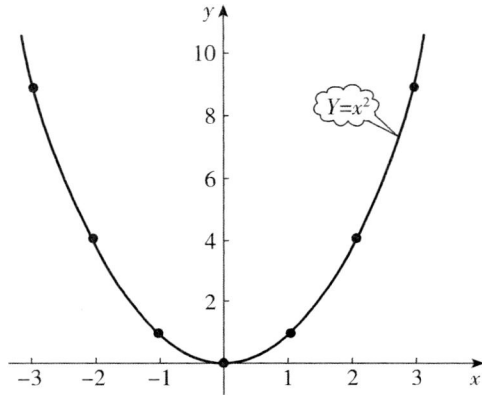

图 2—1

建议

设计下列问题给你一个机会对更一般的二次函数列表和作图。请记住当你将数代入公式时,你必须用 BIDMAS 决定运算的顺序。例如,在(a)部分,你需要将 $x = -1$ 代入 $4x^2 - 12x + 5$

得

$$4 \times (-1)^2 - 12 \times (-1) + 5$$
$$= 4 + 12 + 5$$
$$= 21$$

另外注意当用计算器时,在负数平方的时候,你必须用括号。在当前情况下,按键的可能序列可以是

4	(	(−)	1	)	x^2	−	12	×	(−)	1	+	5	=

习题

4. 完成下列函数值表,作二次函数的图形

（a）$f(x) = 4x^2 - 12x + 5$

x	-1	0	1	2	3	4
$f(x)$						

（b）$f(x) = -x^2 + 6x - 9$

x	0	1	2	3	4	5	6
$f(x)$							

（c）$f(x) = -2x^2 + 4x - 6$

x	-2	-1	0	1	2	3	4
$f(x)$							

习题 4 的结果表明二次式的图形总是抛物线。此外,当 x^2 的系数为正时,图形向上弯曲,是一条"微笑"抛物线(U型)。一系列 U 型曲线如图 2—2 所示。类似地,当 x^2 的系数为负时,图形向下弯曲,是一条"忧伤"抛物线(倒 U 型)。一系列倒 U 型曲线如图 2—3 所示。

由函数值表作图的任务极为繁琐,特别是如果只要求作简略图形的时候。通常更方便的做法是确定曲线上几个关键点。要找的明显的点是坐标轴上的截距,由于这些点使我们能界定抛物线在图 2—2 和图 2—3 中所示的不同的位置。

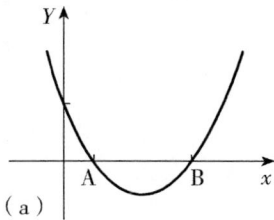

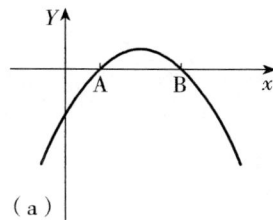

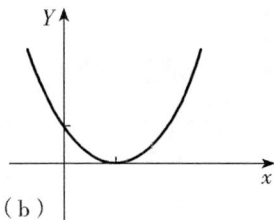

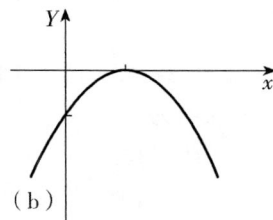

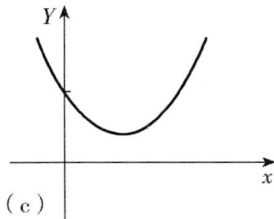

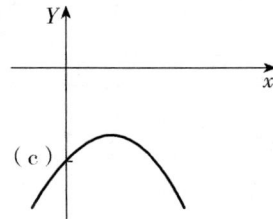

图 2—2

图 2—3

当 $x = 0$ 时, 曲线与 y 轴交叉。在 $x = 0$ 处计算函数 $f(x) = ax^2 + bx + c$ 得

$$f(0) = a(0)^2 + b(0) + c = c$$

因此常数项决定曲线与纵轴交叉的位置(同线性函数一样)。当 $y = 0$ 时, 或等价地, 当 $f(x) = 0$ 时, 曲线与 x 轴交叉。因此我们需要解二次方程

$$ax^2 + bx + c = 0$$

这能够用公式法求解, 解是图形与横轴的交叉点。一般地, 二次方程能有两个解、唯一解、无解, 这些可能性分别在图2—2和图2—3的情形(a), (b), (c)中显示。在情形(a)中, 曲线与 x 轴交叉于 A 点, 转过来再次与 x 轴交叉于 B 点, 因此有两个解。在情形(b)中, 曲线刚接触到轴就转过来, 因此有唯一解。最后, 在情形(c)中, 曲线在它有机会与轴交叉之前就转过来, 因此无解。

作二次函数

$$f(x) = ax^2 + bx + c$$

的图形的方法现在可以陈述如下:

第 1 步　确定基本形状。如果 $a > 0$, 图形为 U 型, 如果 $a < 0$, 图形为倒 U 型。

第 2 步　确定 y 轴上的截距。通过将 $x = 0$ 代入函数得 $y = c$。

第 3 步　确定 x 轴上的截距(如果存在的话)。通过解二次方程 $ax^2 + bx + c = 0$ 得到。

该 3 步法在下面的例题中说明。

例题

作如下二次函数的草图:

$$f(x) = -x^2 + 8x - 12$$

解

对函数 $f(x) = -x^2 + 8x - 12$

方法如下:

第 1 步　x^2 的系数是 -1, 是负的, 图形是"忧伤"抛物线, 是倒 U 型。

第 2 步　常数项为 -12, 图形与纵轴交叉于 $y = -12$。

第 3 步　对二次方程

$-x^2 + 8x - 12 = 0$ 由公式得

$$x = \frac{-8 \pm \sqrt{(8^2 - 4(-1)(-12))}}{2(-1)} = \frac{-8 \pm \sqrt{(64 - 48)}}{-2}$$

$$= \frac{-8 \pm \sqrt{16}}{-2} = \frac{-8 \pm 4}{-2}$$

因此图形与横轴交叉于

$$x = \frac{-8 + 4}{-2} = 2$$

和

$$x = \frac{-8 - 4}{-2} = 6$$

第 1 ~ 3 步获得的信息足以作出如图 2—4 所示的图形。

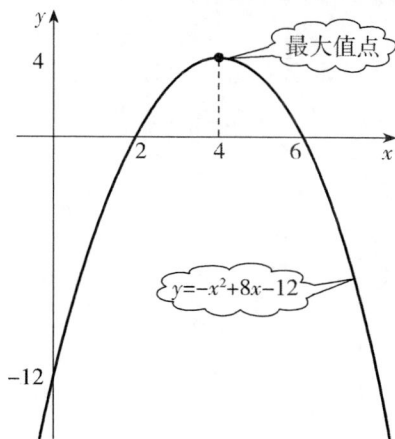

图 2—4

事实上,在这种情况下,我们能更进一步确定曲线上转折点,即最大值点的坐标。由于对称性,该点的 x 坐标正好在 $x = 2$ 与 $x = 6$ 的中间:即

$x = 1/2(2 + 6) = 4$

对应的 y 坐标通过将 $x = 4$ 代入函数得

$f(4) = -(4)^2 + 8(4) - 12 = 4$

所以曲线的最大值点的坐标为 $(4, 4)$。

习题

5. 用 3 步法作下列二次函数的草图

(a)$f(x) = 2x^2 - 11z - 6$　　　　(b)$f(x) = x^2 - 6x + 9$

我们作图工作的一个有用的副产品是,我们不需要额外努力解二次不等式。

例题

解下列二次不等式

(a) $-x^2 + 8x - 12 > 0$　　　　(b) $-x^2 + 8x - 12 \leqslant 0$

解

函数 $f(x) = -x^2 + 8x - 12$ 的图形已经画在图 2—4 中。在 2 与 6 之间抛物线位于 x 轴(直线)$y = 0$ 以上,在这些值之外抛物线位于 x 轴以下。

(a) 当图形在轴以上时二次函数取正值,因此不等式的解为 $2 < x < 6$。由于我们要求二次函数严格大于零,2 和 6 的值必须从解中排除。

(b) 在 2 或 2 的左边,6 或 6 的右边,图形在 x 轴上或以下,因此完整解为 $x \leqslant 2$ 和 $x \geqslant 6$。

习题

6. 用习题 5 的答案,写出下列二次不等式的解

(a)$2x^2 - 11x - 6 \leqslant 0$ (b)$x^2 - 6x + 9 > 0$

如果二次式是已分解形式,那么有另一种方法能用来解相关的不等式。该方法基于符号图。它不需要作图,另外一个优点是它能用于解其他不等式。我们在下面的例题中说明这种技术。

例题

用符号图解下列不等式

(a)$(x - 2)(x + 3) \geqslant 0$ (b)$\dfrac{x}{x + 2} < 0$

解

(a)我们知道在 $x = 2$ 处因子 $x - 2$ 是零。如果 x 小于 2,那么因子是负的(例如,当 $x = 1$ 时,因子取值 $-1 < 0$),当 x 大于 2 时,因子是正的(例如,当 $x = 4$ 时,因子取值 $2 > 0$)。这些结果图示在数轴上:

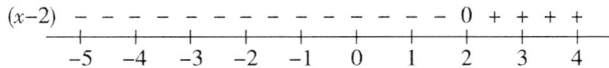

第二个因子 $x + 3$ 在 $x = -3$ 处取零,在 -3 的左边是负的,在 -3 的右边是正的。用图表示在数轴图上:

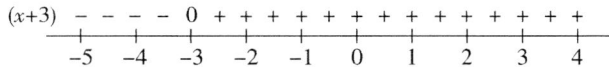

表达式 $(x - 2)(x + 3)$ 是两因子的乘积。对 -3 的左边,数轴表明两因子是负的,因此它们的乘积为正。在 -3 与 2 之间,一个因子是负的而另一个因子是正的,因此它们的乘积是负的。当然,如果一个因子为零,不管第二个因子的符号,乘积自动为零。乘积的完整的符号图显示如下:

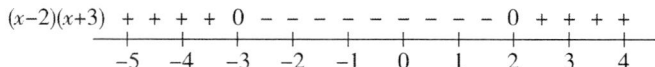

图形立即表明不等式 $(x - 2)(x + 3) \geqslant 0$ 的解为 $x \leqslant -3, x \geqslant 2$。

(b)因子 $x + 2$ 在 $x = -2$ 处取零,在 -2 的左边是负的,在 -2 的右边是正的。显然因子 x 在 $x = 0$ 处取零,在 0 的左边是负的,在 0 的右边是正的。完整的符号图显示如下:

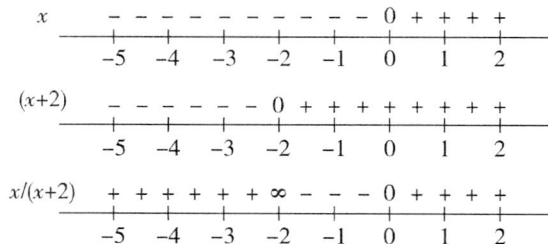

除以负数的法则与乘以负数的法则是相同的,因此图形与之前是完全相同的方式。唯一的例外发生在 $x = -2$ 处,因为我们不能除以零。这通过将符号 ∞(无穷)放在数轴上某个位置表示在图形中。该图表明不等式 $\dfrac{x}{x+2} < 0$ 的解为 $-2 < x < 0$。

习题

7. 用符号图解下列不等式

(a)$(x-1)(x-4) \leqslant 0$ (b)$\dfrac{x-1}{x+2} \geqslant 0$

我们通过考虑怎样解微观经济学中一个特定问题结束本节。在 1.5 节,引入了市场均衡的概念,在每个问题中,供给和需求函数总是给定为线性的。下面例题表明这是一个不必要的限制,处理二次供给和需求函数差不多一样容易。

例题

给定供给和需求函数
$P = Q_S^2 + 14Q_S + 22$
$P = -Q_D^2 - 10Q_D + 150$
计算均衡价格和数量。

解

在均衡状态,$Q_S = Q_D$,因此如果我们用 Q 表示该均衡数量,那么供给和需求函数变为
$P = Q^2 + 14Q + 22$
$P = -Q^2 - 10Q + 150$
由于两边都等于 P,因此
$Q^2 + 14Q + 22 = -Q^2 - 10Q + 150$
合并同类项得
$2Q^2 + 24Q - 128 = 0$
这是一个关于变量 Q 的二次方程。用公式解它之前,一个好主意是两边除以 2 避免数值大。由此得
$Q^2 + 12Q - 64 = 0$
因此

$$Q = \frac{-12 \pm \sqrt{((12^2) - 4(1)(-64))}}{2(1)}$$

$$= \frac{-12 \pm \sqrt{(400)}}{2}$$

$$= \frac{-12 \pm 20}{2}$$

二次方程的解为 $Q = -16$ 和 $Q = 4$。现在解 $Q = -16$ 显然可以忽略,因为负的数量

没有意义。所以均衡数量为 4。均衡价格可以通过将 $Q = 4$ 代入原供给或需求方程计算出来。

由供给方程

$P = 4^2 + 14(4) + 22 = 94$

作为检查,由需求方程得

$P = -(4)^2 - 10(4) + 150 = 94$ ✓

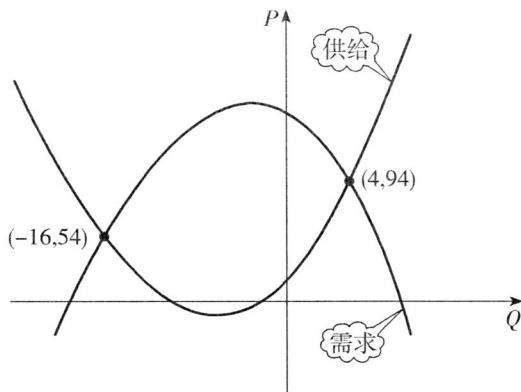

图 2—5

你可能对以下事实感到困惑:我们事实上获得两个可能解,其中一个在经济上无意义。供给和需求曲线作于图 2—5 中。这表明确实有两个交点,证实了数学解。然而,在经济学中,数量和价格都为正,因此函数仅定义在第一象限。在该区域内,仅有一个交点,在(4,94)处。

习题

8. 给定供给和需求函数

$P = 2Q_S^2 + 10Q_S + 10$

$P = -Q_D^2 - 5Q_D + 52$

计算均衡价格和数量

关键术语

Discriminant(判别式):数 $b^2 - 4ac$,用于揭示二次方程 $ax^2 + bx + c = 0$ 的解的数目。

Parabola(抛物线):二次函数的图形的形状。

Quadratic function(二次函数):形如 $f(x) = ax^2 + bx + c$(其中,$a \neq 0$)的函数。

Square root(平方根):自乘等于给定数的数,方程 $x^2 = c$ 的解,写为 $\pm\sqrt{c}$。

U-shaped curve("U 型"曲线):经济学家用来描述曲线的术语,如抛物线,向上弯曲,像字母 U。

练习题 2.1

1. 解下列二次方程

(a)$x^2 = 81$ (b)$x^2 = 36$

(c)$2x^2 = 8$ (d)$(x - 1)^2 = 9$

(e)$(x + 5)^2 = 16$

2. 写出下列方程的解

(a)$(x - 1)(x + 3) = 0$ (b)$(2x - 1)(x + 10) = 0$

(c)$x(x + 5) = 0$ (d)$(3x + 5)(4x - 9) = 0$

(e)$(5 - 4x)(x - 5) = 0$

3. 用公式法解下列二次方程(答案保留 2 位小数)

(a)$x^2 - 5x + 2 = 0$ (b)$2x^2 + 5x + 1 = 0$

(c)$-3x^2 + 7x + 2 = 0$ (d)$x^2 - 3x - 1 = 0$

(e)$2x^2 + 8x = 0$ (f)$x^2 - 6x + 10 = 0$

4. 对下列二次函数解方程 $f(x) = 0$

(a)$f(x) = x^2 - 16$ (b)$f(x) = x(100 - x)$

(c)$f(x) = -x^2 + 22x - 85$ (d)$f(x) = x^2 - 18x + 81$

(e)$f(x) = 2x^2 + 4x + 3$

5. 作问题 4 中给出的二次函数的图形

6. 用问题 5 的结果解下列不等式

(a)$x^2 - 16 \geqslant 0$ (b)$x(100 - x) > 0$

(c)$-x^2 + 22x - 85 \geqslant 0$ (d)$x^2 - 18x + 81 \leqslant 0$

(e)$2x^2 + 4x + 3 > 0$

7. 用符号图解下列不等式

(a)$x(x - 3) > 0$ (b)$(x - 1)(x + 1) \geqslant 0$ (c)$\dfrac{x + 4}{x - 2} < 0$

8. 给定二次供给和需求函数

$P = Q_S^2 + 2Q_S + 12$

$P = -Q_D^2 - 4Q_D + 68$

确定均衡价格和数量

9. 给定供给和需求函数

$P = Q_S^2 + 2Q_S + 7$

$P = -Q_D + 25$

确定均衡价格和数量

练习题 2.1*

1. 解下列二次方程

(a)$x^2 = 169$ (b)$(x - 5)^2 = 64$

(c)$(2x - 7)^2 = 121$

2. 求二次方程 $x^2 - 6dx - 7d^2 = 0$ 的解(用 d 表示)

3. 写出下列方程的解

(a)$(x - 3)(x + 8) = 0$ (b)$(3x - 2)(2x + 9) = 0$

（c）$x(4x - 3) = 0$　　　　　　　（d）$(6x - 1)^2 = 0$

（e）$(x - 2)(x + 1)(4 - x) = 0$

4. 解下列二次方程,如有必要,答案保留 2 位小数

（a）$x^2 - 15x + 56 = 0$　　　　　（b）$2x^2 - 5x + 1 = 0$

（c）$4x^2 - 36 = 0$　　　　　　　（d）$x^2 - 14x + 49 = 0$

（e）$3x^2 + 4x + 7 = 0$　　　　　（f）$x^2 - 13x + 200 = 16x + 10$

5. 解下列不等式

（a）$x^2 \geqslant 64$　　　　　　　　（b）$x^2 - 10x + 9 \leqslant 0$

（c）$2x^2 + 15x + 7 < 0$　　　　　（d）$-3x^2 + 2x + 5 \geqslant 0$

（e）$x^2 + 2x + 1 \leqslant 0$

6. 二次方程 $x^2 - 8x + c = 0$ 一个解已知为 $x = 2$,求第二个解

7. 求使方程 $x^2 - 10x + 2k = 8x - k$ 有唯一根的 k 值

8. 用符号图解下列不等式

（a）$(x + 3)(x - 4) \geqslant 0$　　　（b）$(2 - x)(x + 1) > 0$

（c）$(x - 1)(x - 2)(x - 3) \leqslant 0$　（d）$\dfrac{(x - 2)}{(x - 3)(x - 5)} \geqslant 0$

9. 给定供给和需求函数为

$P = Q_S^2 + 10Q_S + 30$

$P = -Q_D^2 - 8Q_D + 200$

计算均衡价格,答案保留 2 位小数

10. 某陶瓷厂能按关系

$2B^2 + 5B + 25P = 525$

在一周内生产 B 个碗和 P 个盘子

（a）如果它生产 5 个碗,一周内它能生产多少盘子

（b）一周内它最多能生产多少个碗

11. 给定供给和需求函数

$Q_S = (P + 8)\sqrt{P + 20}$

$Q_D = \dfrac{460 - 12P - 3P^2}{\sqrt{P + 20}}$

计算均衡价格和数量

2.2　收益、成本、利润

学习目标

学完本节,你应该能够:

● 作总收益、总成本、平均成本、利润函数的图形

● 求最大化总收益的产出水平

● 求最大化利润的产出水平

● 求盈亏平衡的产出水平

本节的主要目的是研究经济学中名为利润的特定函数。通过建立合理的简化假设,利润函数被证明是二次的,因此 2.1 节提出的方法能用来分析它的特征。我们说明怎样求公司实现盈亏平衡和最大化利润的产出水平。利润函数用希腊字母 π（pi,发音为"pie"）表示,定义为总收益(TR) 与总成本(TC) 之差:即

$$\pi = TR - TC$$

该定义完全是合理的,因为 TR 是公司从销售商品中收到的货币量,TC 是公司在生产这些商品中花费的货币量。我们开始依次考虑总收益和总成本函数。

从价格为 P 数量为 Q 的商品销售中收到的总收益为

$$TR = PQ$$

例如,如果每件商品的价格是 70 美元,公司销售了 300 件,那么收益为

$$70 \times 300 = 21\,000(美元)$$

给定任意特定的以 Q 表示 P 的需求函数,获得完全以 Q 表示 TR 的的公式是一件简单的事情,能够作出以 Q 表示的 TR 图形。

例题

给定需求函数

$$P = 100 - 2Q$$

将 TR 表示为 Q 的函数并作出它的图形

(a) Q 为何值时 TR 为零

(b) TR 的最大值是多少

解

总收益定义为

$$TR = PQ$$

由于 $P = 100 - 2Q$,我们有

$$TR = (100 - 2Q)Q = 100Q - 2Q^2$$

该函数是二次的,因此它的图形能用 2.1 节介绍的方法作出。

第 1 步　Q^2 的系数是负的,因此图形是倒 U 型。

第 2 步　常数项为零,因此图形与 TR 轴相交于原点。

第 3 步　为了找到曲线与横轴相交何处,我们可以用公式。然而,这是不必要的,因为由因式分解立即得 TR $-(100 - 2Q)Q$

当 $100 - 2Q = 0$ 或 $Q = 0$ 时 TR $= 0$。换句话说,二次方程有两个解 $Q = 0$ 和 $Q = 50$。

总收益曲线如图 2—6 所示。

(a) 由图 2—6 看出,当 $Q = 0$ 和 $Q = 50$ 时,总收益为零

(b) 由对称性得知,抛物线在 0 与 50 的中间,即 $Q = 25$ 处达到它的最大值。对应的总收益为

$$TR = 100(25) - 2(25)^2 = 1\ 250$$

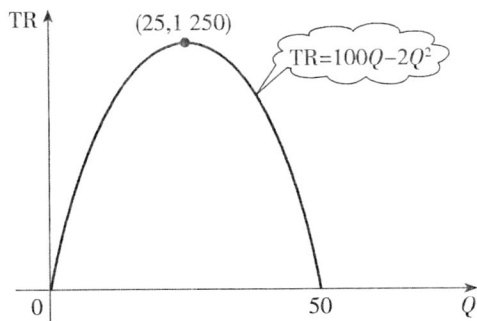

图 2—6

习题

1. 给定需求函数 $P = 1\ 000 - Q$

将 TR 表示为 Q 的函数并作出 TR 对 Q 的图形。最大化总收益的 Q 值及对应的价格是多少

一般地,给定线性需求函数

$P = aQ + b(a < 0, b > 0)$

总收益函数为

$TR = PQ = (aQ + b)Q$

$\quad\ \ = aQ^2 + bQ$

该函数是关于 Q 的二次方程,由于 $a < 0$,TR 曲线是倒 U 型。此外,由于常数项是零,曲线总是与纵轴相交于原点。该事实并不令你感到意外,如果没有商品销售,收益必然是零。

我们现在将注意力转到总成本函数(TC),它是生产成本与产出水平(Q)之间的关系。生产数量增加,对应的成本也增加,因此函数 TC 是递增的。然而,短期内这些成本中的某些是固定的。固定成本(FC)包括土地、设备、租金,可能还有熟练劳动力的成本。显然,在长期所有成本是可变的,但这些特定成本的变化需要时间,因此短期内可以视为固定的。另一方面,可变成本随产出变化,包括原材料、零件、能源、非熟练劳动力的成本。如果 VC 表示单位产出的可变成本,那么生产 Q 件商品的总可变成本 TVC 为 $TVC = (VC)Q$。

总成本是固定成本和可变成本之和,因此为 $TC = FC + (VC)Q$

尽管这是个重要的经济函数,但它并不总是传递出比较单个公司的必要信息。例如,假设某国际化的汽车公司经营两个工厂,一个在美国,一个在欧洲,假设总年成本已知分别为 2 亿美元和 4 500 万美元。这两个工厂中哪一个更有效率?不幸的是,除非我们也知道生产汽车的总数,不可能作出任何判断。在此重要的函数不是总成本,而是每辆汽车的平均成本。如果在美国和在欧洲的工厂分别制造 8 万辆和 1.5 万辆汽车,它们对应的平均成本为

$$\frac{200\ 000\ 000}{80\ 000} = 2\ 500$$

和

$$\frac{45\ 000\ 000}{15\ 000} = 3\ 000$$

基于这些数字,在美国的工厂更有效率。实际上,在决定扩张或压缩在某个国家的经营规模之前,其他因素也需要考虑。

一般地,平均成本函数(AC)通过总成本除以产量得到,因此

$$AC = \frac{TC}{Q} = \frac{FC + (VC)Q}{Q}$$
$$= \frac{FC}{Q} + \frac{(VC)Q}{Q}$$
$$= \frac{FC}{Q} + VC$$

例题

给定固定成本为1 000,单位可变成本为4,将TC和AC表示为Q的函数。作出它们的图形。

解

我们已知 FC = 1 000,VC = 4,因此

TC = 1 000 + 4Q

$$AC = \frac{TC}{Q} = \frac{1\ 000 + 4Q}{Q}$$
$$= \frac{1\ 000}{Q} + 4$$

总成本函数的图形容易作出。它是截距为1 000斜率为4的直线,画在图2—7中。平均成本函数是我们不曾见过的形式,因此我们对它的基本形状没有先验知识。在这种情况下,对函数列表是有用的。列表值画在图形纸上,通过将点连在一起得到一条光滑的曲线。函数值的一个特定表格为

Q	100	250	500	1 000	2 000
AC	14	8	6	5	4.5

这些值容易检查。例如,当 Q = 100 时

$$AC = \frac{1\ 000}{100} + 4 = 10 + 4 = 14$$

基于该表,平均成本函数的图形作在图2—8 中。该曲线名为直角双曲线,有时经济学家称为 L 型。

习题

2. 给定固定成本为100,单位可变成本为2,将TC和AC表示为Q的函数,作出它们

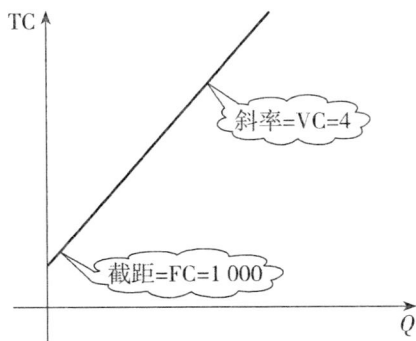

图 2—7

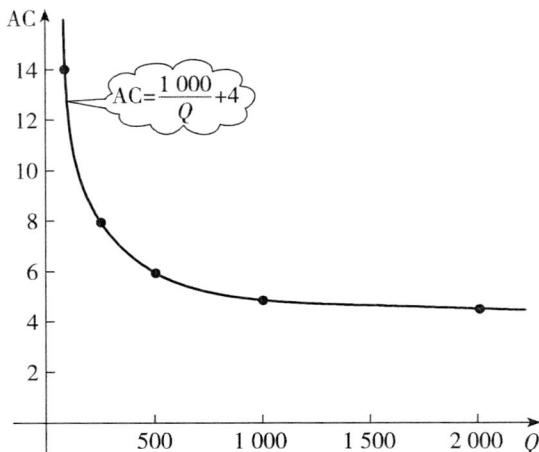

图 2—8

的图形。一般地,当可变成本 VC 为常数时,总成本函数 TC = FC + (VC)Q 是线性的。截距为 FC,斜率为 VC。对平均成本函数 $AC = \dfrac{FC}{Q} + VC$

注意,如果 Q 值小,那么 FC/Q 值大,因此图形随 Q 趋于零急剧向上弯曲。随着 Q 值增加,FC/Q 值下降,Q 值很大时,FC/Q 事实上趋近零。所以当 Q 越来越大时趋于 VC 时,AC 曲线越来越平坦。该现象几乎不令人吃惊,由于固定成本在越来越多的商品之间分摊,因此对大的 Q 值对 AC 有很小的影响。所以图形 AC 有如图 2—9 所示的基本的 L 型。该讨论假设 VC 是常数。实际上,可能不是这样,VC 可能依赖于 Q。那么 TC 的图形不再是线性的,AC 的图形变为 U 型而不是 L 型。这样的例子能在本节末尾练习题 2.2 的问题 5 中找到。

图 2—10 显示了在同一个图形中作出的典型的 TR 和 TC 的图形。作这些图形假设需求函数是线性的(这导致二次总收益函数),可变成本是常数(导致线性总成本函数)。横轴表示数量 Q。严格地说,符号 Q 对两个函数意味着不同的内容。对收益函数,Q 表示商品实际的销售量,而对成本函数,它表示生产量。在同一图形中作两者的图形,我们隐含假设这两个值是相同的,公司卖出了生产的所有

商品。

　　两条曲线刚好相交于 A 和 B 两点,对应的产出水平是 Q_A 和 Q_B。在这些点成本和收益相等,公司实现盈亏平衡。如果 $Q < Q_A$ 或 $Q > Q_B$,那么 TC 曲线位于 TR 以上,因此成本超过收益。在这些产出水平上,公司出现亏损。如果 $Q_A < Q < Q_B$,那么收益超过成本,公司实现盈利,利润等于收益曲线与成本曲线之间的垂直距离。当两者之差最大时,利润最大。计算最大利润的最容易方法是用定义方程 $\pi = \text{TR} = \text{TC}$ 直接获得以 Q 表示的利润公式。

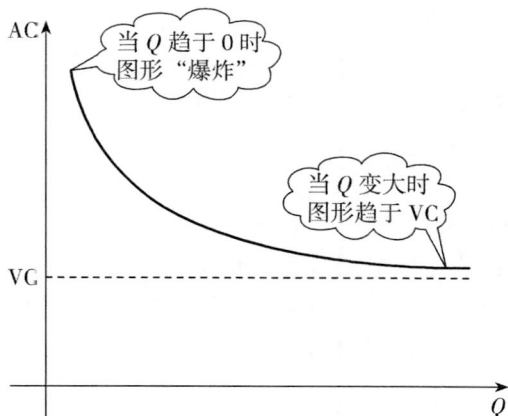

当 Q 趋于 0 时图形"爆炸"

当 Q 变大时图形趋于 VC

图 2—9

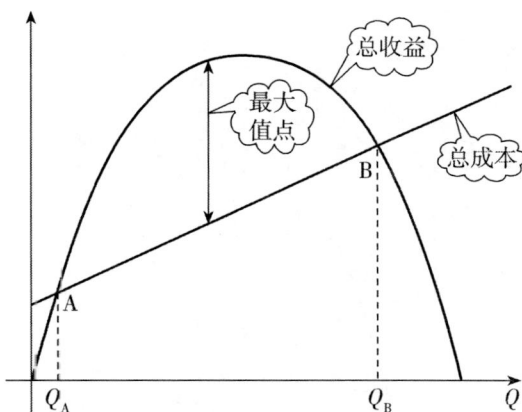

总收益

最大值点

总成本

图 2—10

例题

　　如果固定成本为 4,单位可变成本为 1,需求函数为 $P = 10 - 2Q$
　　得到以 Q 表示的 π 的表达式并作 π 对 Q 的图形。
　　(a) Q 取何值时公司实现盈亏平衡?　　　(b) 最大利润是多少?

解

我们开始得到总成本和总收益的表达式。对该问题，$FC = 4$，$VC = 1$，因此

$$TC = FC + (VC)Q = 4 + Q$$

已知需求函数为 $P = 10 - 2Q$

因此

$$TR = PQ = (10 - 2Q)Q = 10Q - 2Q^2$$

利润为

$$\begin{aligned}
\pi &= TR - TC \\
&= (10 - 2Q^2) - (4 + Q) \\
&= 10Q - 2Q^2 - 4 - Q \\
&= -2Q^2 + 9Q - 4
\end{aligned}$$

为了作利润函数的图形，我们用 2.1 节说明的方法。

第 1 步　Q^2 的系数是负的，因此图形是倒 U 型。

第 2 步　常数项为 -4，因此当 $Q = -4$ 时，图形与纵轴相交。

第 3 步　当 $\pi = 0$ 时图形与横轴相交，因此我们需要解二次方程

$$-2Q^2 + 9Q - 4 = 0$$

用公式求解得

$$Q = \frac{-9 \pm \sqrt{81 - 32}}{2(-2)} = \frac{-9 \pm 7}{-4}$$

因此 $Q = 0.5$ 和 $Q = 4$。

利润曲线见图 2—11。

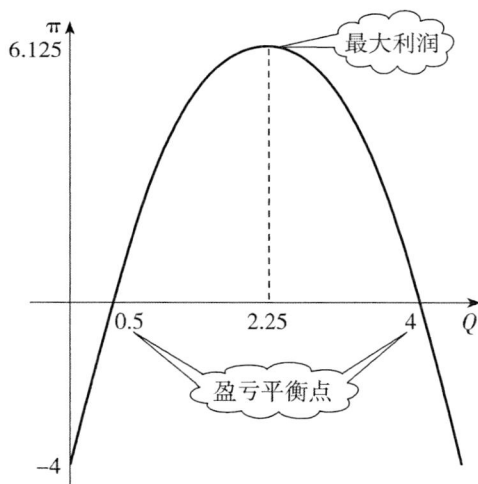

图 2—11

（a）由图 2—11 可知，我们看出当 $Q = 0.5$ 和 $Q = 4$ 时利润为零。

（b）由对称性可知，抛物线在 0.5 与 4 的中间，即 $Q = 1/2(0.5 + 4) = 2.25$ 处达到最大值。最大利润为 $\pi = -2 \times 2.25^2 + 9 \times 2.25 - 4 = 6.125$

习题

　　3. 如果固定成本为 25,单位可变成本为 2,需求函数为 $P = 20 - Q$
得到以 Q 表示的 π 的表达式并作 π 对 Q 的图形
　　(a) 求利润为 31 时的产出水平
　　(b) 求最大利润和对应的 Q 值
网上资源说明怎样月 Excel 确定盈亏平衡点和怎样最大化利润。

关键术语

　　Average cost(平均成本):单位产出的总成本:AC=TC/Q。

　　Fixed costs(固定成本):独立于产出的总成本。

　　L-shaped curve(L 型曲线):一个术语,经济学家用来描述像 $f(x) = a + \dfrac{b}{x}$ 之类函数的图形,弯曲有点像字母 L。

　　Profit(利润):总收益减总成本:$\pi = TR - TC$。

　　Rectangular hyperbola(直角双曲线):一个术语,数学家用来描述像 $f(x) = a + \dfrac{b}{x}$ 之类函数的图形,它是一条有水平和垂直渐近线的双曲线。

　　Total cost(总成本):总变动成本与固定成本之和:TC=TVC+FC。

　　Total revenue(总收益):公司从商品销售中获得的收入:TR+PQ。

　　Variable costs(可变成本):随生产的产出的数量变化的总成本。

练习题 2.2

　　1.(a) 如果商品的需求函数为 $P = 80 - 3Q$,求 $Q = 10$ 时的价格,推导出总收益
　　(b) 如果固定成本为 100,单位可变成本为 5,求 $Q = 10$ 时的总成本
　　(c) 用(a)和(b)部分的答案计算出对应的利润
　　2. 已知下列需求函数,将 TR 表示为 Q 的函数,作 TR 对 Q 的图形
　　(a)$P = 4$　　　　　　　　(b)$P = 7/Q$　　　　　　　　(c)$P = 10 - 4Q$

3. 给定下列总收益函数,求对应的需求函数

（a）$TR = 50Q - 4Q^2$ （b）$TR = 10$

4. 给定固定成本为 500 和单位可变成本为 10,将 TC 和 AC 表示为 Q 的函数。作它们的图形

5. 给定固定成本为 1 和单位可变成本为 $Q + 1$,将 TC 和 AC 表示为 Q 的函数。作它们的图形

6. 给定需求函数 $2Q + P = 25$ 和平均成本函数 $AC = \dfrac{32}{Q} + 5$

求利润函数的表达式以及公司在下列情况下 Q 的值

（a）盈亏平衡   （b）亏损 432 单位   （c）最大化利润

7. 将如下总收益和总成本函数作在同一图形中

$TR = -2Q^2 + 14Q$

$TC = 2Q + 10$

（1）用图形估计公司在下列情况下的 Q 值

（a）盈亏平衡   （b）最大化利润

（2）用代数方法验证（1）部分的答案

8. 公司产品的需求函数为 $P = 60 - Q$。固定成本为 100,商品的单位可变成本为 $Q + 6$。

（a）写出以 Q 表示的总收益 TR 的表达式,作 TR 对 Q 的图形,清楚地表示坐标轴上的截距

（b）写出以 Q 表示的总成本 TC 的表达式,推导出平均成本函数为

$AC = Q + 6 + \dfrac{100}{Q}$

复制和完成下列函数值表

Q	2	5	10	15	20
AC	58				

作 AC 对 Q 的精确图形,指出最小化平均成本的 Q 值

（c）证明利润函数为

$\pi = 2(2 - Q)(Q - 25)$

指出公司盈亏平衡的 Q 值,确定最大利润

练习题 2.2*

1. 如果固定成本为 30,单位可变成本为 $Q + 3$,需求函数为 $P + 2Q = 50$

证明相应的利润函数为 $\pi = -3Q^2 + 47Q - 30$,求盈亏平衡的 Q 值,推导出最大利润

2. 公司的利润函数形式为 $\pi = aQ^2 + bQ + c$

如果已知当 Q 分别等于 1,2,3 时,π 分别等于 9,34,19,写出关于三个未知数 a, b, c 三个方程的联立方程组。解该方程组,求 a, b, c,并求 $Q = 4$ 时的利润

3. 某公司的平均成本函数为 $AC = \dfrac{800}{Q} + 2Q + 18$

（a）求在区间 $0 \leqslant Q \leqslant 30$ 内 AC 对 Q 的图形最低点处 Q 的值（保留到整数）

（b）指出固定成本的值

4. 如果需求方程为 $aP + bQ = c$，固定成本为 d，单位可变成本为 e，求以 Q 表示的下列经济函数的表达式

（a）总收益　　　（b）总成本　　　（c）平均成本　　　（d）利润

5. Ennerdale 银行对每笔网上取款向客户收取 0.50 美元，对每笔取款机上取款向客户收取 0.25 美元。North Borsetshire 银行向客户每年固定收取 15 美元，每笔业务（网上或取款机上）加收 0.30 美元。假设没有其他取款，账户永远不会过度取款，到期利息可以忽略。

（a）网上取款的比例为 a，每年取款的总次数为 N。如果经营两个账户的成本是相同的，证明：

$$a = \frac{1}{5} + \frac{60}{N}$$

作该关系的图形。

（b）如果客户年度取款的至少 60% 通过取款机，你对客户有何建议？

2.3　指数和对数

学习目标

学完本节，你应该能够：

● 在是正数、负数、整数、分数的情况下计算 b^n
● 用指数法则化简代数表达式
● 研究生产函数的规模收益
● 在简单情况下计算对数
● 用对数法则解未知数作为幂的方程

建议

　　本节相当长，有一些重要思想。如果你熟悉指数法则，已经知道对数是什么，你应该快速读完这些材料，将精力集中于应用方面。然而，如果你当前的理解是粗浅的（或没有），你应该考虑分部分学习该主题。为对此有帮助，本节材料分成下列方便的小节：

　　● 指数符号
　　● 指数法则
　　● 对数
　　● 小结

指数符号

我们已经用 b^2 作为 $b \times b$ 的缩写。本节我们将该符号扩展到 b^n, n 可取任意值,正数、负数、整数、分数。一般地,如果

$M = b^n$

我们说 b^n 是 M 的以 b 为底的指数形式。数 n 是指数或幂。扩展

$b^2 = b \times b$

到其他正整数幂 n 的一种明显的方式是定义

$b^3 = b \times b \times b$

$b^4 = b \times b \times b \times b$

一般地

$\boxed{b^n = b \times b \times b \times b \times \cdots b}$ (原书有误) n 个 b 乘到一起

为了包括负幂情形,考虑 2^n 的下列数值表。

2^{-3}	2^{-2}	2^{-1}	2^0	2^1	2^2	2^3	2^4
?	?	?	?	2	4	8	16

为了沿着表的完成部分从左向右进行,你要做的是每个数乘 2。等价地,如果你从右向左进行,你简单地除以 2。有意义的是延续这种模式到 $2^1 = 2$ 之后。除以 2 得 $2^0 = 2 \div 2 = 1$ 再次除以 2 得 $2^{-1} = 1 \div 2 = 1/2$ 等等。完整的表则是

2^{-3}	2^{-2}	2^{-1}	2^0	2^1	2^2	2^3	2^4
$\dfrac{1}{8}$	$\dfrac{1}{4}$	$\dfrac{1}{2}$	1	2	4	8	16

注意

$2^{-1} = \dfrac{1}{2} = \dfrac{1}{2^1}$

$2^{-2} = \dfrac{1}{4} = \dfrac{1}{2^2}$

$2^{-3} = \dfrac{1}{8} = \dfrac{1}{2^3}$

换句话说,负幂通过取对应的正幂的倒数计算。由该特定的例子,我们定义

$\boxed{b^0 = 1}$

$\boxed{b^{-n} = \dfrac{1}{b^n}}$

其中,n 是任意正整数。

例题

计算

(a)3^2　　　(b)4^3　　　(c)7^0　　　(d)5^1　　　　(e)5^{-1}

(f)$(-2)^6$　　(g)3^{-4}　　(h)$(-2)^3$　　(i)1.723^0

解

用定义

$$b^n = b \times b \times b \times \cdots \times b$$

$$b^0 = 1$$

$$b^{-n} = \frac{1}{b^n}$$

我们得

(a)$3^2 = 3 \times 3 = 9$

(b)$4^3 = 4 \times 4 \times 4 = 64$

(c)$7^0 = 1$

因为任意数取零次幂等于1。

(d)$5^1 = 5$

(e)$5^{-1} = \dfrac{1}{5^{-1}} = \dfrac{1}{5}$

(f)$(-2)^6 = (-2) \times (-2) \times (-2) \times (-2) \times (-2) \times (-2) = 64$

其中答案是正的,因为有偶数个负号。

(g)$3^{-4} = \dfrac{1}{3^4} = \dfrac{1}{3 \times 3 \times 3 \times 3} = \dfrac{1}{81}$

(h)$(-2)^{-3} = \dfrac{1}{(-2)^3} = \dfrac{1}{(-2) \times (-2) \times (-2)} = -\dfrac{1}{8}$

其中答案是负的,因为有奇数个负号。

(i)$1.723^0 = 1$

习题

1.(1)不用计算器计算

(a)10^2　　(b)10^1　　(c)10^0　　(d)10^{-1}　　(e)10^{-2}　　(f)$(-1)^{100}$

(g)$(-1)^{99}$　　(h)7^{-3}　　(i)$(-9)^2$　　(j)$72\ 101^1$　　(k)2.718^0

(2)用计算器验证(1)部分的答案

我们分两个阶段处理分数幂。我们开始定义b^m,其中m是诸如1/2或1/8的倒数,然后考虑诸如3/4或3/3的更一般的分数。假设n是正整数,我们定义

$$\boxed{b^{1/n} = b \text{ 的 } n \text{ 次根}}$$

通过该定义,我们意味着$b^{1/n}$是一个取n次幂为b的数。用符号表示,如果$c = b^{1/n}$,那么$c^n = b$。由该定义

$9^{1/2}$ 的平方根(因为$3^2 = 9$)

$8^{1/3}$ 的立方根 $= 2$(因为$2^3 = 8$)

$625^{1/4} = 625$ 的 4 次根(因为$5^4 = 625$)

当然,一个数的 n 次根可能不存在。例如,没有数 c 满足 $c^2 = -4$,因此 $(-4)^{1/2}$ 没有定义。对某些数也可能有多于一个 n 次根。例如,有两个数 c 的值满足 $c^4 = 16$,即 $c = 2$ 和 $c = -2$。在这种情形下标准做法是取正根,因此 $16^{1/4} = 2$。

我们现在将注意力转向 b^m 的情形,其中 m 是形式为 p/q 的一般分数,p 和 q 为整数。如何解释像 $16^{3/4}$ 之类的数? 为了与我们前面的定义保持一致,分子 3 可以视作对 16 取 3 次幂,分母告诉我们取 4 次根。事实上,两种运算实施的顺序没有关系。如果我们开始对 16 取 3 次幂我们得 $16^3 = 16 \times 16 \times 16 = 4\,096$

然后取 4 次根得 $16^{3/4} = (4\,096)^{1/4} = 8$(因为 $8^4 = 4\,096$)

另一方面,先取 4 次根得 $16^{1/4} = 2$(因为 $2^4 = 16$)

后取 3 次幂得 $16^{3/4} = 2^3 = 8$

这与前面的答案相同。所以我们看到 $(16^3)^{1/4} = (16^{1/4})^3$

该结论对任意底 b 和分数 p/q(假设 q 是正的)成立,因此我们定义

$$\boxed{b^{p/q} = (b^p)^{1/q} = (b^{1/q})^p}$$

例题

计算

(a) $8^{4/3}$ (b) $25^{-3/2}$

解

(a)为了计算 $8^{4/3}$,我们需要对该数取 4 次幂和求立方根。选择先求立方根

$8^{4/3} = (8^{1/3})^4 = 2^4 = 16$

(b)再次在取 -3 次幂之前先求 25 的平方根容易,因此

$25^{-3/2} = (25^{1/2})^{-3} = 5^{-3} = \dfrac{1}{5^3} = \dfrac{1}{125}$

对这个特定的指数形式,我们事实上进行了三种不同的运算。负号告诉我们取倒数,分数 1/2 告诉我们取平方根,3 告诉我们取立方。你自己检查一下,不管这三种运算实施的顺序,你会得到相同的答案。

建议

我们可以按任意顺序实施这些运算,但为了避免大数取 q 次方先求 q 次根通常容易些。

习题

2.(1)不用计算器计算

(a) $16^{1/2}$ (b) $27^{1/3}$ (c) $4^{5/2}$ (d) $8^{-2/3}$ (e) $1^{-17/25}$

(2)用计算器验证(1)部分的答案

2.3.2 　指数法则

指数形式有用有两个理由。第一,它是对某些可能很长的数的方便的简记。指数形式 9^8 比写成等价形式 $9 \times 9 \times 9 \times 9 \times 9 \times 9 \times 9 \times 9$ 或 43 046 721 容易得多。第二,有四个基本的指数法则方便了指数的运算。四个法则陈述如下:

法则 1　$b^m \times b^n = b^{m+n}$

法则 2　$b^m \div b^n = b^{m-n}$

法则 3　$(b^m)^n = b^{mn}$

法则 4　$(ab)^n = a^n b^n$

当然本书中提供数学证明不是我们的目的。然而,如果我们基于某些简单例子验证一下,可能有助于你记住这些法则。我们依次考虑每个法则。

法则 1

假设我们要将 2^2 与 2^5 乘到一起。现在 $2^2 = 2 \times 2$ 和 $2^5 = 2 \times 2 \times 2 \times 2 \times 2$,因此

$$2^2 \times 2^5 = (2 \times 2) \times (2 \times 2 \times 2 \times 2 \times 2)$$

注意,我们将总共 7 个 2 乘到一起,由定义可知,这正是 2^7:即

$$2^2 \times 2^5 = 2^7 = 2^{2+5}$$

这验证了法则 1,它告诉你,如果两个指数相乘,你要做的是指数相加。

法则 2

假设我们要用 2^2 除以 2^5。得

$$\frac{2 \times 2}{2 \times 2 \times 2 \times 2 \times 2} = \frac{1}{2 \times 2 \times 2} = \frac{1}{2^3}$$

由定义可知,倒数用负指数表示,因此这刚好是 2^{-3},即

$$2^2 \div 2^5 = 2^{-3} = 2^{2-5}$$

这验证了法则 2,它告诉你,如果两个指数相除,你要做的是指数相减。

法则 3

假设我们要 10^2 取 3 次幂。由定义,对任意数 b

$$b^3 = b \times b \times b$$

因此用 10^2 代替 b 我们有

$$(10^2)^3 = 10^2 \times 10^2 \times 10^2 = (10 \times 10) \times (10 \times 10) \times (10 \times 10) = 10^6$$

因为有 6 个 10 乘到一起,即 $(10^2)^3 = 10^6 = 10^{2 \times 3}$

这验证了法则 3,它告诉你,如果指数取幂,你要做的是指数相乘。

法则 4

假设我们要对 2×3 取 4 次幂。由定义

$$b^4 = b \times b \times b \times b$$

因此用 2×3 代替 b 得

$$(2 \times 3)^4 = (2 \times 3) \times (2 \times 3) \times (2 \times 3) \times (2 \times 3)$$

因为乘法与顺序无关,这能够写为

$$(2 \times 2 \times 2 \times 2) \times (3 \times 3 \times 3 \times 3)$$

即 $(2 \times 3)^4 = 2^4 \times 3^4$

这验证了法则 4，它告诉你，如果两数乘积取幂，你要做的是分别取幂相乘。

关于这些法则的一句警告正当其时。注意在法则 1 和 2 中，两数的底是相同的。如果底不同，这些法则不适用。例如，法则 1 没有给出关于 $2^4 \times 3^5$ 的信息。类似地，请注意在法则 4 中数 a 与 b 乘到一起。出于某些奇怪的原因，有些商务和经济学学生似乎认为法则 4 也适用于加法，因此 $(a + b)^n = a^n + b^n$ 是不成立的。

如果它成立，代数运算会容易许多，但不无担心地指出它一定是错误的！你需要相信这点，例如，注意 $(1 + 2)^3 = 3^3 = 27$，这不同于 $1^3 + 2^3 = 1 + 8 = 9$。

法则 4 的一个成立的变形为

$$\left(\frac{a}{b}\right)^n = \frac{a^n}{b^n} \quad (b \neq 0)$$

这是对的，因为除法（不像加法或减法）与乘法是同类运算。事实上

$$\left(\frac{a}{b}\right)^n \text{ 可以视作 } \left(a \times \frac{1}{b}\right)^n$$

因此对该乘积运用法则 4 得 $a^n \left(\dfrac{1}{b}\right)^n = \dfrac{a^n}{b^n}$

正是所要求的。

建议

可能只是偶然（诸如在考试中！）你只记住法则的一半，或许认为你自己发现了新法则。如果你曾担心这些法则是否符合逻辑，你应该通过数值试算检查它，就像我们对 $(a + b)^n$ 所做的。显然，事实上成立的数值例子不能证明法则将总是成立。然而，不成立的例子足以告诉你假想的法则是错误的。

下面的例题说明怎样用法则 1 ~ 4 化简代数表达式。

例题

化简

(a) $x^{1/4} \times x^{3/4}$ (b) $\dfrac{x^2 y^2}{x^4 y}$ (c) $(x^2 y^{-1/3})^3$

解

(a) 表达式 $x^{1/4} \times x^{3/4}$ 表示有相同底的指数形式的两数乘积。由法则 1，我们将指数相加得

$$x^{1/4} \times x^{3/4} = x^{1/4+3/4} = x^1$$

这刚好是 x。

(b) 表达式 $\dfrac{x^2 y^3}{x^4 y}$ 比 (a) 部分的复杂，由于它涉及两个不同底 x 和 y 的指数形式的数。由法则 2 $\dfrac{x^2}{x^4}$ 可以通过指数相减化简得 $x^2 \div x^4 = x^{2-4} = x^{-2}$

类似地

$$\frac{y^3}{y} = y^3 \div y^1 = y^{3-1} = y^2$$

因此$\frac{x^2 y^3}{x^4 y} = x^{-2} y^2$

这不可能进一步化简,因为x^{-2}与y^2有不同的底。

然而,如果你愿意,这可以写为$\frac{y^2}{x^2}$

因为负幂表示倒数。

(c) 化简$(x^2 y^{-1/3})^3$

明显的第 1 步是用法则 4,将x^2视作a,$y^{-1/3}$视作b得$(x^2 y^{-1/3})^3 = (x^2)^3 (y^{-1/3})^3$

由法则 3 得

$$(x^2)^3 = x^{2 \times 3} = x^6$$

$$(y^{-1/3})^3 = y^{(-1/3) \times 3} = y^{-1}$$

因此$(x^2 y^{-1/3})^3 = x^6 y^{-1}$ 如(b) 部分一样,如果你认为它看起来更整齐,你可以将该式写为$\frac{x^6}{y}$

因为负幂表示倒数。

习题

3. 化简

(a)$(x^{3/4})8$ (b)$\frac{x^2}{x^{3/2}}$ (c)$(x^2 y^4)^3$ (d)$\sqrt{x}(x^{5/2} + y^3)$

[提示:在(d) 部分注意$\sqrt{x} = x^{1/2}$和乘开括号]

本书中我们有机会用指数法则和b^n的定义。现在,我们考虑这些思想起作用的一个特殊的应用。任意生产过程的产出 Q 依赖于称为生产要素的各种投入。这些生产要素包括土地、资本、劳动、企业家。为了简单起见,我们将注意力限于资本和劳动。资本(K)表示所有人造的生产辅助,诸如建筑物、工具、工厂机器。劳动(L)表示生产过程中所有付酬的工作。Q对K和L的依赖关系可以写为

$$Q = f(K, L)$$

这称为生产函数。一旦该关系以公式形式明确给出,计算任意给定投入组合的产出水平是相当简单的。例如,如果$Q = 100K^{1/3}L^{1/2}$,那么投入$K = 27$和$L = 100$导致产出为

$$Q = 100 \times 27^{1/3} \times 100^{1/2}$$
$$= 100 \times 3 \times 10$$
$$= 3\,000$$

我们特别感兴趣的是,投入以某种方式规模化对产出的影响。如果资本和劳动都 2 倍,产出水平也是 2 倍,或上升超过 2 倍,还是上升小于 2 倍? 对特定生产函数

$$Q = 100K^{1/3}L^{1/2}$$

当以 $2K$ 和 $2L$ 分别代替 K 和 L 时,我们看到 $Q = 100(2K)^{1/3}(2L)^{1/2}$

现在,由法则 4

$(2K)^{1/3} = 2^{1/3}K^{1/3}$,$(2L)^{1/2} = 2^{1/2}L^{1/2}$

因此

$Q = 100(2^{1/3}K^{1/3})(2^{1/2}L^{1/2})$

$\quad = (2^{1/3}2^{1/2})(100K^{1/3}L^{1/2})$

第二项 $100K^{1/3}L^{1/2}$ 正是 Q 的原来值,因此我们看到产出乘以 $2^{1/3}2^{1/2}$

由法则 1 可知,该数可以通过指数相加化简得 $2^{1/3}2^{1/2} = 2^{5/6}$

因为 5/6 小于 1,比例因子小于 2。事实上,我的计算器得 $2^{5/6} = 1.78$(保留 2 位小数)因此产出上升小于 2 倍。

重要的是,注意上面的论证不依赖于取作比例因子的特定值 2。如果投入 K 和 L 通过一般数 λ(其中 λ 是个希腊字母,发音为"lambda")规模化,刚好同样的程序能够运用。以 λK 和 λL 分别代替公式 $Q = 100K^{1/3}L^{1/2}$ 中的 K 和 L 得

$Q = 100(\lambda K)^{1/3}(\lambda L)^{1/2}$

$\quad = 100\lambda^{1/3}K^{1/3}\lambda^{1/2}L^{1/2}$(法则 4)

$\quad = (\lambda^{1/3}\lambda^{1/2})(100K^{1/3}L^{1/2})$

$\quad = \lambda^{5/6}(100K^{1/3}L^{1/2})$(法则 1)

我们看到,产出得到 $\lambda^{5/6}$ 的规模,由于幂 5/6 小于 1,这小于 λ。我们将这种情形说成是生产函数呈现规模收益递减。

一般来说,函数 $Q = f(K,L)$ 说成是齐次的,如果对数 n,成立 $f(\lambda K, \lambda L) = \lambda^n f(K,L)$

这意味着当两个变量 K 和 L 乘以 λ 时,我们能提出所有的 λ,作公因子 λ^n。幂 n 称为齐次度。在前面的例子里,我们证明

$f(\lambda K, \lambda L) = \lambda^{5/6} f(K,L)$

因此,它是齐次的,齐次度为 5/6。一般来说,如果齐次度 n 满足:

● $n < 1$,函数说成是呈现规模收益递减
● $n = 1$,函数说成是呈现规模收益不变
● $n > 1$,函数说成是呈现规模收益递增

例题

证明生产函数 $Q = 2K^{1/2}L^{3/2}$ 是齐次的,求它的齐次度。该函数呈现规模收益递减、规模收益不变、规模收益递增?

解

我们已知 $f(K,L) = 2K^{1/2}L^{3/2}$

因此,以 λK 和 λL 分别代替 K 和 L 得 $f(\lambda K, \lambda L) = 2(\lambda K)^{1/2}(\lambda L)^{3/2}$

我们用法则 4 提出所有的 λ 项得 $2\lambda^{1/2}K^{1/2}\lambda^{3/2}L^{3/2}$,然后用法则 1 得

$\lambda^2(2K^{1/2}L^{3/2})$ $\quad\overbrace{\begin{matrix} \lambda^{1/2}\lambda^{3/2} = \lambda^{1/2+3/2} \\ = \lambda^2 \end{matrix}}$

所以我们已经证明，$f(\lambda K,\lambda L) = \lambda^2 f(K,L)$

因此函数是 2 次齐次的。此外，由于 2 ＞ 1，我们推断它呈现规模收益递增。

习题

4. 证明下列生产函数

（a）$Q = 7KL^2$　　　（b）$Q = 50K^{1/4}L^{3/4}$

是齐次函数，评论它们的规模收益

你可能也已经注意到至今考虑的所有生产函数具有形式

$$Q = AK^\alpha L^\beta$$

对正常数 A,α,β（希腊字母 α 和 β 分别发音为"alpha"和"beta"），这样的函数称为柯布－道格拉斯生产函数。容易看出它们是齐次的，齐次度为 $\alpha+\beta$，因为如果

$$f(K,L) = AK^\alpha L^\beta$$

那么

$$f(\lambda K,\lambda L) = A(\lambda K)^\alpha (\lambda L)^\beta$$
$$= A\lambda^\alpha K^\alpha \lambda^\beta L^\beta（法则 4）$$
$$= \lambda^{\alpha+\beta}(AK^\alpha L^\beta)（法则 1）$$
$$= \lambda^{\alpha+\beta}f(K,L)$$

因此，柯布－道格拉斯生产函数呈现

● 如果 $\alpha+\beta < 1$，规模收益递减

● 如果 $\alpha+\beta = 1$，规模收益不变

● 如果 $\alpha+\beta > 1$，规模收益递增

顺便说一句，并非所有的生产函数都属于这种类型。实际上，生产函数甚至不一定是齐次的。说明这些情形的一些例子在本节末尾练习题 2.3 中问题 5 给出。第 5 章我们回到生产函数这个主题。

2.3.3　对数

本节开始，我们指出如果数 M 表示为

$$M = b^n$$

那么 b^n 称为 M 的以 b 为底的指数形式。至今采取的方法是对任意给定的 b 和 n 的值简单地计算 M。实际上，可能需要将该过程反过来，对给定的 M 和 b 的值求 n。为了解方程 $32 = 2^n$

我们需要将 32 表示成 2 的幂。在这种情况下容易通过观察看出 n。简单试错容易得到 $n = 5$，因为 $2^5 = 32$

我们描述该表达式，说 32 的底为 2 的对数是 5。用符号我们写为 $\log_2 32 = 5$

相当一般地

如果 $M = b^n$，那么 $\log_b M = n$

其中，n 称为 M 的底为 b 的对数。

例题

    计算

    (a) $\log_3 9$ (b) $\log_4 2$ (c) $\log_7 1/7$

解

    (a) 为了求 $\log_3 9$ 的值,我们将该问题转化为包含幂的问题。由底为 3 的对数的定义,我们看出式 $\log_3 9 = n$ 等价于 $9 = 3^n$

    求 9 的底为 3 的对数的问题与将 9 视作 3 的幂的问题是完全一样的。该方程的解明显为 $n = 2$,因为 $9 = 3^2$

    因此,$\log_3 9 = 2$。

    (b) 再次为了计算 $\log_4 2$,我们仅重写 $\log_4 2 = n$ 为指数形式 $2 = 4^n$

    求 2 的底为 4 的对数的问题与将 2 视作 4 的幂的问题是完全一样的。2 的值通过 4 取平方根获得,这涉及 4 取 1/2 次幂,因此 $2 = 4^{1/2}$

    因此,$\log_4 2 = 1/2$。

    (c) 如果,$\log_7 1/7 = n$,那么,$1/7 = 7^n$

    1/7 的值是通过 7 取倒数获得,这涉及 7 取 -1 次幂,即 $1/7 = 7^{-1}$

    因此,$\log_7 1/7 = -1$。

习题

    5.(1)写出满足下列方程的的值

    (a) $1\,000 = 10^n$ (b) $100 = 10^n$ (c) $10 = 10^n$

    (d) $1 = 10^n$ (e) $\dfrac{1}{10} = 10^n$ (f) $\dfrac{1}{100} = 10^n$

    (2)用(1)部分的答案写出下列值

    (a) $\log_{10} 1\,000$ (b) $\log_{10} 100$ (c) $\log_{10} 10$

    (d) $\log_{10} 1$ (e) $\log_{10} 1/10$ (f) $\log_{10} 1/100$

    (3)用计算器验证(2)部分的答案

    由于给出指数和对数之间的密切关系,你不会吃惊于对数满足可与指数相比较的三个法则。

    对数法则如下:

    法则 1 $\log_b(x \times y) = \log_b x + \log_b y$

法则 2 $\log_b(x \div y) = \log_b x - \log_b y$（原书有误）

法则 3 $\log_b x^m = m\log_b x$

很久以前，便携式计算器发明之前，人们用对数表进行复杂的算术计算。一般假设每个人会用手算做加减法，但难以做乘除法。前两个法则意味着将涉及乘除法的计算转化为较容易的涉及加减法的计算。例如，为了计算

1.76512×25.32971

我们先用表查 1.76512 与 25.32971 的对数，后在纸上将这些对数加到一起。由法则 1，获得的值就是答案的对数。最后，用反对数表（效果是对底做适当的升幂运算），获得计算结果。幸运的是，对我们来说，这一切成为历史，现在我们进行算术计算，两数做乘除法用计算器只需要很短的时间。这可能表明对数是多余的。然而，对数的思想仍然重要。对数函数本身，即 $f(x) = \log_b x$

有价值，我们将在本书后面研究它的特征。现在我们先说明怎样在代数中用对数法则，然后说明怎样用对数解未知数出现在幂上的代数方程。该技术在下一章我们解复利问题时特别有用。

例题

用对数法则将下列各式表示为单一对数

（a）$\log_b x + \log_b y - \log_b z$ （b）$2\log_b x - 3\log_b y$

解

（a）对数法则 1 表明两对数之和可以写为乘积的对数，因此

$\log_b x + \log_b y - \log_b z = \log_b(xy) - \log_b z$

由法则 2，两对数之差是商的对数，因此我们进一步化简得 $\log_b \dfrac{xy}{z}$

（b）给定像

$2\log_b x - 3\log_b y$

之类对数的任意组合，技巧是用法则 3 去系数。由于 $2\log_b x = \log_b x^2$，$3\log_b y = \log_b y^3$

我们看出 $2\log_b x - 3\log_b y = \log_b x^2 - \log_b y^3$

现在我们只能用对数法则 2，这使我们将表达式写为单一对数 $\log_b \dfrac{x^2}{y^3}$

习题

6. 用对数法则将下列各式表示为单一对数

（a）$\log_b x - \log_b y + \log_b z$ （b）$4\log_b x + 2\log_b y$

在我们离开该主题前，一句警告正是时候。小心正确地学习对数法则。一个常见错误是将法则 1 误读为

$\log_b(x + y) = \log_b x + \log_b y$ 这是不成立的

记住对数正是思考指数的一种漂亮方式，当你将两指数数据乘到一起时，指数相

加,因此正确的形式为
$$\log_b(xy) = \log_b x + \log_b y$$

例题

求满足下列方程的 x 值

(a)$200 \times 1.1^x = 20\,000$ (b)$5^x = 2 \times 3^x$

解

(a) 解 $200 \times 1.1^x = 20\,000$ 的明显第 1 步是两边除以 200 得 $1.1^x = 100$

第 1 章中指出,假如我们对两边做同样运算,我们可以对方程实施我们想做的任何运算。特别地,我们对两边取对数得 $\log 1.1^x = \log 100$

现在,由法则 3 我们有 $\log 1.1^x = x \log 1.1$

因此方程变为 $x \log 1.1 = \log 100$

注意法则 3 对方程的影响。它将未知数降到与表达式的其余部分相同的水平。这是取对数的目的,它将未知数作为幂出现的方程转化为用熟悉的代数法能解的方程。方程 $x \log 1.1 = \log 100$

两边除以 $\log 1.1$ 得 $x = \dfrac{\log 100}{\log 1.1}$

至今没有提及对数的底。上面对 x 的方程无论采用什么底都成立。有意义的是以 10 为底的对数,因为所有科学计算器有该设置,作为它们的函数键之一。以 10 为底我的计算器得 $x = \dfrac{\log 100}{\log 1.1} = \dfrac{2}{0.041395685} = 48.32$,保留 2 位小数。

作为检查,如果该数代回原方程,那么,$200 \times 1.1^x = 200 \times 1.1^{48.32} = 20\,004$ ✓

我们不能指望得到精确答案,因为我们将只保留 2 位小数。

(b) 为了解 $5^x = 2 \times 3^x$

我们两边取对数得 $\log 5^x = \log(2 \times 3^x)$

右边是乘积的对数,由法则 1,能写成对数之和,因此方程变为 $\log 5^x = \log 2 + \log 3^x$

(a) 部分的关键步骤是用法则 3 降幂。如果将法则 3 用于 $\log 5^x$ 和 $\log 3^x$,那么方程变为 $x \log 5 = \log 2 + x \log 3$

现在这是我们知道怎样解的方程类型。我们将含 x 的项集中到左边得

$x \log 5 - x \log 3 = \log 2$

然后提出公因子 x 得 $x(\log 5 - \log 3) = \log 2$

现在,由法则 2,两对数的差与它们商的对数相同,因此 $\log 5 - \log 3 = \log(5 \div 3)$

因此方程变为 $x \log \dfrac{5}{3} = \log 2$

因此 $x = \dfrac{\log 2}{\log(5/3)}$

最后,用计算器取 10 为底的对数得 $x = \dfrac{0.301029996}{0.221848750} = 1.36$

保留 2 位小数。

作为检查,原方程 $5^x = 2 \times 3^x$ 变为 $5^{1.36} = 2 \times 3^{1.36}$,即 $8.92 = 8.91$ ✓
由于 x 的舍入误差有微小的差别。

习题

7. 解下列关于的方程

(a)$3^x = 7$ (b)$5 \times 2^x = 10^x$

建议

　　本节我们见过大量的关于指数和对数的定义和法则。为方便起见,我们以小结的形式将这些集中到一起。与指数相关的内容特别重要,在继续本书其余部分前,你应该努力记住这些。

2.3.4　小结

指数

如果 n 是正整数,那么

$b^n = b \times b \cdots \times b$

$b^0 = 1$

$b^{-n} = 1/b^n$

$b^{1/n} = b$ 的 n 次根

如果 p 和 q 是整数$(q \neq 0)$,那么

$b^{p/q} = (b^p)^{1/q} = (b^{1/q})^p$

指数的四个法则为:

法则 1　$b^m \times b^n = b^{m+n}$

法则 2　$b^m \div b^n = b^{m-n}$

法则 3　$(b^m)^n = b^{mn}$

法则 4　$(ab)^n = a^n b^n$

对数

如果 $M = b^n$,那么 $n = \log_b M$。对数的三个法则为

法则 1　$\log_b(x \times y) = \log_b x + \log_b y$

法则 2　$\log_b(x \div y) = \log_b x - \log_b y$

法则 3　$\log_b x^m = m \log_b x$

关键术语

Capital(资本):用于生产商品和服务的人造资产。

Cobb-Douglas production function(柯布-道格拉斯生产函数):形如 $Q = AK^\alpha L^\beta$ 的生产函数。(原书有误)

Constant returns to scale(规模收益不变):生产函数所呈现的现象,投入上给定百分比的增加导致产出上同样百分比的增加:$f(\lambda K. \lambda L)=\lambda f(K,L)$。

Decreasing returns to scale(规模收益递减):生产函数所呈现的现象,投入上给定百分比的增加导致产出上更小百分比的增加:$f(\lambda K,\lambda L)=\lambda^n f(K,L)$,其中,$0<n<1$。

Degree of homogeneity(齐次度):关系 $f(\lambda K,\lambda L)=\lambda^n f(K,L)$ 中的数 n。

Exponent(指数):变量的上标,数 5 是表达式 $2x^5$ 的指数。

Exponential form(指数形式):数用幂写的一种表示。例如,2^5 是数 32 的指数形式。

Factors of production(生产要素):生产商品和服务的投入:劳动、土地、资本、原材料。

Homogeneous function(齐次函数):具有下列特征的函数,所有输入值乘常数 λ,输出值乘 λ^n,其中,n 是齐次度。

Increasing returns to scale(规模收益递增):生产函数所呈现的现象,投入上给定百分比的增加导致产出上更大百分比的增加:$f(\lambda K,\lambda L)=\lambda^n f(K,L)$,其中,$n>1$。

Index(指数):指数的另一个词。

Labour(劳动):生产过程中所有形式的人力投入。

logarithm(对数):返回到特定数要求的升幂。

Power(幂):指数的另一个词。如果这是个正整数,那么它给出数自乘的倍数。

Production function(生产函数):商品产出与用来生产商品的投入之间的关系。

练习题 2.3

1.（1）不用计算器计算

(a)8^2　　(b)2^1　　(c)3^{-1}　　(d)17^0　　(e)$1^{1/5}$　　(f)$36^{1/2}$

(g)$8^{2/3}$　　(h)$49^{-3/2}$

（2）用计算器验证（1）部分的答案

2. 用指数法则化简

(a)$a^3 \times a^8$　　　　　　(b)$\dfrac{b^7}{b^2}$　　　　　　(c)$(c^2)^3$

(d)$\dfrac{x^4 y^5}{x^2 y^3}$　　　　　(e)$(xy^2)^3$　　　　　(f)$y^3 \div y^7$

(g)$(x^{1/2})^8$　　　　　(h)$f^2 \times f^4 \times f$　　　　(i)$\sqrt{(y^6)}$

(j)$\dfrac{x^3}{x^{-2}}$

3. 用指数符号写下列表达式

(a)$\sqrt{x}$　　　　　　(b)$\dfrac{1}{x^2}$　　　　　　(c)$\sqrt[3]{x}$

(d)$\dfrac{1}{x}$　　　　　　(e)$\dfrac{1}{\sqrt{x}}$　　　　　(f)$x\sqrt{x}$

4. 对生产函数 $Q=200K^{1/4}L^{2/3}$,求下列情形下的产出

(a)$K=16,L=27$　　　(b)$K=10\ 000,L=1\ 000$

5. 下列生产函数哪些是齐次的？对齐次函数,写出它们的齐次度,评论它们的规模收益

(a) $Q = 500K^{1/3}L^{1/4}$

(b) $Q = 3LK + L^2$

(c) $Q = L + 5L^2K^3$

6. 写出满足下列方程的 x 值

(a) $5^x = 25$ (b) $3^x = \dfrac{1}{3}$ (c) $2^x = \dfrac{1}{8}$

(d) $2^x = 64$ (e) $100^x = 10$ (f) $8^x = 1$

7. 写出下列值

(a) $\log_b b^2$ (b) $\log_b b$ (c) $\log_b 1$ (d) $\log_b \sqrt{b}$ (e) $\log_b(1/b)$

8. 用对数法则将下列各式表示为单一对数

(a) $\log_b x + \log_b z$

(b) $3\log_b x - 2\log_b y$

(c) $\log_b y - 3\log_b z$

9. 以 $\log_b x$ 和 $\log_b y$ 表示下列各式

(a) $\log_b x^2 y$

(b) $\log_b \dfrac{x}{y^2}$

(c) $\log_b x^2 y^7$

10. 解下列关于 x 的方程。结果保留 2 位小数

(a) $5^x = 8$ (b) $10^x = 50$ (c) $1.2x = 3$ (d) $1\,000 \times 1.05^x = 1\,500$

11. (1) 指出下列值

(a) $\log_2 32$ (b) $\log_9 \dfrac{1}{3}$

(2) 用对数法则将表达式 $2\log_b x - 4\log_b y$
表示为单一对数

(3) 用对数解方程 $10 \times 1.05^x = 300$,结果保留 1 位小数

12. (1) 指出满足下列方程的值

(a) $81 = 3^x$ (b) $\dfrac{1}{25} = 5^x$ (c) $16^{1/2} = 2^x$

(2) 用指数法则化简

(a) $\dfrac{x^6 y^9}{x^3 y^8}$ (b) $(x^3 y)^5$ (c) $\sqrt{\dfrac{x^9 y^4}{x^5}}$

练习题 2.3 *

1. (1) 不用计算器计算

(a) $32^{3/5}$ (b) $64^{-5/6}$ (c) $\left(\dfrac{1}{125}\right)^{-4/3}$ (d) $\left(3\dfrac{3}{8}\right)^{2/2}$ (e) $\left(2\dfrac{1}{4}\right)^{-1/2}$

（2）用计算器验证(1)部分的答案

2. 用指数法则化简

(a) $y^{3/2} \times y^{1/2}$
(b) $\dfrac{x^2 y}{xy^{-1}}$
(c) $(xy^{1/2})^4$

(d) $(p^2)^{1/3} \div (p^{1/3})^2$
(e) $(24q)^{1/3} \div (3q)^{1/3}$
(f) $(25p^2q^4)^{1/2}$

3. 用指数符号写下列表达式

(a) $\dfrac{1}{x^7}$
(b) $\sqrt[4]{x}$
(c) $\dfrac{1}{x\sqrt{x}}$
(d) $2x^5\sqrt{x}$
(e) $\dfrac{8}{x(\sqrt[3]{x})}$

4. 如果 $a = \dfrac{2\sqrt{x}}{y^3}$ 和 $b = 3x^4y$，化简 $\dfrac{4b}{a^2}$

5. 证明生产函数

$$Q = A\left[bK^\alpha + (1-b)L^\alpha\right]^{1/\alpha}$$

是齐次的，呈现规模收益不变

6. 解下列方程

(a) $2^{3x} = 4$
(b) $4 \times 2^x = 32$
(c) $8^x = 2 \times \left(\dfrac{1}{2}\right)^x$

7. 用对数法则将下列各式表示成单一对数

(a) $\log_b(xy) - \log_b x - \log_b y$

(b) $3\log_b x - 2\log_b y$

(c) $\log_b y + 5\log_b x - 2\log_b z$

(d) $2 + 3\log_b x$

8. 以 $\log_b x, \log_b y, \log_b z$ 表示下列各式

(a) $\log_b(x^2 y^3 z^4)$

(b) $\log_b\left(\dfrac{x^4}{y^2 z^5}\right)$

(c) $\log_b\left(\dfrac{x}{\sqrt{yz}}\right)$

9. 如果 $\log_b 2 = p, \log_b 3 = q, \log_b 10 = r$，以 p, q, r 表示下列各式

(a) $\log_b \dfrac{1}{3}$
(b) $\log_b 12$
(c) $\log_b 0.0003$
(d) $\log_b 600$

10. 解下列方程，结果保留 2 位小数
(a) $10 \times 1.07^x = 2\,000$
(b) $10^{x-1} = 3$
(c) $5^{x-2} = 5$
(d) $2 \times 7^{-x} = 3x$

11. 解下列不等式，结果保留 3 位小数
(a) $3^{2x+1} \leqslant 7$
(b) $0.8^x < 0.04$

12. 解方程

$$\log_{10}(x+2) + \log_{10}x - 1 = \log_{10}\dfrac{3}{2}$$

13.（1）当用于描述生产函数 $f(K,L)$ 的时候，定义术语齐次

（2）如果生产函数 $f(K,L) = 4K^m L^{1/3} + 3K$

是齐次的，指出 m 的值

函数呈现递减、常数,还是递增规模收益

14. (1) 指出满足下列方程的 x 值

(a)$4 = 8^x$ (b)$5 = \left(\dfrac{1}{25}\right)^x$

(2) 以 x 表示 y $2\log_a x = \log_a 7 + \log_a y$

15. 证明 $2\log_{10} x - \dfrac{1}{2}\log_{10} y - \dfrac{1}{3}\log_{10} 1\,000$ 能化简为 $\log_{10}\left(\sqrt{\dfrac{x^4}{y}}\right) - 1$

2.4　指数和自然对数函数

学习目标

学完本节,你应该能够:
- 作一般指数函数的图形
- 理解数是如何定义的
- 用指数函数给增长和衰减建模
- 用对数图形求简单模型的未知参数
- 用自然对数函数解方程

上节我们说明了怎样定义形式为 b^x 的数,讨论了对数 $\log_b x$ 的思想。有一个底(数 $e = 2.718\,281\cdots$)在数学中特别重要。本节的目的是向你介绍该陌生数,考虑几个简单应用。

例题

作函数的图形
(a)$f(x) = 2^x$ (b)$g(x) = 2^{-x}$
评述这些图形之间的关系

解

(a) 我们在2.3节指出,将2^x这类数说成是指数形式。数2称为底,x称为指数。通过按计算器上的幂键 $\boxed{x^y}$ 或2.3节给出的 b^n 定义,该函数的值很容易求出。一系列这样的值在下表中给出:

x	-3	-2	-1	0	1	2	3	4	5
2^x	0.125	0.25	0.5	1	2	4	8	16	32

基于该数表的$f(x)$的图形画在图2—12中。注意对x的大的负值图形趋于x轴,随x增加它迅速增加。

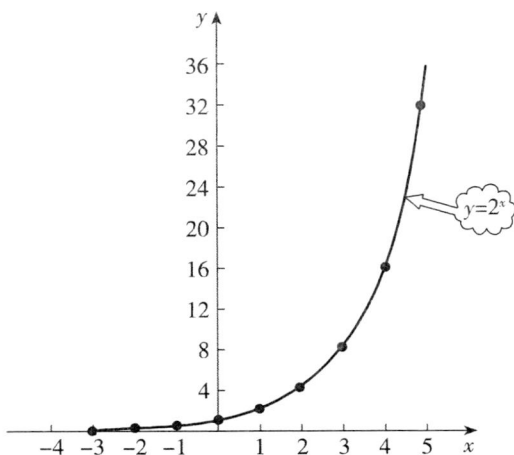

图 2—12

（b）负指数 $g(x) = 2^{-x}$

有值

x	-5	-4	-3	-2	-1	0	1	2	3
2^{-x}	32	16	8	4	2	1	0.5	0.25	0.125

该函数画在图 2—13 中。值得注意的是,出现在 2^{-x} 的表中的数与 2^x 的是相同的,但放置的顺序相反。因此 2^{-x} 的图形通过在 y 轴反射 2^x 的图形获得。

图 2—12 呈现了特定指数函数 2^x 的图形。相当一般地,假如 $b > 1$,任意指数函数 $f(x) = b^x$ 的图形有相同的基本形状。唯一的差别在于,b 值越大,得到的图形越陡峭。类似评论适用于负指数 b^{-x}。

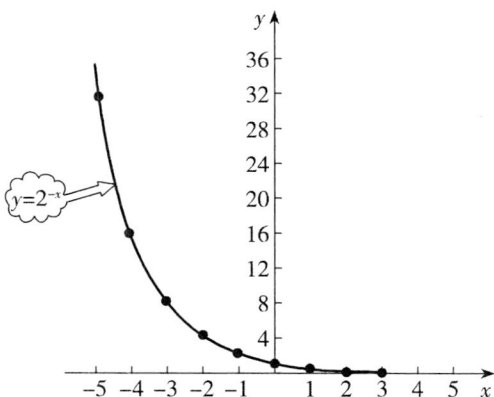

图 2—13

习题

1. 完成下列 3^x 和 3^{-x} 的函数值表,作它们的图形

x	-3	-2	-1	0	1	2	3
$3x$							
3^{-x}							

显然有一类完整的函数,每个对应不同的底 b。特别重要的是 b 取下值的情形 2. 718 281 828 459…

该数写作 e,函数

$$f(x) = e^x$$

称为指数函数。事实上,你没有必要理解该数来自何处。所有的科学计算器有 e^x 按钮,你可以简单地接受,用它的结果。然而,如果你对它是如何定义的有某种程度的理解,将有助于增强你的信心。为了该目的,考虑下面例题和随后的练习。

例题

计算表达式 $\left(1 + \dfrac{1}{m}\right)^m$

其中,$m = 1, 10, 100, 1\,000$,简要评论该序列的特点

解

将值 $m = 1, 10, 100, 1\,000$ 代入 $\left(1 + \dfrac{1}{m}\right)^m$

得

$$\left(1 + \frac{1}{1}\right)^1 = 2^1 = 2$$

$$\left(1 + \frac{1}{10}\right) = 1.1^{10} = 2.593742460$$

$$\left(1 + \frac{1}{100}\right)^{100} = 1.01^{100} = 2.704813820$$

$$\left(1 + \frac{1}{1\,000}\right)^{1\,000} = 1.001^{1\,000} = 2.716923932$$

数随 m 增加而变大。然而,增加率看起来变慢,表明数正在收敛到某个固定值。下面的习题给你机会延续序列,自己发现极限值。

习题

2. (a) 用计算器上的幂键 x^y 计算 $\left(1 + \dfrac{1}{m}\right)^m$

其中,$m = 10\,000, 100\,000, 1\,000\,000$。

(b) 用计算器计算 e^1,与(a)部分的答案进行比较。

希望习题 2 的结果将使你相信,随着 m 变大

$\left(1 + \dfrac{1}{m}\right)^m$ 的值趋于极限值 $2.718\,281\,828\cdots$ 我们选择字母 e 表示。用符号我们写

为 $e = \lim\limits_{m \to \infty}\left(1 + \dfrac{1}{m}\right)^m$

该数的重要性只能在我们第 4 章学习的微积分内容里充分认识到。然而,为了考虑某些初级例子,该阶段它是有用的。这些将给你用计算器上 e^x 按钮方面的实践和该函数如何用于建模的一些思想。

建议

数 e 在数学上有与数 π 类似的地位,同样有用。它出现在我们下一章讨论的金融数学中。现在如果你需要相信 e 的有用性,你可以浏览 3.2 节。

例题

在引入某发达国家 t 年后家庭拥有冰箱的百分比 y 建模为

$y = 100 - 95e^{-0.15t}$

(1)求家庭拥有冰箱的百分比

(a)刚引入时 　(b)1 年后 　(c)10 年后 　(d)20 年后

(2)市场饱和水平是多少

(3)作 y 对 t 的图形,对家庭拥有冰箱随时间增长进行定性描述

解

(1)为了计算现在 1 年后、10 年后、20 年后家庭拥有冰箱的百分比,我们将 $t = 0, 1, 10, 20$ 代入公式 $y = 100 - 95e^{-0.15t}$

得

(a)$y(0) = 100 - 95e^0 = 5\%$

(b)$y(1) = 100 - 95e^{-0.15} = 18\%$

(c)$y(10) = 100 - 95e^{-1.5} = 79\%$

(d)$y(20) = 100 - 95e^{3.0} = 95\%$

(2)为了求饱和水平,我们需要研究随着 t 变得越来越大 y 如何变化。我们知道负指数函数的图形有如图 2—13 所示的基本形状。因此,$e^{-0.15t}$ 的值随着 t 增加事实上将趋于零。所以市场饱和水平为 $y = 100 - 95(0) = 100\%$

(3)基于(1)部分和(2)部分获得的信息,y 对 t 的图形作在图 2—14 中

图形表明 y 开始增长迅速,但随着市场趋于饱和水平放缓。经济变量随时间增长但像这样趋于某固定值说明是呈有限增长。100% 的饱和水平表明事实上预期所有家庭拥有冰箱,给定产品特性,这并不令人吃惊。

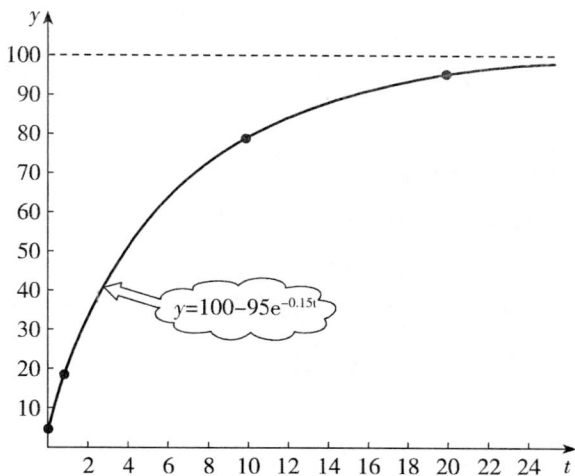

图 2—14

习题

3. 在发明便携式摄像机年后家庭拥有的百分比建模为

$$y = \frac{55}{1 + 800e^{-0.3t}}$$

（1）求家庭拥有便携式摄像机的百分比

（a）刚引入时　　（b）10 年后　　（c）20 年后　　（d）30 年后

（2）市场饱和水平是多少

（3）作 y 对 t 的图形，对家庭拥有冰箱随时间增长进行定性描述

在 2.3 节我们注意到如果数 M 能表示为 b^n，那么 n 称为 M 的底为 b 的对数。特别地，对底 e

如果 $M = e^n$，那么 $n = \log_e M$

我们称底为 e 的对数为自然对数。这些经常用到，给它们单独的符号。不写 $\log_e M$ 我们代之简单地写 $\ln M$。三个对数法则陈述为

法则 1　$\ln(x \times y) = \ln x + \ln y$

法则 2　$\ln(x \div y) = \ln x - \ln y$

法则 3　$\ln x^m = m \ln x$

例题

用对数法则表示

（a）$\ln(\frac{x}{\sqrt{y}})$ 由 $\ln x$ 和 $\ln y$ 组成

（b）$3\ln p + \ln q - 2\ln r$ 成单一对数

解

（a）本部分我们需要展开，因此我们从左到右用对数法则：

$$\ln\left(\frac{x}{\sqrt{y}}\right) = \ln x - \ln\sqrt{y} \quad (\text{法则 2})$$

$$= \ln x - \ln y^{1/2} \quad (\text{分数幂表示根})$$

$$= \ln x - \frac{1}{2}\ln y \quad (\text{法则 3})$$

（b）本部分我们需要相反过程,因此从右到左用法则:

$$3\ln p + \ln q - 2\ln r = \ln p^3 + \ln q - \ln r^2 \quad (\text{法则 3})$$

$$= \ln(p^3 q) - \ln r^2 \quad (\text{法则 1})$$

$$= \ln\left(\frac{p^3 q}{r^2}\right) \quad (\text{法则 2})$$

习题

4. 用对数法则表示

（a）$\ln(a^2 b^3)$ 由 $\ln a$ 和 $\ln b$ 组成

（b）$1/2\ln x - 3\ln y$ 成单一对数

我们在 2.3 节指出,对数对解未知数作为幂出现的方程特别有用。如果底为数 e,那么方程能用自然对数求解。

例题

预测某经济持续增长,因此 t 年后以 10 亿美元为单位的国内生产总值（GNP）为

GNP $= 80e^{0.02t}$

预测多少年后 *GNP* 是 880 亿美元? 模型预测 GNP 的长期值是多少?

解

我们需要对 t 解 $88 = 80e^{0.02t}$

除以 80 得 $1.1 = e^{0.02t}$

用自然对数的定义我们知道

如果 $M = e^n$,那么 $n = \ln M$

如果我们将该定义应用于方程 $1.1 = e^{0.02t}$

我们推导得 $0.02t = \ln 1.1 = 0.09531\cdots$ （用计算器检查）

因此 $t = \dfrac{0.09531}{0.02} = 4.77$

所以我们推断 4.77 年后 *GNP* 达到 880 亿美元水平。

GNP 对时间的图形与图 2—14 在形状上类似。这表明 GNP 一直随时间增长（事实上是递增率）。这样的模型说成是呈现无限增长。

习题

5. 在衰退期间,某公司收益持续下降,因此 t 年后收益 TR（以百万美元为单位）建模为 TR $= 5e^{-0.15t}$

（a）计算当前收益和 2 年后收益

（b）多少年后收益将下降到 270 万美元

建模中一个重要（但相当困难）的问题是从数据表中提取数学公式。如果这种关系有指数形式，那么估计涉及的某些参数值是可能的。

> **建议**
>
> 下面例题说明怎样从数据点中求这样的公式。这是一种重要技能。然而，对你理解本书后面的材料，它不是关键。你可以在初次阅读时略过该内容，直接转到本章末尾的练习题。

例题

观测到的 t 年期以 10 亿美元为单位的 GNP 的值 g 为

t（年）	2	5	10	20
g（10 亿美元）	12	16	27	74

取适当的 A 值和 B 值，用形式为 $g = Be^{At}$ 的公式为 GNP 的增长建模。估计 15 年后 GNP 的值。

解

图 2—15 给出了用 g 为纵轴和 t 为横轴描出的四个点。连接这些点的曲线的基本形状确定地表明指数函数可能是合适的模型，但它没有提供什么值用作参数 A 和 B 的信息。然而，由于未知参数 A 作为幂出现在如下关系中

$g = Be^{At}$

一个好主意是两边取自然对数，得 $\ln g = \ln(Be^{At})$

对数法则使我们能展开右边得

$\ln(Be^{At}) = \ln B + \ln(e^{At})$ （法则 1）

$= \ln B + At$ （底为 e 的对数的定义）

因此 $\ln g = At + \ln B$

尽管第一眼看上去不像，但这种关系事实上是直线方程！为了看清这点，回忆直线的一般方程是 $y = ax + b$。对数方程实际上是这种形式，如果我们令 $y = \ln g, x = t$

那么方程变为 $y = Ax + \ln B$

因此 $\ln g$ 画在纵轴和 t 画在横轴的图形将生成斜率为 A 纵轴截距为 $\ln B$ 的一条直线。图 2—16 给出了基于数值表的该图形。不出所料，点并不严格位于直线上，由于公式仅是一个模型。然而，图 2—16 中所作的直线是个相当好的拟合。

$x = t$	2	5	10	20
$y = \ln g$	2.48	2.77	3.30	4.30

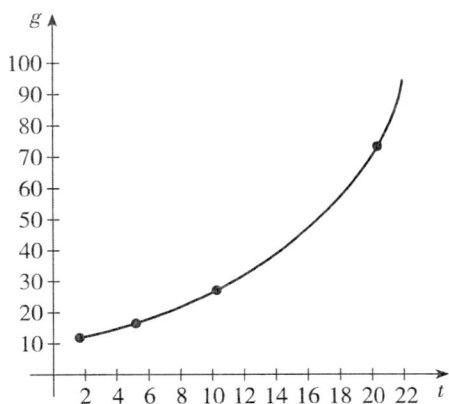

图 2—15

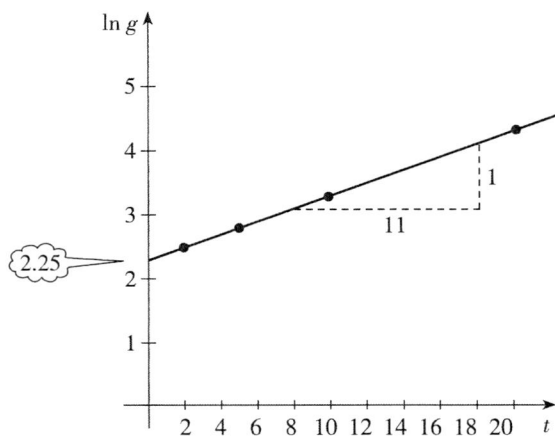

图 2—16

斜率计算为 $A = \dfrac{4 - 3}{18.6 - 7.6} = 0.09$

从图形中看出纵轴截距为 2.25。这是 $\ln B$，因此 $B = e^{2.25} = 9.49$

因此 g 与 t 之间近似关系的公式为 $g = 9.49e^{0.09t}$

15 年后 GNP 的估计可以通过将 $t = 15$ 代入该公式得 $g = 36.6$（10 亿美元）

习题

6. 某种新产品投放市场不久，月度销售数据（以千为单位）如下

t（月）	1	3	6	12
s（销售）	1.8	2.7	5.0	16.5

（1）完成下列 $\ln s$ 的数值表

t	1	3	6	12
$\ln s$	0.59		1.61	

（2）以 $\ln s$ 为纵轴 t 为横轴用数据在图形纸上描这些点。作过这些点的直线,写出纵轴截距,计算斜率

（3）用（2）部分的答案估计关系 $s = Be^{At}$ 中 A 和 B 的值

（4）用（3）部分推出的指数模型估计当

（a）$t = 9$　　　（b）$t = 60$

时的销售。你预期哪个估计更可信?　给出理由

关键术语

Exponential function(指数函数):函数 $f(x) = e^x$,指数函数底为数 $e = 2.718281\cdots$。

Limited growth(有限增长):用于描述随时间增长但趋于固定数量的经济变量。

Natural logarithm(自然对数):底为 e 的对数,如果 $M = e^n$,那么 n 是 M 的自然对数,我们写为 $n = \ln M$。

Unlimited growth(无限增长):用于描述没有边界增长的经济变量。

练习题2.4

1. 开始培训 t 天后,一个装配线工人每天生产的商品数 N 建模为

$N = 100 - 100e^{-0.4t}$

（1）计算每天生产的商品数

（a）培训 1 天后　　　（b）培训 2 天后　　　（c）培训 10 天后

（2）工人长期的日产量是多少

（3）作 N 对 t 的图形,解释为什么可以预期到一般形状

2. 用对数法则展开下列各式

（a）$\ln xy$　　　　　　（b）$\ln xy^4$　　　　　　（c）$\ln(xy)^2$

（d）$\ln \dfrac{x^5}{y^7}$　　　　（e）$\ln \sqrt{\dfrac{x}{y}}$　　　　（f）$\ln \sqrt{\dfrac{xy^3}{z}}$

3. 用对数法则将下列各式表示为单一对数

（a）$\ln x + 2\ln x$　　　　（b）$4\ln x - 3\ln y + 5\ln z$

4. 解下列方程(答案保留 2 位小数)

（a）$ex = 5.9$　　　　（b）$e^x = 0.45$　　　　（c）$e^x = -2$

（d）$e^{3x} = 13.68$　　　（e）$e^{-5x} = 0.34$　　　（f）$4e^{2x} = 7.98$

5. 二手车的值随年份以指数形式下降,因此 t 年后它的美元值 y 能建模为公式 $y = Ae^{-ax}$

如果车现在是 5 万美元,2 年后值 3.8 万美元,求 A 和 a 的值,保留 3 位小数。

用该模型预测车的值

（a）5 年后　　　（b）长期

练习题2.4*

1. 股票市场流通 t 年后,股票的值(以分为单位) 建模为 $V = 6e^{0.8t}$

求 4 年零 2 个月后这些股票的增值,答案保留到分

2. 解下列方程,保留 2 位小数

(a)$6e^{-2x} = 0.62$　　　　(b)$5\ln(4x) = 9.84$　　　　(c)$3\ln(5x) - 2\ln(x) = 7$

3. 指导国内报纸发行的财务顾问团队将报纸未来的流通量建模为方程 $N = c(1 - e^{-kt})$

其中,N 是出版 t 天后的日流通量,c 和 k 是正常数

变换该公式证明 $t = \dfrac{1}{k}\ln\left(\dfrac{c}{c - N}\right)$

报纸发行的时候,审计表明 $c = 700\,000$,$k = \ln 2$

(a)计算出版 30 天后的日发行量

(b)多少天后日发行量将首次达到 525 000

(c)如果已知只要日发行量超过 750 000,报纸将实现盈亏平衡,你将给报纸的所有者提何建议

4. 柯布 — 道格拉斯生产函数为 $Q = 3L^{1/2}K^{1/3}$

求以 $\ln L$ 和 $\ln K$ 表示的 $\ln Q$ 的表达式

如果作 $\ln Q$ 对 $\ln K$ 的图形(对 Q 和 K 的值变化,但 L 的值固定),简要解释为什么图形将是直线,指出它的斜率和纵轴截距

5. 下表给出公司产出(Q)与劳动(L)之间关系的数据

L	1	2	3	4	5
Q	0.50	0.63	0.72	0.80	0.85

公司的短期生产函数具有形式 $Q = AL^n$

(a)证明 $\ln Q = n\ln L + \ln A$

(b)用提供的数据复制和完成下表

$\ln L$		0.69		1.39	
$\ln Q$	− 0.69		− 0.33		− 0.16

以 $\ln L$ 为横轴和 $\ln Q$ 为纵轴描出这些点,作尽可能接近全部五个点的一条直线

(c)通过求(b)部分作出的直线的斜率和纵轴截距,估计参数 n 和 A 的值

6. (a)乘开括号$(3y - 1)(y + 5)$

(b)解方程 $3e^{2x} + 13e^x = 10$

答案保留 3 位小数

7. (a)使 y 成为方程 $x = ae^{by}$ 的目标变量

(b)使 x 成为方程 $y = \ln(3 + e^{2x})$ 的目标变量

2.5　正规数学

本章我们研究的二次函数明显能扩展到立方函数:

$f(x) = ax^3 + bx^2 + cx + d$

线性、二次、立方函数都是称为多项式的一般函数类的特例,它定义为

$$f(x) = a_n x^n + a_{n-1} x^{n-1} + \cdots + a_0$$

系数 a_i 是常数，x 的最高幂称为多项式的阶。二次式是 2 阶多项式，立方函数阶为 3。然而，像 $f(x) = \dfrac{1}{x} + 4$ 和 $f(x) = \dfrac{1}{x^2 - 2x + 1}$ 这样的函数不是多项式。

函数的一个重要特征是连续性。理解连续性的简单方法是想象作函数的图形。如果你的钢笔不离开纸你就能作出图形，函数描述为处处连续的。这样函数的一个例子如图 2—17（a）所示。多项式是在定义域范围内连续的函数的例子。另一方面，如果图形有跳跃或间断，那么函数在这些点是不连续的。图 2—17（b）给出了在 $x = 2$ 处无定义的函数的图形和在 $x = 2$ 的两边分成不同两支的图形。涉及倒数的函数是这类函数的例子。实际上图 2—17（a）中的图形是特殊函数 $f(x) = \dfrac{1}{x-2}$ 的图形。图 2—17（c）中的图形也说明函数在 $x = 2$ 处是不连续的，因为它在该点有跳跃。对 $x < 2$ 的值，函数取常数值 3；而当 $x \geqslant 2$ 时，函数取常数值 5。换句话说

$$f(x) = \begin{cases} 3, x < 2 \\ 5, x \geqslant 2 \end{cases}$$

像这样分节定义的函数说成是分段函数。

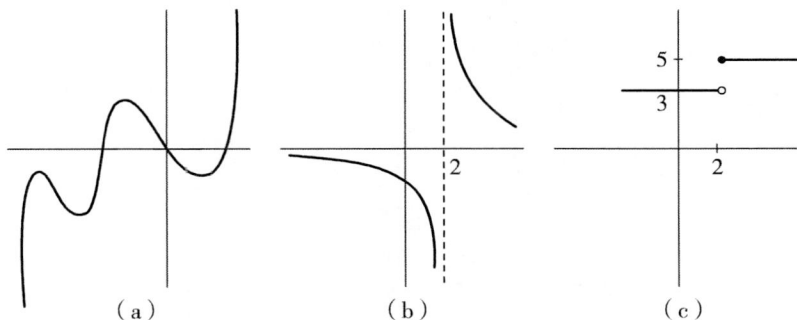

图 2—17

经济函数中的多数是连续的，反映了经济变量通常是逐渐变化而不是突然变化的事实。然而，有时出现灾难事件导致突然跳跃。例如，战争爆发（或谣言）能导致像石油或黄金这样的商品价格有巨大变化。

以上对连续函数的描述易于观察但不很精确。为了给连续函数一个正规的定义，我们需要用极限概念。我们写

$\lim\limits_{x \to a} f(x)$（读作 $f(x)$ 当 x 趋于 a 时的极限）

为当 x 趋于 a 时函数无限接近的那个值。这最容易通过一个例题理解。

例题

求

$$\lim_{x \to 0} \frac{e^x - 1}{x}$$

解

如果我们想计算函数 $f(x) = \dfrac{e^x - 1}{x}$ 在 $x = 0$ 处的值,我们遇到无定义的 $f(0) = \dfrac{0}{0}$。

然而,如果我们以 $x = \pm 1$ 开始,让 x 从每个方向趋于 0,我们能看到该值事实上是 1。这在下面的数值表中说明,数值表表明 x 越来越接近 0(从正负两个方向),函数趋于 1。用符号表示 $\lim\limits_{x \to 0} \dfrac{ex - 1}{x} = 1$

x	1	0.1	0.01	0.001
$f(x)$	1.71828	1.05171	1.00501	1.00050
x	-1	-0.1	-0.01	-0.001
$f(x)$	0.63212	0.95163	0.99502	0.99950

$f(x)$ 的图形画在图 $2-18$ 中。尽管函数在 $x = 0$ 处无定义,但图形表明可能通过定义 $f(0) = 1$ 堵上这个洞。

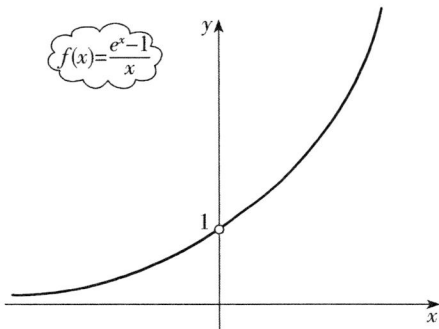

图 $2-18$

定义 函数 $f(x)$ 在 $x = a$ 处是连续的,如果 $\lim\limits_{x \to a} f(x) = f(a)$

换句话说,函数在 $x = a$ 处是连续的,假如函数在 $x = a$ 处能计算(因此 $f(a)$ 存在),极限也存在并等于 $f(a)$。

相关函数显示在图 $2-17$ 和图 $2-18$ 中,我们看到:

● 图 $2-17(b)$ 中的函数是不连续的,因为 $f(x)$ 在 $x = 2$ 处无定义。

● 图 $2-17(c)$ 中的函数是不连续的,因为 $\lim\limits_{x \to 2} f(x)$ 不存在(当 x 从右边趋于 2 时它给出值 5,但当 x 从左边趋于 2 时它给出不同的值 3)。

● 图 $2-18$ 中的函数是不连续的,因为 $f(x)$ 在 $x = 0$ 处无定义。

对函数 $f(x) = \dfrac{e^x - 1}{x}$,去除不连续是可能的。正如我们在前面的例题所见

$$\lim\limits_{x \to 0} \frac{e^x - 1}{x} = 1$$

如果我们定义分段函数为

$$f(x) = \begin{cases} \dfrac{e^x - 1}{x} & \text{如果 } x \neq 0 \\ 1 & \text{如果 } x = 0 \end{cases}$$

那么函数现在在 $x = 0$ 在处有定义,在该点极限值和函数值都为 1。

连续函数有许多重要性质。特别地,为了考虑我们将在第 4 章研究的可导性的思想,函数必须是连续的。

关键术语

Continuous function(连续函数):对笔不离纸能画出的函数的称呼。更正规地,对所有定义域内的点,成立 $\lim\limits_{x \to a} f(x) = f(a)$

Degree of polynomial(多项式的阶):多项式的最高次幂。

Discontinuous function(不连续函数):对不是处处连续的函数的称呼。函数的图形有跳跃或差。

Polynomial(多项式):形式为 $a_n x^n + a_{n-1} x^{n-1} + \cdots + a_0$ 的函数。

第3章 金融数学

本章提供对进行金融计算方法的理解,共四节,应该按它们出现的顺序阅读。

3.1 节复习了百分比的计算,特别描述了处理百分比增加和下降计算的四种快捷方法。这使整个百分比变化能容易地从一系列单个变化中推导出来。百分比用来计算和解释指数数据,以及对数据进行通货膨胀调整。

3.2 节说明怎样计算投资赚取利息的一笔资金的终值。利息能按年度、半年、季度甚至更高频率加到投资上。指数函数用于解利息连续复合的问题。

各种应用在 3.3 节和 3.4 节考虑。3.3 节介绍名为几何级数的数学工具,它用于计算储蓄计划的终值和贷款的月度还款额。3.4 节说明给定终值计算现值的相反问题。往回计算的过程称为折现。它能用于决定为了实现几年后某个特定的目标金额需要今天投资多少货币。折现能用于评估不同的投资项目。宏观经济水平上,研究了利率与货币的投机性需求之间的关系。

本章材料对商务研究和管理课程的学生最有益。本章省略不影响对本书其余部分的理解。

3.1 百分比

学习目标

学完本节,你应该能够:
- 理解百分比是什么
- 理解关于百分比增加或下降的问题
- 写出与百分比变化相关的比例因子
- 计算整个百分比变化
- 计算和解释指数数据
- 对数据进行通货膨胀调整

建议

本节的第一部分提供了对百分比思想的轻松的复习,也使你回想起怎样用比例因子处理百分比变化。这些思想对理解金融数学很关键。然而,如果你已经有信心用百分比,你可以忽略这部分直接转到 3.1.1 小节和 3.1.2 小节的应用。

为了能够处理金融计算,必须熟练地用百分比。单词"百分比"字面上意味着"每 1 份",即百分之一,因此当我们说某东西的 $r\%$ 的时候,我们简单地意味着它的分

数$(r/100)$。

例如

25% 等同于 $\dfrac{25}{100} = \dfrac{1}{4}$

30% 等同于 $\dfrac{30}{100} = \dfrac{1}{3}$

50% 等同于 $\dfrac{50}{100} = \dfrac{1}{2}$

例题

计算

(a)12 的 15%　　　(b)17 的 98%　　　(c)290 的 150%

解

(a)12 的 15% 等同于

$\dfrac{15}{100} \times 12 = 0.15 \times 12 = 1.8$

(b)17 的 98% 等同于

$\dfrac{98}{100} \times 17 = 0.98 \times 17 = 16.66$

(c)290 的 150% 等同于

$\dfrac{150}{100} \times 290 = 1.5 \times 290 = 435$

习题

1. 计算

(a)2.90 美元的 10%　　　(b)1 250 美元的 75%　　　(c)580 美元的 24%

无论何时任意数值型数量增加或下降，将这种变化以百分比的方式陈述是惯例。下面的例题帮助你回想怎样进行关于百分比变化的计算。

例题

(a) 某项投资从 2 500 美元增加到 3 375 美元。将增加表示为原值的百分比。

(b) 某年初，某小村人口是 8 400。如果人口年增加 12%，求年末人口。

(c) 某次销售所有价格下降 20%。求商品原成本为 580 美元的销售价格。

解

(a) 投资的增加值为 3 375 − 2 500 = 875

这作为原值的分数为 $\dfrac{875}{2\ 500} = 0.35$

这等同于 35%，因此百分比增加为 35%

（b）作为分数 12% 等同于 $\frac{12}{100} = 0.12$

因此人口增加为 $0.12 \times 8\,400 = 1\,008$

因此最终人口为 $8\,400 + 1\,008 = 9\,408$

（c）作为分数 20% 等同于 $\frac{20}{100} = 0.2$

因此价格下降 $0.2 \times 580 = 116$

因此最终价格为 $580 - 116 = 464$（美元）

习题

2.（a）某公司年度销售从某年到下一年由 5 万增加到 5.5 万。将增加表示为原值的百分比

（b）政府在每件商品的价格上加征 15% 的税。对公司定价为 1 360 美元的商品，消费者支付多少

（c）投资年度下降 7%。求年初值 9 500 美元的某项投资的年末值

前例和习题 2 中，计算分两步进行。首先算出实际增加或下降，这些变化然后用于原值获得最终答案。一步计算获得答案是可能的，我们现在说明如何做到。该新方法不仅更快，而且使我们能处理更困难的问题。特别地，让我们假设商品的价格设定为增加 9%，商品的现价是 78 美元。新价格由原值（可以视为 78 美元的 100%）加增加值（为 78 美元的 9%）组成。所以最终价格为

100% + 9% = 109%（78 美元的）

这等同于 $\frac{109}{100} = 1.09$

换句话说，为了计算最终价格，我们要做的是乘比例因子1.09。因此新价格为
$1.09 \times 78 = 85.02$（美元）

该方法的一个优点是接下来容易返回去，由新价格计算原价格。为了及时返回去，我们简单地除以比例因子。例如，如果商品的最终价格是 1 068.20 美元，那么增加 9% 之前的价格为

$1\,068.20 \div 1.09 = 980$（美元）

一般地，如果百分比增加 $r\%$，那么终值由原值（100%）加增加（$r\%$）组成，得总和

$$\frac{100}{100} + \frac{r}{100} = 1 + \frac{r}{100}$$

计算终值时，我们乘以比例因子，而计算原值时，我们除以比例因子。

例题

（a）如果年度通货膨胀率为 4%，求年初价格为 25 美元的商品的年末价格

（b）商品含 20% 税的成本是 750 美元。不含税成本是多少

（c）将从 950 到 1 007 的增加表示为百分比

解

（a）比例因子为 $1 + \dfrac{4}{100} = 1.04$

我们需要求增加后的价格，因此我们乘比例因子得 $25 \times 1.04 = 26$（美元）

（b）比例因子为 $1 + \dfrac{20}{100} = 1.2$

这次我们需要求增加前的价格，因此我们除以比例因子得 $750 \div 1.2 = 625$（美元）

（c）比例因子为新值／原值 $= \dfrac{1\,007}{950} = 1.06$

这可以视作 $1 + 6\%$，因此增加 6%。

习题

3.（a）商品的价值年度增加 13%。如果年初它的价值为 650 万美元，求它的年末价值

（b）某国 GNP 过去 5 年增加 63%，现在为 1 240 亿美元。5 年前 GNP 是多少

（c）某年销售从 115 000 增加到 123 050。求年度百分比增加

用比例因子解关于百分比下降的问题是可能的。作为特例，假设一项 76 美元的投资下降 20%。新值是原值（100%）减下降（20%），因此是原值的 80%。所以比例因子是 0.8，得新值 $0.8 \times 76 = 60.80$（美元）

一般地，对 $r\%$ 下降的比例因子为 $\dfrac{100}{100} - \dfrac{r}{100} = 1 - \dfrac{r}{100}$

再次，当计算终值时，你应乘以比例因子；当计算原值时，你应除以比例因子。

例题

（a）汽车的价值年度折旧 25%。现价为 4.3 万美元的汽车 1 年后价值为多少

（b）某次销售降价 15% 后，商品的价格为 39.95 美元。销售前价格是多少

（c）乘坐火车的旅客数从 190 205 下降到 174 989。求百分比下降了多少

解

（a）比例因子为 $1 - \dfrac{25}{100} = 0.75$

因此新价格为 $43\,000 \times 0.75 = 32\,250$（美元）

（b）比例因子为 $1 - \dfrac{15}{100} = 0.85$

因此原价为 $39.95 \div 0.85 = 47$（美元）

（c）比例因子为新值／原值 $= \dfrac{174\,989}{190\,205} = 0.92$

这能被视作 $1 - \dfrac{8}{100}$ 〔不是 92%！〕

因此下降 8%。

习题

4. （a）某工厂当前月产出为 2.5 万。在衰退期预期产出下降 65%。估计新的产出水平。

（b）作为某现代化过程的结果，某公司能缩减劳动力规模 24%。如果该公司现在雇用 570 名工人，在重组前它雇用了多少人？

（c）在股票市场暴跌中，原值 10.50 美元的股票下跌到 2.10 美元。求百分比下降。

现在我们来考虑比例因子的最后应用，计算整个百分比变化。多个时期商品的价格经历几个单个百分比变化是常见的情形。用跨整个期间的单个百分比变化代替这些单个百分比变化是有用的。这能通过简单地将一系列比例因子乘到一起实现。

例题

（a）股票价格在上半年上涨 32%，在下半年再涨 10%。整个百分比变化是多少

（b）如果某商品价格某年上升 5%，接下来在某次销售中下降 30%，求商品价格整个百分比变化

解

（a）为了求股票在 6 月末的价值我们乘以

$$1 + \frac{32}{100} = 1.32$$

在年末的价值我们再乘比例因子

$$1 + \frac{10}{100} = 1.1$$

净效应是乘它们的乘积

$$1.32 \times 1.1 = 1.452$$

这能视作 $1 + \frac{45.2}{100}$

因此整个变化是 45.2%。

注意这不同于 32% + 10% = 42%

这是因为在下半年，我们不仅得到在原值上 10% 的增加，而且我们得到上半年赢得的增量上 10% 的增加

（b）单个比例因子是 1.05 和 0.7，因此整个比例因子为 $1.05 \times 0.7 = 0.735$

这小于 1 的事实表明整个变化是下降。写为 $0.735 = 1 - 0.265 = 1 - \frac{26.5}{100}$

我们看到该比例因子代表 26.5% 的下降

习题

5. 求单个百分比增加或下降等价于

(a)30% 的增加后 40% 的增加

(b)30% 的下降后 40% 的下降

(c)10% 的增加后 50% 的下降

我们通过描述百分比在宏观经济学中的两个应用结束本节：

● 指数数据

● 通货膨胀

我们依次考虑这两个。

3.1.1　指数数据

经济数据时常取时间序列形式,经济指数的值按年度、季度、月度基础是可用的,我们对分析这些数据沿时间的增加和下降感兴趣。指数数据使我们能够识别数据的趋势和关系。下面的例题向你显示怎样计算指数数据和怎样解释它们。

例题

表 3—1 给出了 5 年期间家庭支出的值(以 10 亿美元为单位)。计算以 2000 年为基年的指数数据并给出简要解释

表 3—1

年份	1999	2000	2001	2002	2003
家庭支出	686.9	697.2	723.7	716.6	734.5

解

当求指数数据时,选择一个基年,100 的值赋予基年。本例中,我们被告知取 2000 年为基年,因此 2000 年的指数数据是 100。为了求 2001 年的指数数据,我们计算出家庭支出从基年 2000 年到 2001 年变化相关的比例因子,然后乘 100。

指数数据从基年的比例因子 × 100

在这种情况下,我们得 $\frac{723.7}{697.2} \times 100 = 103.8$

这表明家庭支出在 2001 年的值是 2000 年的值的 103.8%。换句话说,家庭支出在 2001 年增加 3.8%。

而 2002 年,家庭支出的值是 716.6,得指数数据为 $\frac{716.6}{697.2} \times 100 = 102.8$

这表明家庭支出在 2002 年的值是 2000 年的值的 102.8%。换句话说,家庭支出在 2000 年到 2002 年增加 2.8%。注意这小于对 2001 年计算的值,反映了支出事实上在 2002 年小幅度下降的事实。其余两个指数数据用类似方法计算,如表 3—2 所示。

表 3—2

年份	1999	2000	2001	2002	2003
家庭支出	686.9	697.2	723.7	716.6	734.5
指数数据	98.5	100	103.8	102.8	105.3

习题

6. 对表 3—1 给出的数据计算指数数据,这次取 1999 年作为基年

指数数据本身没有单位。它们仅表示某些数量作为基数百分比的值。这特别有用,由于它使我们能比较具有变化幅度的数量的值如何相对其他数量变化。下面例题给出了两只股票的价格在 8 个月期间的上升和下降。每只股票列示的价格(以美元为单位)取每月最后一天。A 股票特别便宜。投资者在他们的投资组合中时常包含这类股票,由于它们偶尔能带来特别收益。这是许多互联网股票在 20 世纪 90 年代末的情形。第二只股票更贵,对应更大更悠久的公司。

例题

求如表 3—3 所示的每只股票价格的指数数据,取 4 月作为基月。比较这两只股票价格在这期间的表现。

表 3—3

月份	1	2	3	4	5	6	7	8
A 股票	0.31	0.28	0.31	0.34	0.40	0.39	0.45	0.52
B 股票	6.34	6.40	6.45	6.52	6.57	6.43	6.65	7.00

解

指数数据列示在表 3—4 中。注意两只股票在基月的 4 月给出相同的指数数据 100。这不考虑两只股票的值很不同的事实。这创造了"一个水平竞技场",使我们能鉴别两只股票的相对表现。指数数据相当清楚地表明在此期间 A 股票表现优于 B 股票。事实上,如果投资者 1 月在 A 股票上投资 1 000 美元,他们能买 3 225 股,8 月将值 1 677 美元,盈利 677 美元。B 股票对应的盈利仅为 99 美元。

表 3—4

月份	1	2	3	4	5	6	7	8
A 股票价格指数(4 月 = 100)	91.2	82.3	91.2	100	117.6	114.7	132.4	152.9
B 股票价格指数(4 月 = 100)	97.2	98.2	98.9	100	100.8	98.6	102.0	107.4

顺便说一句,如果你有关于时间序列的唯一信息是指数数据集合,那么可能算出每对值之间的百分比变化。表 3—5 给出了某特殊公司 2004 年和 2005 年产出的指数数据。

表 3—5

产出	04Q1	04Q2	04Q3	04Q4	05Q1	05Q2	05Q3	05Q4
指数	89.3	98.1	105.0	99.3	100	106.3	110.2	105.7

该表表明基季是 2005 年 1 季度,因为在 2005 年 1 季度指数数据是 100。当然,容易求从该季到任意随后季度的百分比变化。例如,2005 年 3 季度指数数据是 110.2,因此我们立即知道产出从 2005 年 1 季度到 2005 年 3 季度的百分比变化是 10.2%。然而,从

2004 年 2 季度到 2005 年 2 季度的百分比变化是多少不很明显。为了算出,注意指数数据增加 $106.3 - 98.1 = 8.2$

因此百分比增加为 $\frac{8.2}{98.1} \times 100 = 8.4\%$

另一种方法是,注意该变化的比例因子为 $\frac{106.3}{98.1} = 1.084$

这对应于 8.4% 的增加。

类似地,从 2004 年 3 季度到 2005 年 1 季度变化的比例因子为 $\frac{100}{105} = 0.952$

这小于 1,反映产出已经下降的事实。为了求百分比变化,我们将比例因子写为
$1 - 0.048$

这表明百分比下降 4.8%。

习题

7. 用表 3—5 列示的指数数据求产出的百分比变化,从

(a)2005 年 1 季度到 2005 年 4 季度

(b)2004 年 1 季度到 2005 年 4 季度

(c)2004 年 1 季度到 2005 年 1 季度

当组数据随时间变化时,可能创建实用的指数数据。拉氏指数按基年消费数量加权,而帕氏指数以当年消费数量加权。网上资源说明如何用 Excel 完成这些计算。

3.1.2　通货膨胀

经过一段时间,许多商品和服务的价格通常上升。年度通货膨胀率是给定的一系列商品和服务价格与上年相比的平均百分比变化。将季节变化纳入考虑,特定一篮子商品和服务周期性变化反映家庭支出模式的变化。当试图解释涉及货币值的时间序列时,通货膨胀的出现特别地令人烦躁。不可避免这将受任意年份通货膨胀的影响,我们关心的是时间序列超过通货膨胀的波动。经济学家通过名义和实际数之间的区分处理这类问题。名义数是像前面小节列示的那样的原始的未经加工的数据。这些数据基于当期价格。实际数是考虑通货膨胀并经调整后的数据。调整的标准做法是选择某年作为基年,然后将所有其他年份值转换为以基年为标准它们应有的水平。这听起来相当复杂,但涉及的思想和计算实际上如下面例题表明的一样相当简单。

例题

表 3—6 给出了 5 年期间某镇平均房价(以千美元为单位)。引用的价格是年末值。用表 3—7 给出的年度通货膨胀率相对 1991 年末的价格来调整价格。比较这期间房价名义值和实际值的增加。

表3—6

年份	1990	1991	1992	1993	1994
平均房价	72	89	93	100	106

表3—7

年份	1991	1992	1993	1994
年度通货膨胀率	10.7%	7.1%	3.5%	2.3%

解

表3—6 提供的原始数据给人以在此期间房价稳定上升的印象,在第1年有相当大的上升。然而,如果通货膨胀率很高,那么按实际值上升可能相当小。事实上,如果通货膨胀率超过这个名义数增加的百分比,那么房价按实际值事实上下降。为了分析这种情形,我们将利用给出在此期间通货膨胀率的表3—7。注意由于表3—7列示的房价采用年末价,我们对1990年期间的通货膨胀率不感兴趣。

问题要求我们选1991年为基年,计算房屋以1991年价格衡量的价值。由于不需要调整,1991年末的房价显然是89 000美元。1992年末的房价是93 000美元。然而,该年通货膨胀率是7.1%。为了将该价格调整为1991年价格,由于我们往回算,我们简单地除以比例因子1.071。我们得 $\frac{93\ 000}{1.071} = 86\ 835$

按实际值房价下降超过2 000美元。

为了调整1993年房价,我们首先需要除以1.035调整为1992年价格,然后再除以1.071调整为1991年价格。我们得 $\frac{100\ 000}{1.035 \times 1.071} = 90\ 213$

按实际值房价在1993年期间至少有所上涨。然而,这比我们印象中的少,单纯从金融的角度看,有比投资房产更有利可图的投资方式。

对1994年价格,调整值为 $\frac{106\ 000}{1.023 \times 1.035 \times 1.071} = 93\ 476$

对1990年价格,调整值为 $72\ 000 \times 1.107 = 79\ 704$

为了比较,表3—8列示了名义房价和以1991年不变价计的房价(保留到千)。它相当清楚地表明,除1991年上涨外,房价的上涨事实上是相当温和的。

表3—8

年份	1990	1991	1992	1993	1994
名义房价	72	89	94	100	106
1991年不变房价	80	89	87	90	93

习题

8. 表3—9 给出了某小公司雇员的平均年薪(以千美元为单位)以及对应年份的年度通货膨胀率。将这些薪水调整为2001年价格,给出以2001年不变价衡量的雇员薪水的实际值。对此间收入的增加作出评论

表 3—9

年份	2000	2001	2002	2003	2004
薪水	17.3	18.1	19.8	23.5	26.0
通货膨胀率		4.9	4.3	4.0	3.5

关键术语

Index number(指数数据):某变量对基年测度的比例因子乘 100。

Inflation(通货膨胀):12 个月期间价格水平增加的百分比。

Laspeyre index(拉氏指数):组数据的一种指数数据,以基年的数量为权重。

Nominal data(名义数):测度时的货币值。

Paasche index(帕氏指数):组数据的一种指数数据,以当年的数量为权重。

Real data(实际数):考虑通货膨胀调整后的货币值。

Scale factor(比例因子):在百分比问题中得到终值的乘数。

Time series(时间序列):揭示数据随时间变化的数列。

练习题 3.1

1. 将下列百分比表示为最简单形式的分数

(a)35%　　(b)88%　　(c)250%　　(d)$17\frac{1}{2}$%　　(e)0.2%

2. 计算下列问题

(a)24 的 5%　　(b)88 的 8%　　(c)4 563 的 48%　　(d)56 的 112%

3. 写出对应的比例因子

(a)19% 的增加　　(b)250% 的增加　　(c)2% 的下降　　(d)43% 的下降

4. 写出下列比例因子对应的百分比变化

(a)1.04　　(b)1.42　　(c)0.86　　(d)3.45　　(e)1.0025　　(f)0.04

5. 求新的数量

(a)16.25 美元增加 12%

(b)某镇人口当前为 113 566,增加 5%

(c)公司定价为 87.90 美元的某种商品应该缴纳 15% 的销售税

(d)价格为 2 300 美元的某种商品在某次销售中降价 30%

(e)价值为 2.3 万美元的汽车折旧 32%

6. 某商店以低于推荐零售价 20% 的价格售书。如果它以 12.40 美元的价格售书,求

(a)推荐零售价

(b)在某次销售中再降价 15% 后书的成本

(c)与制造商的推荐零售价比较,从商店本次销售中买书获得的整个百分比折扣

7. 某电视含 20% 销售税的成本为 900 美元。求如果税降至 15% 的新价格

8. 某古董商想以在拍卖中支付的 1.8 万美元高出 45% 的价格出售某花瓶

（a）新的销售价格是多少

（b）现在古董商能降价多少百分比而不至于亏损

9. 求单个百分比增加或下降等价于

（a）10% 的增加后 25% 的增加

（b）34% 的下降后 65% 的增加

（c）25% 的增加后 25% 的下降

用文字解释为什么（c）部分的整个变化不是 0%

10. 表 3—10 给出了 5 年期间的通货膨胀率

表 3—10

年份	2000	2001	2002	2003	2004
通货膨胀率	1.8%	2.1%	2.9%	2.4%	2.7%

如果 2000 年末名义房价是 1 080 万美元，求调整为 2003 年末价格的实际房价。保留 3 位有效数字

11. 表 3—11 给出了 20 年期间交通成本相关的指数数据。公共交通成本反映公共汽车和火车费用变化，而私人交通成本包括小汽车的购买、服务、油、税、保险成本

表 3—11

年份	1985	1990	1995	2000	2005
公共交通	100	130	198	224	245
私人交通	100	125	180	199	221

（1）哪一年选作基年

（2）求公共交通成本的百分比增加

（a）从 1985 年到 1990 年　　（b）从 1990 年到 1995 年　　（c）从 1995 年到 2000 年

（d）从 2000 年到 2005 年

（3）对私人交通重复（2）部分

（4）对 20 年期间公共和私人交通成本的相对增加作出简要评论

12. 表 3—12 给出了某年期间某工厂生产线生产的商品数量（以千为单位）。取 2 季度为基季，计算相关的指数数据。给出产出波动的可能原因

表 3—12

季度	1	2	3	4
产出	13.5	1.4	2.5	10.5

13. 表 3—13 给出了 1999—2004 年某商品的价格

表 3—13

年份	1999	2000	2001	2002	2003	2004
价格（美元）	40	48	44	56	60	71

（a）计算指数数据，保留 1 位小数，取 2000 年为基年

（b）如果 2005 年的指数数据是 135，计算对应的价格。你可以假设基年仍然是 2000 年

（c）如果 2001 年的指数数据近似是 73，求哪年用作基年

练习题 3.1 *

1. 计算机含 20% 销售税的成本是 6 000 美元。在某次慷慨的行动中，政府决定将税率降为 17.5%。求计算机税变化后的成本

2. 原成本为 150 美元的大衣在某次销售中降价 25%，由于没人买，再降价 20%
   （a）求两次降价后大衣的最终成本
   （b）求降价的整个百分比，解释为什么这不同于 45% 的一次性降价

3. 某家具商店对选择的商品按 40% 的价格销售。销售助理 Carol 降低了原成本为 1 200 美元的某种沙发的价格
   （a）新价格是多少

   经理不想该沙发在此次销售中销售，第二天告诉另一个销售助理 Michael，将该沙发恢复原价。他不知道原价，决定显示他的数学知识，用（a）部分的答案，乘之以 1.4
   （b）谨慎解释为什么这得不到 1 200 美元的正确答案
   （c）给出能得出正确答案的另一种算法

4. 2008 年期间商品的价格上升 8%。在 2009 年 1 月的某次销售中，所有商品降价 25%
   （a）如果商品的销售价格是 688.50 美元，求 2008 年初的原价
   （b）求整个百分比变化
   （c）要恢复到 2008 年初的原价，需要百分比增加多少？答案保留 1 位小数

5. 表 3—14 给出了连续 4 年的政府教育支出（以 10 亿美元为单位），以及每年的通货膨胀率

表 3—14

年份	2004	2005	2006	2007
支出	236	240	267	276
通货膨胀		4.7	4.2	3.4

（a）取 2004 年为基年，计算表的第二行给出的名义数的指数数据
（b）求支出的 2004 年不变价的值，计算实际政府支出的指数数据
（c）对（b）部分计算的指数数据做出解释

6. 8 年期间失业率相关的指数数据如表 3—15 所示

表 3—15

年份	1	2	3	4	5	6	7	8
指数 1	100	95	105	110	119	127		
指数 2						100	112	118

（a）两个指数的基年是哪年
（b）如果政府没有转向指数 2，指数 1 在第 7 年和第 8 年的值是多少
（c）指数 2 在第 1，2，3，4，5 年的值是多少
（d）如果在第 4 年失业人数是 120 万，在第 1 年和第 8 年失业多少人

7. 2003—2008 年末商品的价格列示在表 3—16 中,该表也给出了年度通货膨胀率

表 3—16

年	2003	2004	2005	2006	2007	2008
价格	230	242	251	257	270	284
通货膨胀		4%	3%	2.5%	2%	2%

(a)求调整为 2004 年末价格的值,保留 2 位小数。计算以 2004 年为基年的实际数的指数数据。结果保留 1 位小数

(b)如果 2009 年实际价格的指数数据是 109,通货膨胀率是 2.5%,计算 2009 年的名义价格。结果保留整数

(c)如果 2002 年实际数的指数数据是 95.6,名义价格是 215 美元,求 2002 年的通货膨胀率。结果保留 1 位小数

3.2 复利

学习目标

学完本节,你应该能够:

- 理解单利和复利的差异
- 计算按年度复合本金的终值
- 计算按连续复合本金的终值
- 给定名义利率,确定年百分率

今天,企业和个人面临各种令人眼花缭乱的贷款便利和投资机会。本节我们解释这些金融计算是如何进行的,使我们能在可用的各种可能之间做出明智的选择。我们开始考虑投资一笔钱时什么会发生,说明怎样计算某个时期的累积值。

假如某人给你现在接受 500 美元或 3 年后接受 500 美元的选择。你将接受其中的哪一个呢? 大多数人会现在接受货币,部分因为他们可能急着用钱,更因为他们认识到今天的 500 美元比 3 年后的 500 美元更有价值。即使我们忽略通货膨胀的影响,现在接受货币仍然更好,因为能用它投资,3 年后将增值。为了算出该值,我们需要知道利率和计算的基础。让我们开始假设 500 美元按 10% 的年复利投资 3 年。我们通过"10%的年复利"确切地意味着什么? 每年末,利息被计算出来加到当前投资额上。如果原投资额是 500 美元,那么一年后利息是 500 美元的 10%,这是

$$\frac{10}{100} \times 500 = \frac{1}{10} \times 500 = 50(美元)$$

因此投资额增加 50 美元,达到 550 美元。

第 2 年末该投资额又有什么发生? 利息也是 50 美元? 这事实上是单利情形,收到的利息每年相同。然而,对复利,我们得到"利滚利"。几乎所有金融投资采用复利而

不采用单利,因为对于每年没有从基金中取出的已支付利息,投资者需要获得回报。在年复利下,第 2 年末获得的利息是第 2 年初投资额的 10% 。这不仅包括原来的 500 美元,而且包括作为第 1 年已经收到的投资利息的 50 美元。因此,我们得到另外的

$$\frac{1}{10} \times 550 = 55(美元)$$

将总额提高到 605 美元。最后,第 3 年末,利息为 $\frac{1}{10} \times 650 = 60.50(美元)$

因此投资为 665.50 美元。所以你通过现在接受 500 美元投资 3 年增值 165.50 美元。计算总结在表 3—17 中。

表 3—17

年末	利息(美元)	投资(美元)
1	50	550
2	55	605
3	60.50	665.50

例题

求 10 000 美元按 5% 的年复利投资 4 年后的值。

解

- 第 1 年末利息为 $0.05 \times 10\ 000 = 500$,因此投资额为 10 500 美元。
- 第 2 年末利息为 $0.05 \times 10\ 500 = 525$,因此投资额为 11 025 美元。
- 第 3 年末利息为 $0.05 \times 11\ 025 = 551.25$,因此投资额为 11 576.25 美元。
- 第 4 年末利息为 $0.05 \times 11\ 576.25 = 578.81$,保留 2 位小数,因此最终投资额为 12 155.06 美元,保留到分。

习题

1. 求 1 000 美元按 8% 的年复利投资 10 年后的值

前面计算通过求每年赚的利息然后将利息加到年初积累金额上进行。你可能在习题 1 中发现,这会是相当繁琐的,特别在货币长期投资的情况下。真正需要的是不用确定 9 个中间年份的投资额计算 10 年后投资额的方法。这能用上节讨论的比例因子做到。为了说明这种方法,让我们回到按 10% 的年复利投资 500 美元的问题。原来的货币总额称为本金,用 P 表示,最终总额称为终值,用 S 表示。与 10% 增加相关的比例因子为 $1 + \frac{10}{100} = 1.1$

因此第 1 年末总投资额为 $P \times 1.1$。

2 年后我们得 $P \times 1.1 \times 1.1 = P \times 1.1^2$

3 年后终值为 $S = P \times 1.1^2 \times 1.1 = P \times 1.1^3$

令 $P = 500$,我们得 $S = 500 \times 1.1^3 = 665.50$ 美元

这当然与前面计算的总额相同。

一般地,如果是 $r\%$ 的年复利,那么比例因子为 $1 + \dfrac{r}{100}$

因此 n 年后 $S = P\left(1 + \dfrac{r}{100}\right)^n$

给定 r, p, n 的值,用计算器上幂键 $\boxed{x^y}$ 计算 S 是简单的。为了看清这点,让我们用该公式重做前面的例题。

例题

求 10 000 美元按 5% 的年复利投资 4 年后的值

解

在该问题中,$P = 10\ 000, r = 5, n = 4$,因此由公式 $S = P\left(1 + \dfrac{r}{100}\right)^n$ 得

$S = 10\ 000\left(1 + \dfrac{5}{100}\right)^4 = 10\ 000 \times 1.05^4 = 12\ 155.06$(原书有误)

这当然与前面答案相同

习题

2. 用公式 $S = P\left(1 + \dfrac{r}{100}\right)^n$

求 1 000 美元按 8% 的年复利投资 10 年后的值
(你可以将答案与习题 1 获得的进行比较)

上面推导的复利公式包含四个变量 r, n, P, S。假如我们知道其中的任意三个,我们能用公式确定其余变量。这在下面例题中说明。

例题

25 000 美元本金按 12% 的年复利投资。多少年后投资额将首次超过 250 000 美元

解

我们想以 25 000 美元的初始投资积累到 250 000 美元的总额。问题是假设在此期间利率固定为 12%,要确定需要的年数。复利公式为

$S = P\left(1 + \dfrac{r}{100}\right)^n$

我们已知 $P = 25\ 000, S = 250\ 000, r = 12$

因此我们需要对 n 解方程 $250\ 000 = 25\ 000\left(1 + \dfrac{12}{100}\right)^n$

解方程的一种方法是不断猜测 n 的值直到我们找到满足方程的那个。然而,更有数学味道的方法是用对数,因为我们要解未知数作为幂出现的方程。下面方法在 2.3 节介绍过,我们先两边除以 25 000 得 $10 = 1.12^n$

两边取对数得 $\log 10 = \log 1.12^n$

用对数法则 3 得 $\log 10 = n\log 1.12$

因此

$$n = \frac{\log 10}{\log 1.12}$$

$$= \frac{1}{0.49218023} \quad （取底为 10 的对数）$$

$$= 20.3 \quad （保留 1 位小数）$$

现在我们知道 n 必须是整数,因为利息只在每年末加上。我们假设第一次利息支付在初始投资后正好 12 个月时发生,此后每 12 个月时发生。答案 20.3 告诉我们仅 20 年后总量小于 250 000 美元,因此我们需要等到 21 年以后,总量才能超过该总额。事实上,20 年后 $S = 25\,000 \times 1.12^{20} = 241\,157.33$（美元）

21 年后 $S = 25\,000 \times 1.12^{21} = 270\,096.21$（美元）

本例中,我们计算 25 000 美元以 10 的因子增加所用的时间。能够证明该时间仅依赖于利率而不依赖于本金的实际值。为了看清这点,注意如果一般的本金 P 增加到 10 倍,那么它的终值为 $10P$。如果利率为 12%,那么我们需要对 n 解

$$10P = P\left(1 + \frac{12}{100}\right)^n$$

消去 P（表明答案独立于 P）得到方程 $10 = 1.12^n$

这与前例获得的方程是一样的,如我们所见,解为 $n = 20.3$。

习题

3. 某公司估计销售将每年增长 3%,为了盈利必须每年销售至少 10 000 商品。给定当前年销售仅为 9 000,多少年后公司将实现盈亏平衡?

你可能注意到在前面的所有问题中都假设利息按年复合。利息也可以按比年更高的频率加到投资上。例如,假设 500 美元本金按 10% 的季复利投资 3 年。我们用"10% 的季复利"意味着什么? 它不意味着我们得到每 3 个月 10% 的利息。而是 10% 分成 4 等份,每个季度 1 份。每 3 个月增加的利息为

$$\frac{10\%}{4} = 2.5\%$$

因此第 1 季度后投资乘 1.025 得 500×1.025

第 2 季度后投资乘另一个 1.025 得 500×1.025^2

等等。此外,由于 3 年刚好有 12 个季度,我们推导终值为

$$500 \times 1.025^{12} = 672.44$$（美元）

注意这大于本节开始按年复合获得的总额（这是为什么呢? ）

本例突出了前面推出的按年复合的复利公式

$$S = P\left(1 + \frac{r}{100}\right)^n$$

也能用于其他类型的复合。需要的是重新解释符号 r 和 n。变量 r 现在表示每个时期的利率,n 表示时期的总数。

例题

10 美元的本金以 12% 的利率投资 1 年。如果利息按下列方式复合,确定终值

（a）年　　　（b）半年　　　（c）季　　　（d）月　　　（e）周

解

复利公式为 $S = P\left(1 + \dfrac{r}{100}\right)^n$

（a）如果利息按年复合,那么 $r = 12, n = 1$,因此 $S = 10 \times 1.12^1 = 11.20$（美元）

（b）如果利息按半年复合,那么 12%/2 = 6% 的利息每 6 个月加上,由于 1 年有两个 6 月期 $S = 10 \times 1.06^2 = 11.24$（美元）

（c）如果利息按季复合,那么 12%/4 = 3% 的利息每 3 个月加上,由于 1 年有 4 个 3 月期 $S = 10 \times 1.03^4 = 11.26$（美元）

（d）如果利息按月复合,那么 12/12 = 1% 的利息每月加上,由于 1 年有 12 个月 $S = 10 \times 1.01^{12} = 11.27$（美元）

（e）如果利息按周复合,那么 12%/52 = 0.23% 的利息每周加上,由于 1 年有 52 个周 $S = 10 \times 1.0023^{52} = 11.27$（美元）

上例中我们看到终值随复合频率增加而增加。这是可以预期到的,因为复利的基本特征是我们获得"利滚利"。然而,你可能没有预期到的一个重要观察是,虽然终值增加,但它们好像趋于某个固定值。能够证明这种情况总是发生。以递增频率加上利息的复合类型称为连续复合。理论上,我们用前例采用的方法求连续复合下本金的终值。我们用越来越小的时期计算,直到结果稳定到某个固定值。然而,有个特殊公式能用来直接计算该问题。本金 P 按 $r\%$ 的连续复利投资 t 年后的终值 S 为 $S = Pe^{rt/100}$

其中, e 是数 2.718 281 828 459 045 235 36（保留 20 位小数）

如果 $r = 12, t = 1, P = 10$,那么由公式得 $S = 10e^{12 \times 1/100} = 10e^{0.12} = 11.27$（美元）

这与前例获得的极限值是一致的。

建议

数 e 和相关的自然对数函数首次在2.4节介绍过。如果你错过那一节,你在继续之前现在该回过头认真阅读那一节。数 e 与以上连续复合的公式之间的联系在本节末练习题 3.2* 问题 6 中给出。然而,你可以未经证明接受它,将精力集中到应用上。

例题

2 000 美元的本金按 10% 的连续复利投资。多少天后投资将首次超过 2 100 美元

解

我们想以 2 000 美元的初始投资积累到 2 100 美元的总额。问题是假设利率为

10% 的连续复利,要确定需要的天数。连续复利的公式为

$$S = Pe^{rt/100}$$

我们已知 $S = 2\,100, P = 2\,000, r - 10$

因此我们需要对 t 解方程 $2\,100 = 2\,000e^{10t/100}$

除以 $2\,000$ 得 $1.05 = e^{0.1t}$

如 2.4 节解释的那样,像这样的方程能用自然对数求解。回忆

如果 $M = e^n$,那么 $n = \ln M$

如果我们将该定义应用于方程 $1.05 = e^{0.1t}$

有 $M = 1.05, n = 0.1t$,那么 $0.1t = \ln 1.05 = 0.0487902$

因此,$t = 0.488$,保留 3 位小数。

出现在连续复利公式里的变量以 t 年测度,因此为了转换为天,我们乘 365(假设 1 年有 365 天)。因此 $t = 365 \times 0.488 = 178.1$(天)

我们推断第 179 天的某个时间投资将首次超过 2 100 美元。

习题

4.(1)30 美元的本金按 6% 的利率投资 2 年。如果利息按下列方式复合,确定终值
（a）年　　　（b）半年　　　（c）季　　　（d）月　　　（e）周　　　（f）日
（2）用公式 $S = Pe^{rt/100}$ 确定按 6% 的连续复利投资 2 年的 30 美元的终值。验证它与（1）部分的结果一致

5. 确定 1 000 美元的本金连续复合 10 年后生成 4 000 美元的终值需要的利率

网上资源说明怎样用 Excel 计算与比较终值。

给定有如此之多的计算复利的方法,人们通常发现评估不同的投资机会是困难的。需要的是标准的基准使个人能够在共同的基础上比较不同形式的储蓄或信贷计划。共同采用的一个基准是年复合。提供投资或贷款便利的所有公司要求提供有效年率。这通常称为年百分率,缩写为 APR。APR 是利率,当按年复合时,产生与利息的名义(声称的)率相同的收益。术语"年等价率"(AER)常用于储蓄。然而,本书中,我们将对储蓄和贷款用 APR。

例题

确定名义率为 8% 按月复合的储蓄账户的利息的年百分率

解

APR 是利息的整体比率,能用比例因子计算。如果账户提供月复合的 8% 的收益,那么每月利息是月初投资量的

$$\frac{8}{12} = \frac{2}{3} = 0.67\%$$

月比例因子为 $1 + \dfrac{0.67}{100} = 1.0067$

因此全年本金积累到的倍数为 $1.0067^{12} = 1.0834$

这能写为 $1 + \dfrac{8.34}{100}$

因此 APR 为 8.34%。

习题

6. 如果名义率为 12%,按季复合,确定利息的年百分率

虽然本章的目的是研究金融数学,数学技术本身具有更广泛的应用。我们用说明这点的两个例题结束本节。

例题

某国年 GNP(国内生产总值)当前为 250 亿美元,预测每年增长 3.5%。人口预期从当前 4 000 万水平每年增长 2%。多少年后人均 GNP(每人 GNP)将达到 700 美元?

解

GNP 的人均值通过 GNP 除以人口规模计算出初始 GNP 的人均值为 $\dfrac{25\,000\,000\,000}{40\,000\,000}$

= 625(美元)

接下来几年间,预测 GNP 以快于人口的比率增长,因此该值将增加。

3.5% 增加相关的比例因子为 1.035,因此 n 年后 GNP(以百万美元为单位)将是

GNP $= 25\,000 \times (1.035)^n$

类似地,人口(百万为单位)将是

人口 $= 40 \times 1.02^n$

因此人均 GNP 为

$$\frac{25\,000 \times (1.035)^n}{40 \times (1.02)^n} = \frac{25\,000}{40} \times \frac{(1.035)^n}{(1.02)^n} = 625 \times \left(\frac{1.035}{1.02}\right)^n$$

我们想求达到 700 所要求的年数,因此我们需要对 n 解方程 $625 \times \left(\dfrac{1.035}{1.02}\right)^n = 700$

两边除以 625 得 $\dfrac{1.035}{1.02} = 1.12$

两边取对数得 $\log\left(\dfrac{1.035}{1.02}\right)^n = \log 1.12$

$n\log\dfrac{1.035}{1.02} = \log 1.12$　　(对数法则 3)

因此

$$n = \frac{\log 1.12}{\log(1.035/1.02)} = 7.76$$

我们推断人均 700 美元的目标值将在 8 年后实现。

例题

某公司决定以固定比率将产出从当前 50 000 的水平在接下来的 5 年期间增加到

60 000。计算为了实现这样的增长需要的年增长率

解

如果增长率为 $r\%$,那么比例因子为 $1 + \dfrac{r}{100}$,因此,5 年后,产出将是

$$50\ 000\left(1 + \frac{r}{100}\right)^{5}$$

为了实现 60 000 的最终产出,选择 r 值满足方程 $50\ 000\left(1 + \dfrac{r}{100}\right) = 60\ 000$

两边除以 50 000 得 $\left(1 + \dfrac{r}{100}\right) = 1.2$

解该方程的困难在于未知数 r 包含在取 5 次幂的括号内。这与解像如下类型方程的问题相似

$$x^2 = 5.23$$

为了求 x 我们通过两边取平方根求解。这提示我们能通过 $\left(1 + \dfrac{r}{100}\right)^{5} = 1.2$

两边取 5 次根求 r ,得 $1 + \dfrac{r}{100} = (1.2)^{1/5} = 1.037$

因此, $r = 3.7\%$ 。

习题

7. 某大型 A 超市的当前营业额为 5.6 亿美元,预期每年以不变比率 1.5% 增加。它的最有力的竞争者 B 超市的当前营业额为 4.8 亿美元,计划每年以不变比率 3.4% 增加。多少年后 B 超市将超过 A 超市?

关键术语

Annual percentage rate(年百分率):按不同时期复合的支付贷款的等价年利率。

Compound interest(复利):加到初始投资上的利息,利息本身在随后时期将获得利息。

Continuous compounding(连续复合):利息以递增频率复合的极限值。

Future value(终值):投资在一个或多个时期后的最后值。

Principal(本金):原投资总额。

Simple interest(单利):直接支付给投资者而不加到原投资额上的利息。

练习题 3.2

1. 某银行提供 7% 年复利的收益。求 4 500 美元本金 6 年后的终值。在此期间整个百分比增加了多少

2. 如果按 8% 的季复利,求 2 万美元在 2 年后的终值

3. 某资产当前价格为 10 万美元,预期每年增加 20%

（a）求 10 年后的值　　　　　　　（b）多少年后将值 100 万美元

4. 如果按 5% 的年复利投资,货币总额到 2 倍将花多长时间

5. 某机器价值按每年 5% 折旧。如果它的当前价值为 5 万美元,确定 3 年后它的价值

6. 7 000 美元本金以 9% 利息投资 8 年。如果利息按以下方式复合,确定它的终值

(a)年　　(b)半年　　(c)月　　(d)连续

7. 求 100 美元以 6% 的年率连续复合 12 年的终值

8. 如果按 3% 的连续复利投资,货币总额到 3 倍将花多长时间

9. 如果某机器以 4% 年率连续折旧,机器价值到一半将花多少年

10. 某商场有自己的信用卡系统,对该系统商场收取每月 2% 的利率。简要解释为什么这不同于 24% 的年率。年百分率是多少

11. 如果名义率为 7%,连续复合,确定 APR

12. 能源的当前年消费为 780 亿单位,预期每年以固定比率 5.8% 增长。供给能源的工业能力当前为 1 040 亿单位

(a)假设供给维持稳定,多少年后需求将超过供给

(b)为了满足未来 50 年的需求,能源生产的不变增长率应是多少

13. 求按 5% 的年复利投资的 4 000 美元 2 年后的值。在接下来的 2 年,预期利率增加到 8%。求第 4 年末投资的终值以及整个百分比增加。结果保留 2 位小数

14. 如果月利率为 1.65%,求贷款的 APR。结果保留 2 位小数

15. 本金 P 按 $r\%$ 的年复利投资 n 年的终值 S 的计算公式为

$$S = P\left(1 + \frac{r}{100}\right)^n$$

将该公式整理为以 S, r, n 表示 P

练习题 3.2*

1. 7 650 美元本金按 3.7% 的年复利投资。多少年后投资将首次超过 12 250 美元

2. 7 万美元本金以 6% 利息投资 4 年。求按季复利计与连续复利计的终值的差。答案保留 2 位小数

3. Midwest 银行提供按 5% 计的年复利收益。竞争者 BFB 提供第 1 年 3% 第 2 年及随后年份 7%(都按年复合)的收益。如果你决定投资本金(a)2 年,(b)3 年,你将选择哪一家银行投资

4. 一辆汽车第 1 年折旧 40%,第 2 年 30%,以后 20%。我花 14 700 美元买一辆用过两年的汽车

(a)它是新的时候的成本是多少　　(b)多少年后它将值不到我买价的 25%

5. 某国人口当前为 5 600 万,预测每年增长 3.7%。该国每年能生产 2.5 亿单位食物,估计每人每年最少需要 65 单位食物。现在,需要进口额外食物满足需求,但政府为了实现 10 年后自给自足的目标,决定每年以不变比率增加食物生产。求为实现目标需要的年增长率

6. 如果本金 P 按 $r\%$ 的年复利投资,那么 n 年后它的终值 S 为 $S = P\left(1 + \frac{r}{100}\right)^n$

（a）用该公式证明：如果 $r\%$ 的利率 1 年复合 k 次，那么 t 年后 $S = P\left(1 + \dfrac{r}{100k}\right)^{tk}$（原书有误）

（b）证明：如果 $m = 100k/r$，那么（a）部分的公式可以写为 $S = P\left(\left(1 + \dfrac{1}{m}\right)^m\right)^{n/100}$

（c）用定义 $e = \lim\limits_{m \to \infty}\left(1 + \dfrac{1}{m}\right)^m$ 推导如果利息以递增频率（连续）复合，那么 $S = Pe^{rt/100}$

7. 世界石油储备当前估计为 6 000 亿单位。如果该数每年下降 8%，多少年后石油储备将降到 1 000 亿单位以下

8. 商店卡的名义利率为 18%，按月复合

（a）指出月利率

（b）如果连续复合，求等价年利率。结果保留 2 位小数

3.3 几何级数

学习目标

学完本节，你应该能够：
- 认识几何数列
- 计算几何级数
- 计算从定期储蓄计划获得的总投资额
- 计算偿还贷款需要的分期付款额

考虑如下序列：

$2, 6, 18, 54, \cdots$

在智力测验中常问的一个明显问题是：序列的下一项是什么？要求你看出能用于生成下一项的模式。在这种情况下，下一个数通过乘 3 获得，因此第 5 项为 $54 \times 3 = 162$，第 6 项为 $162 \times 3 = 486$ 等等。每项通过前项乘一个固定数算出的序列称为几何数列，相乘的因子本身称为几何比率。以上序列是几何比率为 3 的几何数列。引入这些概念的原因不是为了帮你回答智力测验，而是分析复利问题。你可能也注意到上节给出的所有问题生成这样的序列。例如，如果本金 500 美元按 10% 的年复利投资，那么随后年份终值为

$500 \times 1.1, 500 \times 1.1^2, 500 \times 1.1^3, \cdots$

我们认作几何比率为 1.1 的几何数列。

例题

下列序列中哪些是几何数列？对几何数列，写出它们的几何比率。

（a）$1\,000, -100, 10, -1, \cdots$　　　（b）$2, 4, 6, 8, \cdots$　　　（c）$a, ar, ar^2, ar^3, \cdots$

解

(a)1 000，－100,10，－1,… 是几何比率为－1/10 的几何数列。

(b)2,4,6,8,… 不是几何数列,因为为了从某项得到下一项你得加2。这样的序列称为算术数列,在商务和经济学中应用很少。

(c)$a,ar,ar^2,ar^3,\cdots$ 是几何比率为 r 的几何数列。

习题

1. 确定下列序列中哪些是几何数列。对几何数列,写出它们的几何比率

(a)3,6,12,24,… (b)5,10,15,20… (c)1，－3,9，－27,…

(d)8,4,2,1,1/2,… (e)$500,500\times1.07,500\times1.07^2,\cdots$

3.2 节考虑的所有问题涉及支付给投资账户的单笔总额。任务是明确复合类型简单地确定某个时期后它的终值。本节我们将此扩展到包括多笔支付。当个人定期地储蓄或商务贷款用固定月或年分期付款的时候,这种情形会出现。为了处理这些问题,我们需要能够加总(加到一起)几何数列的项。这样的表达式称为几何级数。假如我们要加总由序列 2,6,18,54,… 给出的几何数列的前 6 项。最容易的做法是写出这 6 个数,将它们加到一起得

$$2+6+18+54+162+486=728$$

然而,有个特殊公式加总几何级数,当有许多项或单项计算更复杂时,该公式特别有用。能够证明首项为 a 几何比率为 r 的几何数列的前 n 项和等于 $a\left(\dfrac{r^n-1}{r-1}\right)$ $(r\neq1)$

符号 r 用于表示利率和几何比率是不幸的,但却是相当标准的做法。实践中,从上下文中可以清楚地知道该符号代表什么,因此不会产生混淆。

该公式的一个证明在本节末练习题 3.3* 的问题 6 中给出。作为检查,让我们用公式确定上面序列(1)前 6 项的和。在这种情况下,首项 $a=2$,几何比率 $r=3$,项数 $n=6$,因此几何级数等于 $2\times\dfrac{3^6-1}{3-1}=3^6-1=728$

这与通过逐项加总求出的值一致。在这种情况下,用公式没有实际益处。然而,在下面例题中,用公式差不多是必需的。你可以通过普通方式计算该级数,并比较涉及的计算量,使自己相信公式的作用。

例题

计算几何级数 $500\times1.1+500\times1.1^2+500\times1.1^3+\cdots+500\times1.1^{25}$

解

我们有 $a=500\times1.1,r=1.1,n=25$,因此几何级数等于

$$500\times1.1\times\frac{1.1^{25}-1}{1.1-1}=54\,090.88$$

习题

2. (a) 写出序列 $1,2,4,8,\cdots$ 的下一项，求前 5 项的和。检查这与用公式 $a\left(\dfrac{r^m-1}{r-1}\right)$ 获得的值一致

(b) 计算几何级数 $100\times1.07+100\times1.07^2+\cdots+100\times1.07^{20}$

几何级数有两个特定应用，我们现在考虑，涉及储蓄和贷款。我们开始分析储蓄计划。在最简单情形下，个人决定向银行账户定期投资的货币额。这有时称为沉淀基金，用来满足某个将来的金融承诺。假设他或她储蓄某个相等的金额，货币在每年（或月）的同一时间存入账户。我们进一步假设利率不变。后者可能不是太现实的假设，因为在波动的市场条件下，利率可能剧烈波动。实际上，银行根据取款要求事项以及储蓄货币的实际金额提供不同的利率。本节末练习题 3.3* 问题 5 考虑当利率随投资超过某临界水平而增加时出现的情况。

例题

某人每月初向银行账户存 100 美元。银行提供月复合 12% 的收益

(a) 确定 12 个月后的总储蓄额　　　(b) 多少月后总储蓄额首次超过 2 000 美元

解

(a) 那年共存 12 笔 100 美元的定期储蓄。每 100 美元存入账户，获得月复合 12% 的收益，或等价地，每月 1% 的收益。然而，每笔储蓄投资不同的时期。例如，第 1 笔储蓄投资满 12 个月，而最后储蓄投资仅 1 个月。我们需要分别算出每笔储蓄的终值然后将它们加起来。第 1 笔储蓄投资 12 个月，获得每月 1% 的利息，因此它的终值为

100×1.01^{12}

第 2 笔储蓄投资 11 个月，因此它的终值为 100×1.01^{11}

同样，第 3 笔储蓄收益为 100×1.01^{10}

等等。最后储蓄投资 1 个月，因此它的终值为 100×1.01^1

12 个月后总储蓄额为 $100\times1.01^{12}+100\times1.01^{11}+\cdots+100\times1.01^1$

如果我们按幂的升序重写该级数，那么我们得到更熟悉的形式

$100\times1.01^1+\cdots+100\times1.01^{11}+100\times1.01^{12}$

这等于首项为 100×1.01 几何比率为 1.01 的几何数列的前 12 项的和。所以它的值能用 $a\left(\dfrac{r^n-1}{r-1}\right)$

计算，$a=100\times1.01$，$r-1.01$，$n=12$，得 $100\times1.01\times\dfrac{(1.01)^{12}-1}{1.01-1}=1\,280.92$（美元）

(b) (a) 部分我们说明 12 个月后总储蓄额为 $100\times1.01^1+\cdots+100\times1.01^{11}+100\times1.01^{12}$

用完全相同的论证，容易看出 n 月后账户有

$100\times1.01+100\times1.01^2+\cdots+100\times1.01^n$

几何数列前 n 项和的公式表明这等于

$$100 \times 1.01 \times \left(\frac{1.01^n - 1}{1.01 - 1}\right) = 10\,100 \times 1.01^n - 1$$

此处问题是求总储蓄额增加到 2000 美元需要的月数。数学上,这等价于对解方程

$$10\,100 \times (1.01^n - 1) = 2\,000$$

2.3 节说明了如下策略得

$1.01^n - 1 = 0.198$　（两边除以 10 100）

$1.01^n = 1.198$　（两边加 1）

$\log 1.01^n = \log 1.198$　（两边取对数）

$n \log 1.01 = \log 1.198$　（对数法则 3）

$n = \dfrac{\log 1.198}{\log 1.01}$　（两边除以 $\log(1.01)$）

　$= 18.2$

18 个月后储蓄额不到 2 000 美元,而 19 个月后储蓄超过 2 000 美元。所以,2 000 美元的目标值在第 19 个月的月末实现。

习题

3. 某人每年初向银行账户存 1 000 美元。银行提供年复合 8% 的收益

（a）确定 10 年后的总储蓄额　　　　（b）多少年后总储蓄额首次超过 2 万美元

我们现在将注意力转向贷款。许多企业通过从银行或其他金融机构获得贷款为它们的扩张融资。假如它们收到利息作为贷出货币的回报,银行热衷做这种事。企业按月或年偿付归还贷款。该偿付额计算的方法如下。让我们假设,利息以月为基础计算,公司用每月末的固定月分期付款偿还债务。银行基于原贷款计算第 1 个月收取的利息。月末,利息加到原贷款上,偿付同时被扣除,确定所欠债务。银行接着基于这新的欠债收取第 2 个月的利息,该过程重复下去。假如月偿付额大于每月收取的利息,所欠债务下降,最终债务结清。实践中,贷款偿还期要事先被确定,算出月偿付额以实现该目的。

例题

确定偿还 100 000 美元贷款需要的月偿付额,还款期 25 年,利率 8%,按年复合。

解

本例中前后偿付之间的时间间隔为 1 个月,而收取利息的时间间隔是 1 年。这类金融计算是某些住房贷款计算采用的典型方法。利息按 8% 年复合,因此第 1 年收取的利息是原贷款的 8%,即

$$\frac{8}{100} \times 100\,000 = 8\,000$$

该利息加到第 1 年末未偿债务上。在此期间,12 笔月偿付发生,因此如果每笔分期付款额为 x 美元,未偿债务必须下降 $12x$。因此,第 1 年末所欠债务为

$$100\,000 + 8\,000 - 12x = 108\,000 - 12x$$

为了能看出年度债务模式,让我们将这写为

$100\,000 \times 1.08 - 12x$

其中,第1部分简单地反映8%的利息加到原总额100 000美元的事实。第2年末,进行类似计算。所欠债务增加8%变成

$(100\,000 \times 1.08 - 12x) \times 1.08 = 100\,000 \times 1.08^2 - 12x(1.08)$

我们扣除偿付的$12x$得

$100\,000 \times 1.08^2 - 12x(1.08) - 12x$

这是第2年末的所欠债务。每年我们乘1.08和减$12x$,因此第3年末我们所欠债务为

$[100\,000 \times 1.08^2 - 12x(1.08) - 12x] \times 1.08 - 12x$

$= 100\,000 \times 1.08^3 - 12x(1.08)^2 - 12x(1.08) - 12x$

等等。这些结果总结在表3—18中。如果我们继续该模式,我们看到25年后所欠债务为

$100\,000(1.08)^{25} - 12x(1.08)^{24} - 12x(1.08)^{23} - \cdots - 12x$

$= 100\,000(1.08)^{25} - 12x[1 + 1.08 + (1.08)^2 + \cdots + (1.08)^{24}]$

(提出公因子$12x$和按幂1.08的升序改写)

表3—18

年末	未偿债务
1	$100\,000 \times 1.08^1 - 12x$
2	$100\,000 \times 1.08^2 - 12x(1.08)^1 - 12x$
3	$100\,000 \times 1.08^3 - 12x(1.08)^2 - 12x(1.08)^1 - 12x$

第一项容易用计算器计算得$100\,000(1.08)^{25} = 684\,847.520$

方括号内的几何级数能由公式$a\left(\dfrac{r^n - 1}{r - 1}\right)$计算出。首项$a = 1$,几何比率$r = 1.08$,我们加总前25项,因此$n = 25$。(你能看出为什么该级数事实上有25项而不是24项吗?)因此

$$1 + 1.08 + 1.08^2 + \cdots + 1.08^{24} = \frac{1.08^{25} - 1}{1.08 - 1} = 73.106$$

所以25年末所欠债务为

$684\,847.520 - 12x(73.106) = 684\,847.520 - 877.272x$

在该表达式中,x表示选择的25年后债务结清的月偿付额。如果x为$684\,847.520 - 877.272x = 0$的解,债务结清。因此

$$x = \frac{684\,847.520}{877.272} = \$780.66$$

100 000美元25年期贷款的月偿付额为780.66美元,假设利率在此期间固定为8%。

有趣的是,将该x值代入表3—18给出的未偿债务的表达式。结果列示在表3—19中。关于这些数字如此惊人的是:尽管每年偿付9 000美元,但开始债务仅下降约1 500美元!

表 3—19

年末	未偿债务
1	$ 98 632. 08
2	$ 97 154. 73
3	$ 95 559. 18

习题

4. 某人请求银行立即透支 2 000 美元。银行慷慨答应,但坚持用 12 个月分期付款偿还,每月对未偿债务收取 1% 的利息。确定月偿付额

本节用于储蓄和贷款问题的数学可以用于其他时间序列。像矿、石油、天然气这类不可再生商品的持续下降,几何级数能用来估计这些储备可能耗尽的年份。

例题

某种不可再生资源的总储备为 2.5 亿吨。年消费当前为每年 2 000 万吨,预期每年增长 2%。多少年后储备将耗尽

解

第 1 年,消费是 20 百万吨。第 2 年,消费将增长 2%,因此为 20×1.02 百万吨。第 3 年,消费将再增长 2% 变为 20×1.02^2 百万吨。n 年期间总消费(以百万吨为单位)将为

$$20 + 20 \times 1.02 + 20 \times 1.02^2 + . . . + 20 \times 1.02^{n-1}$$

这表示首项为 $a = 20$ 几何比率为 $r = 1.02$ 的几何数列的前 n 项和,因此等于(原书有误)

$$20\left(\frac{1.02^n - 1}{1.02 - 1}\right) = 1\,000(1.02^n - 1)$$

当这超过 250 百万时,储备将耗尽,因此我们需要对 n 解方程

$1\,000(1.02^n - 1) = 250$

这容易用对数求解:

$1.02^n - 1 = 0.25$ (两边除以 1 000)

$1.02^n = 1.25$ (两边加 1)

$\log(1.02^n) = \log(1.25)$ (两边取对数)

$n\log(1.02) = \log(1.25)$ (对数法则 3)

$n = \dfrac{\log(1.25)}{\log(1.02)}$ (两边除以 $\log(1.02)$)

$\quad = 11.27$

因此 12 年后储备将耗尽。

习题

5. 估计世界石油储备当前为 26 250 亿单位。石油当前以 455 亿单位的年率提取,

提取每年增加2.6%。多少年后石油储备将耗尽

例题

某种不可再生资源当前年提取为400亿单位,预期每年下降5%。如果该资源一直（永远）持续,估计当前储备的最低水平。

解

第1年,400亿单位被提取。第2年,这下降5%到400×0.95亿单位。第3年,这进一步下降5%到400×0.95^2亿单位。n年后提取的总量将为

$$400 + 400 \times 0.95 + 400 \times 0.95^2 + \cdots + 400 \times 0.95^{n-1}$$

用几何数列求和的公式得

$$400\left(\frac{0.95^n - 1}{0.95 - 1}\right) = 400\left(\frac{0.95^n - 1}{-0.05}\right) = 8\,000(1 - 0.95^n)$$

为了看出永续情况下发生什么,我们需要研究0.95^n当n趋于无穷时的行为。现在由于0.95小于1,容易看出0.95^n收敛于零,因此总量将为8 000亿单位。

关键术语

Arithmetic progression（算术数列）:前后项之间不变差的数列,第n项取$a+bn$形式。

Geometric progression（几何数列）:前后项之间不变比率的数列,第n项取ar^{n-1}形式。

Geometric ratio（几何比率）:几何数列的常数乘数。

Geometric series（几何级数）:几何数列连续项的和。

Sinking fund（沉淀基金）:定期储蓄的货币额,用来满足某个将来的金融承诺。

练习题3.3

1. 求几何级数的值
$1\,000 + 1\,000 \times 1.03 + 1\,000 \times 1.03^2 + \cdots + 1\,000 \times 1.03^9$

2. 某人10年内每年年初存入银行账户5 000美元。没有其他存取款。如果年利率为8%,按下列方式复合,确定总储蓄额

（a）年　　（b）半年

3. 确定偿还12.5万美元贷款需要的月偿付额,还款期20年,利率7%,按年复合。结果保留2位小数

4. 为了提供500美元的年度奖金,某种奖励基金用1笔5 000美元的投资建立起来。基金投资赚取7%的年复利。如果第1笔奖金初始投资1年后兑现,求在基金降至500美元以下前奖金兑现的年数

5. 某种矿当前每年提取1 200万吨,预期每年以不变比率6%下降。如果提取永远持续,估计当前世界储备的最低水平

练习题3.3*

1. 求几何级数的和（原书有误）

$$5 - 20 + 80 - 320 + \cdots - 20971520$$

2. 10 年期间每年年初定期储蓄 500 美元形成沉淀基金。确定 10 年末基金的值,假设利率为

(a)11% ,按年复合   (b)10% ,按连续复合

3. 1 月销售数据为 5 600。预期在接下来的 9 个月每月下降 2% 。此后预测销售每月增加 4% 。估计 2 年(包括 1 月)的总销售

4. 确定偿还 5 万美元贷款需要的月偿付额,还款期 25 年,利率 9% ,按年复合。计算在下列情形下增加的月偿付额

(a) 利率增加到 10%   (b) 偿还期下降到 20 年

5. 某银行有利率依赖于投资额的三种不同类型的账户。普通账户提供 6% 的收益,每个客户可用。特殊账户提供 7% 的收益,仅投资 5 000 美元或以上的客户可用。超级特殊账户提供 8% 的收益,仅投资 2 万美元或以上的客户可用。每种情形下,利息按年复合和年末加到投资上。某人在 25 年里每年年初储蓄 4 000 美元。假设在达到标准的那一刻货币转入高利息账户,计算总储蓄额

6. 如果 $S_n = a + ar + ar^2 + \cdots + ar^{n-1}$

写出 rS^n 的表达式,推导 $rS_n - S_n = ar^n - a$

证明首项为 a 几何比率为 r 的几何数列的前 n 项和为 $a\left(\dfrac{r^n - 1}{r - 1}\right)$ $(r \neq 1)$

7. 1 月初,某顾客欠信用卡公司 8 480 美元。月中顾客偿付 A 美元,其中 A < 8 480 美元,月末公司将 6% 的利息加到未偿债务上。顾客继续每月偿还同样的金额 A 美元,该过程重复进行

(a) 求每月初顾客仍然欠 8 480 美元的 A 值

(b) 如果 A = 1 000,计算 8 月末的未偿债务

(c) 证明:n 次偿付后未偿债务全部结清的 A 值为

$$A = \frac{8\,480R^{n-1}(R - 1)}{R^n - 1}$$

其中,$R = 1.06$

(d) 求债务 2 年后结清的 A 值

3.4　投资评估

学习目标

学完本节,你应该能够:

● 计算离散和连续复合下的现值
● 用净现值评估投资项目
● 计算内含收益率
● 计算年金的现值

● 用折现比较投资项目
● 计算政府债券的现值

3.2 节中下列两个公式用于解复利问题

$$S = P\left(1 + \frac{r}{100}\right)^t \tag{1}$$

$$S = Pe^{rt/100} \tag{2}$$

第一个用于任意类型的复合,利息在离散时间区间末加到投资上。第二个公式用于利息连续加上时。两个公式都涉及变量

P = 本金

S = 终值

r = 利率

t = 时间

在离散复合的情形下,字母 t 表示时期数(3.2 节中这用 n 表示)。对连续复合,t 以年测度。已知这些变量中任意三个,可能计算出其余变量的值。3.2 节考虑了各种类型的例子。特别关注的是,S,r,t 已知而 P 为待确定的未知数的情形。在该情形下,我们知道终值,要往回计算原本金。该过程称为折现,本金 P 称为现值。利率有时称为折现率。方程(1) 和方程(2) 容易变换得到离散和连续复合下显现的现值公式:

$$P = \frac{S}{(1 + r/100)^t} = S\left(1 + \frac{r}{100}\right)^{-t}$$

$$P = \frac{S}{e^{rt/100}} = Se^{-rt/100}$$

例题

求 4 年后 1 000 美元的现值,如果折现率为 10%,按下列方式复合

(a) 半年　　　(b) 连续

解

(a) 离散复合的折现公式为 $P = S\left(1 + \frac{r}{100}\right)^{-t}$

如果按半年复合,那么 $r = 5$,由于每 6 个月利率为 $10/2 = 5$,$t = 8$,由于 4 年有 8 个 6 个月。我们已知终值为 1 000 美元,因此 $P = 1\,000(1.05)^{-8} = 676.84$(美元)

(b) 连续复合的折现公式为 $P = Se^{-rt/100}$

在该公式中,r 为年折现率,它是 10,t 以年测度,因此它是 4。因此现值为

$$P = 1\,000e^{-0.4} = 670.32(美元)$$

注意(b) 部分现值小于(a) 部分。这是可以预期到的,因为连续复合总是得到更高的收益。因此,我们在连续复合下需要投资较小金额得到 4 年后 1 000 美元的终值。

习题

1. 求 10 年后 10 万美元的现值,如果折现率为 6%,按下列方式复合

（a）年　　（b）连续

现值是评估投资项目的有用方法。假如你受邀在 5 年后肯定得到 1 000 美元的商务冒险中今天投资 600 美元。如果折现率是 10%，按半年复合，那么前面例题（a）部分表明该收益的现值为 676.84 美元。这超过 600 美元的初始投资，因此该冒险视为有利可图。我们通过计算收益的现值与成本的现值之差即净现值（NPV）量化该利润。本例中，净现值为

676.84 － 600 ＝ 76.84（美元）

相当一般地，当 NPV 为正时，项目值得考虑。此外，如果在两个不同的项目之间做选择，那么有更高的 NPV 的项目是更好的选择。

评价每个项目的另一种方法基于内含收益率（IRR）。这是当用于初始支出时在同样的年数后能产生与项目相同收益的年收益率。如果 IRR 超过市场利率时，投资值得考虑。显然，实践中，像风险之类的其他因素在决定做出前需要考虑。

下面例题说明 NPV 和 IRR 方法以及 IRR 的值如何计算。

例题

需要初始支出 15 000 美元的某项目保证 3 年后得到 20 000 美元的收益。用

（a）净现值　　（b）内含收益率

方法决定该项投资是否值得，如果市场利率为 5%，按年复合。如果利率为 12%，你的决定会受影响吗

解

（a）基于 5% 的折现率 3 年后 20 000 美元的现值通过在公式 $P = S\left(1 + \dfrac{r}{100}\right)^{-t}$ 中令 $S = 20\ 000, t = 3, r = 5$ 求出，得 $P = 20\ 000(1.05)^{-3} = 17\ 276.75$（美元）

所以 NPV 为

17 276.75 － 15 000 ＝ 2 276.75（美元）

因为该值是正的，推荐该项目。

（b）为了计算 IRR，我们用公式 $S = P\left(1 + \dfrac{r}{100}\right)^{t}$

我们已知 $S = 20\ 000, P = 15\ 000, t = 3$，因此我们需要对 r 解 $20\ 000 = 15\ 000\left(1 + \dfrac{r}{100}\right)^{3}$

明显的第 1 步是该方程两边除以 15 000，得 $\dfrac{4}{3} = \left(1 + \dfrac{r}{100}\right)^{3}$

我们通过 $\left(1 + \dfrac{r}{100}\right)^{3} = \dfrac{4}{3}$

的两边取立方根提取 r，得 $\left(1 + \dfrac{r}{100}\right) = \left(\dfrac{4}{3}\right)^{1/3} = 1.1$

因此，$\dfrac{r}{100} = 1.1 － 1 = 0.1$

因此 IRR 为 10% 。所以推荐该项目,因为该值超过 5% 的市场利率。

对问题的最后部分,要求我们考虑如果市场利率为 12% 我们的建议是否不同。用 NPV 方法,我们需要用 12 代替 5 重复计算。对应的净现值为

$$20\ 000 \times 1.12^{-3} - 15\ 000 = -764.40(美元)$$

这次 NPV 为负的,项目明显亏损,因此不予推荐。同样的结论用 IRR 方法能更容易得到。

我们已经知道内含收益率为 10% ,能立即推断以市场利率 12% 投资 15 000 美元你将更富有,由于这样投资得到更高的收益。

习题

2. 某投资项目需要初始支出 8 000 美元,将在 5 年末产生 1.7 万美元的收益。用

(a)净现值　　(b)内含收益率

方法决定该投资是否值得,如果资本能投资于年复利 15% 的其他地方

建议

该问题说明了两种不同投资评估方法的运用。初看好像基于 IRR 的方法是更好的方法,特别是如果你考虑的不只一个利率。然而,通常不是这么回事。当比较两个或两个以上项目时,IRR 方法能给出完全误导人的建议,当解释这种方法的结果时,你必须小心。下面的例题强调该困难。

例题

假如可能投资于两个不同项目中的唯一一个。A 项目要求 1 000 美元的初始支出,4 年后获得收益 1 200 美元。B 项目要求 30 000 美元的初始支出,4 年后获得收益 35 000 美元。当市场利率是年复合 3% 时,你将选择哪个项目投资

解

让我们首先用净现值解该问题。

对 A 项目,NPV = $1\ 200 \times 1.03^{-4} - 1\ 000 = 66.18$(美元)

对 B 项目,NPV = $35\ 000 \times 1.03^{-4} - 30\ 000 = 1\ 097.05$(美元)

两个项目都是值得的,由于它们产生正净现值。此外,第二个项目更好,由于它有更高的 NPV 值。通过考虑你可能如何投资 30 000 美元,你能看到该推荐是正确的。如果你选择 A 项目,那么你能做的最好的是投资其中的 1 000 美元得到 4 年后收益 1 200 美元。其余 29 000 美元按 3% 的市场利率投资获得收益

$$29\ 000(1.03)^4 = 32\ 639.76(美元)$$

那么总收益为 $1200 + 32\ 639.76 = 33\ 839.76$(美元)

另一方面,如果你选择 B 项目,那么 30 000 美元能全部投资获得收益 35 000 美元。换句话说,你通过选择 B 项目 4 年后变得富有

$$35\ 000 - 33\ 839.76\ 元 = 1\ 160.24(美元)(原书有误)$$

这验证了由 NPV 方法给出的建议。

然而,这与由 IRR 方法给出的建议相反。对 A 项目,内含收益率 r_A 满足

$$1\ 200 = 1\ 000\left(1 + \frac{r_A}{100}\right)^4$$

除以 1 000 得

$$\left(1 + \frac{r_A}{100}\right)^4 = 1.2$$

如果我们取 4 次根,我们得

$$1 + \frac{r_A}{100} = 1.2^{1/4} = 1.047$$

因此,$r_A = 4.7\%$。

对 B 项目,内含收益率 r_B 满足

$$35\ 000 = 30\ 000\left(1 + \frac{r_B}{100}\right)^4$$

同前面一样求解得,$r_B = 3.9\%$。

尽管 A 项目得到更高的内含收益率,但是如我们所见,B 项目是更好的选择。

本例的结果表明,当涉及的投资规模有显著差异时,IRR 方法是比较投资机会不可信的方法。这是因为 IRR 方法比较百分比,显然小金额的大百分比得到比大金额的小百分比更少的利润。

习题

3. 某公司需要在两个项目 A 与 B 之间选择。A 项目涉及1.35万美元的初始支出,2年后获得收益1.8万美元。B 项目要求0.9万美元的初始支出,2年后获得收益1.3万美元。如果利息的年市场利率为7%,你将建议公司投资哪个项目

本节至今,我们已经计算单一终值的现值。我们现在考虑随时间一系列支付的情形。这种类型的最简单现金流是年金,年金是一系列定期的等额支付。它能视作沉淀基金的反面。这次投资某个固定总额,随后,等额货币以固定时间区间提取。假设支付本身超过支付之间时间区间获得的利息,基金将下降最终变为零。到该点支付停止。实践中,我们对为了保证已知时期的定期收入需要的原固定总额的值感兴趣。这能通过加总单个支付的现值得到。

例题

求 10 年间每年年末产生 10 000 美元收入的年金的现值,假设利率为年复合7%。如果年金永续产生这个收入,现值将是多少?

解

第 1 次 10 000 美元的支付在第 1 年末。它的现值用公式

$$P = S\left(1 + \frac{r}{100}\right)^{-t}$$

计算，$S = 10\ 000$，$r = 7$，$t = 1$，因此

$P = 10\ 000 \times 1.07^{-1} = 9\ 345.79$（美元）

这意味着如果我们想在 1 年后从基金中取出 10 000 美元，那么我们需要今天投资 9 345.79 美元。第 2 次 10 000 美元的支付在第 2 年末。因此它的现值为

$10\ 000 \times 1.07^{-2} = 8\ 734.39$（美元）

这是为了从基金中获得第 2 次支付现在需要投资的货币量。一般地，t 年后 10 000 美元的现值为 $10\ 000 \times 1.07^{-t}$

因此总现值为 $10\ 000 \times 1.07^{-1} + 10\ 000 \times 1.07^{-2} + \cdots + 10\ 000 \times 1.07^{-10}$

这是个几何级数，因此我们可以用公式 $a\left(\dfrac{r^n - 1}{r - 1}\right)$

在这种情况下，$a = 10\ 000 \times 1.07^{-1}$，$r = 1.07^{-1}$，$n = 10$，因此年金的现值为

$10\ 000 \times 1.07^{-1} \times \left(\dfrac{1.07^{-10} - 1}{1.07^{-1} - 1}\right) = 70\ 235.82$（美元）

这表示为了从基金中 10 年定期提取 10 000 美元的收入现在需要投资的货币量。

如果收入流永远持续，那么我们需要研究公式 $a\left(\dfrac{r^n - 1}{r - 1}\right)$

当 n 变得越来越大时发生的情况。在这种情况下 $r = 1.07^{-1} < 1$，因此随 n 增加 r^n 下降并趋于零。这种行为能从表

n	1	10	100
1.07^{-n}	0.9346	0.5083	0.0012

中清楚地看出。

在几何级数求和公式中令 $r^n = 0$ 表明，如果级数永远继续，那么最后总和趋于 $\dfrac{a}{1 - r}$

因此永续年金的现值为

$\dfrac{10\ 000 \times 1.07^{-1}}{1 - 1.07^{-1}} = 142\ 857.14$（美元）

习题

4. 求 10 年间每月末产生 2 000 美元收入的年金的现值，假设利率是月复合 6%

前例采用的论证能用于计算净现值。例如，假如某企业需要 60 000 美元的初始投资，保证随后 10 年每年年末获得定期支付的 10 000 美元。如果折现率是年复合 7%，那么前例表明现值为 70 235.82 美元。所以投资的净现值为

$70\ 235.82 - 60\ 000 = 10\ 235.82$（美元）

类似程序能用于支付是不规则的时候，尽管不再可能用几何数列求和公式。计算每次单个支付的现值然后以普通方式加总。

例题

某小企业面临在两个项目的一个投资 20 000 美元的选择。随后 4 年期间两个项目的收益流列示在表 3—20 中。如果利率是年复合 11%，你建议公司投资两个项目的哪

一个?

表 3—20   收益(美元)

年末	A 项目	B 项目
1	6 000	10 000
2	3 000	6 000
3	10 000	9 000
4	8 000	1 000
总计	27 000	26 000

解

如果我们简单地将所有单个收益加起来,看起来 A 项目更好,由于 A 项目产生的总收益比 B 项目大 1 000 美元。然而,这种简单幼稚的方法没有考虑时间分布。

从表 3—20 我们看出,两个项目都产生一次 10 000 美元的收益。对 A 项目这发生在第 3 年末,而对 B 项目这发生在第 1 年末。B 项目中这 10 000 美元更有价值,因为它在收益流中发生得更早,一旦收到,能以当前利率投资更长时间。为了比较这些项目,我们需要将收益流折现成现值。得到的现值依赖于折现率。

表 3—21   折现收益(美元)

年末	A 项目	B 项目
1	5 405.41	9 000.01
2	2 434.87	4 869.73
3	7 311.91	6 580.72
4	5 269.85	658.73
总计	20 422.04	21 109.19

表 3—21 给出了基于给出的年复合 11% 利率的现值。这些值用公式 $P = S(1.11)^{-t}$ 计算出。例如,A 项目中 10 000 美元收益的现值为

$10\ 000 \times 1.11^{-3} = 7\ 311.91$(美元)

A 和 B 项目的净现值分别为 20 422.04 − 20 000 = 422.04(美元)(原书有误)

和

21 109.19 − 20 000 = 1 109.19(美元)

因此,如果可能投资于这些项目中的唯一一个,那么更好的选择是 B 项目。

习题

5. 某公司今天面临在两个项目中的一个支出 10 000 美元的选择。这些项目获得的收益列示在表 3—22 中。假设折现率为年复合 15%,你建议公司投资两个项目的哪一个

表 3—22		收益(美元)
年末	A 项目	B 项目
1	2 000	1 000
2	2 000	1 000
3	3 000	2 000
4	3 000	6 000
5	3 000	4 000

求随时间产生一系列支付的项目的内含收益率有时是有用的。然而,如下面例题所表明的,这可能难以计算,特别是有多于两次支付的时候。

例题

(a) 计算项目的 IRR,该项目需要 20 000 美元的初始支出,第 1 年末产生 8 000 美元的收益,第 2 年末产生 15 000 美元的收益

(b) 计算项目的 IRR,该项目需要 5 000 美元的初始支出,第 1、2、3 年末分别产生 1 000 美元、2 000 美元、3 000 美元的收益

解

(a) 在 1 次支付的情形下,IRR 是用于初始支出 P 时产生已知未来支付 S 的年利率 r。如果该支付 t 年后发生,那么

$$S = P\left(1 + \frac{r}{100}\right)^t$$

或等价地

$$P = S\left(1 + \frac{r}{100}\right)^{-t}$$

注意该方程的右边正是 S 的现值。因此,IRR 可以视作 S 的现值等于初始支出 P 时的利率。

1 年后 8 000 美元的现值为 $8\,000\left(1 + \frac{r}{100}\right)^{-1}$

其中,r 为年利率。类似地,2 年后 15 000 美元的现值为 $15\,000\left(1 + \frac{r}{100}\right)^{-2}$

如果 r 为 IRR,那么这些现值的和必须等于 20 000 美元的初始投资。换句话说,IRR 是满足方程

$$20\,000 = 8\,000\left(1 + \frac{r}{100}\right)^{-1} + 15\,000\left(1 + \frac{r}{100}\right)^{-2}$$

的 r 的值。解该方程的最简单方法是两边乘 $\left(1 + \frac{r}{100}\right)^2$ 消除所有的负指数。得

$$20\,000\left(1 + \frac{r}{100}\right)^2 = 8\,000\left(1 + \frac{r}{100}\right) + 15\,000 \text{（原书有误）}$$

现在

$$\left(1 + \frac{r}{100}\right)^2 = \left(1 + \frac{r}{100}\right)\left(1 + \frac{r}{100}\right) = 1 + \frac{r}{50} + \frac{r^2}{10\,000}$$

因此我们乘开括号,得

20 000 + 400r + 2r² = 8 000 + 80r + 15 000

合并同类项得

2r² + 320r − 3 000 = 0

这是关于 r 的二次方程,因此用 2.1 节介绍的公式求解,得

$$r = \frac{-320 \pm ((330)^2 - 4(2)(-300))}{2(2)}$$

$$= \frac{-320 \pm 355.5}{4}$$

$$= 8.9\% \text{ 或 } -168.9\%$$

我们显然能忽略负数解,因此能得出结论 IRR 为 8.9%。

(b) 如果 5 000 美元的初始支出第 1,2,3 年末分别产生 1 000 美元、2 000 美元、3 000 美元的收益,那么内含收益率满足方程

$$5\,000 = 1\,000\left(1 + \frac{r}{100}\right)^{-1} + 2\,000\left(1 + \frac{r}{100}\right)^{-2} + 3\,000\left(1 + \frac{r}{100}\right)^{-3}$$

此处做的可觉察到的事情可能是乘 $\left(1 + \frac{r}{100}\right)^3$。然而,这产生不比原方程容易求解的含有 r^3(和 r 的低次幂)的方程。确实,稍思片刻你就会想到,一般地,当处理 n 年的一系列支付时,IRR 将满足含有 r^n(和 r 的低次幂)的方程。在这样的情况下,实际上不可能得到精确解。求解的最好办法是用计算机上非线性方程求解程序,特别是当获得 r 的精确解是重要的时候。然而,如果需要的是粗略的近似,那么这能通过系统地试错得到。我们仅将可能的解代入方程的右边直到我们找到满足方程的那个。例如,取得 r = 5

$$\frac{1\,000}{1.05} + \frac{200}{(1.05)^2} + \frac{3\,000}{(1.05)^3} = 5\,358$$

表达式

$$1\,000\left(1 + \frac{r}{100}\right)^{-1} + 2\,000\left(1 + \frac{r}{100}\right)^{-2} + 3\,000\left(1 + \frac{r}{100}\right)^{-3}$$

对应 r = 6,7,…,10 的其他值列示在下表中:

r	6	7	8	9	10
值	5 242	5 130	5 022	4 917	4 816

已知我们正在努力找值为 5 000 的 r,该表表明 r 在 8%(产生大于 5 000 的值)与 9%(产生小于 5 000 的值)之间。

如果需要 IRR 的更精确的估计,那么我们简单地进一步尝试 8% 与 9% 之间的值。例如,容易检查取 r = 8.5 得到 4 969,表明 r 的精确值在 8% 与 8.5% 之间。我们得到结论 IRR 为 8%,保留到百分位。

习题

6. 某项目需要 1.2 万美元的初始投资。保证第 1 年末产生 8 000 美元的收益,第 2,

3,4 年末每年产生 2 000 美元的收益

估计 IRR,保留到百分位。如果当前市场利率为年复合 8%,你将建议某人投资该项目吗

习题 6 已经使你相信,当收益流中有多于两次支付时,通过手算计算内含收益率多么枯燥。计算机电子表格提供了处理该问题的理想工具。Excel 的图表向导能用来作图,从图形中能得到 IRR 粗略的估计。更精确的值能用该估计附近更精细的列表得到。网上资源说明这如何实现。

我们用折现理论用于解释利率与货币的投机需求之间的关系结束本节。这首次在 LM 曲线分析的 1.7 节介绍。投机性需求由作为储备持有为了利用其他像政府债券这样的金融资产价值的变化的货币组成。如它们的名字表明的,这些债券能以某个确定的价格从政府购买。在收益方面,政府按规定的年数支付利息。到期后,政府赎回债券,偿付购买者原值。现在这些债券能在到期前的任意时点购买和销售。选择中途购买这些债券的人有权获得所有将来的利息支付以及最后的赎回支付。现有债券的价值完全依赖于到期前剩下的年数以及当前的利率。

例题

某种 10 年期债券原来由政府以 5 000 美元价格 9% 的年收益发行。假设债券在到期前剩下 4 年,计算它的现值,假设当前利率为

(a)5%　　　(b)7%　　　(c)9%　　　(d)11%　　　(e)13%

解

政府对 5 000 美元债券支付 9% 的年利息,因此同意 10 年中每年支付持有者 450 美元。10 年末,债券被政府赎回,5 000 美元偿还给购买者。如果现在与赎回日之间刚好剩 4 年,对债券支付的未来现金流总结在表 3—23 的第二列。这类似于年金,除在最后 1 年当政府偿还原投资时收到 5 000 美元的额外支付。用 5%,7%,9%,11%,13% 的年复合折现率,该收入流的现值计算在表 3—23 中。在每种情况下的总现值在该表的最后一行给出,从利率为 5% 时的 5 710 美元变化到利率为 13% 时的 4 405 美元。

表 3—23

年末	现金流	现值				
		5%	7%	9%	11%	13%
1	450	429	421	413	405	398
2	450	408	393	379	365	352
3	450	389	367	347	329	312
4	5 450	4 484	4 158	3 861	3 590	3 343
总现值		5 710	5 339	5 000	4 689	4 405

注意从该例的表中可以看出,债券的价值随利率增加而下降。这完全是预料到的,由于我们用来计算单个现值的公式为

$$P = \frac{S}{(1 + r/100)^t}$$

更大的 r 值得到更小的值 P。

该关系对金融市场的影响现在能够分析。让我们假设利率高,比如说 13%。如你从表 3—23 所见,债券的价格是相当低的。此外,某人可能合理地预期,将来利率可能下降,从而提高债券的现值。在这种情形下,投资者受鼓励购买该债券,预期不仅获得持有债券的现金流,而且获得它的现值上的资本利得。所以作为高利率的结果,投机持有的货币减少,因为货币转换成债券。当利率低时,刚好相反的情况发生。对应的现值相当高,预期利率增加和可能的资本亏损,投资者不愿意投资债券,因此投机性持有货币多。

习题

7. 某种 10 年期债券原来由政府以 1 000 美元价格 7% 的年收益发行。假设债券在到期前剩下 3 年,当前利率为 8%,计算它的现值

关键术语

Annuity(年金):为了生成随时间一系列的等额定期支付而设计的固定总投资。

Discount rate(折现率):为了计算终值的现值当在时间上往回进行时采用的利率。

Discounting(折现):为了求终值的现值在时间上往回进行的过程。

Internal rate of return(内含收益率)(IRR):净现值为零时的利率。

Net present value(净现值)(NPV):收益流的现值减原成本的现值。

Present value(现值):在给定时期后生成特定终值的初始投资量。

练习题 3.4

1. 确定 2 年后 7 000 美元的现值,如果折现率为 8%,按下列方式复合

(a)季度　　(b)连续

2. 某小企业承诺 2 万美元的初始投资 5 年后获得 8 000 美元的利润

(a)计算内含收益率

(b)如果市场利率是年复合 6%,你建议某人投资该生意吗

3. 给你机会投资三个项目中的一个。项目 A,B,C 分别需要 2 万美元、3 万美元、10 万美元的初始支出,保证 3 年后产生 2.5 万美元、3.7 万美元、11.7 万美元的收益。如果市场利率是年复合 5%,你将投资这些项目中的哪一个

4. 确定每年末支付 100 美元年金的现值

(a)支付 5 年　　　　(b)永续支付

如果市场利率为年复合 10%

5. 某投资者有机会投资两个项目中的一个:A 项目现在花费 1 万美元,4 年末收回 1.5 万美元。B 项目现在花费 1.5 万美元,5 年末收回 2.5 万美元。当前利率为 9%

通过计算净现值,决定推荐这些项目中的哪一个

6. 建议的某项投资今天花费 13 万美元。预期收益流为 1 年末 4 万美元和 2 年末 14 万美元。求内含收益率,结果保留 1 位小数

练习题 3.4 *

1. 求 6 年后 450 美元的现值,如果折现率为半年复合 9.5%。结果保留 2 位小数

2. 某项目需要 7 000 美元的初始投资,保证产生收益为:1 年末 1 500 美元,2 年末 2 500 美元,3 年末 x 美元。当利率为年复合 6% 时,净现值为 838.18 美元,求 x 的值,结果保留到美元

3. 确定某种年金的现值,如果永续地每年年末支付 2 500 美元,假设利率为年复合 8%

4. 某公司决定投资一种新型机器,预期在 10 年间每年年末产生 8 000 美元的额外收益。10 年末公司计划以残值卖出机器,预期收到 5 000 美元。如果该投资的结果不遭受净亏损,公司买机器最多花费多少? 你可以假设折现率为年复合 6%

5. 在接下来的 3 年期间,某公司决定每年年初投资 1 万美元。预期每年年末收到的对应的收益在表 3—24 中给出。如果折现率为年复合 4%,计算净现值

表 3—24

年末	收益(美元)
1	5 000
2	20 000
3	50 000

6. 某项目需要 5 万美元的初始投资。1 年末产生 4 万美元的收益,2 年末产生 3 万美元的收益。求内含收益率的精确值

7. 原成本 500 美元收益 6% 的某种政府债券到期前剩下 5 年。如果市场利率为 15%,确定它的现值

8. 某年金永续地每年支付 2 万美元。如果利率为年复合 5%,求

(a) 整个年金的现值

(b) 从第 30 年末开始收到支付的年金的现值

(c) 前 30 年年金的现值

9. 某工程公司需要决定是否建个新工厂。建工厂的成本开始为 1.5 亿美元,2 年末为 1 亿美元。始于 3 年末的年运营成本为 500 万美元。预测始于 3 年末的年收益为 5 000 万美元。如果利率为年复合 6%,求

(a) 建造成本的现值

(b) n 年($n > 2$)末运营成本的现值

(c) n 年($n > 2$)后收益的现值

(d) 净现值为正要求的 n 的最小值

10. 某项目需要 8 万美元的初始支出,产生收益为:1 年末 2 万美元,2 年末 3 万美元,3 年末 R 美元。如果内含收益率为 10%,确定 R 的值

11. 某年金在随后 n 年每年年末产生 R 美元的收入。如果利率为年复合 $r\%$,证明现值为 $\dfrac{100R[1 + r/100]^{-n}}{r}$

（a）如果利率为 6.5%，现值为 1.4 万美元，年金支付 15 年，求年收入。结果保留 2 位小数

（b）如果年金永续支付，写出以 r 和 R 表示现值的一般表达式

3.5　正规数学

希腊字母 $\sum$（sigma）是字母 S（对求和）的等价符号，用来以更紧凑的形式表示求和。给定一系列数 $x_1, x_2, x_3, \cdots, x_n$，我们定义

$$\sum_{i=1}^{n} x_i = x_1 + x_2 + x_3 + \cdots + x_n$$

在这种情况下，我们将 x_i 项加起来，从 $i = 1$ 开始，允许下标以整数步上升，当 $i = n$ 时结束。 出现在 $\sum$ 符号底部和顶部的 $i = 1$ 和 n 的值分别称为下限和上限。用该符号，我们有：

$$\sum_{i=1}^{5} i^2 = 1^2 + 2^2 + 3^2 + 4^2 + 5^2$$

通项为 i^2，因此我们需要将这些项加起来，从 $i = 1$ 开始，经过所有整数值，直到我们到达 $i = 5$。

同样：

$$\sum_{i=3}^{7} 2^i = 2^3 + 2^4 + 2^5 + 2^6 + 2^7$$

下限为 3，因此我们开始将 $i = 3$ 代入通项 2^i 得到 2^3。随后的项通过将连贯的整数值，$i = 4, 5, \cdots$ 代入通项得到。 上限为 7，因此我们继续将所有项加到一起直到包括 2^7。

符号清楚地提供一种方便的速记，否则将是长表达式，符号还有其他优点。 $\sum$ 符号的下列性质使我们在代数上处理求和。

性质 1　$\displaystyle\sum_{i=1}^{n} (x_i + y_i) = \sum_{i=1}^{n} x_i + \sum_{i=1}^{n} y_i$

性质 2　$\displaystyle\sum_{i=1}^{n} a x_i = a \sum_{i=1}^{n} x_i$　　　其中 a 是任意常数

这些性质容易通过普通方式求和检查。对性质 2，我们有

$$\sum_{i=1}^{n} a x_i = a x_1 + a x_2 + \cdots + a x_n = a(x_1 + x_2 + \cdots + x_n) = a \sum_{i=1}^{n} x_i$$

如我们在本章所见，金融数学经常涉及序列求和，下面的例题说明怎样用 $\sum$ 表示几何级数的和。

例题

（a）某人在 n 年间每年年初存入银行账户 2 000 美元。如果银行提供 4% 的年收

益,用 $\sum$ 符号写出总储蓄的表达式。

(b)用 $\sum$ 符号表示首项为 a 几何比率为 r 的几何数列的前 n 项的和。(原书有误)

解

(a)n 年期间总储蓄为

$$2\,000 \times 1.04 + 2\,000 \times 1.04^2 + 2\,000 \times 1.04^3 + \cdots + 2\,000 \times 1.04^n$$

这能简洁地表示为

$$\sum_{i=1}^{n} 2\,000 \times 1.04^i = 2\,000 \sum_{i=1}^{n} 104^i \quad (\text{用性质 2 提出因子 } 2\,000)$$

(b)用 $\sum$ 符号,和

$$a + ar + ar^2 + \cdots + ar^{n-1}$$

能写为

$$\sum_{i=1}^{n} ar^{i-1} = a \sum_{i=1}^{n} r^{i-1} \quad (\text{再用性质 2 提出因子 } a)$$

关键术语

Lower limit(下限):出现在 $\sum$ 符号底部表示求和首项的数。

Upper limit(上限):出现在 $\sum$ 符号顶部表示求和末项的数。

第4章 微分

本章提供微积分一般主题的简单导论,共八节,应该按它们出现的顺序阅读。第一次阅读可以省略 4.5 节和 4.7 节,4.6 节可以在 4.3 节后的任意时间阅读。

4.1 节是提供微分基本思想的导论。用图形解释公式,这将有助于你理解数学与经济应用之间的联系。

本章中有六个微分法则,它们分别安排在 4.2 节和 4.4 节。4.2 节中涉及所有学生需要知道的简单法则。然而,如果你是商务研究或管理专业的学生,4.4 节更高级的法则可能与你所学的内容不相关,你可以不用掌握这节的内容。后面章节给出的例题尽可能只涉及简单法则,因此不会太难。然而,更高级的法则对学数理经济学的学生是必要的,在推导一般结论中会用到这些法则。

4.3 节和 4.5 节说明了标准的经济应用。与收益、成本、生产、消费、储蓄函数相关的边际函数在 4.3 节讨论。重要主题 —— 弹性在 4.5 节说明。4.5 节指出了弧价格弹性与点价格弹性之间的区别,推导说明了一般线性需求函数、需求价格弹性与收益之间的关系。

4.6 节和 4.7 节致力于最优化主题,这用于求经济函数的最大值和最小值。4.6 节的前半节我们专注数学方法。后半节包含四类考试问题,都取自经济学,我们对此做了详细解答。4.7 节运用数学方法推导与利润和生产函数最优化相关的一般结论。

最后一节复习了两种重要数学函数,即指数函数和自然对数函数。我们说明了怎样求这些函数的导数以及它们在经济学中的应用。

微分可能是全书最重要的主题,我们在第 5 章和第 6 章将继续介绍后续的一些问题,由于它提供了数理经济学的许多理论基础,所以建议你努力搞懂每节给出的问题。前期基础知识包括理解函数概念以及能够处理代数表达式。这些内容在第 1 章和第 2 章,如果你已经成功地掌握这些材料,你将发现你会以良好的状态开始学习微积分。

4.1 函数的导数

学习目标

学完本节,你应该能够:

● 根据给定直线上任意两点求直线的斜率
● 用斜率的符号判断直线是向上的、向下的、还是水平的
● 认识函数导数的符号 $f'(x)$ 和 dy/dx
● 通过计算切线的斜率估计函数的导数
● 求幂函数的导数

本节类似于微分的导论部分,是为了使你更加容易学习微积分而设计的。我们真正只学三个内容:(1)导数的基本思想;(2)描述导数的两个等价符号;(3)怎样写出简单的导数公式。

在第1章中,直线的斜率被定义为1单位x值的增加引起的y值的变化。事实上,不必将x的变化限定为单位增加。一般地,我们可以认为,当沿直线上任意两点移动的时候,直线的斜率或梯度等于y的变化除以对应的x的变化。习惯用Δy表示y的变化,其中Δ是希腊字母"delta"。同样,x的变化写为Δx。用该符号,我们有

$$\boxed{斜率 = \frac{\Delta y}{\Delta x}}$$

例题

求直线的斜率

(a)过 A(1,2) 和 B(3,4)　　(b)过 A(1,2) 和 C(4,1)

(c)过 A(1,2) 和 D(5,2)

解

(a)A 和 B 画在图4—1中。当我们从 A 移动到 B 时,y坐标从2变到4,增加2单位,x坐标从1变到3,也增加了2单位。因此

$$斜率 = \frac{\Delta y}{\Delta x} = \frac{4-2}{3-1} = \frac{2}{2} = 1(原书有误)$$

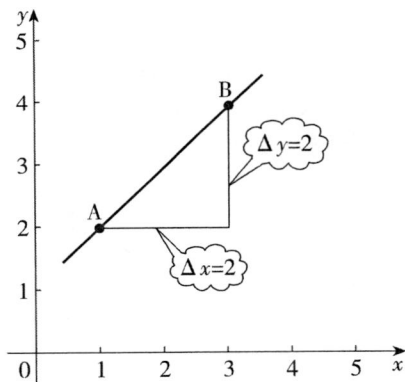

图 4—1

(b)A 和 C 画在图4—2中。当我们从 A 移动到 C 时,y坐标从2变到1,下降1单位,x坐标从1变到4,增加3单位。因此

$$斜率 = \frac{\Delta y}{\Delta x} = \frac{1-2}{4-1} = \frac{-1}{3}$$

(c)A 和 D 画在图4—3中。当我们从 A 移动到 D 时,y坐标固定于2,x坐标从1变到5,增加4单位。因此

$$斜率 = \frac{\Delta y}{\Delta x} = \frac{2-2}{5-1} = \frac{0}{4} = 0$$

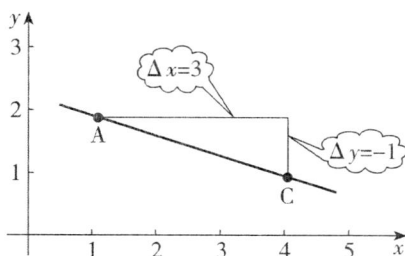

图 4—2

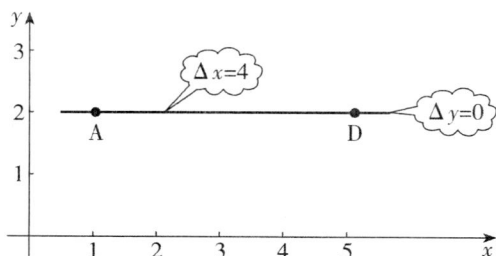

图 4—3

习题

1. 求直线的斜率

（a）过 E(-1,3) 和 F(3,11)　　（b）过 E(-1,3) 和 G(4,-2)

（c）过 E(-1,3) 和 H(49,3)

从这些例题中,我们看到,如果直线是向上倾斜的,斜率为正;如果直线是向下倾斜的,斜率为负;如果直线保持水平状态,斜率为零。

不幸地,经济学中不是所有的函数都是线性的,因此必须将斜率的定义扩展到更一般的曲线。为此我们需要切线的思想,这在图 4—4 中进行了说明。

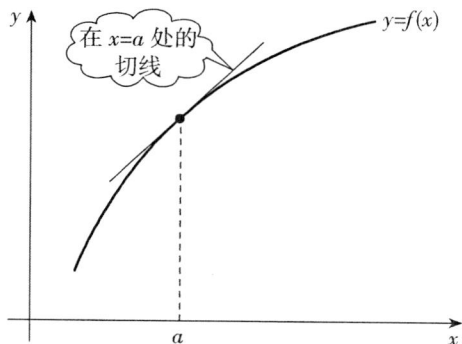

图 4—4

过曲线上一点并只与曲线相交于该点的直线称为切线。曲线在 $x = a$ 点的斜率或梯度定义为在 $x = a$ 点的切线的斜率或梯度。由于我们已经了解怎样求直线的斜率,这给了我们求曲线斜率的一种精确方法。如图 4—5 所示,在一条简单的曲线上,不同的点对应的切线是不同的。注意每条切线只过曲线上一点,即瞬间接触。在这种情况下,切线的斜率随我们沿曲线从左到右的移动而增加。这反映了曲线在 $x = 0$ 点是平坦的，但随着远离该点变得更陡峭。

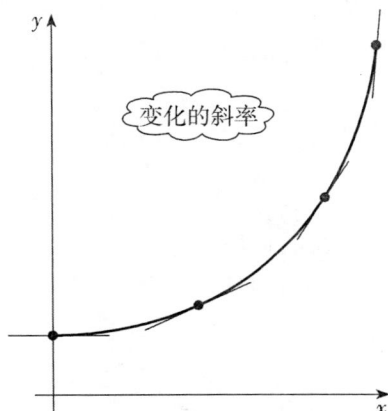

图 4—5

这强调了直线的斜率与曲线的斜率之间的重要差别。在直线的情形下，梯度在整条直线上是固定的，与用于求它的直线上两点的选择无关。例如，图 4—6 中 $\Delta y/\Delta x$ 的所有比率为 1/2。然而，如我们所见，曲线的斜率随我们沿曲线的移动而变化。数学上，我们用符号 $f'(a)$ 表示函数 f 的图形在 $x = a$ 点的斜率。该符号以最简单的形式传递最大量的信息。通常我们用符号 f 表示我们考虑的函数。我们用 a 确切地表明求曲线上哪一点的梯度被测量。最后，上标符号 $'$ 用于将梯度与函数值区分开。符号 $f(a)$ 给出了在 x 轴以上 $x = a$ 点的曲线高度，$f'(a)$ 给出了曲线在该点的梯度。

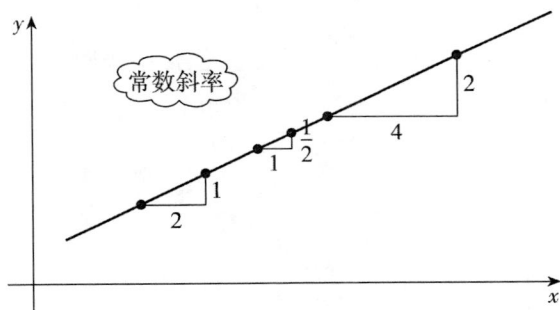

图 4—6

函数图形的斜率称为函数的导数。我们需要注意对应 x 的每个值有唯一定义的导数 $f'(x)$。换句话说，求图形 f 在 x 点的斜率的法则定义了一个函数。该斜率函数通常称为导函数。导函数的另一种标记法为

$$\frac{\mathrm{d}y}{\mathrm{d}x}$$

历史上，该符号源于对应的直线梯度符号 $\Delta y/\Delta x$，在英语中字母"d"等价于希腊字母 Δ。然而，重要的是要认识到

$$\frac{dy}{dx}$$

不意味着 dy 除以 dx。它应被视作 y 对 x 的导数的一个符号。用哪个符号表示没有关系,我们可以通过上下文找出合适的表示方式。例如,如果我们用

$$y = x^2$$

区分平方函数,那么自然用

$$\frac{dy}{dx}$$

作为导函数。另一方面,如果我们用

$$f(x) = x^2$$

那么 $f'(x)$ 似乎更合适。

例题

完成下列函数值表,画出 $f(x) = x^2$ 的精确图形。

X	−2.0	−1.5	−1.0	−0.5	0.0	0.5	1.0	1.5	2.0
$f(x)$									

画出 $x = -1.5, -0.5, 0, 0.5, 1.5$ 点的切线。估计 $f'(-1.5), f'(-0.5), f'(0),$ $f'(0.5), f'(1.5)$ 的值。

解

用计算器我们得

x	−2.0	−1.5	−1.0	−0.5	0.0	0.5	1.0	1.5	2.0
$f(x)$	4	2.25	1	0.25	0	0.25	1	2.25	4

对应的平方函数的图形如图 4—7 所示。从图形中我们看出切线的斜率为

$$f'(-1.5) = \frac{-1.5}{0.5} = -3$$

$$f'(-0.5) = \frac{-0.5}{0.5} = -1$$

$$f'(0) = 0$$

$$f'(0.5) = \frac{0.5}{0.5} = 1$$

$$f'(1.5) = \frac{1.5}{0.5} = 3$$

$f'(0)$ 的值为零,因为在 $x = 0$ 点切线是水平的。注意

$$f'(-1.5) = -f'(1.5), f'(-0.5) = -f'(0.5)$$

这是预期到的,因为图形关于 y 轴对称。y 轴左边切线的斜率与右边切线对应的斜率相同。 然而,它们的符号相反,由于一边曲线向下倾斜,另一边曲线向上倾斜。

习题

2. 完成下列函数值表,画出 $f(x) = x^3$ 的精确图形。

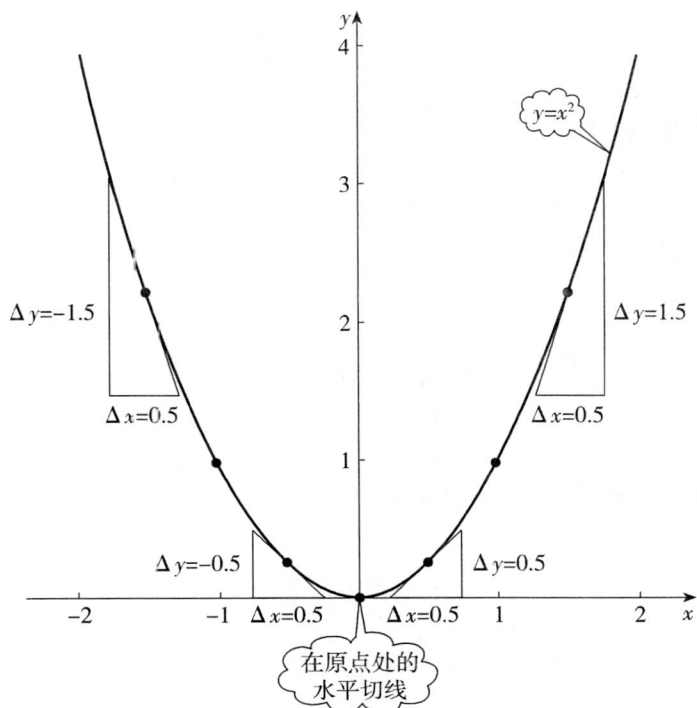

图 4—7

x	-1.50	-1.25	-1.00	-0.75	-0.50	-0.25	0.00
$f(x)$		-1.95			-0.13		

x	0.25	0.50	0.75	1.00	1.25	1.50
$f(x)$		0.13			1.95	

画出图形在 $x=-1,0,1$ 点的切线。估计 $f'(-1),f'(0),f'(1)$ 的值。

习题 2 应该使你相信用图形精确地计算 $f'(a)$ 在实践中是多么困难。我们不可能用铅笔画出一条完全光滑的曲线,同样用目测的方法判断切线的确切位置也是很难的。切线斜率需要的垂直和水平距离的测定也不容易获得。这些内在错误可能导致计算出来的 $f'(a)$ 的值不精确。幸运地,当 f 是幂函数时,有个很简单的公式能用来求 $f'(a)$。我们能够证明

$$\boxed{\text{如果}\, f(x)=x^n,\text{那么}\, f'(x)=nx^{n-1}}$$

或等价地

$$\boxed{\text{如果}\, y=x^n,\text{那么}\, \dfrac{\mathrm{d}y}{\mathrm{d}x}=nx^{n-1}}$$

用符号(不用图形)求导函数的过程称为微分。为了求 x^n 的导数,需要做的是将幂放到前面,然后幂减 1:

得 $y'=nx^{n-1}$

为了求平方函数的导数,我们在该公式中令 $n=2$,推导出

$f(x) = x^2$ 求导得 $f'(x) = 2x^{2-1}$

把 2 放下来即

$f'(x) = 2x^1 = 2x$

用该结果,我们发现

$f'(-1.5) = 2 \times (-1.5) = -3$

$f'(-0.5) = 2 \times (-0.5) = -1$

$f'(0) = 2 \times (0) = 0$

$f'(0.5) = 2 \times (0.5) = 1$

$f'(1.5) = 2 \times (1.5) = 3$

这些与前面例题用图形得到的结果一致。

习题

3. 如果 $f(x) = x^3$,写出 $f'(x)$ 的公式。计算 $f'(-1), f'(0), f'(1)$。验证这些与习题 2 获得的粗略估计是否一致。

例题

求下列函数的导数

(a) $y = x^4$　(b) $y = x^{10}$　(c) $y = x$　(d) $y = 1$　(e) $y = 1/x^4$　(f) $y = \sqrt{x}$(原书有误)

解

(a) 为了求 $y = x^4$ 的导数,我们将幂(即,4)放到前面,然后幂减1(即,$4 - 1 = 3$),推导出

$\dfrac{\mathrm{d}y}{\mathrm{d}x} = 4x^3$

(b) 类似地

如果 $y = x^{10}$,那么 $\dfrac{\mathrm{d}y}{\mathrm{d}x} = 10x^9$

(c) 为了将一般公式用于求 $y = x$ 的导数,我们先需要以 $f(x) = x^n$ 的形式表示 $y = x$。在这种情况下,$n = 1$,因为 $x^1 = x$,因此

$\dfrac{\mathrm{d}y}{\mathrm{d}x} = 1x^0 = 1$,由于 $x^0 = 1$

从图 4—8 中 $y = x$ 的图形看,该结果也是明显的。

(d) 再次,为了求 $y = 1$ 的导数,我们需要以 $f(x) = x^n$ 的形式表示 $y = 1$。在目前的情况下,因为 $x^0 = 1$,因此

$\dfrac{\mathrm{d}y}{\mathrm{d}x} = 0x^{-1} = 0$

从图 4—9 中 $y = 1$ 的图形看,该结果也是明显的。

(e) 注意 $1/x^4 = x^{-4}$,从而

如果 $y = \dfrac{1}{x^4}$,那么 $\dfrac{\mathrm{d}y}{\mathrm{d}x} = -4x^{-5} = -\dfrac{4}{x^5}$

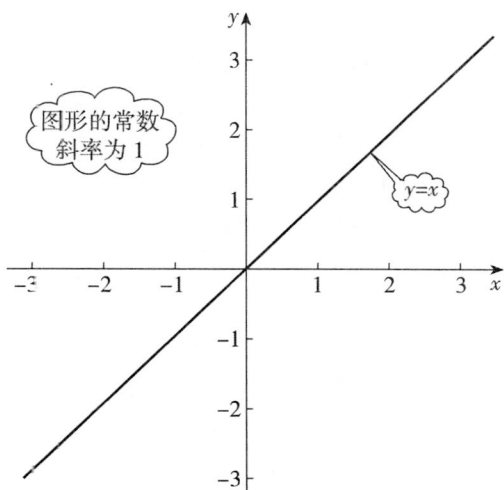

图4—8

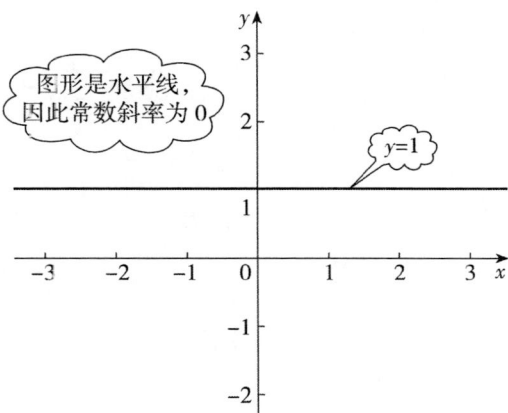

图4—9

幂下降到 – 5,因为 – 4 – 1 = – 5。

(f) 注意 $\sqrt{x} = x^{1/2}$,从而

如果 $y = \sqrt{x}$,那么 $\dfrac{dy}{dx} = \dfrac{1}{2}x^{-1/2} = \dfrac{1}{2x^{1/2}} = \dfrac{1}{2\sqrt{x}}$

幂下降到 – 1/2,因为 1/2 – 1 = – 1/2。

习题

4. 求下列函数的导数

(a) $y = x^5$　　(b) $y = x^6$　　(c) $y = x^{100}$　　(d) $y = 1/x$　　(e) $y = 1/x^2$

[提示:在(d) 和(e) 部分注意 $1/x = x^{-1}$ 和 $1/x^2 = x^{-2}$]

关键术语

Derivative(导数):曲线上任意一点的切线的梯度。在 $x = a$ 处的导数写为 $f'(a)$。

Derived function(导函数):规则f'给出了函数f在一般点的梯度。

Differentiation(微分):确定函数的一阶导数的过程或运算。

Gradient(梯度):直线的梯度用来测定陡峭程度,是直线上任意两点之间的垂直变化除以水平变化。曲线上一点的梯度是该点切线的梯度。

Slope(斜率):梯度的另一种说法。

Tangent(切线):与曲线只交于一点的直线。

练习题 4.1

1. 求直线的斜率

(a) 过点$(2,5)$和点$(4,9)$　　(b) 过点$(3,-1)$和$(7,-5)$　　(c) 过点$(7,19)$和点$(4,19)$

2. 证明点$(0,2)$和点$(3,0)$位于直线$2x + 3y = 6$上。

求该直线的斜率,并说明直线是向上的、向下的,还是水平的。

3. 画出函数$f(x) = 5$的图形。解释为什么对该直线$f'(x) = 0$。

4. 求函数$f(x) = x^7$的导数。计算函数$y = x^7$在点$x = 2$处的斜率。

5. 求下列函数的导数

(a)$y = x^8$　　(b)$y = x^{50}$　　(c)$y = x^{19}$　　(d)$y = x^{999}$

6. 求下列函数的导数,以类似形式给出答案,答案中不存在负的或分数指数:

(a)$f(x) = \dfrac{1}{x^3}$　　(b)$f(x) = \sqrt{x}$　　(c)$f(x) = \dfrac{1}{\sqrt{x}}$　　(d)$y = x\sqrt{x}$

7. 对函数$f(x) = x^2 - 2x$,完成如下函数值表:

x	-1	-0.5	0	0.5	1	1.5	2	2.5
$x^2 - 2x$								

画出该函数的图形,通过计算切线的斜率估计

(a)$f'(-0.5)$　　(b)$f'(1)$　　(c)$f'(1.5)$

练习题 4.1*

1. 证明$(0,b)$和$(1,a+b)$位于直线$y = ax + b$上。证明该直线斜率为a。

2. 求下列函数的导数,以类似形式给出答案:

(a)x^{15}　　(b)$x^4\sqrt{4}$　　(c)$\sqrt[3]{x}$　　(d)$\dfrac{1}{\sqrt[4]{x}}$　　(e)$\dfrac{\sqrt{x}}{x^7}$

3. 对每个图形

(a)$y = \sqrt{x}$　　(b)$y = x\sqrt{x}$　　(c)$y = \dfrac{1}{\sqrt{x}}$

A是$x = 4$处的点,B是$x = 4.1$处的点。在每种情况下求

(i)A和B的y坐标　　(ii)弦AB的梯度　　(iii)$\dfrac{\mathrm{d}y}{\mathrm{d}x}$在A处的值

比较(ii)与(iii)部分的答案。

4. 求点的坐标,曲线在该点有指定的梯度。

(a)$y = x^{2/3}$,梯度$= \dfrac{1}{3}$　　　　(b)$y = x^5$,梯度$= 405$

$(c) y = \dfrac{1}{x^2}$，梯度 $= 16$ $\qquad\qquad (d) y = \dfrac{1}{x\sqrt{x}}$，梯度 $= -\dfrac{3}{64}$

4.2 微分法则

学习目标

学完本节,你应该能够:

● 用数乘法则求形式为 $cf(x)$ 的函数的导数
● 用加法法则求形式为 $f(x) + g(x)$ 的函数的导数
● 用减法法则求形式为 $f(x) - g(x)$ 的函数的导数
● 计算和解释二阶导数

建议

本节我们考虑三个基本的微分法则。本章后面几节说明其各种各样的经济应用。然而,在你能成功处理这些问题之前,你必须全面掌握它们所涉及的基本法则。尽管法则本身很简单,但在你能熟练使用它们之前,你必须反复实践。事实上,如果没有掌握本节法则,你将不能深入学习本书其余部分的内容。

法则 1 数乘法则

如果 $h(x) = cf(x)$,那么 $h'(x) = cf'(x)$,对任意常数 c

该法则告诉你怎样求函数的数乘导数:

求函数的导数并乘以常数

例题

求下列函数的导数

$(a) y = 2x^2$ $\qquad (b) y = 10x$

解

(a) 为了求 $2x^4$ 的导数,我们先求 x^4 的导数得 $4x^3$,然后乘以 2。因此

如果 $y = 2x^4$,那么 $\dfrac{\mathrm{d}y}{\mathrm{d}x} = 2(4x^3) = 8x^3$

(b) 为了求 $10x$ 的导数,我们先求 x 的导数得 1,然后乘以 10。因此

如果 $y = 10x$,那么 $\dfrac{\mathrm{d}y}{\mathrm{d}x} = 10(1) = 10$

习题

1. 求下列函数的导数

（a）$y = 4x^3$　　（b）$y = 2/x$

数乘法则能用来说明

常数求导得零

为了看清这点，注意方程 $y = c$ 与 $y = cx^0$ 是等价的，因为 $x^0 = 1$。

由数乘法则，我们先求 x^0 的导数得 $0x^{-1}$，然后乘 c。因此

如果 $y = c$，那么 $\dfrac{\mathrm{d}y}{\mathrm{d}x} = c(0x^{-1}) = 0$

从图 4—10 看，该结果也是明显的，它是一条离 x 轴 c 单位的水平线。这是个重要结果，解释了为什么数学表达式里单独的常数在求导时消失。

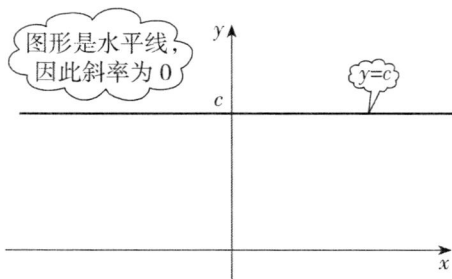

图 4—10

法则 2　加法法则

如果 $h(x) = f(x) + g(x)$，那么 $h'(x) = f'(x) + g'(x)$

该法则告诉你怎样求两个函数和的导数：

分别求每个函数的导数然后相加

例题

求下列函数的导数

（a）$y = x^2 + x^{50}$　　（b）$y = x^3 + 3$

解

（a）为了求 $x^2 + x^{50}$ 的导数，我们需要分别求 x^2 和 x^{50} 的导数，然后相加。现在，x^2 的导数等于 $2x$，x^{50} 的导数等于 $50x^{49}$，因此

如果 $y = x^2 + x^{50}$，那么 $\dfrac{\mathrm{d}y}{\mathrm{d}x} = 2x + 50x^{49}$

（b）为了求 $x^3 + 3$ 的导数，我们需要分别求 x^3 和 3 的导数，然后相加。现在，x^3 的导数等于 $3x^2$，3 的导数等于 0，因此

如果 $y = x^3 + 3$，那么 $\dfrac{\mathrm{d}y}{\mathrm{d}x} = 3x^2 + 0 = 3x^2$

习题

2. 求下列函数的导数

（a）$y = x^5 + x$　　（b）$y = x^2 + 5$

法则 3 减法法则

如果 $h(x) = f(x) - g(x)$，那么 $h'(x) = f'(x) - g'(x)$。

该法则告诉你怎样求两个函数差的导数：

分别求每个函数的导数然后相减

例题

求下列函数的导数

$(a)y = x^5 - x^2$ $\qquad$ $(b)y = x - \dfrac{1}{x^2}$

解

（a）为了求 $x^5 - x^2$ 的导数，我们需要分别求 x^5 和 x^2 的导数，然后相减。现在，x^5 的导数等于 $5x^4$，x^2 的导数等于 $2x$，因此

如果 $y = x^5 - x^2$，那么 $\dfrac{dy}{dx} = 5x^4 - 2x$

（b）为了求 $x - \dfrac{1}{x^2}$ 的导数，我们需要分别求 x 和 $\dfrac{1}{x^2}$ 的导数，然后相减。现在，x 的导数等于 1，$\dfrac{1}{x^2}$ 的导数等于 $-\dfrac{2}{x^3}$，因此

如果 $y = x - \dfrac{1}{x^2}$，那么 $\dfrac{dy}{dx} = 1 - (-\dfrac{2}{x^3}) = 1 + \dfrac{2}{x^3}$

习题

3. 求下列函数的导数

$(a)y = x^2 - x^3$ $\qquad$ $(b)y = 50 - \dfrac{1}{x^3}$

在下面例题中，我们会综合运用这三个法则，求更多函数的导数。

例题

求下列函数的导数

$(a)y = 3x^5 + 2x^3$ $\qquad$ $(b)y = x^3 + 7x^2 - 2x + 10$ $\qquad$ $(c)y = 2\sqrt{x} + \dfrac{3}{x}$

解

（a）加法法则表明，为了求 $3x^5 + 2x^3$ 的导数，我们需要分别求 $3x^5$ 和 $2x^3$ 的导数，然后相加。由数乘法则

$3x^5$ 的导数等于 $3(5x^4) = 15x^4$

$2x^3$ 的导数等于 $2(3x^2) = 6x^2$

因此

如果 $y = 3x^5 + 2x^3$,那么 $\dfrac{\mathrm{d}y}{\mathrm{d}x} = 15x^4 + 6x^2$

通过练习你将很快发现,你能通过逐项求导的方法计算出函数的导数。对函数

$$y = 3x^5 + 2x^3$$

我们能写成

$$\frac{\mathrm{d}y}{\mathrm{d}x} = 3(5x^4) + 2(3x^2) = 15x^4 + 6x^2$$

(b)至今我们只考虑了至多包含两项的表达式。然而,加法和减法法则还适用于更长的表达式,因此我们能像前面一样逐项求导。对函数

$$y = x^3 + 7x^2 - 2x + 10$$

我们得

$$\frac{\mathrm{d}y}{\mathrm{d}x} = 3x^2 + 7(2x) - 2(1) + 0 = 3x^2 + 14x - 2$$

(c)为了求

$$y = 2\sqrt{x} + \frac{3}{x}$$

的导数,我们先用指数符号将其改写为

$$y = 2x^{1/2} + 3x^{-1}$$

然后逐项求导得

$$\frac{\mathrm{d}y}{\mathrm{d}x} = 2\left(\frac{1}{2}\right)x^{-1/2} + 3(-1)x^{-2} = x^{-1/2} - 3x^{-2}$$

我们将结果写成更熟悉的形式

$$\frac{1}{\sqrt{x}} - \frac{3}{x^2}$$

习题

4. 求下列函数的导数

(a) $y = 9x^5 + 2x^2$ (b) $y = 5x^8 - \dfrac{3}{x}$

(c) $y = x^2 + 6x + 3$ (d) $y = 2x^4 + 12x^3 - 4x^2 + 7x - 400$

无论函数如何求导,最终得到的导数本身也是个函数。这表明第二次求导得"斜率函数的斜率"的可能性。这记为 $f''(x)$ 或 $\dfrac{\mathrm{d}^2 y}{\mathrm{d}x^2}$。

例如,如果

$$f(x) = 5x^2 - 7x + 12$$

那么求 $f(x)$ 的导数得

$$f'(x) = 10x - 7$$

如果我们现在求 $f'(x)$ 的导数,得

$$f''(x) = 10$$

函数 $f'(x)$ 称为一阶导数,$f''(x)$ 称为二阶导数。

例题

计算$f''(1)$，其中

$$f(x) = x^7 + \frac{1}{x}$$

解

为了求$f''(1)$，我们需要求

$f(x) = x^7 + x^{-1}$的二阶导数$f''(x)$，再将$x = 1$代入得到最后结果。求$f(x)$的导数得

$$f'(x) = 7x^6 + (-1)x^{-2} = 7x^6 - x^{-2}$$

再求$f'(x)$的导数得

$$f''(x) = 7(6X^5) - (-2)X^{-3} = 42x^5 + 2x^{-3}$$

最后，将$x = 1$代入$f''(x) = 42x^2 + \frac{2}{x^3}$

得$f''(x)(1) = 42 + 2 = 44$

习题

5. 计算$f''(6)$，其中

$$f(x) = 4x^3 - 5x^2$$

我们可以给出二阶导数符号的图形解释。记住一阶导数$f'(x)$测度的是曲线的梯度。如果$f'(x)$的导数为正(即，如果$f''(x) > 0$)，那么$f'(x)$是递增的，因此随着你从左到右移动图形变得更陡峭。曲线向上弯曲，函数的图形是凸的。另一方面，如果$f''(x) < 0$，梯度$f'(x)$必然递减，因此曲线向下弯曲，函数的图形是凹的。曲线完全可能在x的某个范围内是凸的而在其他范围内是凹的，如图4—11所示。对于该函数，在$x = a$点的左边，$f''(x) < 0$，在$x = a$点的右边，$f''(x) > 0$。在$x = a$点本身，曲线从向下弯曲变化为向上弯曲，在该点处，$f''(a) = 0$。

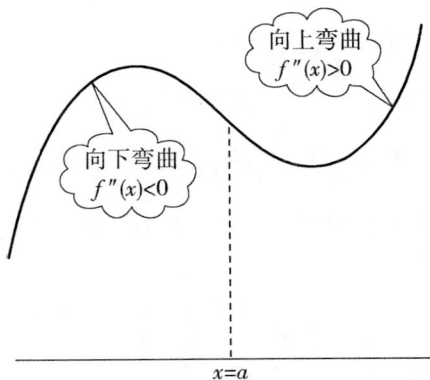

图4—11

例题

用二阶导数证明二次函数

$$y = ax^2 + bx + c$$

当 $a > 0$ 时总是凸的,当 $a < 0$ 时总是凹的。

解

如果 $y = ax^2 + bx + c$,那么 $\dfrac{\mathrm{d}y}{\mathrm{d}x} = 2ax + b$,$\dfrac{\mathrm{d}^2 y}{\mathrm{d}x^2} = 2a$

如果 $a > 0$,那么 $\dfrac{\mathrm{d}^2 y}{\mathrm{d}x^2} = 2a > 0$,因此抛物线向上弯曲。

如果 $a < 0$,那么 $\dfrac{\mathrm{d}^2 y}{\mathrm{d}x^2} = 2a < 0$,因此抛物线向下弯曲。

当然,如果 $a = 0$,方程降次为 $y = bx + c$,这是直线方程,因此图形不向上下弯曲。

本节函数都可以表示成 $y = f(x)$ 的形式。在经济函数中,我们使用不同的符号。然而,明显地,我们仍然能用本节的法则求这些经济函数的导数。例如,如果供给函数为 $Q = P^2 + 3P + 1$

我们需要求 Q 对 P 的导数,那么我们能用加法和数乘法则得 　　（原书有误）

$$\frac{\mathrm{d}Q}{\mathrm{d}P} = 2P + 3$$

关键术语

Concave(凹曲线):当 $f''(x) < 0$ 的时候,图形向下弯曲。

Convex(凸曲线):当 $f''(x) > 0$ 的时候,图形向上弯曲。

First-order derivative(一阶导数):函数对其自变量的变化率。与函数 $y = f(x)$ 的导数相同,写为 $f'(x)$ 或 $\mathrm{d}y/\mathrm{d}x$。

Second-order partial derivative(二阶导数):一阶导数的导数。当对原函数 $y = f(x)$ 连续求导两次时,得到其表达式,写为 $f''(x)$ 或 $\mathrm{d}^2 y/\mathrm{d}x^2$。

练习题 4.2

1. 求下列函数的导数

(a) $y = 5x^2$　　　　　　(b) $y = \dfrac{3}{x}$　　　　　　(c) $y = 2x + 3$

(d) $y = x^2 + x + 1$　　　(e) $y = x^2 - 3x + 2$　　　(f) $y = 3x - \dfrac{7}{x}$

(g) $y = 2x^3 - 6x^2 + 49x - 54$　　(h) $y = ax + b$　　(i) $y = ax^2 + bx + c$

(j) $y = 4x - \dfrac{3}{x} + \dfrac{7}{x^2}$

2. 计算下列函数在给定点的 $f'(x)$:

(a) $f(x) = 3x^9$ 在 $x = 1$

(b) $f(x) = x^2 - 2x$ 在 $x = 3$

(c) $f(x) = x^3 - 4x^2 + 2x - 8$ 在 $x = 0$

(d) $f(x) = 5x^4 - \dfrac{4}{x^4}$ 在 $x = -1$

$(e) f(x) = \sqrt{x} - \dfrac{2}{x}$ 在 $x = 4$

3. 将表达式改写为 $x^2 \left(x^2 + 2x - \dfrac{5}{x^2} \right) = x^4 + 2x^3 - 5$，求 $x^2 \left(x^2 + 2x - \dfrac{5}{x^2} \right)$ 的导数

用类似方法求下列函数的导数

$(a) x^2 (3x - 4)$

$(b) x(3x^3 - 2x^2 + 6x - 7)$

$(c) (x + 1)(x - 6)$

$(d) \dfrac{x^2 - 3}{x}$

$(e) \dfrac{x - 4x^2}{x^3}$

$(f) \dfrac{x^2 - 3x + 5}{x^2}$

4. 求下列函数的二阶导数 $\mathrm{d}^2 y / \mathrm{d}x^2$

$(a) y = 7x^2 - x$

$(b) y = \dfrac{1}{x^2}$

$(c) y = ax + b$

5. 对如下函数计算 $f''(2)$

$f(x) = x^3 - 4x^2 + 10x - 7$

6. 已知 $f(x) = x^2 - 6x + 8$，计算 $f'(3)$。我们从 $y = f(x)$ 在 $x = 3$ 处的图形上能够得到什么信息？

7. 将表达式改写为 $\sqrt{4x} = \sqrt{4} \times \sqrt{x} = 2\sqrt{x}$，求 $\sqrt{4x}$ 的导数。

用类似方法求下列函数的导数

$(a) \sqrt{25x}$ $(b) \sqrt[3]{27x}$ $(c) \sqrt[4]{16x^3}$ $(d) \sqrt{\dfrac{25}{x}}$

8. 计算下列表达式

(a) 求供给函数 $Q = P^2 + P + 1$ 的导数 $\dfrac{\mathrm{d}Q}{\mathrm{d}P}$

(b) 求总收益函数 $\mathrm{TR} = 50Q - 3Q^2$ 的导数 $\dfrac{\mathrm{d(TR)}}{\mathrm{d}Q}$

(c) 求平均成本函数 $AC = \dfrac{30}{Q} + 10$ 的导数 $\dfrac{\mathrm{d}(AC)}{\mathrm{d}Q}$

(d) 求消费函数 $C = 3Y + 7$ 的导数 $\dfrac{\mathrm{d}C}{\mathrm{d}Y}$

(e) 求生产函数 $Q = 10\sqrt{L}$ 的导数 $\dfrac{\mathrm{d}Q}{\mathrm{d}L}$

(f) 求利润函数 $\pi = -2Q^3 + 15Q^2 - 24Q - 3$ 的导数 $\dfrac{\mathrm{d}\pi}{\mathrm{d}Q}$

练习题 4.2*

1. 求函数 $y = 3\sqrt{x} - \dfrac{81}{x} + 13$，当 $x = 9$ 时的一阶导数的值。

2. 计算下列表达式

（a）求供给函数 $Q = 2P^2 + P + 1$ 的导数 $\dfrac{\mathrm{d}Q}{\mathrm{d}P}$

（b）求总收益函数 $TR = 40Q - 3Q\sqrt{Q}$ 的导数 $\dfrac{\mathrm{d}(TR)}{\mathrm{d}Q}$

（c）求平均成本函数 $AC = \dfrac{20}{Q} + 7Q + 25$ 的导数 $\dfrac{\mathrm{d}(AC)}{\mathrm{d}Q}$

（d）求消费函数 $C = Y(2Y + 3) + 10$ 的导数 $\dfrac{\mathrm{d}C}{\mathrm{d}Y}$

（e）求生产函数 $Q = 200L - 4\sqrt[4]{L}$ 的导数 $\dfrac{\mathrm{d}Q}{\mathrm{d}L}$

（f）求利润函数 $\pi = -Q^3 + 20Q^2 - 7Q - 1$ 的导数 $\dfrac{\mathrm{d}\pi}{\mathrm{d}Q}$

3. 求如下函数在 $x = 4$ 处二阶导数的值
$f(x) = -2x^3 + 4x^2 + x - 3$
我们能从 $f(x)$ 在这点处的图形形状得到什么信息？

4. 考虑下面函数在 $x = -1$ 处的图形
$f(x) = 2x^5 - 3x^4 + 2x^2 - 17x + 31$
（a）指出切线斜率是向上的、向下的，还是水平的
（b）指出图形在该点是凹的还是凸的，并给出理由

5. 用二阶导数证明立方函数
$f(x) = ax^3 + bx^2 + cx + d (a > 0)$
当 $x > -b/3a$ 时图形是凸的，当 $x < -b/3a$ 时图形是凹的。（原书有误）

6. 求曲线 $y = 4x^3 - 5x^2 + x - 3$ 与 y 轴交叉点处的切线的方程。

4.3　边际函数

学习目标

学完本节，你应该能够：

● 计算边际收益和边际成本
● 在垄断和完全竞争情况下，推导边际和平均收益之间的关系
● 计算劳动的边际产品
● 用微积分符号表示边际生产率递减规律
● 计算边际消费倾向和边际储蓄倾向

此时,你可能好奇微分与经济学究竟有什么关系。事实上,不用微积分我们不能深入理解经济理论。本节我们讲述微积分在经济学中的三个主要应用:

- 收益和成本
- 生产
- 消费和储蓄

我们依次考虑这三个主要应用。

4.3.1　收益和成本

在第 2 章中,我们研究了收益函数 TR 的基本特征。收益函数 TR 定义为 PQ,其中 P 表示物品的价格,Q 表示需求量。在实践中,我们通常知道需求方程,它给出 P 与 Q 之间的关系。这使 TR 的公式能写成只以 Q 表示的形式。例如,如果

$$P = 100 - 2Q$$

那么

$$TR = PQ = (100 - 2Q)Q = 100Q - 2Q^2$$

给定任意 Q 值我们就能计算出与之对应的 TR 的值。同时,我们也对 Q 值的变化能对 TR 产生多大影响感兴趣。为此,我们引入边际收益的概念。边际收益 MR 定义为

$$MR = \frac{d(TR)}{dQ}$$

边际收益是总收益对需求的导数

例如,对应

$$TR = 100Q - 2Q^2$$

的边际收益函数为

$$\frac{d(TR)}{dQ} = 100 - 4Q$$

如果当前需求为 15,那么

$$MR = 100 - 4(15) = 40$$

初级经济学教科书经常引用 MR 的另一个定义,边际收益有时等于 Q 增加 1 单位引起的 TR 的变化。这给出了 MR 的一个可接受的近似值的算法,尽管使用这种方法得到的结果与微分获得的精确值有相当大的不同。例如,将 $Q = 15$ 代入前面考虑的总收益函数得

$$TR = 100(15) - 2(15)^2 = 1\,050$$

Q 增加 1 单位产生的总收益得

$$TR = 100(16) - 2(16)^2 = 1\,088$$

TR 增加了 38,根据非微积分定义,它是 Q 等于 15 时 MR 的值。这与微分获得的精确值 40 形成了对比。

给出这两种方法的图形解释对我们理解这两种方法具有启示性。图 4—12 中 A 位于 TR 曲线上,对应数量 Q_0。MR 在该点的精确值等于导数

$$\frac{d(TR)}{dQ}$$

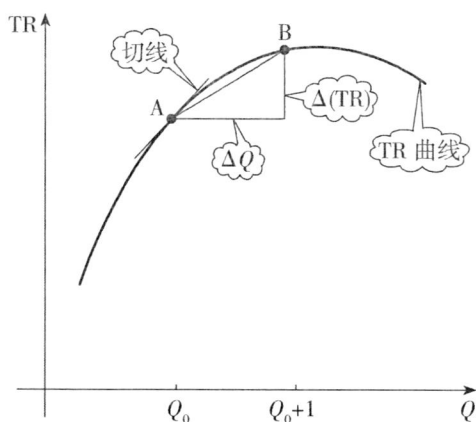

图 4—12

因此得到通过 A 的切线的斜率。B 也位于曲线上但对应 Q 增加 1 单位的位置。所以 A 到 B 的垂直距离等于 Q 增加 1 单位时 TR 的变化。连接 A 和 B 的直线(称为弦)的斜率为

$$\frac{\Delta(\text{TR})}{\Delta Q} = \frac{\Delta(\text{TR})}{1} = \Delta(\text{TR})$$

换句话说,弦的斜率等于使用非微积分定义得到的 MR 的值。观察图形可知,切线的斜率与连接 A 和 B 的弦的斜率近似相同。在这种情况下,切线的斜率要大于弦的斜率,但大得不多。所以我们看到用 1 单位增加方法可以得到 MR 的近似值。

例题

已知需求函数为

$P = 120 - 3Q$

求以 Q 表示的 TR 的表达式。

求 MR 在 $Q = 10$ 处的值,用

(a)微分法　　　　　　(b)1 单位增加方法

解

$\text{TR} = PQ = (120 - 3Q)Q = 120Q - 3Q^2$

(a)MR 的一般表达式为

$$\frac{\text{d}(\text{TR})}{\text{d}Q} = 120 - 6Q$$

因此在 $Q = 10$ 处

$\text{MR} = 120 - 6 \times 10 = 60$

(b)由非微积分定义,我们需要求 Q 从 10 增加到 11 时 TR 的变化。

令 $Q = 10$ 得 $\text{TR} = 120 \times 10 - 3 \times 10^2 = 900$

令 $Q = 11$ 得 $\text{TR} = 120 \times 11 - 3 \times 11^2 = 957$

因此 $\text{MR} = 57$

习题

1. 已知需求函数为

$$P = 60 - Q$$

求以 Q 表示的 TR 的表达式。

（1）求 TR 对 Q 的导数，求以 Q 表示的 MR 的一般表达式。写出 MR 在 $Q = 50$ 处的精确值。

（2）计算当（a）$Q = 50$　（b）$Q = 51$ 时 TR 的值，用 1 单位增加法给出（1）部分得到的 MR 的近似值。

图 4—12 表明对 ΔQ 的任意值，总收益的变化近似值可以用 1 单位增加法计算。在 A 处切线的斜率是边际收益 MR。连接 A 和 B 的弦的斜率是 $\Delta(\text{TR})/\Delta Q$。因此

$$\text{MR} \cong \frac{\Delta(\text{TR})}{\Delta Q}$$

变换该方程得

$$\Delta(\text{TR}) \cong \text{MR} \times \Delta Q$$

即

$$\boxed{\text{总收益的变化}} \cong \boxed{\text{边际收益}} \times \boxed{\text{需求的变化}}$$

此外，图 4—12 表明 ΔQ 的值越小，总收益的变化近似值越接近精确值。

例题

已知物品的总收益函数为

$$100Q - Q^2$$

写出边际收益函数的表达式。如果当前需求为 60，估计 Q 增加 2 单位引起的 TR 的值的变化。

解

如果

$$\text{TR} = 100Q - Q^2$$

那么

$$\text{MR} = \frac{\text{d}(\text{TR})}{\text{d}Q}$$

$$= 100 - 2Q$$

当 $Q = 60$ 时

$$\text{MR} = 100 - 2(60) = -20$$

如果 Q 增加 2 单位，$\Delta Q = 2$，公式

$$\Delta(\text{TR}) \cong \text{MR} \times \Delta Q$$

表明总收益的变化近似为

$$(-20) \times 2 = -40$$

所以 Q 增加 2 单位导致 TR 下降约 40。

习题

2. 已知物品的总收益函数为

$$1\,000Q - 4Q^2$$

写出边际收益函数的表达式。如果当前需求为 30，求 TR 的值的近似变化，由于

(a) Q 增加 3 单位　　　(b) Q 下降 2 单位

我们在 1.5 节中介绍过需求的简单模型，按下面方程假设价格 P 与数量 Q 线性相关

$$P = aQ + b$$

其中，斜率 a 是负的，截距 b 是正的。像这样向下倾斜的需求曲线对应的是垄断者的情形。假设一个唯一的公司，或可能形成卡特尔的一组公司，是特定产品的唯一供给者，因此它们可以控制市场价格。当公司提高价格时，需求下降。相关的总收益函数为

$$\begin{aligned} \text{TR} &= PQ \\ &= (aQ + b)Q \\ &= aQ^2 + bQ \end{aligned}$$

边际收益的表达式通过求 TR 对 Q 的导数获得，即

$$\text{MR} = 2aQ + b$$

注意基于线性需求方程的假设，边际收益也是线性的，与需求曲线相比，两者有相同的截距 b，但有不同的斜率 $2a$。边际收益曲线迅速向下倾斜，其斜率正好是需求曲线的 2 倍。如图 4—13(a) 所示。

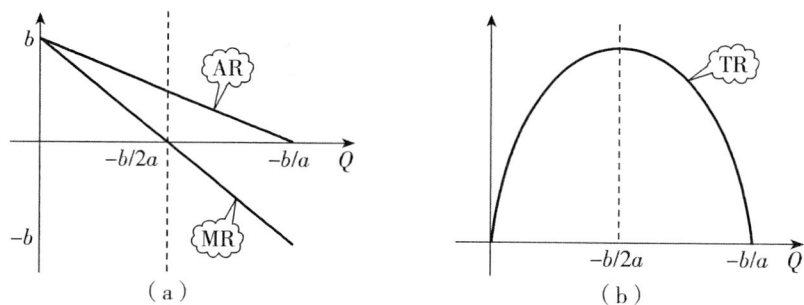

图 4—13

我们将平均收益 AR 定义为

$$\text{AR} = \frac{\text{TR}}{Q}$$

由于 $\text{TR} = PQ$，我们有

$$\text{AR} = \frac{PQ}{Q} = P$$

由于该原因，需求曲线在图 4—13(a) 中标识为平均收益。$\text{AR} = P$ 的结论适用于任意需求函数。因此，术语"平均收益曲线"与"需求曲线"是同义词。

图 4—13(a) 表明边际收益既可以取正值也可以取负值。这是我们预期到的。总收益函数是二次的，其图形呈抛物线形状。在 $-b/2a$ 的左边，图形向上，对应的边际收

益的值为正,而在该点的右边,图形向下,对应的边际收益的值为负。更重要的是,在 TR 曲线的最大值点上,其切线是水平的,斜率为零,因此在该点上 MR 是零。

垄断者的另一个极端是完全竞争的情形。对该模型,我们假设有大量的公司,所有公司卖同样的产品,没有行业进入障碍。由于任意单个公司生产总产出的比例很小,它不能控制价格。公司只能以当前的市场价格销售,由于公司规模相当小,它能以该价格卖任意数量的物品。如果固定价格用 b 表示,那么需求函数为

$P = b$

相应的总收益函数为

$TR = PQ = bQ$

边际收益的表达式通过求 TR 对 Q 的导数获得,由于 b 是常数,我们看到

$MR = b$

在完全竞争情形下,平均和边际收益曲线是相同的。它们是水平直线,在纵轴上 b 单位处,如图 4—14 所示。

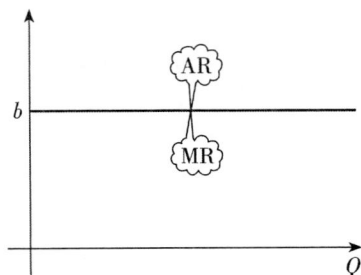

图 4—14

到目前为止,我们一直在分析总收益函数。其他经济函数也能使用上述我们得到的结论。例如,我们定义边际成本 MC 为

$$MC = \frac{d(TC)}{dQ}$$

边际成本是总成本对产出的导数

再次,用简单的几何证明,容易看出如果 Q 的变化量 ΔQ 很小,那么对应的 TC 的变化量为

$$\Delta(TC) \cong MC \times \Delta Q$$

$$\boxed{总成本的变化} \cong \boxed{边际成本} \times \boxed{产出的变化}$$

特别地,令 $\Delta Q = 1$ 得

$$\Delta(TC) \cong MC$$

因此 MC 给出 Q 增加 1 单位时 TC 的近似变化。

例题

已知物品的平均成本函数为

$$AC = 2Q + 6 + \frac{13}{Q}$$

求 MC 的表达式。如果当前产出为 15，估计 Q 下降 3 单位对 TC 的影响。

解

我们先需要用给定的 AC 的公式求 TC 的表达式。现在我们知道平均成本就是总成本除以 Q，即

$$AC = \frac{TC}{Q}$$

因此

$$TC = (AC)Q$$

$$= (2Q + 6 + \frac{13}{Q})Q$$

乘开括号后，我们得

$$TC = 2Q^2 + 6Q + 13$$

在该公式中，最后项 13 独立于 Q，因此 13 必然表示固定成本。其余部分 $2Q^2 + 6Q$ 依赖于 Q，因此代表总可变成本。求 TC 对 Q 的导数得

$$MC = \frac{d(TC)}{dQ}$$

$$= 4Q + 6$$

注意，因为固定成本是常数，其导数为零，因此固定成本对边际成本无影响。当 $Q = 15$ 时

$$MC = 4(15) + 6 = 66$$

如果 Q 下降 3 单位，那么 $\Delta Q = -3$。因此 TC 的变化为

$$\Delta(TC) \cong MC \times \Delta Q = 66 \times (-3) = -198$$

因此 TC 近似下降 198 单位。

习题

3. 给定平均成本函数

$$AC = \frac{100}{Q} + 2$$

求边际成本，推断无论当前产出水平是多少，Q 增加 1 单位导致 TC 增加 2 单位。

4.3.2　生产

我们在 2.3 节中介绍过生产函数。在最简单的情况下，产出 Q 假设为劳动 L 和资本 K 的函数。此外，在短期生产函数中，我们将投入 K 假设为固定值，因此 Q 只是投入 L 的函数（在长期生产函数中，这个假设将不再成立，一般地 Q 必须视为至少两种投入的函数。处理这种情况的方法在下一章考虑）。变量 L 通常以工人数或以工作小时数测度。

基于我们前面的工作，我们定义劳动的边际产出 MP_L 为

$$MP_L = \frac{dQ}{dL}$$

劳动的边际产出是产出对劳动的导数

同前面一样,这给出 L 增加 1 单位引起的 Q 的近似变化。

例题

已知生产函数为

$$Q = 300\sqrt{L} - 4L$$

其中,Q 表示产出,L 表示劳动力规模,计算当

（a）$L = 1$ （b）$L = 9$ （c）$L = 100$ （d）$L = 2\,500$

时 MP_L 的值,并解释这些结果的含义。

解

如果

$$Q = 300\sqrt{L} - 4L = 300L^{1/2} - 4L$$

那么

$$\begin{aligned} MP_L &= \frac{dQ}{dL} \\ &= 300\left(1/2L^{-1/2}\right) - 4 \\ &= 150L^{-1/2} - 4 \\ &= \frac{150}{\sqrt{L}} - 4 \end{aligned}$$

（a）当 $L = 1$ 时

$$MP_L = \frac{150}{\sqrt{1}} - 4 = 146$$

（b）当 $L = 9$ 时

$$MP_L = \frac{150}{\sqrt{9}} - 4 = 46$$

（c）当 $L = 100$ 时

$$MP_L = \frac{150}{\sqrt{100}} - 4 = 11$$

（d）当 $L = 2\,500$ 时

$$MP_L = \frac{150}{\sqrt{2\,500}} - 4 = -1$$

注意 MP_L 的值随 L 的增加而下降。（a）部分表明如果劳动力仅由 1 人组成,那么雇用 2 人将导致产出增加约 146 单位。（b）部分我们看到工人数从 9 增加到 10 将导致产出增加约 46 单位。（c）部分劳动从 100 的水平上增加 1 单位仅增加产出 11 单位。（d）部分情形甚至更糟。这表明增加人员事实上导致产出下降! 后者是相当惊人的结果,那么它是由真实生产过程中的什么情况引起的呢? 这可能是由工作场所过度拥

挤或管理者没有妥善分配好劳动力所引起的。

本例说明了边际生产率递减规律(有时称为收益递减规律)。该规律指出由于劳动单位增加引起的产出的增加将最终下降。换句话说,一旦劳动力规模达到某个临界水平,劳动的边际产出将变小。前例中,MP_L 的值随 L 增加持续下降。事实并非总是如此。开始时,对小的 L 值,劳动的边际产出可能维持不变或上升的趋势。然而,如果满足边际生产率递减规律,那么一定有某个 L 值,超过该值时,MP_L 下降。

典型的生产曲线如图 4—15 所示,其斜率为

$$\frac{dQ}{dL} = MP_L$$

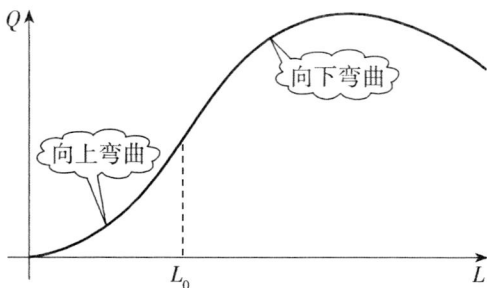

图 4—15

在 0 与 L_0 之间,曲线向上弯曲的同时变得越来越陡峭,因此斜率函数 MP_L 增加。数学上,这意味着 MP_L 的斜率为正,即

$$\frac{d(MP_L)}{dQ} > 0$$

现在,既然 MP_L 本身是 Q 对 L 的导数,因此我们能用二阶导数的符号将这写为

$$\frac{d^2Q}{dL^2} > 0$$

类似地,如果 L 超过临界值 L_0,那么图 4—15 表明生产曲线向下弯曲,斜率下降。在该区域中,斜率函数的斜率为负,因此

$$\frac{d^2Q}{dL^2} < 0$$

收益递减规律指出,这种情况最终必然发生,即对充分大的 L

$$\frac{d^2Q}{dL^2} < 0$$

习题

4. 柯布 — 道格拉斯生产函数为

$$Q = 5L^{1/2}K^{1/2}$$

假设资本 K 固定为 100,写出只以 L 表示的 Q 的公式。

计算当(a)$L = 1$　　(b)$L = 9$　　(c)$L = 10\ 000$

时劳动的边际产出,验证在这种情况下边际生产率递减规律成立。

4.3.3　消费和储蓄

在第 1 章中,我们研究了消费 C、储蓄 S、国民收入 Y 之间的关系。如果我们假设国民收入只用于消费和储蓄,那么

$$Y = C + S$$

令我们特别感兴趣的是 Y 变化会对 C 和 S 产生什么影响。简单地表述,如果国民收入增加,人们更可能将增加的收入花在消费品上还是将其储蓄起来？为了分析这种行为,我们引入边际消费倾向 MPC 和边际储蓄倾向 MPS 的概念,它们定义为

$$\mathrm{MPC} = \frac{\mathrm{d}C}{\mathrm{d}Y} \text{ 和 } \mathrm{MPS} = \frac{\mathrm{d}S}{\mathrm{d}Y}$$

边际消费倾向是消费对收入的导数

边际储蓄倾向是储蓄对收入的导数

这些定义与 1.7 节给出的定义相同,MPC 和 MPS 分别等于线性消费和储蓄曲线的斜率。初看好像为了计算 MPC 和 MPS 我们一般需要算出两个导数。然而,我们并不需要算出两个函数的导数。我们对方程

$$Y = C + S$$

两边对 Y 求导,推导出

$$\frac{\mathrm{d}Y}{\mathrm{d}Y} = \frac{\mathrm{d}C}{\mathrm{d}Y} + \frac{\mathrm{d}S}{\mathrm{d}Y} = \mathrm{MPC} + \mathrm{MPS}$$

现在我们已经熟悉结论,当我们求 $\frac{\mathrm{d}x}{\mathrm{d}x}$ 时,答案为 1。此时,Y 起 x 的作用,因此

$$\frac{\mathrm{d}Y}{\mathrm{d}Y} = 1$$

$$1 = \mathrm{MPC} + \mathrm{MPS}$$

该公式与 1.7 节对简单线性函数得到的结论是一致的。实际上,这意味着我们只需要算出一个导数,其余导数能从该方程中直接计算。

例题

已知消费函数为

$$C = 0.01Y^2 + 0.2Y + 50$$

计算当 $Y = 30$ 时的 MPC 和 MPS。

解

本例中给出消费函数,因此我们开始求 MPC。为此,我们求 C 对 Y 的导数。如果

$$C = 0.01Y^2 + 0.2Y + 50$$

那么

$$\frac{\mathrm{d}C}{\mathrm{d}Y} = 0.02Y + 0.2$$

因此当 $Y = 30$ 时

MPC = 0. 02 × 30 + 0. 2 = 0. 8

为了求对应的 MPS 的值,我们用公式

MPC + MPS = 1

得

MPS = 1 − MPC = 1 − 0. 8 = 0. 2

这表明当国民收入增加 1 单位(从其当前水平 30)消费增加近似 0. 8 单位,而储蓄仅增加约 0. 2 单位。在该收入水平下,该国的消费倾向大于储蓄倾向。

习题

5. 已知储蓄函数为

$S = 0.02Y^2 − Y + 100$

计算当 $Y = 40$ 时的 MPC 和 MPS 的值,并简单解释这些结果。

关键术语

Average revenue(平均收益):每销售单位产品所获得的收益:$AR = TR/Q = P$。

Chord(弦):连接曲线上两点的直线。

Law of diminishing marginal productivity (law of diminishing returns)(边际生产率递减规律(收益递减规律)):一旦劳动力规模超过某个特定值,劳动增加 1 单位导致的产出的增加将下降:对充分大的 L,$d^2Q/dL^2 < 0$。

Marginal cost(边际成本):厂商每增加一单位产出所增加的总成本:$MC = d(TC)/dQ$。

Marginal product of labour(劳动的边际产出):增加 1 单位劳动带来的额外产出:$MP_L = dQ/dL$。

Marginal propensity to consume(边际消费倾向):增加的国民收入中用于消费的比例:$MPC = dC/dY$。

Marginal propensity to save(边际储蓄倾向):增加的国民收入中用于储蓄的比例:$MPS = dS/dY$。

Marginal revenue(边际收益):多销售 1 单位物品获得的额外收益:$MR = d(TR)/dQ$。

Monopolist(垄断者):行业中唯一的公司。

Perfect competition(完全竞争):行业无进入障碍,许多公司以市场价格销售同样产品。

练习题 4. 3

1. 已知需求函数为

$P = 100 − 4Q$

求以 Q 表示的 TR 和 MR 的表达式。估计产出从当前 12 单位的水平增加 0. 3 单位引起的 TR 的变化。

2. 已知需求函数为

$P = 80 - 3Q$

证明

$MR = 2P - 80$

3. 某垄断者的需求函数为

$P + Q = 100$

写出以 Q 表示的 TR 和 MR 的表达式,画出它们的图形。求边际收益为零时的 Q 值,评价该值的重要性。

4. 已知物品的平均成本函数为

$AC = \dfrac{15}{Q} = 2Q + 9$

求 TC 的表达式。在这种情况下固定成本为多少? 写出边际成本函数的表达式。

5. 某公司的生产函数为

$Q = 50L - 0.01L^2$

其中,L 表示劳动力的规模。求 MP_L 在下列情形下的值。

(a)$L = 1$ (b)$L = 10$ (c)$L = 100$ (d)$L = 1\,000$

边际生产率递减规律适用于该特定函数吗?

6. 已知消费函数为

$C = 50 + 2\sqrt{Y}$

计算当 $Y = 36$ 时的 MPC 和 MPS 的值,并解释这些结果。

7. 已知消费函数为

$C = 0.02Y^2 + 0.1Y + 25$

求当 MPS = 0.38 时的 Y 的值。

练习题 4.3 *

1. 某公司的需求函数为

$P = 100 - 4\sqrt{Q} - 3Q$

(a) 写出以 Q 表示的总收益 TR 的表达式。

(b) 求边际收益 MR 的表达式,求当 $Q = 9$ 时的 MR 的值。

(c) 用(b)部分的结果估计 Q 从当前 9 单位的水平增加 0.25 单位引起的 TR 的变化。将该值与 TR 的精确变化值进行比较。

2. 消费函数为

$C = 0.01Y^2 + 0.8Y + 100$

(a) 计算当 $Y = 8$ 时,MPC 和 MPS 的值。

(b) 用 $C + S = Y$ 获得以 Y 表示 S 的公式。通过求该表达式的导数,求当 $Y = 8$ 时的 MPS 的值,验证这与(a)部分的答案是否一致。

3. 生产物品的固定成本为 100,单位可变成本为 $2 + Q/10$。

(a) 求 TC 和 MC 的表达式。

(b) 计算在 $Q = 30$ 处的 MC 的值,估计 Q 从当前 30 单位的水平增加 2 单位引起的 TC 的变化。

（c）当 MC = 22 时产出水平是多少?

4. 证明边际生产率递减规律对如下生产函数成立。

$$Q = 6L^2 - 0.2L^3$$

5. 某公司的生产函数为

$$Q = 5\sqrt{L} - 0.1L$$

（a）求劳动的边际产出 MP_L 的表达式。

（b）解方程 $MP_L = 0$,简要解释 L 值的重要性。

（c）证明边际生产率递减规律对该生产函数成立。

6. 某公司的平均成本函数取形式

$$AC = 4Q + a + \frac{6}{Q}$$

已知当 $Q = 3$ 时 $MC = 35$。求当 $Q = 6$ 时 AC 的值。

4.4　进一步的微分法则

学习目标

学完本节,你应该能够:

● 用链式法则求复合函数的导数
● 用乘法法则求两个函数的乘积的导数
● 用除法法则求两个函数的商的导数
● 综合运用法则求复杂函数的导数

4.2 节向你介绍了微分的基本法则。不幸地,仅用这些法则不能求出所有函数的导数。例如,我们不能仅用数乘、加法、减法法则求下列函数的导数

$$x\sqrt{2x - 3} \quad \text{和} \quad \frac{x}{x^2 + 1}$$

本节的目的是介绍三个进一步的法则,使你能求更复杂表达式的导数。实际上,学完六个法则,你能够求任意数学函数的导数。尽管你可能发现本节介绍的法则掌握起来比以前要花费稍长时间,但它们对经济理论的理解是至关重要的。

我们研究的第一个法则称为链式法则,它能用来求像

$$y = (2x + 3)^{10} \quad \text{和} \quad y = \sqrt{1 + x^2}$$

这样的函数的导数。这些表达式的显著特征是它们表示"复合函数"。为了理解复合函数,你可能使用计算器计算

$$y = (2x + 3)^{10}$$

你会首先算出一个中间数 u,给定为

$$u = 2x + 3$$

然后对其取 10 次幂,得

$$y = u^{10}$$

该过程用图 4—16 的流程图说明。输入数 x 首先通过内部函数"加倍后加 3"进行加工。然后从这得到的输出 u 传到外部函数"取 10 次幂"上,加工出最终输出数 y。

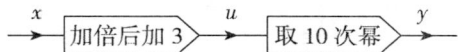

$$\xrightarrow{\quad x \quad} \boxed{\text{加倍后加 3}} \xrightarrow{\quad u \quad} \boxed{\text{取 10 次幂}} \xrightarrow{\quad y \quad}$$

图 4—16

函数 $y = \sqrt{(1 + x^2)}$

能以同样的方式来计算。为了计算 y,你完成内部函数"平方后加 1",接着通过外部函数"取平方根"。

现在陈述求复合函数的导数的链式法则。

法则 4 链式法则

如果 y 是 u 的函数,u 本身是 x 的函数,那么

$$\frac{dy}{dx} = \frac{dy}{du} \times \frac{du}{dx}$$

求外部函数的导数,然后乘以内部函数的导数

为了说明该法则,让我们回到函数 $y = (2x + 3)^{10}$

其中 $y = u^{10}, u = 2x + 3$

现在 $\dfrac{dy}{du} = 10u^9 = 10(2x + 3)^9$

$$\frac{du}{dx} = 2$$

那么由链式法则得

$$\frac{dy}{dx} = \frac{dy}{du} \times \frac{du}{dx} = 10(2x + 3)^2(2) = 20(2x + 3)^9$$

实践中可能不明确引入变量 u 进行求导。为了求

$y = (2x + 3)^{10}$ 的导数

我们首先求外部幂函数的导数,得 $10(2x + 3)^9$

然后乘以内部函数 $2x + 3$ 的导数 2,因此 $\dfrac{dy}{dx} = 20(2x + 3)^9$

例题

求下列函数的导数

(a) $y = (3x^2 - 5x + 2)^4$

(b) $y = \dfrac{1}{3x + 7}$

(c) $y = \sqrt{(1 + X^2)}$

解

(a) 链式法则表明,为了求 $(3x^2 - 5x + 2)^4$ 的导数,我们首先求外部幂函数的导

数,得 $4(3x^2 - 5x + 2)^3$

然后乘以内部函数 $3x^2 - 5x + 2$ 的导数,它是 $6x - 5$。因此如果 $y = (3x^2 - 5x + 2)^4$,那么 $\dfrac{\mathrm{d}y}{\mathrm{d}x} = 4(3x^2 - 5x + 2)^3(6x - 5)$

（b）为了用链式法则求 $y = \dfrac{1}{3x + 7}$ 的导数

将倒数用负幂的形式表示,因此 $y = (3x + 7)^{-1}$

外部幂函数的导数等于 $-(3x + 7)^{-2}$

内部函数 $3x + 7$ 的导数等于 3。由链式法则,我们将这些乘到一起推导出,如果 $y = \dfrac{1}{3x + 7}$,那么 $\dfrac{\mathrm{d}y}{\mathrm{d}x} = -(3x + 7)^2(3) = \dfrac{-3}{(3x + 7)^2}$

（c）为了用链式法则求 $y = \sqrt{(1 + x^2)}$ 的导数

将根用分数幂的形式表示,因此 $y = (1 + x^2)^{1/2}$

外部幂函数的导数等于 $\dfrac{1}{2}(1 + x^2)^{-1/2}$

内部函数 $1 + x^2$ 的导数等于 $2x$。由链式法则,我们将这些乘起来推导出,如果 $y = \sqrt{1 + x^2}$,那么

$$\frac{\mathrm{d}y}{\mathrm{d}x} = \frac{1}{2}(1 + x^2)^{-1/2}(2x) = \frac{x}{\sqrt{(1 + x^2)}}$$

习题

1. 求下列函数的导数

（a）$y = (3x - 4)^5$　（b）$y = (x^2 + 3x + 5)^3$　（c）$y = \dfrac{1}{2x - 3}$　（d）$y = \sqrt{(4x - 3)}$

下一个法则用来求两个函数的乘积 $f(x)g(x)$ 的导数。为了给出该法则的清晰的陈述,我们记 $u = f(x)$ 和 $v = g(x)$

法则 5　乘法法则

如果 $y = uv$,那么 $\dfrac{\mathrm{d}y}{\mathrm{d}x} = u\dfrac{\mathrm{d}v}{\mathrm{d}x} + v\dfrac{\mathrm{d}u}{\mathrm{d}x}$

该法则告诉你怎样求两个函数的乘积的导数:

每个函数乘以另一个函数的导数然后相加

例题

求下列函数的导数

（a）$y = x^2(2x + 1)^3$　　（b）$x\sqrt{(6x + 1)}$　　（c）$y = \dfrac{x}{1 + x}$

解

（a）函数 $x^2(2x + 1)^3$ 是两个简单函数 x^2 与 $(2x + 1)^3$ 的乘积,我们分别用 u 和 v 表示（我们用 u 和 v 标识哪个函数没有关系。如果 u 是 $(2x + 1)^3$,v 是 x^2,两种表示方法得

到同样的答案。稍后你可以自己检查）。如果

$$u = x^2, v = (2x + 1)^3$$

那么

$$\frac{\mathrm{d}u}{\mathrm{d}x} = 2x, \frac{\mathrm{d}v}{\mathrm{d}x} = 6(2x + 1)^2$$

其中，我们用链式法则求 $\mathrm{d}v/\mathrm{d}x$。由乘法法则

$$\frac{\mathrm{d}y}{\mathrm{d}x} = u\frac{\mathrm{d}v}{\mathrm{d}x} + v\frac{\mathrm{d}u}{\mathrm{d}x} = x^2[6(2x+1)^2] + (2x+1)^3(2x)$$

第一项通过单独保留 u 然后乘以 v 的导数获得。类似地，第二项通过单独保留 v 然后乘以 u 的导数获得。

如果愿意，最终答案可以通过提出公因子 $2x(2x+1)^2$ 来化简该表达式。因此

$$\frac{\mathrm{d}y}{\mathrm{d}x} = 2x(2x+1)^2[3x + (2x+1)] = 2x(2x+1)^2(5x+1)$$

（b）函数 $x\sqrt{6x+1}$ 是简单函数

$$u = x \text{ 与 } v = \sqrt{6x+1} = (6x+1)^{1/2}$$

的乘积，对每个函数

$$\frac{\mathrm{d}u}{\mathrm{d}x} = 1, \frac{\mathrm{d}v}{\mathrm{d}x} = \frac{1}{2}(6x+1)^{-1/2} \times 6 = 3(6x+1)^{-1/2}$$

其中，我们用链式法则求 $\mathrm{d}v/\mathrm{d}x$。由乘法法则

$$\frac{\mathrm{d}y}{\mathrm{d}x} = u\frac{\mathrm{d}v}{\mathrm{d}x} + v\frac{\mathrm{d}u}{\mathrm{d}x}$$

$$= x[3(6x+1)^{-1/2}] + (6x+1)^{1/2}(1)$$

$$= \frac{3x}{\sqrt{(6x+1)}} + \sqrt{(6x+1)}$$

通过将第二项置于公分母 $\sqrt{6x+1}$ 上来化简该表达式。为此，我们对第二项的分子和分母乘以 $\sqrt{6x+1}$ 得

$$\frac{(6x+1)}{\sqrt{(6x+1)}}$$

$$\sqrt{(6x+1)} \times \sqrt{(6x+1)}$$
$$= 6x+1$$

因此

$$\frac{\mathrm{d}y}{\mathrm{d}x} = \frac{3x + (6x+1)}{\sqrt{(6x+1)}} = \frac{9x+1}{\sqrt{(6x+1)}}$$

（c）初看我们难以看出如何用乘法法则求 $\dfrac{x}{1+x}$ 的导数

由于它看起来像两个函数的商而不是积。然而，我们知道倒数等价于负幂，我们可以将其改写为

$$x(1+x)^{-1}$$

因此，我们能令

$$u = x, v = (1+x)^{-1}$$

得 $\dfrac{du}{dx} = 1, \dfrac{dv}{dx} = -(1+x)^{-2}$（原书有误）

其中，我们用链式法则求 dv/dx。由乘法法则

$$\frac{dy}{dx} = u\,\frac{dv}{dx} + v\,\frac{du}{dx}$$

$$\frac{dy}{dx} = x\left[-(1+x)^{-2}\right] + (1+x)^{-1}(1)$$

$$= \frac{-x}{(1+x)^2} + \frac{1}{1+x}$$

通过将第二项置于公分母 $(1+x)^2$ 上来化简该表达式。为此，我们对第二项的分子和分母乘以 $1+x$ 得

$$\frac{1+x}{(1+x)^2}$$

因此

$$\frac{dy}{dx} = \frac{-x}{(1+x)^2} + \frac{1+x}{(1+x)^2} = \frac{-x+(1+x)}{(1+x)^2} = \frac{1}{(1+x)^2}$$

习题

2. 求下列函数的导数

（a）$y = x(3x-1)^6$　　　（b）$y = x^3\sqrt{(2x+3)}$　　　（c）$y = \dfrac{x}{x-2}$

> **建议**
>
> 　　你可能发现乘法法则很难理解。这可能是由于我们不能很好地掌握表达式的最终化简过程。如果是这种情况，在此阶段你不要担心。即使你不能在最后整理好表达式，你也能用乘法法则获得答案。但这并不是说表达式的化简是不重要的。如果导数结果用于后面的计算，那么化简表达式会节省时间。

习题 2 最困难的部分之一是（c）部分，由于这涉及代数分数。对于这种函数，我们必须对负指数进行变换以及将两个单个分数置于某个公分母上。你可能没有信心完成这些化简过程。由于该原因，我们以特别为求这类函数的导数设计的一个法则结束本节。该法则本身相当复杂。然而，该法则的优势是，它替你完成了代数过程，因此当求代数分数的导数时，你更愿意用它而不是乘法法则。

法则 6 除法法则

如果 $y = \dfrac{u}{v}$，那么 $\dfrac{dy}{dx} = \dfrac{v\,du/dx - u\,dv/dx}{v^2}$

该法则告诉你怎样求两个函数的商的导数：

该导数的分子为，分母乘以分子的导数，减去分子乘以分母的导数，该导数的分母为函数分母的平方。

例题

求下列函数的导数

（a）$y = \dfrac{x}{1 + x}$ （b）$y = \dfrac{1 + x^2}{2 - x^3}$

解

（a）在除法法则中，用 u 表示分子，用 v 表示分母，因此求

$\dfrac{x}{1 + x}$ 的导数

我们必须取

$u = x, v = 1 + x$

得

$\dfrac{\mathrm{d}u}{\mathrm{d}x} = 1, \dfrac{\mathrm{d}v}{\mathrm{d}x} = 1$

由除法法则

$$\dfrac{\mathrm{d}y}{\mathrm{d}x} = \dfrac{v\,\mathrm{d}u/\mathrm{d}x - u\,\mathrm{d}v/\mathrm{d}x}{v^2}$$

$$= \dfrac{(1 + x)(1) - x(1)}{(1 + x^2)}$$

$$= \dfrac{1 + x - x}{(1 + x^2)}$$

$$= \dfrac{1}{(1 + x^2)}$$

注意除法法则自动地将最终表达式置于公分母上。这与在前例(c)部分用乘法法则得到的结果相同。

（b）代数分数 $\dfrac{1 + x^2}{2 - x^3}$ 的分子是 $1 + x^2$，分母是 $2 - x^3$，

因此我们取

$u = 1 + x^2, v = 2 - x^3$

得

$\dfrac{\mathrm{d}u}{\mathrm{d}x} = 2x, \dfrac{\mathrm{d}v}{\mathrm{d}x} = -3x^2$

由除法法则

$$\dfrac{\mathrm{d}y}{\mathrm{d}x} = \dfrac{v\,\mathrm{d}u/\mathrm{d}x - u\,\mathrm{d}v/\mathrm{d}x}{v^2}$$

$$= \dfrac{(2 - x^3)(2x) - (1 + x^2)(-3x^2)}{(2 - x^3)^3}$$

$$= \dfrac{4x - 2x^4 + 3x^2 + 3x^4}{(2 - x^3)^3}$$

$$= \frac{x^4 + 3x^2 + 4x}{(2 - x^3)^3}$$

习题

3. 求下列函数的导数

（a）$y = \dfrac{x}{x - 2}$ （b）$y = \dfrac{x - 1}{x + 1}$

（你可以验证（a）部分的答案与习题2（c）中获得的答案是否相同）

建议

    乘法和除法法则给出求代数分数的导数的两种方法。你用哪个法则没有关系，使用对你来说最容易的法则。

练习题4.4

1. 用链式法则求下列函数的导数

（a）$y = (5x + 1)^3$ （b）$y = (2x - 7)^8$ （c）$y = (x + 9)^5$

（d）$y = (4x^2 - 7)^3$ （e）$y = (x^2 + 4x - 3)^4$ （f）$y = \sqrt{(2x + 1)}$

（g）$y = \dfrac{1}{3x + 1}$ （h）$y = \dfrac{1}{(4x - 3)^2}$ （i）$y = \dfrac{1}{\sqrt{(2x + 5)}}$

2. 用乘法法则求下列函数的导数

（a）$x(3x + 4)^2$ （b）$x^2(x - 2)^3$ （c）$x\sqrt{(x + 2)}$

（d）$(x - 1)(x + 6)^3$ （e）$(2x + 1)(x + 5)^3$ （f）$x^3(2x - 5)^4$

3. 用除法法则求下列函数的导数

（a）$y\dfrac{x}{x - 5}$ （b）$y = \dfrac{x}{(x + 7)}$ （c）$y = \dfrac{x + 3}{x - 2}$

（d）$y = \dfrac{2x + 9}{3x + 1}$ （e）$\dfrac{x}{(5x + 6)}$ （f）$y = \dfrac{x + 4}{3x - 7}$

4. 求下列函数的导数
$y = x^5(x + 2)^2$

（a）用链式法则   （b）首先乘开括号，然后逐项求导

5. 求下列函数的导数
$y = x^5(x + 2)^2$

（a）用乘法法则   （b）首先乘开括号，然后逐项求导

6. 需求方程给定如下：

（a）$p = (100 - Q)^3$ （b）$P = \dfrac{1\,000}{Q + 4}$

求边际收益表达式。

7. 已知消费函数为

$$C = \frac{300 + 2Y^2}{1 + Y}$$

计算当 $Y = 36$ 时,MPC 和 MPS 的值,并解释这些结果。

练习题 4.4*

1. 用链式法则求下列函数的导数

(a) $y = (2x + 1)^{10}$ (b) $y = (x^2 + 3x - 5)^3$ (c) $y = \frac{1}{7x - 3}$

(d) $y = \frac{1}{x^2 + 1}$ (e) $y = \sqrt{(8x - 1)}$ (f) $y = \frac{1}{\sqrt[3]{(6x - 5)}}$

2. 用乘法法则求下列函数的导数

(a) $y = x^2(x + 5)^3$ (b) $y = x^5(4x + 5)^2$ (c) $y = x\sqrt[4]{(x + 1)}$

3. 用除法法则求下列函数的导数

(a) $y = \frac{x^2}{x + 41}$ (b) $y = \frac{2x - 1}{x + 1}$ (c) $y = \frac{x^3}{\sqrt{(x - 1)}}$

4. 求下列函数的导数

(a) $y = x(x - 3)^4$ (b) $y = x\sqrt{(2x - 3)}$ (c) $y = \frac{x}{(3x + 5)^2}$ (d) $y = \frac{x}{x^2 + 1}$

(e) $y = \frac{ax + b}{cx + d}$ (f) $y = (ax + b)^m(cx + d)^n$ (g) $y = x(x + 2)^2(x + 3)^3$

5. 求函数 $y = \frac{x}{2x + 1}$ 的二阶导数,并化简该表达式。

6. 需求方程给定如下:

(a) $P = \sqrt{(100 - 2Q)}$ (b) $P = \frac{100}{\sqrt{2 + Q}}$

求边际收益表达式。

7. 已知消费函数为

$$C = \frac{650 + 2Y^2}{9 + Y}$$

确定当 $Y = 21$ 时的边际消费倾向,保留 3 位小数。

推导对应的边际储蓄倾向的值,并解释这些结果的含义。

4.5 弹性

学习目标

学完本节,你应该能够:

● 计算弧价格弹性
● 计算点价格弹性

● 决定供给和需求是缺乏弹性的、单位弹性的，还是富有弹性的
● 理解需求的价格弹性与收益之间的关系
● 确定一般线性需求函数的价格弹性

商务上一个重要问题是确定物品价格变化对收益的影响。让我们假设某公司的需求曲线向下倾斜。如果公司降低价格，那么每件商品的收益减少，但商品的销售量增加。总收益 TR 的公式为

TR = PQ

我们不能马上判断 P 下降和 Q 增加对 TR 的净影响。此处关键因素不是 P 和 Q 的绝对变化，而是比例或百分比的变化。直觉上，我们预期如果百分比在 Q 上的增长大于在 P 上的下降，那么公司收益增加。在这样的情况下，由于需求对价格的变化相当敏感，我们说需求是富有弹性的。类似地，如果需求对价格的变化相当不敏感，那么我们就说需求是缺乏弹性的。在这种情况下，销售量的百分比变化小于价格的百分比变化。公司通过提高物品的价格增加收益。尽管需求下降，但价格增加超过销售量下降，因此收益增加。在价格和数量的百分比变化相等、收益不变的情况下，我们用术语单位弹性来描述这种情形。

我们量化需求对价格变化的反应程度，将需求的价格弹性定义为

E = 需求的百分比变化 / 价格的百分比变化

注意，因为需求曲线向下倾斜，所以价格的正变化导致数量的负变化，反过来也是如此。因此，E 的值总是负的。习惯上为了避免这样，有意改变符号取

E = − 需求的百分比变化 / 价格的百分比变化

这使 E 为正。前面对需求函数的分类现在能够用 E 更简洁地重述为：
需求说成是
● 缺乏弹性，如果 E < 1
● 单位弹性，如果 E = 1
● 富有弹性，如果 E > 1

建议

你应该注意不是所有经济学家都采用使 E 为正的惯例。如果负号保留，当 E > −1 时，需求是缺乏弹性的，当 E = −1 时，需求是单位弹性的，当 E < −1 时，需求是富有弹性的。你应该确定你需要采用的特定惯例。

通常，我们用 ΔP 和 ΔQ 分别表示 P 和 Q 的变化，得到用这些符号表示的 E 的公式。为此，假设物品的价格由 12 美元增加到 18 美元。稍思片刻你就想到价格的百分比变化为 50%。为了得到该数值，我们首先将变化

18 − 12 = 6

表示为原价格的分数得

$$\frac{6}{12} = 0.5$$

然后乘以 100 将其表示成百分比的形式。该例子向我们提供如何找到 E 的公式的

线索。一般地，价格的百分比变化为

价格变化表示为原价格的分数 → $\dfrac{\Delta P}{P} \times 100$ ← 乘以 100 将分数转变成百分比

类似地，数量的百分比变化为

$$\dfrac{\Delta Q}{Q} \times 100$$

因此

$$E = -\left(\dfrac{\Delta Q}{Q} \times 100\right) \div \left(\dfrac{\Delta P}{P} \times 100\right)$$

现在，当我们除以两个分数时，我们将分母倒过来相乘，因此

$$E = -\left(\dfrac{\Delta Q}{Q} \times \cancel{100}\right) \times \left(\dfrac{P}{\cancel{100} \times \Delta P}\right)$$

$$\quad = -\dfrac{P}{Q} \times \dfrac{\Delta Q}{\Delta P}$$

典型的需求曲线如图 4—17 所示，价格从 P_1 下降到 P_2 引起需求从 Q_1 增加到 Q_2。

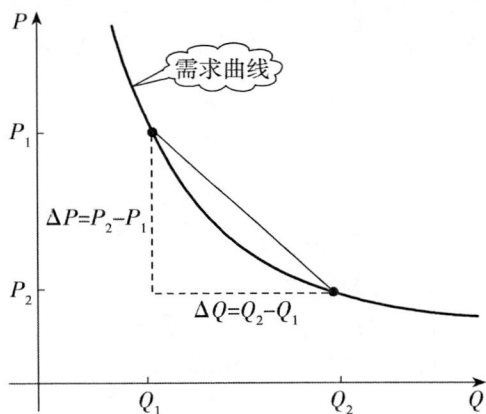

图 4—17

例题

确定价格从 136 下降到 119 时的需求弹性，需求函数为
$$P = 200 - Q^2$$

解

用图 4—17 中的符号，我们已知，$P_1 = 136, P_2 = 119$

对应的 Q_1 和 Q_2 的值通过将 $P_1 = 136, P_2 = 119$ 分别代入需求方程

$$P = 200 - Q^2$$

对 Q 求解获得。例如，如果 $P = 136$，那么

$$136 = 200 - Q^2$$

整理得

$Q^2 = 200 - 136 = 64$

解为 $Q = \pm 8$，忽略负值，我们得 $Q_1 = 8$。类似地，令 $P = 119$ 得 $Q_2 = 9$。弹性公式为

$$E = -\frac{P}{Q} \div \frac{\Delta Q}{\Delta P}$$

ΔP 和 ΔQ 的值容易算出为

$\Delta P = 119 - 136 = -17$

$\Delta Q = 9 - 8 = 1$

然而，我们不清楚 P 和 Q 的值取多少。我们将 P 取 136 还是 119？折中的方法是用它们的均值，取

$P = 1/2(136 + 119) = 127.5$

类似地，Q 的平均值等于

$Q = 1/2(8 + 9) = 8.5$

因此

$$E = -\frac{127.5}{8.5} \times \left(\frac{1}{-17}\right) = 0.88$$

此例将特例一般化，即用需求曲线上两点 (Q_1, P_1) 与 (Q_2, P_2) 的平均数估计弹性。由于该原因，称其为弧弹性，公式中的 P 和 Q 用 $1/2(P_1 + P_2)$ 和 $1/2(Q_1 + Q_2)$ 代替。

习题

1. 已知需求函数为

$P = 1\,000 - 2Q$

计算 P 从 210 下降到 200 时的弧弹性。

前例中，我们需要使用两点的平均值来计算弧弹性，而不是使用某点的精确值。通过考虑图 4—17 中当 ΔP 和 ΔQ 趋于零时的极限，对后者的公式能够容易地从

$$E = -\frac{P}{Q} \times \frac{\Delta Q}{\Delta P}$$

中推出。在这种情况下，弧收缩为一点，比率 $\Delta Q/\Delta P$ 趋于 $\mathrm{d}Q/\mathrm{d}P$。所以某点价格弹性（点弹性）的公式为

$$E = -\frac{P}{Q} \times \frac{\mathrm{d}Q}{\mathrm{d}P}$$

例题

已知需求函数为

$P = 50 - 2Q$

求当价格为 30 时的弹性。在该价格下，需求是缺乏弹性的、单位弹性的，还是富有弹性的？

解

为了求 $\mathrm{d}Q/\mathrm{d}P$，我们需要求 Q 对 P 的导数。然而，我们事实上已知用 Q 表示 P 的公

式,因此我们需要对 Q 进行变换

$$P = 50 - 2Q$$

两边加上 $2Q$ 得

$$P + 2Q = 50$$

如果我们减去 P,那么

$$2Q = 50 - P$$

最后,除以 2 得

$$Q = 25 - \frac{1}{2}P$$

因此

$$\frac{dQ}{dP} = -1/2$$

我们已知 $P = 30$,因此在该价格下,需求为

$$Q = 25 - \frac{1}{2}(30) = 10$$

将这些值代入

$$E = -\frac{P}{Q} \times \frac{dQ}{dP}$$

得

$$E = -\frac{30}{10} \times (-\frac{1}{2}) = 1.5$$

此外,由于 $1.5 > 1$,在该价格下,需求富有弹性。

习题

2. 已知需求函数为

$$P = 100 - Q$$

当价格为(a)10、(b)50、(c)90 时,计算需求的价格弹性。判断在这些价格下,需求是缺乏弹性的、单位弹性的,还是富有弹性的?

经济学中普遍使用的需求函数的形式为

$$P = f(Q)$$

其中 P 是 Q 的函数。为了计算弹性,必须求

$$\frac{dQ}{dP}$$

假设 Q 事实上是 P 的函数。因此,我们可能在求导前不得不变换需求方程,求用 P 表示 Q 的表达式。这是前例采用的方法。不幸地,如果 $f(Q)$ 是复杂的表达式,那么我们可能难以对其变换;如果可以对 $f(Q)$ 进行变换,那么我们需要整理原方程,并最终得到 Q 的表达式。另一种方法为

$$\frac{dQ}{dP} = \frac{1}{dP/dQ}$$

上述结论的证明过程可以通过链式法则获得。该结果表明,我们能够通过求原需

求函数的导数得到 dP/dQ ,然后倒过来求 dQ/dP 。

例题

已知需求函数为

$P = -Q^2 - 4Q + 96$

求当 $P = 51$ 时的需求的价格弹性。如果该价格增加2%,计算对应的需求的百分比变化。

解

我们已知 $P = 51$,为了求对应的需求,我们需要解二次方程

$-Q^2 - 4Q + 96 = 51$

即

$-Q^2 - 4Q + 45 = 0$

为此,我们用 2.1 节讨论的标准公式

$$\frac{-b \pm \sqrt{b^2 - 4ac}}{2a}$$

得

$$Q = \frac{-(-4) \pm \sqrt{((-4)^2 - 4(-1)(45))}}{2(-1)}$$

$$= \frac{4 \pm \sqrt{196}}{-2} = \frac{4 \pm 14}{-2}$$

得到两个解为 -9 和 5。由于负值没有意义,通常将负值忽略掉,因此 $Q = 5$ 。

为了求 E 的值,我们也需要从需求方程 $P = -Q^2 - 4Q + 96$ 中计算

dQ/dP

对该方程进行变换很困难。事实上,我们需要解二次方程的公式,像前面一样,用 P 代替数字 51。不幸地,该表达式涉及平方根,后面的求导相当麻烦。(你可以自己试试!)然而,容易求出 $\frac{dP}{dQ}$ 的表达式,得

$$\frac{dQ}{dP} = -2Q - 4$$

因此

$$\frac{dQ}{dP} = \frac{1}{dP/dQ} = \frac{1}{-2Q - 4}$$

最后,令 $Q = 5$ 得

$$\frac{dQ}{dP} = -\frac{1}{14}$$

需求的价格弹性为

$$E = -\frac{P}{Q} \times \frac{dQ}{dP}$$

如果代入 $P = 51, Q = 5, dQ/dP = -1/14$,得

$$E = -\frac{51}{5} \times \left(-\frac{1}{14}\right) = 0.73\,(\text{原书有误})$$

为了说明 P 增加 2%，对 Q 的影响，我们回到原定义

$E = -$ 需求的百分比变化 / 价格的百分比变化

我们知道 $E = 0.73$ 和价格的百分比变化为 2%，因此（原书有误）

$0.73 = -$ 需求的百分比变化 $/2\%$（原书有误）

需求的百分比变化为

$-0.73 \times 2\% = -1.46\%$（原书有误）

所以，价格增加 2%，需求下降 1.46%。

习题

3. 已知需求函数为

$$P = -Q^2 - 10Q + 150$$

求当 $Q = 4$ 时的需求的价格弹性。估计需求增加 10% 需要的价格的百分比变化。

供给的价格弹性与需求的价格弹性的定义方式相似。我们定义

$E = $ 供给的百分比变化 / 价格的百分比变化（原书有误）

然而，这次没有必要调整符号。价格增加导致供给增加，因此 E 自动为正。用符号

$$E = \frac{P}{Q} \times \frac{\Delta Q}{\Delta P}$$

如果 (Q_1, P_1) 和 (Q_2, P_2) 是供给曲线上两点，那么同前面一样通过令

$$\Delta P = P_2 - P_1$$
$$\Delta Q = Q_2 - Q_1$$
$$P = 1/2(P_1 + P_2)$$
$$Q = 1/2(Q_1 + Q_2)$$

获得弧弹性公式，对应的点弹性公式为

$$E = \frac{P}{Q} \times \frac{\mathrm{d}Q}{\mathrm{d}P}$$

例题

已知供给函数为

$$P = 10 + \sqrt{Q}$$

求供给函数的价格弹性

(a) $Q = 100$ 与 $Q = 105$ 之间的弧弹性　　　　(b) 点 $Q = 100$

解

(a) 我们已知

$Q_1 = 100, Q_2 = 105$

因此

$P_1 = 10 + \sqrt{100} = 20, P_2 = 10 + \sqrt{105} = 20.247$

$$\Delta P = 20.247 - 20 = 0.247, \qquad \Delta Q = 105 - 100 = 5$$

$$P = \frac{1}{2}(20 + 20.247) = 20.123, \qquad Q = \frac{1}{2}(100 + 105) = 102.5$$

由弧弹性公式得

$$E = \frac{P}{Q} \times \frac{\Delta Q}{\Delta P} = \frac{20.123}{102.5} \times \frac{5}{0.247} = 3.97$$

（b）为了计算点 $Q = 100$ 的弹性，我们需要求 $\mathrm{d}Q/\mathrm{d}P$，供给方程为

$$P = 10 + Q^{1/2}$$

求导得

$$\frac{\mathrm{d}P}{\mathrm{d}Q} = \frac{1}{2}Q^{-1/2} = \frac{1}{2\sqrt{Q}}$$

因此

$$\frac{\mathrm{d}Q}{\mathrm{d}P} = 2\sqrt{Q}$$

在点 $Q = 100$，得

$$\frac{\mathrm{d}Q}{\mathrm{d}P} = 2\sqrt{100} = 20$$

由点弹性公式得

$$E = \frac{P}{Q} \times \frac{\mathrm{d}Q}{\mathrm{d}P} = \frac{20}{100} \times 20 = 4$$

注意，如预期的一样，（a）和（b）部分的答案接近相同。

习题

4. 已知供给方程为

$$Q = 150 + 5P + 0.1P^2$$

计算供给的价格弹性

（a）$P = 9$ 与 $P = 11$ 之间的弧弹性　　　　（b）点 $P = 10$

建议

　　弹性概念能用于更一般的函数，下一章我们讲述弹性更广泛的应用。此刻我们研究需求弹性的特征。下面的内容有点难以理解，因此你可以跳过中间的推导过程，直接记住结论。

我们开始分析弹性与边际收益之间的关系。边际收益 MR 为

$\mathrm{d}(\mathrm{TR})/\mathrm{d}Q$

由于 TR 等于乘积 PQ，因此我们能用乘法法则求它的导数。如果

$u = P, v = Q$

那么

$$\frac{\mathrm{d}u}{\mathrm{d}Q} = \frac{\mathrm{d}P}{\mathrm{d}Q}, \frac{\mathrm{d}v}{\mathrm{d}Q} = \frac{\mathrm{d}Q}{\mathrm{d}Q} = 1$$

由乘法法则

$$MR = u\frac{\mathrm{d}v}{\mathrm{d}Q} + v\frac{\mathrm{d}u}{\mathrm{d}Q}$$

$$= P + Q \times \frac{\mathrm{d}P}{\mathrm{d}Q}$$

$$= P\left(1 + \frac{Q}{P} \times \frac{\mathrm{d}P}{\mathrm{d}Q}\right)$$ 通过乘开括号检查这一点

由于

$$-\frac{P}{Q} \times \frac{\mathrm{d}Q}{\mathrm{d}P} = E$$

因此

$$\frac{Q}{P} \times \frac{\mathrm{d}P}{\mathrm{d}Q} = -\frac{1}{E}$$ 两边颠倒然后乘以 -1

代入 MR 的表达式得

$$MR = P\left(1 - \frac{1}{E}\right)$$

边际收益与需求弹性之间的关系现在全部讲述完毕,该公式能用来解释本节开头我们给出的关于收益和弹性之间的关系的假设。观察如果 $E < 1$,那么 $1/E > 1$,因此对 P 的任意值,MR 是负的。因为 MR 决定收益曲线的斜率,所以在需求缺乏弹性的区域内收益函数是递减的。类似地,如果 $E > 1$,那么 $1/E < 1$,因此对 P 的任意值,MR 是正的,收益曲线向上。换句话说,收益函数在需求富有弹性的区域内递增。最后,如果 $E = 1$,那么 MR 为 0,因此收益曲线的斜率在需求单位弹性的点上是水平的。

贯穿本节,我们先计算特定的函数和特定点的弹性,并将结论推广到一般函数上。接下来,我们讨论一般函数,并推导弹性的一般表达式。首先,我们考虑标准的向下倾斜的线性需求函数

$$P = aQ + b$$

其中,$a < 0, b > 0$。如 4.3 节所解释的那样,这种典型的需求函数是垄断者面对的。为了求 $\dfrac{\mathrm{d}Q}{\mathrm{d}P}$ 我们变换该方程,两边减去 b 得

$$aQ = P - b$$

然后除以 a 得

$$Q = \frac{1}{a}(P - b)$$

因此

$$\frac{\mathrm{d}Q}{\mathrm{d}P} = \frac{1}{a}$$

需求弹性的公式为

$$E = -\frac{P}{Q} \times \frac{\mathrm{d}Q}{\mathrm{d}P}$$

因此用 $(1/a)(P - b)$ 代替 Q,$1/a$ 代替 $\mathrm{d}Q/\mathrm{d}P$,得

$$E = \frac{-P}{(1/a)(P-b)} \times \frac{1}{a}$$

$$= \frac{-P}{P-b}$$

$$= \frac{P}{b-P} \qquad \text{分子分母乘以 } -1$$

注意该公式包含 P 和 b 但不包含 a,所以弹性与线性需求曲线的斜率无关。特别地,这表明,对应任意价格 P,图4—18 中的两个需求函数的弹性是一样的。由于 A 在更陡峭的曲线上,我们预计需求在 A 处比在 B 处更富有弹性。然而,经过数学证明,结果不是这么回事。(你能用经济学术语解释为什么是这样吗?)

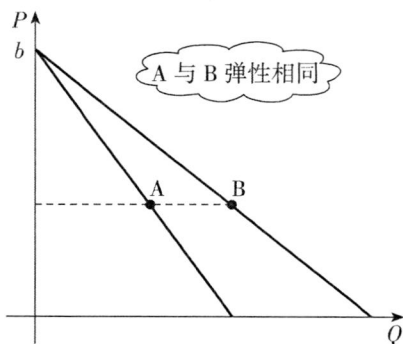

图4—18

结果

$$E = \frac{P}{b-P}$$

的另一个有趣特征是 b 在该分数的分母上,因此对应任意价格 P,截距 b 的值越大,弹性越小。在图4—19 中,因为 C 位于有更大截距的曲线上,所以 C 的弹性小于 D 的弹性。

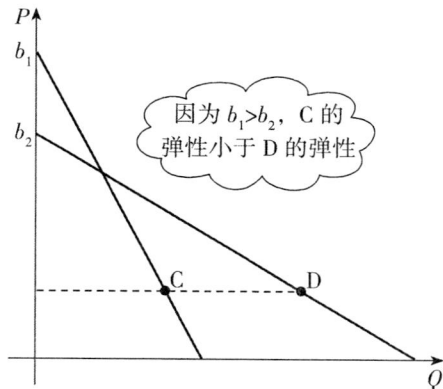

图4—19

E 对 P 的依赖也值得注意。它表明弹性沿线性需求曲线变化,如图4—20 所示。在左边末端,$P = b$,因此

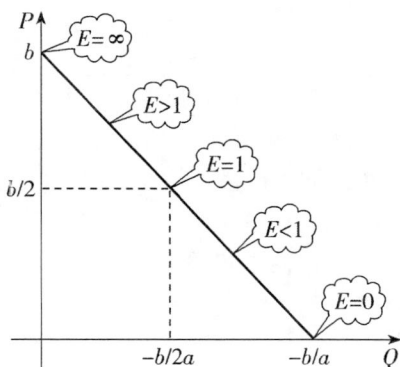

图 4—20

$$E = \frac{b}{b - b} = \frac{b}{O} = \infty \qquad 读作"无穷大"$$

在右边末端,$P = 0$,因此

$$E = \frac{O}{b - O} = \frac{O}{b} = 0$$

当沿需求曲线移动时,弹性从 ∞ 下降到 0,取所有可能值。当 $E = 1$ 时,需求是单位弹性的,在这种情况下,价格能够通过解 $\dfrac{P}{b - P} = 1$ 求出。

$P = b - P$ （两边乘以 $b - P$）

$2P = b$ （两边加上 P）

$P = b/2$ （两边除以 2）

对应的数量能通过将 $P = b/2$ 代入变换后的需求方程求出,得

$$Q = \frac{1}{a}\left(\frac{b}{2} - b\right) = -\frac{b}{2a}$$

刚好沿需求曲线中间时,需求是单位弹性的。在该点左边时,$E > 1$,需求为富有弹性,而在该点右边时,$E < 1$,需求为缺乏弹性。

在我们对一般需求函数的讨论中,我们主要研究直线需求函数,因为这些经常用于简单的经济模型中。经济模型中还存在其他形式的需求函数,练习题 4.5^* 中问题 4 研究的是有常数弹性的一类函数。

关键术语

Arc elasticity（弧弹性）:测度曲线上两点之间的弹性。

Elastic demand（需求富有弹性）:需求的百分比变化大于对应的价格的百分比变化:$E > 1$。

Inelastic demand（需求缺乏弹性）:需求的百分比变化小于对应的价格的百分比变化:$E < 1$。

Point elasticity（点弹性）:测度曲线上特定点的弹性,例如对供给曲线,$E = \dfrac{P}{Q}$

$$\times \frac{\mathrm{d}Q}{\mathrm{d}P} \text{。}$$

Price elasticity of demand(需求的价格弹性):测量需求量对价格变动的反应程度:需求的百分比变化 ÷ 价格的百分比变化。

Price elasticity of supply(供给的价格弹性):测量供给量对价格变动的反应程度:供给的百分比变化 ÷ 价格的百分比变化。

Unit elasticity of demand(单位需求弹性):需求的百分比变化等于对应的价格的百分比变化:$E = 1$。

练习题 4.5

1. 已知需求函数为

$P = 500 - 4Q^2$

计算 $Q = 8$ 与 $Q = 10$ 之间弧的需求的平均价格弹性。

2. 已知需求函数为

$P = 500 - 4Q^2$

求在点 $Q = 9$ 的需求价格弹性,将答案与问题 1 的进行比较 。

3. 对下列需求函数

(a)$P = 30 - 2Q$

(b)$P = 30 - 12Q$

(c)$P = \sqrt{(100 - 2Q)}$

求在 $P = 6$ 处的需求价格弹性。

4. 考虑供给方程

$Q = 4 + 0.1P^2$

(a) 写出 $\mathrm{d}Q/\mathrm{d}P$ 的表达式

(b) 证明供给方程能整理成

$P = \sqrt{(10Q - 40)}$

求该方程的导数,写出 $\mathrm{d}P/\mathrm{d}Q$ 的表达式。

(c) 用(a)和(b)部分的答案验证

$$\frac{\mathrm{d}Q}{\mathrm{d}P} = \frac{1}{\mathrm{d}P/\mathrm{d}Q}$$

(d) 计算在点 $Q = 14$ 处的供给弹性。

5. 如果供给方程为

$Q = 7 + 0.1P + 0.004P^2$

当前价格为 80,求供给的价格弹性。

(a) 在该价格下,供给是富有弹性的、缺乏弹性的,还是单位弹性的?

(b) 如果价格增加 5%,估计供给的百分比变化。

练习题 4.5 *

1. 已知需求函数为

$$Q = 80 - 2P - 0.5P^2$$

求连接 $Q = 32$ 与 $Q = 50$ 的弧弹性。结果保留 2 位小数。

2. 考虑供给方程

$$P = 7 + 2Q^2$$

通过计算在 $P = 105$ 处的供给价格弹性,估计价格增加 7% 时供给增加的百分比。

3. 已知需求方程为

$$Q + 4P = 60$$

求用 P 表示的需求价格弹性的一般表达式。P 为何值时需求的价格弹性是单位弹性的?

4. 已知需求函数为

$$P = \frac{A}{Q^n}$$

其中,A 和 n 是正常数,证明需求价格弹性为常数。

5. 已知函数为

$$Q = aP + b(a > 0)$$

求供给的点弹性的一般表达式,推导供给函数为

(a)单位弹性的,当 $b = 0$ (b)缺乏弹性,当 $b > 0$

给出这些结果的简单几何解释。

6. 已知供给函数为

$$Q = 40 + 0.1P^2$$

(1)求 $P = 11$ 与 $P = 13$ 之间弧的供给的平均价格弹性。结果保留 3 位小数。

(2)求在一般点 P 的供给的价格弹性的表达式。因此:

(a)估计当价格从当前水平 17 增加 5% 时供给的百分比变化。结果保留 1 位小数。

(b)求供给为单位弹性时的价格。

7.(a)证明供给函数

$$P = aQ + b$$

的弹性为

$$E = \frac{P}{P - b}$$

(b)考虑两个供给函数 $P = 2Q + 5$ 和 $P = aQ + b$

当 $P = 10$ 时两个函数的供给量相同,在该点处,第二个函数的供给价格弹性比第一个函数的供给价格弹性大 5 倍,求 a 与 b 的值。

4.6　经济函数的最优化

学习目标

学完本节,你应该能够:

- 用一阶导数求一个函数的驻点
- 用二阶导数对一个函数的驻点进行分类
- 求经济函数的最大值点和最小值点
- 用驻点画出经济函数的图形

2.1 节说明了画出

$$f(x) = ax^2 + bx + c$$

的二次函数图形的简单3步法。基本思想是找到图形与x轴的交点,解对应的方程

$$ax^2 + bx + c = 0$$

假设二次方程至少有一个解,那么可以推出抛物线的最大值或最小值的坐标。例如,如果方程有两个解,那么由对称性可知图形正好在两个解的中点改变方向。不幸地,如果二次方程无解,那么用该方法只能获得函数图形的一部分。

本节我们讨论如何用微积分方法求抛物线转折点的坐标。该方法的优点在于它能用来确定任意经济函数的最大值和最小值,而不仅是二次方程式的形式,如图 4—21 所示。B,C,D,E,F,G 称作函数的驻点(有时称为关键点、转折点、极值点)。在驻点处,图形的切线是水平的,因此在驻点处的切线的斜率为零。

因此,在函数 $f(x)$ 的驻点处

$$f'(x) = 0$$

用单词"平稳"是有历史原因的。微积分最初被天文学家用来预测行星运动。如果用y轴表示目标运行距离,x轴表示时间,那么目标的速度由斜率给出,因为这代表距离对时间的变化率。从而如果图形在某点是水平的,那么速度为零,目标瞬间是不动的:即目标瞬间是平稳的。

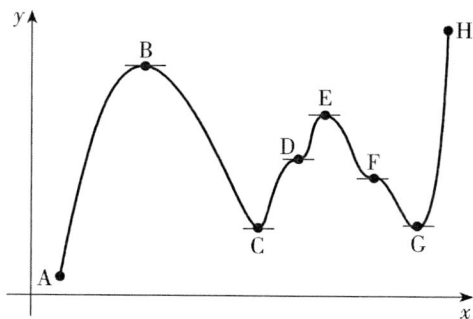

图 4—21

驻点分为三类:局部最大值点、局部最小值点、拐折驻点。

在局部最大值点(有时称为相对最大值),两边图形下降。在图 4—21 中,B 与 E 是局部最大值点。单词"局部"用于强调事实,只是相对于它们的附近点或相邻点是最大值点,而不是整体或全局的最大值点。在图 4—21 中,图形的最高点事实上出现在右边末端 H,这不是驻点,由于在 H 点斜率不是零。

在局部最小值点(有时称为相对最小值),两边图形上升。在图 4—21 中,C 与 G 是局部最小值点。再次,全局最小值点不一定是局部的最小值点。在图 4—21 中,图形的最低点出现在左边末端 A,这不是驻点。

在拐折驻点,图形一边上升,另一边下降。在图4—21中,拐折驻点标记为 D 和 F。尽管它们有助于画出经济函数的图形,但是这些点在经济学中的价值很小。另一方面,最大值和最小值是很重要的。收益和利润函数最大值点的计算是非常有价值的。同样,求平均成本函数的最小值点也是有用的。

对经济学中的大多数例子,局部最大值点和最小值点与全局最大值点和最小值点是相同的。由于该原因,我们将在说明驻点时去掉"局部"。然而,我们要记住,全局最大值和最小值事实上能够在端点上获得,这可能需要证明,即通过将端点的函数值与驻点的函数值比较,确定哪个是最大值或最小值来实现。

我们仍然需要解决两个问题,即如何求任意已知函数的驻点? 我们如何对驻点进行分类? 第一个问题容易回答。如前面我们提到的,驻点满足方程

$$f'(x) = 0$$

因此我们需要做的就是,求函数的导数,让它等于零,解得到的代数方程。对驻点进行分类同样容易。我们能够证明如果函数在 $x = a$ 处有驻点,那么

● 如果 $f''(a) > 0$,那么 $f(x)$ 在 $x = a$ 处取最小值
● 如果 $f''(a) < 0$,那么 $f(x)$ 在 $x = a$ 处取最大值

所以,我们需要做的就是对函数求导两次,并计算该点的二阶导数。如果该值是正的,该点是最小值点;如果该值是负的,该点是最大值点。这些事实与我们在4.2节对二阶导数的解释是一致的。如果 $f''(a) > 0$,图形在 $x = a$ 处向上弯曲(图4—21中的 C 点与 G 点)。如果 $f''(a) < 0$,图形在 $x = a$ 处向下弯曲(图4—21中的 B 点与 E 点)。当然,有第三种可能,即 $f''(a) = 0$。不幸地,当这种情况发生时,它不提供关于驻点的任何信息。$x = a$ 点可能是最大值点、最小值点、拐折驻点。这种情形在本节末的练习题 4.6* 问题 2 中说明。

建议

如果你很不幸遇上这种情况,你可以通过列出相邻点的函数值表,用其画出局部图形,并对驻点分类。

作为总结,求出函数 $f(x)$ 的驻点,对其分类的方法如下:

第 1 步
解方程 $f'(x) = 0$,求驻点 $x = a$

第 2 步
● 如果 $f''(a) > 0$,那么 $f(x)$ 在 $x = a$ 处取最小值
● 如果 $f''(a) < 0$,那么 $f(x)$ 在 $x = a$ 处取最大值
● 如果 $f''(a) = 0$,那么用获得的信息不能对该点分类

例题

求出下列函数的驻点并对其分类。画出它们的图形。

(a) $f(x) = x^2 - 4x + 5$ (b) $f(x) = 2x^3 + 3x^2 - 12x + 4$

解

（a）为了用第 1 和 2 步，我们需要求函数 $f(x) = x^2 - 4x + 5$ 的一阶和二阶导数。

（原书有误）

求 $f(x)$ 的一阶导数得

$f'(x) = 2x - 4$

求 $f(x)$ 的二阶导数得

$f''(x) = 2$（原书有误）

第 1 步

驻点是方程 $f'(x) = 0$ 的解，因此我们需要解

$2x - 4 = 0$

这是个线性方程，因此有唯一解。两边加 4 得

$2x = 4$

除以 2 表明驻点出现在

$x = 2$

第 2 步

为了对该点分类，我们需要计算 $f''(2)$

在当前情况下，对 x 的所有值 $f''(x) = 2$

因此，特别地，$f''(2) = 2$

该数是正的，因此函数在 $x = 2$ 处取最小值。

我们已经证明最小值点出现在 $x = 2$。通过将该数代入函数容易求出 y 值，得

$y = (2)^2 - 4(2) + 5 = 1$

因此最小值点有坐标 $(2,1)$。$f(x)$ 的图形如图 4—22 所示。

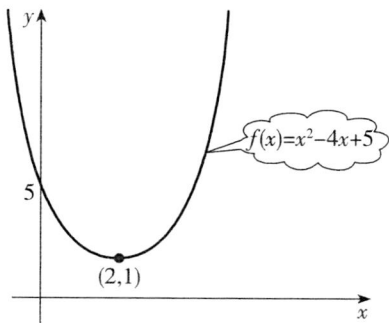

图 4—22

（b）为了用第 1 和 2 步，我们需要求函数 $f(x) = 2x^3 + 3x^2 - 12x + 4$ 的一阶和二阶导数

求 $f(x)$ 的一阶导数得

$f'(x) = 6x^2 + 6x - 12$

求 $f(x)$ 的二阶导数得

$f''(x) = 12x + 6$

第 1 步

驻点是方程 $f'(x) = 0$ 的解,因此我们需要解

$6x^2 + 6x - 12 = 0$

这是个二次方程,因此能用公式求解。然而,在这样做之前,两边除以 6 使方程简化。结果方程为

$x^2 + x - 2 = 0$

解为

$$x = \frac{-1 \pm \sqrt{(1^2 - 4(1)(-2))}}{2(1)} = \frac{-1 \sqrt{9}}{2} = \frac{-1 \pm 3}{2} = -2, 1$$

一般地,无论何时 $f(x)$ 是立方函数,驻点是二次方程 $f'(x) = 0$ 的解。此外,从 2.1 节我们知道这样的方程能有两个解、一个解、无解。因此立方方程可能有两个驻点、一个驻点或无驻点。本特例中,我们看到有两个驻点,在 $x = -2$ 和 $x = 1$ 处。

第 2 步

为了对这些点分类,我们需要计算 $f''(-2)$ 和 $f''(1)$。由于

$f''(-2) = 12(-2) + 6 = -18$

这是负的,因此在 $x = -2$ 时,y 有最大值。当 $x = -2$ 时

$y = 2(-2)^3 + 3(-2)^2 - 12(-2) + 4 = 24$

因此最大值点的坐标为 $(-2, 24)$。现在

$f''(1) = 12(1) + 6 = 18$

这是正的,因此在 $x = 1$ 处,y 有最小值。当 $x = 1$ 时

$y = 2(1)^3 + 3(1)^2 - 12(1) + 4 = -3$

因此最小值点的坐标为 $(1, -3)$。

该信息使我们能够画出如图 4—23 所示的部分图形。

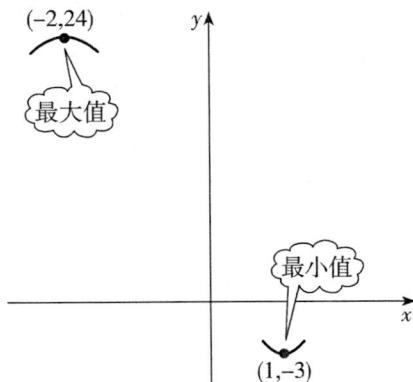

图 4—23

在我们有信心画出完整图形之前,多画几个像下面这样的点是有用的:

x	-10	0	10
y	$-1\,816$	4	$2\,184$

该表表明当 x 为正的时候,图形从很高的高度陡峭地向下下降。类似地,当 x 为负

的时候,图形迅速消失于页面的底部。除了在已经画出的两个驻点外(否则,它有更多的驻点,我们知道不是那么回事),曲线在其他点处不能弯曲或改变方向。我们现在有足够信息将图形的片段连接起来,从而画出如图 4—24 所示的完整的图形。

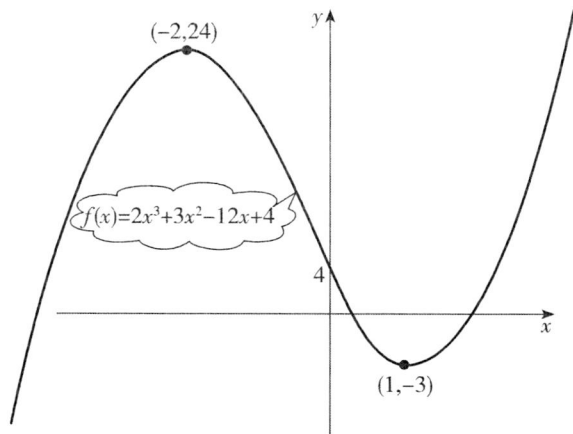

$f(x)=2x^3+3x^2-12x+4$

图 4—24

计算图形与 x 轴的三个交点是有用的。这些是

$2x^3 + 3x^2 - 12x + 4 = 0$ 的解。我们可以通过公式求立方方程的解但它是极端复杂的,超出了本书范围。

习题

1. 求出下列函数的驻点,并对其分类。画出它们的图形。

(a)$y = 3x^2 + 12x - 35$ (b)$y = -2x^3 + 15x^2 - 36x + 27$

求函数的最大值和最小值称为最优化。这是数理经济学的重要主题。在考试中,我们经常涉及最优化问题,我们将在本节其余部分用来介绍它的应用。本节我们通过详细解答四个考试型问题来说明驻点的应用。这些问题涉及特定收益、成本、利润、生产函数的最优化。尽管这类问题相当典型,但是我们并不能阐述这类问题的所有情况。下节说明如何运用最优化推导一般的理论结果。

例题

已知某公司的短期生产函数为

$Q = 6L^2 - 0.2L^3$

其中 L 表示工人数。

(a)求实现产出最大化时的劳动力规模,画出该生产函数的图形。

(b)求实现劳动的平均产出最大化时的劳动力规模。计算 L 在该值处的 MP_L 和 AP_L。你观察到什么?

解

(a)本例第一部分,我们需要求 L 的最大化

$$Q = 6L^2 - 0.2L^3$$

第 1 步

在驻点处

$$\frac{dQ}{dL} = 12L - 0.6L^2 = 0$$

这是个二次方程,因此我们能用公式求 L。然而,在当前情况下这实际上是不必要的,因为在两项中有公因子 L,方程可以写为

$$L(12 - 0.6L) = 0$$

因此 $L = 0$ 或 $12 - 0.6L = 0$

即,方程的解为 $L = 0$ 和 $L = 12/0.6 = 20$

第 2 步

从经济角度上看,我们明显地看出 $L = 0$ 是最小值点,$L = 20$ 是最大值点。我们当然能验证这点,通过求 Q 的二阶导数得

$$\frac{d^2Q}{dL^2} = 12 - 1.2L$$

当 $L = 0$ 时

$$\frac{d^2Q}{dL^2} = 12 > 0$$

这验证了 $L = 0$ 是最小值点。对应的产出为

$$Q = 6(0)^2 - 0.2(0)^3 = 0$$

这跟我们预期的结果一样。当 $L = 20$ 时

$$\frac{d^2Q}{dL^2} = -12 < 0(原书有误)$$

这验证了 $L = 20$ 是最大值点。

所以公司应该雇用 20 个工人实现最大产出

$$Q = 6(20)^2 - 0.2(20)^3 = 800$$

我们已经证明图形的最小值点的坐标为 $(0,0)$,最大值点的坐标为 $(20,800)$。图形没有其他转折点,因此生产函数的图形如图 4—25 所示。

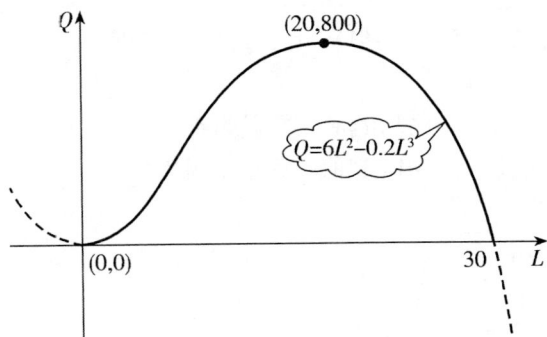

图 4—25

可以求图形与横轴交叉的 L 的精确值。生产函数为

$$Q = 6L^2 - 0.2L^3$$

因此我们需要解

$$6L^2 - 0.2L^3 = 0$$

我们能提出因子 L^2 得

$$L^2(6 - 0.2L) = 0$$

因此, $L^2 = 0$ 或 $6 - 0.2L = 0$

其中第一个仅验证曲线过原点的事实,而第二个表明曲线交 L 轴于 $L = 6/0.2 = 30$。

(b) 本例第二部分我们需要求实现劳动的平均产出最大化时的 L 的值。这是我们在本书前面没见过的概念,尽管猜测如何定义它不困难。

劳动的平均产出 AP_L 等于总产出除以劳动,表示为

$$AP_L = \frac{Q}{L}$$

这有时称为劳动生产率,由于其测度了每个工人的平均产出。

本例中

$$AP_L = \frac{6L^2 - 0.2L^3}{L} = 6L - 0.2L^2$$

第 1 步

在驻点处

$$\frac{d(AP_L)}{d_L} = 0$$

因此

$$6 - 0.4L = 0$$

解为 $L = 6/0.4 = 15$

第 2 步

为了对该驻点分类,我们求 AP_L 的二阶导数得

$$\frac{d^2(AP_L)}{dL^2} = -0.4 < 0$$

这表明它是最大值点。

所以劳动生产率在公司雇用 15 个工人时最大。事实上,对应的劳动生产率 AP_L 为

$$6(15) = 0.2(15)^2 = 45$$

换句话说,每个工人生产物品的最大数量为 45。

最后,要求我们计算该点 MP_L 的值。为了求 MP_L 的表达式,我们需要求 Q 对 L 的导数得

$$MP_L = 12L - 0.6L^2$$

当 $L = 15$ 时

$$MP_L = 12(15) - 0.6(15)^2 = 45$$

我们观察到在 $L = 15$ 处 MP_L 与 AP_L 的值相等。

本特例中我们发现在劳动的平均产出的最大值点上

劳动的边际产出 = 劳动的平均产出

本例无特别之处,下节我们将证明该结论对任意生产函数都成立。

习题

2. 已知某公司的短期生产函数为

$$Q = 300L^2 - L^4$$

其中,L 表示工人数。求实现劳动的平均产出最大化时的劳动力规模,并验证 L 在该值处 $MP_L = AP_L$

例题

已知物品的需求方程为

$$P + Q = 30$$

总成本函数为

$$TC = (\frac{1}{2})Q^2 + 6Q + 7$$

(a)求实现总收益最大化时的产出水平。

(b)求实现利润最大化时的产出水平。计算 Q 在该值处的 MR 和 MC。你观察到什么?

解

(a)本例第一部分,我们要计算实现总收益最大化时的 Q 的值。为此我们用已知需求方程求 TR 的表达式,然后运用驻点的理论。

总收益定义为

$$TR = PQ$$

我们想求实现 TR 最大化时的 Q 的值,因此我们仅用变量 Q 表示 TR。需求方程

$$P + Q = 30$$

整理得

$$P = 30 - Q$$

因此

$$TR = (30 - Q)Q$$
$$= 30Q - Q^2$$

第 1 步

在驻点处

$$\frac{d(TR)}{dQ} = 0$$

因此

$$30 - 2Q = 0$$

解为 $Q = 30/2 = 15$

第 2 步

为了对该驻点分类,我们求 TR 的二阶导数得

$$\frac{d^2(TR)}{dQ^2} = -3$$

这是负的,因此 TR 在 $Q = 15$ 处取最大值。

(b) 本例第二部分,我们要求实现利润最大化时的 Q 的值。为此,我们开始确定用 Q 表示的利润的表达式。一旦完成这点,那么计算一阶和二阶导数以及求出利润函数的驻点并对其分类是很简单的。

利润函数定义为

$$\pi = TR - TC$$

由 (a) 部分

$$TR = 30Q - Q^2$$

我们已知总成本函数

$$TC = \frac{1}{2}Q^2 + 6Q + 7$$

因此

$$\pi = (30Q - Q^2) - (\frac{1}{2}Q^2 + 6Q + 7)$$

$$= 30Q - Q^2 - \frac{1}{2}Q^2 - 6Q - 7$$

$$= -\frac{3}{2}Q + 24Q - 7$$

第 1 步

在驻点处

$$\frac{d\pi}{dQ} = 0$$

因此

$$-3Q + 24 = 0$$

解为 $Q = 24/3 = 8$

第 2 步

为了对该驻点分类,我们求 π 的二阶导数得

$$\frac{d^2\pi}{dQ^2} = -3$$

这是负的,因此 π 在 $Q = 8$ 处取最大值。事实上,对应的最大利润为

$$\pi = -\frac{3}{2}(8)^2 + 24(8) - 7 = 89$$

最后,要求我们计算 Q 在该特定点处的边际收益和边际成本。为了求 MR 和 MC 的表达式,我们只需要分别求出 TR 和 TC 的导数。如果

$$TR = 30Q - Q^2$$

那么

$$MR = \frac{d(TR)}{dQ}$$

$$= 30 - 2Q$$

因此当 $Q = 8$ 时

$MR = 30 - 2(8) = 14$

如果

$$TC = \frac{1}{2}Q^2 + 6Q + 7$$

那么

$$MC = \frac{d(TC)}{dQ}$$

$$= Q + 6$$

因此当 $Q = 8$ 时

$MC = 8 + 6 = 14$

我们观察到在 $Q = 8$ 处, MR 和 MC 的值相等。

在本例中, 我们发现在最大利润点处

边际收益 = 边际成本

本例无特别之处, 下节我们将证明该结论对任意利润函数都成立。

习题

3. 已知物品的需求方程为

$P + 2Q = 20$

总成本函数为

$Q^3 - 8Q^2 + 20Q + 2$

(a) 求实现总收益最大化时的产出水平。

(b) 求最大利润与其实现最大利润时的 Q 值。验证 Q 在该值处 MR = MC。

例题

建造 x 层的某办公楼的成本由三部分组成:

(1) 土地 1 000 万美元

(2) 每层 25 万美元

(3) 每层有 10 000x 美元特殊成本

如果要实现每层平均成本最小化, 那么办公楼应该有多少层?

解

土地 1 000 万美元是固定成本, 因为其独立于层数。每层成本 25 万美元, 因此, 如果办公楼共有 x 层, 那么成本将是 250 000x 美元。

此外每层有 10 000x 美元特殊成本, 因此, 如果办公楼共有 x 层, 这将是

$(10\ 000x)x = 10\ 000x^2$

注意此处平方项意味着特殊成本随 x 增加而戏剧性地增加。这是我们预期到的, 由于高层建筑需要更复杂的设计, 也可能需要用更昂贵的材料。

总成本 TC 是三部分的和: 即

$$\text{TC} = 10\,000\,000 + 250\,000x + 10\,000x^2$$

每层平均成本 AC 通过总成本除以层数求出：即

$$\text{AC} = \frac{\text{TC}}{x} = \frac{10\,000\,000 + 250\,000x + 10\,000x^2}{x}$$

$$= \frac{10\,000\,000}{x} + 250\,000 + 10\,000x$$

$$= 10\,000\,000x^{-1} + 250\,000 + 10\,000x$$

第 1 步

在驻点处

$$\frac{\text{d}(\text{AC})}{\text{d}x} = 0$$

在当前情况下

$$\frac{\text{d}(\text{AC})}{\text{d}x} = -10\,000\,000x^{-2} + 10\,000 = \frac{-10\,000\,000}{x^2} + 10\,000$$

因此我们需要解

$$10\,000 = \frac{10\,000\,000}{x^2}$$

或等价地

$$10\,000x^2 = 10\,000\,000$$

因此

$$x^2 = \frac{10\,000\,000}{10\,000} = 1\,000$$

解为

$$x = \pm\sqrt{1\,000} = \pm 31.6$$

我们显然要忽略负值，因为建负数层的办公楼无意义，因此我们能推断 $x = 31.6$。

第 2 步

为了验证这是最小值点，我们需要求 AC 的二阶导数。由于

$$\frac{\text{d}(\text{AC})}{\text{d}x} = -10\,000\,000x^{-2} + 10\,000$$

因此

$$\frac{\text{d}^2(\text{AC})}{\text{d}x^2} = -2(-10\,000\,000)x^{-3} = \frac{20\,000\,000}{x^2}$$

当 $x = 31.6$ 时，我们看到

$$\frac{\text{d}^2(\text{AC})}{\text{d}x^2} = \frac{20\,000\,000}{(31.6)^3} = 633.8$$

因此，$x = 31.6$ 确实是最小值点，因为二阶导数是正数。

至此，我们得出的答案是 31.6。这在数学上是正确的，但在现实中是不可能实现的，因为 x 必须是整数。为了决定 x 是取 31 还是 32，我们简单地计算 x 取这两个值时的 AC，然后选择平均成本低的那个。

当 $x = 31$ 时

$$AC = \frac{10\ 000\ 000}{31} + 250\ 000 + 10\ 000(31) = 882\ 581(美元)$$

当 $x = 32$ 时

$$AC = \frac{10\ 000\ 000}{32} + 250\ 000 + 10\ 000(32) = 882\ 500(美元)$$

所以建造 32 层的办公楼的平均成本最低。

习题

4. 已知物品的总成本函数为

$$TC = Q^2 + 3Q + 36$$

计算实现平均成本最小化时的产出水平。求 Q 在该值处的 AC 和 MC。你观察到什么?

例题

已知物品的供给和需求方程分别为

$$P = Q_s + 8 \ \text{和} \ P = -3Q_D + 80$$

政府决定征收 t 单位税。假设均衡条件在市场中成立,求政府的总税收收益最大化时 t 的值。

解

税收的思想在第 1 章中已经介绍过了。1.5 节对给定的 t,我们计算了均衡价格和数量。本例中 t 是未知数,但分析过程完全相同。我们要做的就是带着字母 t 进行常规计算,最后选择实现总税收收益最大化时的 t 值。

为了考虑税,我们用 $P - t$ 代替供给方程中的 P。这是因为供给者实际上收到的价格是消费者支付的价格 P 减去政府收走的税 t。新供给方程为

$$P - t = Q_s + 8$$

因此

$$P = Q_s + 8 + t$$

均衡时

$$Q_S = Q_D$$

如果用 Q 表示 Q_s 与 Q_d,那么供给和需求方程变为

$$P = Q + 8 + t$$

$$P = -3Q + 80$$

由于两边都等于 P,因此

$$Q + 8 + t = -3Q + 80$$

整理得

$Q = -3Q + 72 - t$ (两边减去 $8 + t$)

$4Q = 72 - t$ (两边加上 $3Q$)

$Q = 18 - \dfrac{1}{4}t$ (两边除以 4)

如果物品的销售量为 Q,政府每件物品征税 t,那么总税收收益 T 为

$$T = tQ$$

$$= t(18 - \frac{1}{4}t)$$

$$= 18t - \frac{1}{4}t^2$$

这是我们想最大化的表达式。

第 1 步

在驻点处

$$\frac{dT}{dt} = 0$$

因此

$$18 - \frac{1}{2}t = 0$$

解为

$$t = 36$$

第 2 步

为了对该点分类,我们求 T 的二阶导数得

$$\frac{d^2T}{dt^2} = -\frac{1}{2} < 0$$

验证了它是最大值点。

因此政府应该对每件物品征税 36 美元。

习题

5. 已知物品的供给和需求方程分别为

$$P = (\frac{1}{2})Q_S + 25 \text{ 和 } P = -2Q_D + 50$$

政府决定征税 t 单位。假设均衡条件在市场中成立,求实现政府的总税收收益最大化时的 t 值。

理论上像 Excel 这样的电子表格能用来解最优化问题,尽管它不能处理相关的数学关系。像 Maple、Matlab、Mathcad、Derive 这样的符号计算系统,可以用来求解最优化问题。它们不仅能画出函数的图形,而且能求导和解方程。因此用某种软件可能得到精确解。

网上资源说明怎样开始使用 Maple,给出一个例子,说明怎样求立方函数最大值点和最小值点的精确坐标。

关键术语

Average product of labour(劳动的平均产出(劳动生产率)):每个工人的产出:AP_L = Q/L。

Maximum (local) point(最大值(局部)点):曲线上某点,与邻近点相比,它是最大的函数值,在该点处,一阶导数是零,二阶导数是零或负的。

Minimum（local）point（最小值（局部）点）：曲线上某点，与邻近点相比，它是最小的函数值，在该点处，一阶导数是零，二阶导数是零或正的。

Optimisation（最优化）：函数的最优点（通常是驻点）的确定。

Stationary point of inflection（拐折驻点）：不是最大值或最小值的驻点。该点的一阶和二阶导数都是零。

Stationary points（critical points，turning points，extrema）（驻点（关键点、转折点、极值点））：图形上切线是水平的点，该点的一阶导数是零。

练习题 4.6

1. 求出下列函数的驻点，并对其分类。画出它们粗略的图形。

(a) $y = -x^2 + x + 1$ (b) $y = x^2 - 4x + 4$ (c) $y = x^2 - 20x + 105$ (d) $y = -x^3 + 3x$

2. 已知物品的需求方程为

$$P = 40 - 2Q$$

求实现总收益最大化时的产出水平。

3. 已知某公司的短期生产函数为

$$Q = 30L^2 - 0.5L^3$$

求实现 AP_L 最大化时的 L 的值，验证在该点处 $MP_L = AP_L$。

4. 如果固定成本为 13，单位可变成本为 $Q + 2$，证明平均成本函数为

$$AC = \frac{13}{Q} + Q + 2$$

（a）计算当 $Q = 1, 2, 3, \cdots, 6$ 时 AC 的值。在坐标纸上描出这些点，画出 AC 对 Q 的精确图形。

（b）用图形估计最小平均成本。

（c）用导数证明（b）部分得到的估计。

5. 已知物品的需求和总成本函数分别为 $4P + Q - 16 = 0$ 和 $TC = 4 + 2Q - \frac{3Q^2}{10} + \frac{Q^3}{20}$

（a）求用 Q 表示的 TR，π，MR，MC 的表达式。

（b）解方程

$$\frac{d\pi}{dQ} = 0$$

确定实现利润最大化时的 Q 的值。

（c）验证在最大利润点处，MR = MC。

6. 已知物品的供给和需求方程分别为 $3P - Q_S = 3$ 和 $2P + Q_D = 14$

政府决定每单位征税 t。假设均衡条件在市场成立，求实现政府的总税收收益最大化时的 t 值（以美元为单位）。

7. 某制造商每周固定成本为 200 美元，单位可变成本能表示为函数 $VC = 2Q - 36$

（a）求总成本函数的表达式，推导平均成本为

$$AC = \frac{200}{Q} + 2Q - 36$$

（b）求该函数的驻点，证明这是个最小值点。

（c）验证在该点处平均成本等于边际成本。

练习题 4.6 *

1. 已知某公司的需求函数为

$P = 60 - 0.5Q$

如果固定成本为 10，单位可变成本为 $Q + 3$，求最大利润。

2. 证明所有下列函数有 $x = 0$ 处的驻点。验证在每种情况下，$f''(0) = 0$。通过画出每个函数粗略的图形对这些点分类。

（a）$f(x) = x^3$　　　（b）$f(x) = x^4$　　　（c）$f(x) = -x^6$

3. 如果固定成本为 15，单位可变成本为 $2Q$ 单位，写出 TC，AC，MC 的表达式。求实现 AC 最小化时的 Q 的值，验证在该点处 AC = MC。

4. 某电子零件公司 1 月 1 日推出了一种新产品。第二年推出 t 天后订单量 S 粗略估计为

$S = t^2 - 0.002t^3$

（a）该年任意一天收到的最大订单量是多少？

（b）多少天后公司经历最大的订单增加？

5. 已知物品的需求方程为

$P = \sqrt{(1\,000 - 4Q)}$

求实现总收益最大化时的 Q 的值。

6. 已知某公司的总成本和需求函数分别为

TC $= Q^2 + 50Q + 10$ 和 $P = 200 - 4Q$

（a）求实现公司利润最大化时需要的产出水平。

（b）政府对每件物品征税 t 美元。如果公司将该税计入成本，继续最大化利润，证明物品的价格增加了税的 2/5，不管 t 的值是多少。

7. 已知立方函数

$f(x) = x^3 + ax^2 + bx + c$

在 $(2,5)$ 处有驻点，过点 $(1,3)$，求 a, b, c 的值。

4.7　进一步的经济函数最优化

学习目标

学完本节，你应该能够：

● 证明在最大利润点上，边际收益等于边际成本

● 证明在最大利润点上，边际收益曲线的斜率小于边际成本的斜率

● 在不同市场上，有价格歧视和无价格歧视下的最大利润

● 证明在最大劳动平均产出点上，劳动的平均产出等于劳动的边际产出

前节说明数学能怎样用于实现特定经济函数的最优化。那些例题表明两个重要

结论:

1. 如果公司获得利润最大化,那么 MR = MC。
2. 如果公司获得劳动的平均产出最大化,那么 $AP_L = MP_L$。

尽管这些结论对 4.6 节考虑的所有例子成立,但它不一定说明这些结论总是成立。本节的目的是使用一般函数证明这些论断,从而说明它们的一般性。

建议

初次阅读你可以跳过这些证明,直接专注于价格歧视的例题(以及习题 2 和练习题 4.7* 中问题 3)。

第一个结论的正确性证明起来确实相当容易。利润 π 定义为总收益 TR 与总成本 TC 之差:即

$$\pi = TR - TC$$

为了求 π 的驻点,我们要求 π 对 Q 的导数,然后令其等于零:即

$$\frac{d\pi}{dQ} = \frac{d(TR)}{dQ} - \frac{(TC)}{dQ} = 0$$

其中我们用减法法则求等式右边的导数。4.3 节我们定义

$$MR = \frac{d(TR)}{dQ}$$

$$MC = \frac{d(TR)}{dQ}$$

因此前面方程等价于

$$MR - MC = 0$$

因此 MR = MC,得证。

所以利润函数的驻点能通过将 MR 和 MC 曲线画在同一图形中得以实现(它们的交点即为驻点)。图 4—26 给出了典型的边际收益和边际成本曲线。结论 MR = MC 对任意驻点成立。因此,如果该方程不只有一个解,那么在我们确定利润最大化产出水平前,我们需要进一步的信息。图 4—26 中有两个交点 Q_1 和 Q_2,看起来(如你在上节习题 3 和练习题 4.6 问题 5 所发现的那样)其中一个是最大值点,另一个是最小值点。显然,在任意实际例子中,我们能通过计算二阶导数对这些点分类。通过观察边际收益和边际成本的图形做出判断是一种简便的方法。为了看清怎样做到这点,让我们回到方程

$$\frac{d\pi}{dQ} = MR - MC$$

再求 $\frac{d\pi}{dQ}$ 的导数得

$$\frac{d^2\pi}{dQ^2} = \frac{d(MR)}{dQ} - \frac{d(MC)}{dQ}$$

现在,如果 $d^2\pi/dQ^2 < 0$,那么利润取最大值。二阶条件成立必须满足

$$\frac{d(MR)}{dQ} < \frac{d(MC)}{dQ}$$

即,边际收益曲线的斜率小于边际成本曲线的斜率。

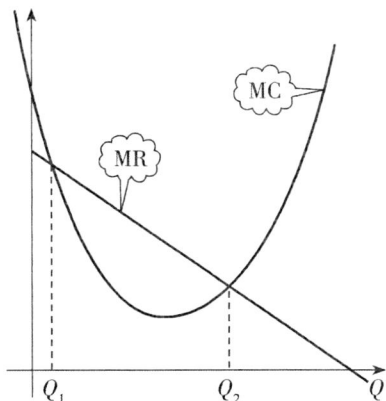

图 4—26

从图 4—26 中可以看出,我们推断该标准在 Q_2 处成立,因此这必定是实现利润最大化时需要的理想产出水平。从图 4—26 中也注意到"边际收益曲线的斜率小于边际成本曲线的斜率"等价于说"边际成本曲线从边际收益曲线的下方穿过"。经济学教科书中通常引用的是后一种说法。类似地,证明在最小值点处,边际成本曲线从边际收益曲线上方穿过,因此我们能推断利润在图 4—26 中 Q_1 点处最小。实践中,当 MR 和 MC 是复杂函数的时候,画出 MR 和 MC 的图形并推断出交点的坐标的方法将不再适用。然而,在 MR 和 MC 都是线性的情况下,运用图形方法是可行的。

习题

1. 已知某垄断者的需求函数为

$P = 25 - 0.5Q$

生产的固定成本为 7,单位可变成本为 $Q + 1$。

(a)证明

$TR = 25Q - 0.5Q^2$

$TC = Q^2 + Q + 7$

推导对应的 MR 和 MC 的表达式。

(b)将 MR 和 MC 画在同一图形中,求实现利润最大化时的 Q 的值。

为了获得更多的利润,公司想区分销售物品的多个市场。例如,公司可能决定将物品出口到几个国家,每个国家的需求条件可能不同。公司可能利用这点,通过在每个国家收取不同的价格来增加总利润。"边际收益等于边际成本"能分别用于每个市场找到最优的定价策略。

例题

某公司可以对家庭和工业消费者收取不同的价格。如果用 P_1 和 Q_1 表示家庭消费市场的价格和需求,那么需求方程为

$P_1 + Q_1 = 500$

如果用 P_2 和 Q_2 表示工业消费市场的价格和需求,那么需求方程为

$2P_2 + 3Q_2 = 720$

总成本函数为

$TC = 50\,000 + 20Q$

其中 $Q = Q_1 + Q_2$。确定为了实现利润最大化,公司应该收取的价格(以美元为单位):

(a) 有价格歧视

(b) 无价格歧视

比较(a)和(b)部分获得的利润。

解

(a) 注意总成本函数独立于市场,因此边际成本在每种情况下是相同的。事实上,由于

$TC = 50\,000 + 20Q$

我们有 $MC = 20$。为了实现利润最大化,我们要做的就是求每个市场边际收益的表达式,让它等于边际成本的常数值。

家庭消费市场

需求方程

$P_1 + Q_1 = 500$

整理得

$P_1 = 500 - Q_1$

因此该市场总收益函数为

$TR_1 = (500 - Q_1)Q_1 = 500Q_1 - Q_1^2$

因此

$$MR_1 = \frac{d(TR_1)}{dQ_1} = 500 - 2Q_1$$

在最大利润点处

$MR_1 = MC$

因此

$500 - 2Q_1 = 20$

解为 $Q_1 = 240$。对应的价格通过将该值代入需求方程求出,得

$P_1 = 500 - 240 = 260$(美元)

为了实现利润最大化,公司应该每件物品收取家庭消费者 260 美元。

工业消费市场

已知需求方程为

$2P_2 + 3Q_2 = 720$

整理得

$$P_2 = 360 - \frac{3}{2}Q_2$$

因此该市场总收益函数为

$$\text{TR}_2 = \left(360 - \frac{3}{2}Q_2\right)Q_2 = 360Q - \frac{3}{2}Q_2^2$$

因此

$$\text{MR}_2 = \frac{\text{d}(\text{TR}_2)}{\text{d}Q_2} = 360 - 3Q_2$$

在最大利润点处

$$\text{MR}_2 = \text{MC}$$

因此

$$360 - 3Q_2 = 20$$

解为 $Q_2 = 340/3$。对应的价格通过将该值代入需求方程求出,得

$$P_2 = 360 - \frac{3}{2}\left(\frac{340}{3}\right) = 190(美元)$$

为了实现利润最大化,公司应该每件物品向工业消费者收取 190 美元,这低于对家庭消费者收取的价格。

(b)如果无价格歧视,那么 $P_1 = P_2 = P$,家庭和工业消费市场的需求函数分别变为

$$P + Q_1 = 500 \text{ 和 } 2P + 3Q_2 = 720$$

我们能用这些推出组合市场的单个需求方程。我们需要建立每种物品的价格 P 对总需求 $Q = Q_1 + Q_2$ 的关系。

这能够通过对 Q_1 和 Q_2 整理给出的需求方程然后相加得到。对家庭消费市场

$$Q_1 = 500 - P$$

对工业消费市场

$$Q_2 = 240 - \frac{2}{3}P$$

因此

$$Q = Q_1 + Q_2 = 740 - \frac{5}{3}P$$

所以对组合市场需求方程为

$$Q + \frac{5}{3}P = 740$$

接下来,求出该公司的最大化利润。该需求方程整理得

$$P = 444 - \frac{3}{5}Q$$

总收益函数能写为

$$\text{TR} = \left(444 - \frac{3}{5}Q\right)Q = 444Q - \frac{3Q^2}{5}$$

因此

$$\text{MR} = \frac{\text{d}(\text{TR})}{\text{d}Q} = 444 - \frac{6}{5}Q$$

在最大利润点处

$$\text{MR} = \text{MC}$$

因此

$$444 - \frac{6}{5}Q = 20$$

解为 $Q = 1\,060/3$。对应的价格通过将该值代入需求方程求出,得

$$P_2 = 444 - \frac{3}{5}\left(\frac{1\,060}{3}\right) = 232(美元)$$

为了在无价格歧视的情况下实现利润最大化,公司需要对每件物品收取同样价格 232 美元。注意该价格位于有价格歧视下对家庭和工业顾客收取的价格之间。

为了计算每种策略下的利润,我们需要计算总收益然后减总成本。（a）部分公司在家庭消费市场以每件 260 美元卖 240 件物品,在工业消费市场以每件 190 美元卖 340/3 件物品,因此收到的总收益为

$$240 \times 260 + \frac{340}{3} \times 190 = 83\,933.33(美元)$$

生产的物品总数为

$$240 + \frac{340}{3} = \frac{1\,060}{3}$$

因此总成本为

$$50\,000 + 20 \times \frac{1\,060}{3} = 57\,066.67(美元)$$

所以在有价格歧视的情况下,利润为

$$83\,933.33 - 57\,066.67 = 26\,866.67(美元)$$

（b）部分公司以每件 232 美元卖 1 060/3 件物品,因此总收益为

$$\frac{1\,060}{3} \times 232 = 81\,973.33(美元)$$

两种定价策略下生产的物品总数是相同的:即,1 060/3 件。因此,（b）部分生产的总成本必然与（a）部分相同:即

$$TC = 57\,066.67(美元)$$

在无价格歧视的情况下,利润为

$$81\,973.33 - 57\,066.67 = 24\,906.66(美元)$$

如预期的一样,在有价格歧视情况下的利润高于无价格歧视情况下的利润。

习题

2. 某公司有对国内外市场收取不同价格的可能。对应的需求方程为

$$Q_1 = 300 - P_1$$
$$Q_2 = 400 - 2P_2$$

总成本函数为

$$TC = 5\,000 + 100Q$$

其中,$Q = Q_1 + Q_2$。

确定为了实现利润最大化公司应该收取的价格(以美元为单位):

（a）有价格歧视

（b）无价格歧视

比较（a）和（b）部分获得的利润。

前例和习题 2 中，我们假设边际成本在每个市场是相同的。在有价格歧视的情况下，实现利润最大化时的产出水平通过让边际收益等于边际成本的共同值求出。因此每个市场的边际收益必定相同。用符号

$$MR_1 = MC, MR_2 = MC$$

因此

$$MR_1 = MR_2$$

从经济的角度看该事实是明显的。如果该式不成立，那么公司的策略为增加边际收益较高市场的销售，降低边际收益较低市场的销售。效果将是维持成本不变增加收益，从而提高利润。在 4.5 节中，我们推导出公式

$$MR = P\left(1 - \frac{1}{E}\right)$$

如果我们用 E_1 和 E_2 表示两个市场的需求价格弹性，对应的价格用 P_1 和 P_2 表示，那么方程

$$MR_1 = MR_2$$

变为

$$P_1\left(1 - \frac{1}{E_1}\right) = P_2\left(1 - \frac{1}{E_2}\right)$$

公司为了在每个市场上实现利润最大化选择价格 P_1 和 P_2，该方程成立。注意如果 $E_1 < E_2$，那么该方程仅当 $P_1 > P_2$ 时成立。换句话说，公司在有较低需求弹性的市场收取较高的价格。

习题

3. 对价格歧视下习题 2 中给出的每个需求函数，计算最大利润点的需求价格弹性。验证公司在有较低需求弹性的市场上收取较高的价格。

前面的讨论专注于利润。我们现在将注意力转向劳动的平均产出，证明本节开始陈述的结论（2）。该概念定义为

$$AP_L = \frac{Q}{L}$$

其中，Q 是产出，L 是劳动。由于需要用除法法则求该函数的导数，AP_L 的最大化比前面更复杂。用 4.4 节的符号，我们设

$$u = Q, v = L$$

因此

$$\frac{\mathrm{d}u}{\mathrm{d}L} = \frac{\mathrm{d}Q}{\mathrm{d}L} = MP_L, \frac{\mathrm{d}v}{\mathrm{d}L} = \frac{\mathrm{d}L}{\mathrm{d}L} = 1$$

其中，我们用了产出对劳动的导数是劳动的边际产出的事实。

由除法法则得

$$\frac{\mathrm{d}(AP_L)}{\mathrm{d}L} = \frac{v\,\mathrm{d}u/\mathrm{d}L - u\,\mathrm{d}v/\mathrm{d}L}{v^2}$$

$$= \frac{L(\mathrm{MR}_L) - Q(1)}{L^2}$$

$$= \frac{\mathrm{MP}_L - Q/L}{L} \qquad \text{分子分母除以 } L$$

$$= \frac{\mathrm{MP}_L - \mathrm{AP}_L}{L} \qquad \text{由定义 } \mathrm{AP}_L = \frac{Q}{L}$$

在驻点处

$$\frac{\mathrm{d}(\mathrm{AP}_L)}{\mathrm{d}L} = 0$$

因此

$$\mathrm{MP}_L = \mathrm{AP}_L(\text{原书有误})$$

得证。

该分析证明,在劳动的平均产出函数的驻点处,劳动的边际产出等于劳动的平均产出。上面证明了该结论适用于任意的劳动的平均产出函数。图 4—27 显示了典型的劳动的平均产出函数和边际产出函数。注意两条曲线相交于 AP_L 曲线的波峰处。在该点的左边,AP_L 函数递增,因此

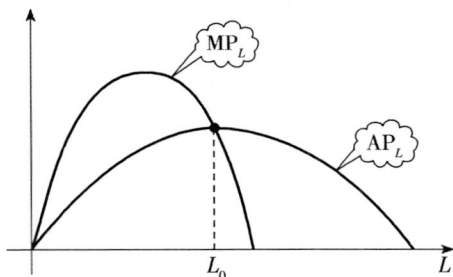

图 4—27

$$\frac{\mathrm{d}(\mathrm{AP}_L)}{\mathrm{d}L} > 0$$

我们已经看到

$$\frac{\mathrm{d}(\mathrm{AP}_L)}{\mathrm{d}L} = \frac{\mathrm{MP}_L - \mathrm{AP}_L}{L}$$

因此我们推断,在最大值的左边,$\mathrm{MP}_L > \mathrm{AP}_L$。换句话说,在该区域内,劳动的边际产出的图形位于劳动的平均产出的图形的上方。类似地,在该点的右边,AP_L 递减,得

$$\frac{\mathrm{d}(\mathrm{AP}_L)}{\mathrm{d}L} < 0$$

因此,$\mathrm{MP}_L < \mathrm{AP}_L$。所以,在该区域内,劳动的边际产出的图形位于劳动的平均产出的图形的下方。

我们推断如果驻点是最大值点,那么 MP_L 曲线从 AP_L 曲线上方穿过。类似论证能适用于任意平均成本函数。平均成本函数的特定情形在练习题 4.7* 的问题 6 中研究。

练习题 4.7 *

1. 已知某公司的需求函数为

$P = aQ + b(a < 0, b > 0)$

固定成本为 c，单位可变成本为 d。

（a）写出 TR 和 TC 的一般表达式。

（b）通过求（a）部分的导数，推导 MR 和 MC。

（c）用（b）的结论证明，当

$$Q = \frac{d - b}{2a}$$

时，利润 π 最大化。

2.（a）在 4.5 节中，推导出边际收益 MR 与需求的价格弹性 E 之间的如下关系：

$$MR = P\left(1 - \frac{1}{E}\right)$$

用该结论证明，在最大总收益点处，E = 1。

（b）已知需求函数为

$2P + 3Q = 60$

证明（a）部分的结论。

3. 已知某公司的国内外市场的需求函数为

$P_1 = 50 - 5Q_1$

$P_2 = 30 - 4Q_2$

总成本函数为

$TC = 10 + 10Q$

其中 $Q = Q_1 + Q_2$。确定实现利润时需要的价格

（a）有价格歧视。

（b）无价格歧视。

比较（a）和（b）部分获得的利润。

4. 证明：如果边际成本曲线从边际收益曲线上方穿过，那么利润最小。

5. 在成本会计中，经济订货量 EOQ 用于实现一年期间订购和持有公司库存的总成本 TC 的最小化。

下订单的年成本 ACO 为

$$ACO = \frac{(ARU)(CO)}{EOQ}$$

其中，

ARU = 年需求量

CO = 单位订货成本

年持有成本 ACC 为

$$ACC = (CU)(CC)\frac{(EOQ)}{2}$$

其中，

CU = 单位成本

CC = 持有成本

（EOQ）/2 提供了一年中任意时刻平均存货的估计。假设 ARU,CO,CU,CC 都是常数,证明总成本

TC = ACO + ACC

当 $EOQ = \sqrt{\dfrac{2(\text{ARU})(\text{CO})}{(\text{CU})(\text{CC})}}$

时实现最小化。

6. (a) 证明:在平均成本函数的驻点处,平均成本等于边际成本。

(b) 证明:如果边际成本曲线从平均成本曲线下方穿过,那么平均成本最小。

7. 在完全竞争市场中,均衡价格 P 和数量 Q 通过在供给和需求方程

$P = aQ_S + b(a > 0, b > 0)$

$P = cQ_D + d(c > 0, d > 0)$

中令 $Q_S = Q_D = Q$ 求出。如果政府每单位征税 t,证明

$Q = \dfrac{d - b - t}{a + c}$

推导出政府的税收收益 $T = tQ$ 通过取

$t = \dfrac{d - b}{2}$

实现最大化。

4.8 指数函数和自然对数函数的导数

学习目标

学完本节,你应该能够:

● 求指数函数的导数

● 求自然对数函数的导数

● 用链式法则、乘法法则、除法法则求这些函数的组合的导数

● 了解指数函数在经济建模中的应用

本节我们研究与指数 e^x 和自然对数函数 $\ln x$ 相关的导函数。我们用的方法与 4.1 节中用的方法类似。函数的导数确定函数图形的斜率。因此,为了发现怎样求某个不熟悉的函数的导数,我们首先精确画图,然后计算在特定点处的切线的斜率。

建议

在 2.4 节里我们介绍过函数 e^x 和 $\ln x$。你会发现在继续学习本节其余部分前,回想这些函数的定义方法将有助于你学习本章的其余内容。

例题

完成下列函数值表,画出 $f(x) = e^x$ 的图形:

x	-2.0	-1.5	-1.0	0.0	0.5	1.0	1.5
$f(x)$							

画出图形在 $x = -1,0,1$ 处的切线。估计 $f'(-1), f'(0), f'(1)$ 的值。推导出导函数 $f'(x)$ 的一般公式。

解

用计算器我们得

x	-2.0	-1.5	-1.0	-0.5	0.0	0.5	1.0	1.5
$f(x)$	0.14	0.22	0.37	0.61	1.00	1.65	2.72	4.48

对应的指数函数的图形画在图 4—28 中。从图形中我们看到切线的斜率为

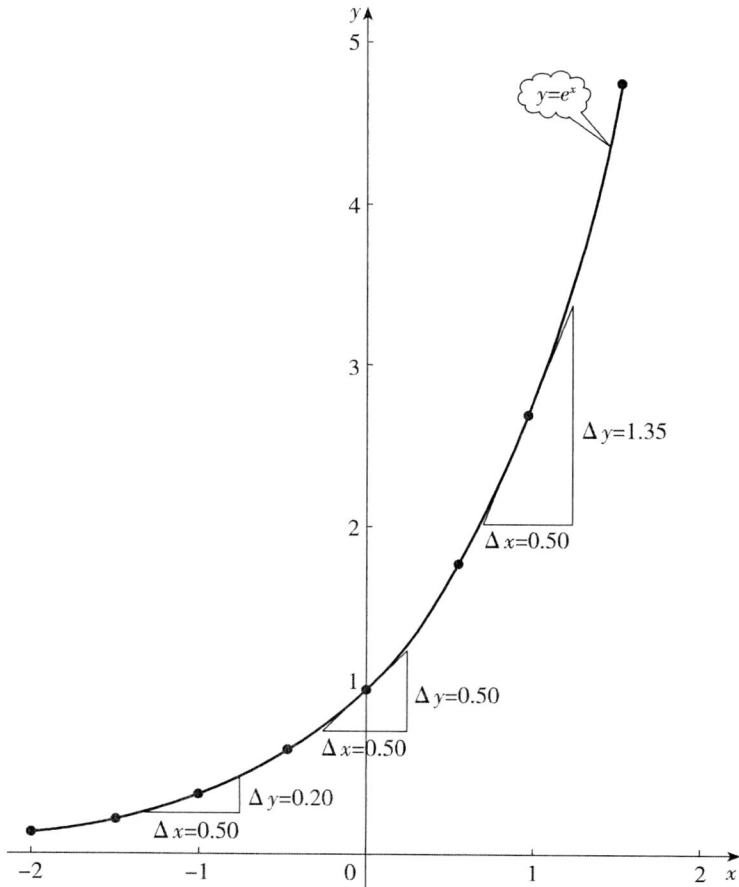

图 4—28

$$f'(-1) = \frac{0.20}{0.50} = 0.4$$

$$f'(0) = \frac{0.50}{0.50} = 1.0$$

$$f'(14) = \frac{1.35}{0.50} = 2.7$$

这些结果通过计算获得,因此只保留 1 位小数。我们用该方法不能得到切线斜率的精确值。

$x,f(x),f'(x)$ 的值总结在下表中。为了与 $f'(x)$ 的估计值进行比较,$f(x)$ 的值也保留 1 位小数。

x	-1	0	1
$f(x)$	0.4	1.0	2.7
$f'(x)$	0.4	1.0	2.7

注意 $f(x)$ 与 $f'(x)$ 的值在精度上是一样的。

这些结果表明图形在每点的斜率与该点的函数值相同,即 e^x 的导数等于函数本身。用符号表示该结果:

如果 $f(x) = e^x$,那么 $f'(x) = e^x$

或等价地

如果 $y = e^x$,那么 $\dfrac{dy}{dx} = e^x$

习题

1. 用计算器完成下列函数值表,画出 $f(x) = \ln x$ 的精确图形:

x	0.50	1.00	1.50	2.00	2.50	3.00	3.50	4.00
$f(x)$			0.41			1.25		

画出图形在 $x = 1,2,3$ 处的切线。估计 $f'(1),f'(2),f'(3)$ 的值。推导出导函数 $f'(x)$ 的一般公式。

[提示:对于后面的部分,你将发现把 $f'(x)$ 的估计写成简单分数是有益的]

事实上,可以证明,对任意常数 m

$$\boxed{如果\ y = e^{mx},那么 \dfrac{dy}{dx} = me^{mx}}$$

$$\boxed{如果\ y = \ln mx,那么 \dfrac{dy}{dx} = \dfrac{1}{x}}$$

特别地,我们通过令 $m = 1$ 看出

e^x 求导得 e^x

$\ln x$ 求导得 $\dfrac{1}{x}$

与我们的实际研究一致。

例题

求下列函数的导数

(a) $y = e^{2x}$

(b) $y = e^{-7x}$

(c) $y = \ln 5x \, (x > 0)$

(d) $y = \ln 559x \, (x > 0)$

解

(a) 在一般公式中令 $m = 2$,

如果 $y = e^{2x}$, 那么 $\dfrac{dy}{dx} = 2e^{2x}$

注意当求指数函数的导数时, 幂本身不变。变化的是在函数前面乘以 x 的系数。

(b) 在一般公式中令 $m = -7$,

如果 $y = e^{-7x}$, 那么 $\dfrac{dy}{dx} = -7e^{-7x}$

(c) 在一般公式中令 $m = 5$,

如果 $y = \ln 5x$, 那么 $\dfrac{dy}{dx} = \dfrac{1}{x}$

注意问题中指出的 $x > 0$ 的限制。这是求对数函数的导数的先决条件。

(d) 在一般公式中令 $m = 559$,

如果 $y = \ln 559x$, 那么 $\dfrac{dy}{dx} = \dfrac{1}{x}$

注意我们得到的答案与 (c) 部分的答案是相同的。自然对数函数的导数不依赖 x 的系数。该事实可能相当陌生但容易解释。对数的法则 3 表明 $\ln 559x$ 等于

$$\ln 559 + \ln x$$

第一项仅是常数, 因此它的导数等于零, 第二项的导数等于 $1/x$。

习题

2. 求下列函数的导数

(a) $y = e^{3x}$ (b) $y = e^{-x}$ (c) $y = \ln 3x \, (x > 0)$ (d) $y = \ln 51\,234x \, (x > 0)$

链式法则能用来解释当求 e^{mx} 的导数时 m 的变化。外部函数是指数, 其导数等于函数本身, 内部函数是 mx, 其导数等于 m。因此, 由链式法则

如果 $y = e^{mx}$, 那么 $\dfrac{dy}{dx} = e^{mx} \times m = me^{mx}$

类似地, 注意自然对数函数的导数等于倒数函数

如果 $y = \ln mx$, 那么 $\dfrac{dy}{dx} = \dfrac{1}{mx} \times m = \dfrac{1}{x}$

链式、乘法、除法法则能用来求涉及 e^x 和 $\ln x$ 的更复杂的函数的导数。

例题

求下列函数的导数

（a）$y = x^3 e^{2x}$　　（b）$y = \ln(x^2 + 2x + 1)$　　（c）$y = \dfrac{e^{3x}}{x^2 + 2}$

解

（a）函数 $x^3 e^{2x}$ 是两个简单函数 x^3 与 e^{2x} 的积，因此我们需要用乘法法则求它的导数。设

$$u = x^3, v = e^{2x}$$

得

$$\frac{du}{dx} = 3x^2, \frac{dv}{dx} = 2e^{2x}$$

由乘法法则

$$\frac{dy}{dx} = u\frac{dv}{dx} + v\frac{du}{dx} = x^3[2e^{2x}] + e^{2x}[3x^2] = 2x^3 e^{2x} + 3x^2 e^{2x}$$

提取公因子 $x^2 e^{2x}$ 因此

$$\frac{dy}{dx} = x^2 e^{2x}(2x + 3)$$

（b）表达式 $\ln(x^2 + 2x + 1)$ 能视为函数的函数，因此我们能用链式法则求它的导数。我们首先求外部对数函数的导数得

$$\frac{1}{x^2 + 2x + 1}$$

然后乘以内部函数 $x^2 + 2x + 1$ 的导数 $2x + 2$。

因此

$$\frac{dy}{dx} = \frac{2x + 2}{x^2 + 2x + 1}$$

（c）函数

$$\frac{e^{3x}}{x^2 + 2}$$

是简单函数 $u = e^{3x}$ 与 $v = x^2 + 2$ 的商

因此

$$\frac{du}{dx} = 3e^{3x}, \frac{dv}{dx} = 2x（原书有误）$$

由除法法则

$$\frac{dy}{dx} = \frac{v\dfrac{du}{dx} - u\dfrac{dv}{dx}}{v^2} = \frac{(x^2 + 2)(3e^{3x}) - e^{3x}(2x)}{(x^2 + 2)^2} = \frac{e^{3x}[3(x^2 + 2) - 2x]}{(x^2 + 2)^2}$$

$$= \frac{e^{3x}(3x^2 - 2x + 6)}{(x^2 + 2)^2}$$

习题

3. 求下列函数的导数

（a）$y = x^4 \ln x$

（b）$y = e^{x^2}$

（c）$y = \dfrac{\ln x}{x + 2}$

建议

如果你需要求形式为

$\ln($ 涉及积、商、x 的幂 $)$

的函数的导数，那么你在求导前用对数法则展开表达式通常会节省时间。三个法则为

法则1 $\ln(x \times y) = \ln x + \ln y$

法则2 $\ln(x \div y) = \ln x - \ln y$

法则3 $\ln x^m = m \ln x$

下列例题说明实践中怎样运用这些"技巧"。

例题

求下列函数的导数

（a）$y = \ln(x(x + 1)^4)$　　　　（b）$y = \ln\left(\dfrac{x}{\sqrt{(x + 5)}}\right)$

解

（a）由法则 1

$\ln(x(x + 1)^4) = \ln x + \ln(x + 1)^4$

用法则 3 进一步化简得

$y = \ln x + 4\ln(x + 1)$

求该新表达式的导数是简单的。我们立即看出

$\dfrac{\mathrm{d}y}{\mathrm{d}x} = \dfrac{1}{x} + \dfrac{4}{x + 1}$

如果想将最终答案置于公分母上

$\dfrac{1}{x} + \dfrac{4}{x + 1} = \dfrac{(x + 1) + 4x}{x(x + 1)} = \dfrac{5x + 1}{x(x + 1)}$

（b）求

$y = \ln\left(\dfrac{x}{\sqrt{(x + 5)}}\right)$

的导数的最快方法是先展开得

$$y = \ln x - \ln(x + 5)^{1/2}(\text{法则 } 2)$$

$$= \ln x - \frac{1}{2}\ln(x + 5) \text{（法则 } 3)$$

再次求出该表达式的导数

$$\frac{dy}{dx} = \frac{1}{x} - \frac{1}{2(x + 5)}$$

如果愿意，我们可以将结果写成单个分数

$$\frac{1}{x} - \frac{1}{2(x + 5)} = \frac{2(x + 5) - x}{2x(x + 5)} = \frac{x + 10}{2x(x + 5)}$$

习题

4. 通过先用对数法则展开每个表达式，再求其导数：

（a）$y = \ln(x^2(x + 2)^4)$ （b）$y = \ln\left(\dfrac{x^2}{2x + 3}\right)$

指数函数和自然对数函数提供了许多经济领域好的数学模型，我们用一些说明性例题结束本章。

例题

已知某公司的短期生产函数为

$$Q = L^2 e^{-0.01L}$$

求实现劳动的平均产出最大化时的 L 的值。

解

劳动的平均产出为

$$AP_L = \frac{Q}{L} = \frac{L^2 e^{-0.01L}}{L} = Le^{-0.01L}$$

为了使该函数最大化，我们用 4.6 节的方法。

第 1 步

在驻点处

$$\frac{d(AP_L)}{dL} = 0$$

为了求 $Le^{-0.01L}$ 的导数，我们用乘法法则

如果

$$u = L, v = e^{-0.01L}$$

那么

$$\frac{du}{dL} = 1, \frac{dv}{dL} = -0.01e^{-0.01L}$$

由乘法法则

$$\frac{d(AP_L)}{dL} = u\frac{dv}{dL} + v\frac{du}{dL} = L(-0.01e^{-0.01L}) + e^{-0.01L} = (1 - 0.01L)e^{-0.01L}$$

我们知道负指数永远不等于零（尽管 $e^{-0.01L}$ 随 L 增加变得靠近零，但事实上对有限的 L 值其永远不等于零）。因此仅当

$1 - 0.01L = 0$ 时

$(1 - 0.01L)e^{-0.01L}$ 等于零

解为 $L = 100$

第 2 步

为了证明这是最大值点，我们需要求该函数的二阶导数。为此我们将乘法法则应用于

$(1 - 0.01L)e^{-0.01L}$

取

$u = 1 - 0.01L, v = e^{-0.01L}$

对

$\dfrac{\mathrm{d}u}{\mathrm{d}L} = -0.01, \dfrac{\mathrm{d}v}{\mathrm{d}L} = -0.01e^{-0.01L}$

因此

$$\frac{\mathrm{d}^2(\mathrm{AR}_L)}{\mathrm{d}L} = u\frac{\mathrm{d}v}{\mathrm{d}L} + v\frac{\mathrm{d}u}{\mathrm{d}L} = (1 - 0.01L)(-0.01e^{-0.01L}) + e^{-0.01L}(-0.01)$$

$$= (-0.02 + 0.0001L)e^{-0.01L}$$

最后，将 $L = 100$ 代入得

$$\frac{\mathrm{d}^2(\mathrm{AP}_L)}{\mathrm{d}L^2} = -0.0037$$

$\dfrac{\mathrm{d}^2(AP_L)}{\mathrm{d}L^2} < 0$ 表明驻点 $L = 100$ 确实是最大值点。

习题

5. 已知物品的需求函数为

$Q = 1\,000e^{-0.2P}$

如果固定成本为 100，单位可变成本为 2，证明利润函数为

$\pi = 1\,000Pe^{-0.2P} - 2\,000e^{-0.2P} - 100$

求实现利润最大化时需要的价格。

例题

已知某公司估计从 Q 单位物品销售中收到的总收益为

$\mathrm{TR} = \ln(1 + 1\,000Q^2)$

计算当 $Q = 10$ 时的边际收益。

解

边际收益函数通过求总收益函数的导数获得。为了求 $\ln(1 + 1\,000Q^2)$ 的导数，我们用链式法则。我们先求外部对数函数的导数得

$$\frac{1}{1 + 1\,000Q^2}$$

自然对数求导得倒数

然后乘以内部函数 $1 + 1000Q^2$ 的导数 $2000Q$。因此

$$\mathrm{MR} = \frac{\mathrm{d}(\mathrm{TR})}{\mathrm{d}Q} = \frac{2\,000Q}{1 + 1\,000Q^2}$$

当 $Q = 10$ 时

$$\mathrm{MR} = \frac{2\,000(10)}{1 + 1\,000(10)^2} = 0.2$$

习题

6. 已知需求方程为

$$P = 200 - 40\ln(Q + 1)$$

计算当 $Q = 20$ 时需求的价格弹性。

练习题 4.8

1. 求下列函数的导数

(a)$y = \mathrm{e}^{6x}$ (b)$y = \mathrm{e}^{-342x}$ (c)$y = 2\mathrm{e}^{-x} + 4\mathrm{e}^{x}$ (d)$y = 10\mathrm{e}^{4x} - 2x^2 + 7$

2. 如果将 4 000 美元存入一个账户,未来每年能提供连续复合 4% 的收益,t 年后终值 S 为

$$S = 4\,000\mathrm{e}^{0.04t}$$

(1) 计算当

(a)$t = 5$ (b)$t = 5.01$

时 S 的值。估计 $t = 5$ 时的增长率。答案保留 2 位小数。

(2) 写出 $\dfrac{\mathrm{d}S}{\mathrm{d}t}$ 的表达式,求 5 年后增长率的精确值。

3. 求下列函数的导数

(a)$y = \ln(3x)\,(x > 0)$ (b)$y = \ln(-13x)\,(x < 0)$

4. 用链式法则求下列函数的导数

(a)$y = \mathrm{e}^{x^3}$ (b)$y = \ln(x^4 + 3x^2)$

5. 用乘法法则求下列函数的导数

(a)$y = x^4\mathrm{e}^{2x}$ (b)$y = x\ln x$

6. 用除法法则求下列函数的导数

(a)$y = \dfrac{\mathrm{e}^{4x}}{x^2 + 2}$ (b)$y = \dfrac{\mathrm{e}^{x}}{\ln x}$

7. 求出下列函数的驻点并对其分类、画出它们的图形。

(a)$y = x\mathrm{e}^{-x}$ (b)$y = \ln x - x$

8. 已知总成本和总收益函数分别为

$$\mathrm{TC} = 2Q \text{ 和 } \mathrm{TR} = 100\ln(Q + 1)$$

求实现利润最大化时需要的产出。

9. 已知某公司的生产函数为

$$Q = 700Le^{-0.02L}$$

求实现产出最大化时的 L 的值。

10. 已知物品的需求函数为

$$P = 100e^{-0.1Q}$$

证明:当 $Q = 10$ 时需求是单位弹性的。

练习题 4.8*

1. 求下列函数的导数:

(a) $y = e^{2x} - 3e^{-4x}$　(b) xe^4x　　　(c) $\dfrac{e^{-x}}{x^2}$　　　(d) $x^m \ln x$　(e) $x(\ln x - 1)$

(f) $\dfrac{x^n}{\ln x}$　　　(g) $\dfrac{e^{mx}}{(ax+b)^n}$　(h) $\dfrac{e^{ax}}{(\ln bx)^n}$　(i) $\dfrac{e^x - 1}{e^x + 1}$

2. 用对数法则展开下列函数并计算它们的导数:

(a) $y = \ln(\dfrac{x}{x+1})$　　(b) $y = \ln(x\sqrt{(3x-1)})$　　(c) $y = \ln\sqrt{\dfrac{x+1}{x-1}}$

3. 经济变量 y 的增长率定义为 $\dfrac{dy}{dt} \div y$。

用该定义求变量 $y = Ae^{kt}$ 的增长率。

4. 求下列函数的导数,尽可能化简答案

(a) $y = x^4 e^{-2x^2}$　　(b) $y = \ln\left(\dfrac{3}{(x+1)^2}\right)$

5. 求出下列函数的驻点并对其分类

(a) $y = xe^{ax}$　　(b) $y = \ln(ax^2 + bx)$

其中 $a < 0$。

6. (a) 用除法法则证明:函数

$$y = \dfrac{2x+1}{\sqrt{4x+3}}$$

的导数为

$$\dfrac{4(x+1)}{(4x+3)\sqrt{4x+3}}$$

(b) 用链式法则求导函数

$$y = \ln\left(\dfrac{2x+1}{\sqrt{4x+3}}\right)$$

(c) 通过先用对数法则展开

$$\ln\left(\dfrac{2x+1}{\sqrt{4x+3}}\right)$$

后求导验证(b)部分的答案是正确的。

7. 已知某公司的短期生产函数为

$$Q = L^3 e^{-0.02L}$$

求实现劳动的平均产出最大化时的 L 的值。

8. 对每个需求曲线,求需求价格弹性的表达式:

(a)$P = 100e^{-Q}$　　(b)$P = 500 - 75\ln(2Q + 1)$

9. 对下列每个需求曲线,求边际收益的表达式:

(a)$P = \dfrac{e^{Q^2}}{Q^2}$　　(b)$P = \ln\left(\dfrac{2Q}{3Q + 1}\right)$

4.9　正规数学

在更高级的数学书中,导数通过极限概念定义,通常用符号写成

$$\frac{\mathrm{d}y}{\mathrm{d}x} = \lim_{\Delta \to \infty} \frac{\Delta y}{\Delta x}$$

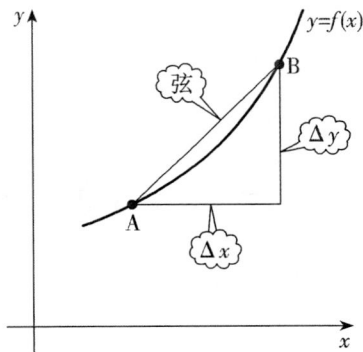

图 4—29

如图 4—29 所示,A 和 B 都位于曲线 $y = f(x)$ 上,它们的 x 和 y 坐标分别相差 Δx 和 Δy。连接曲线上两点的直线 AB 称为弦,其斜率为 $\Delta y / \Delta x$。

现在看图 4—30,其显示对应越来越小"宽度"Δx 的不同的弦 AB_1,AB_2,AB_3,$\cdots$。随着右端点 B_1,B_2,B_3,$\cdots$ 变得靠近 A,"宽度"Δx 趋于零。更重要地,弦的斜率变得靠近 A 点切线的斜率。我们通常说,当 Δx 趋于零时,弦的斜率 $\Delta y / \Delta x$ 的极限等于切线的斜率。该极限记为

$$\lim_{\Delta \to \infty} \frac{\Delta y}{\Delta x}$$

我们推导出正规定义

$$\frac{\mathrm{d}y}{\mathrm{d}x} = \lim_{\Delta \to \infty} \frac{\Delta y}{\Delta x}$$

与本书采用的方法 $\mathrm{d}y / \mathrm{d}x$ 表示切线斜率的思想一致。

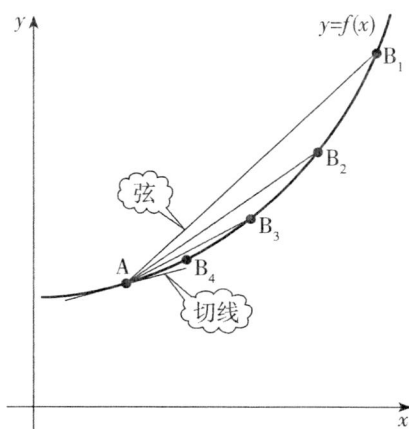

图4—30

　　贯穿本章,我们假设所有函数都能够求导。在我们考虑画任意点切线之前,函数必须是连续的。对图4—31中的函数,除图形中不连续的 $x = 2$ 点外,图形中的每点都能够画出切线。我们说该函数在 $x = 2$ 处不可导。

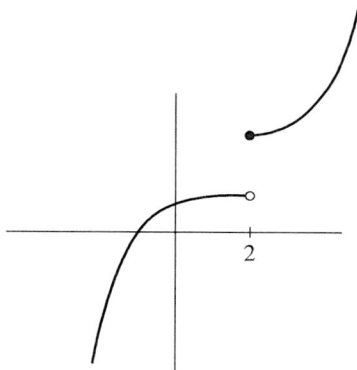

图4—31

　　即使函数处处连续,仍然有可能不能画出切线,除非曲线是光滑的。这样函数的经典例子是模函数 $f(x) = |x|$,其定义为

$$|x| = \begin{cases} -x, & \text{如果 } x < 0 \\ x, & \text{如果 } x \geq 0 \end{cases}$$

　　模函数的图形如图4—32所示,在 $x = 0$ 点处有个尖角,使它在 $x = 0$ 点处不可能画出切线。

　　对原点左边,图形有常数斜率 -1,对原点右边,图形有常数斜率 1。然而,在 $x = 0$

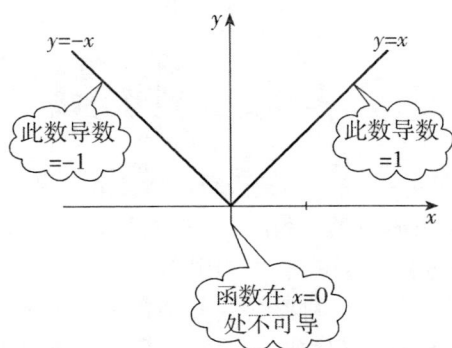

图 4—32

处我们不能画出切线,因此模函数在除 $x=0$ 点外处处可导。这也能从定义

$$f'(x) = \lim_{\Delta \to \infty} \frac{\Delta y}{\Delta x}$$

中看出。当 $\Delta x \to 0$ 沿正值(即从右边) 时,极限是 1,而当 $\Delta x \to 0$ 沿负值(即从左边) 时,极限是 -1。极限都能找到,但它们是不同的值,这使我们不能求出 $x=0$ 点的导数。

第5章 偏微分

本章继续微积分主题——求导多元函数。本章在许多方面能够视作全书的高潮部分,它是我们已经愉快地攀登的数学山峰的最高峰。本章中不仅相关的数学思想和技术相当复杂,而且偏微分提供了丰富的应用资源。在某种意义上此处没有出现新知识,如果你知道怎样求导一元函数,那么你也知道怎样求导多元函数的偏函数,因为法则是相同的。类似地,如果你能最优化一元函数,那么你不必害怕无约束最优化和约束最优化。当然,如果你不会用微分的初等法则,或不会求第4章描述的函数的最大值和最小值,那么你确实要分析不会的原因。如果是这样的话,奉劝你最好省略本章。这样做不会影响到后面几章。然而,你将错过最优美和最有用的数学知识。

本章有六节,5.1节和5.2节是重要的内容要先读,而其余章节可以按任意顺序学习。5.1节和5.2节遵循熟悉的模式。我们从研究数学方法开始,然后用它们确定边际函数和弹性。5.3节说明乘数概念并完成在第1章学习过的静态主题。

最后三节是最优化。对多元函数,最优化问题分成两部分,无约束最优化和约束最优化。5.4节处理的无约束问题是变量自由取值的函数的最大化和最小化。约束问题是在变量的某种组合下进行的。例如,某公司可能想使成本最小化但需要满足生产定额的约束,或个人可能想使效用最大化但受到预算约束,等等。解约束问题有两种方法:替代法和拉格朗日乘数法,分别在5.5节和5.6节介绍。

5.1 多元函数

学习目标

学完本节,你应该能够:

● 会用函数符号 $z = f(x, y)$

● 求一阶偏导数 f_x 和 f_y

● 求二阶偏导数 $f_{xx}, f_{xy}, f_{yx}, y_{yy}$

● 了解对大多数函数有 $f_{xy} = f_{yx}$

● 会用小增量公式

● 会做隐微分

大多数经济关系涉及至少两个变量。物品的需求不仅依赖物品自身的价格,而且依赖替代品和互补品的价格、消费者的收入、广告支出,等等。同样,生产过程的产出依赖各种投入,包括土地、资本、劳动。为了分析一般的经济行为,我们必须将函数特别是微积分扩展到几个变量的函数。

二元函数 f 是规定对每对输入数 (x, y) 有唯一确定的输出数 z 的法则。如图5—1所示。"黑匣子" f 对 x 和 y 做某些算术运算得到 z。例如,法则可能是"两数相乘然后加

第二个数的 2 倍"。我们用符号表示为

$$f(x,y) = xy + 2y$$

或

$$z = xy + 2y$$

为了能计算函数,我们需要指定 x 和 y 的数值。

图 5—1

例题

已知 $f(x,y) = xy + 2y$ 计算

(a)$f(3,4)$ (b)$f(4,3)$

解

(a) 将 $x = 3$ 和 $y = 4$ 代入得

$$f(3,4) = 3(4) + 2(4) = 20$$

(b) 将 $x = 4$ 和 $y = 3$ 代入得

$$f(4,3) = 4(3) + 2(3) = 18$$

注意,对该函数,$f(3,4)$ 不同于 $f(4,3)$,因此一般我们必须仔细地写出变量的正确顺序。

我们用记号 x 和 y 表示两个输入数(称为自变量),用记号表示输出数(称为因变量)。上面函数也能等价地写为

$$y = x_1 x_2 + 2x_2$$

这次用 x_1 和 x_2 表示自变量,用 y 表示因变量。运用下标似乎相当不方便,但它为多于两个变量的函数提供了明显的扩展。一般地,n 元函数可以写为

$$y = f(x_1, x_2, \cdots, x_n)$$

习题

1. 已知

$$f(x,y) = 5x + xy^2 - 10$$

$$g(x_1, x_2, x_3) = x_1 + x_2 + x_3$$

计算

(a)$f(0,0)$ (b)$f(1,2)$ (c)$f(2,1)$ (d)$g(5,6,10)$ (e)$g(0,0,0)$

(f)$g(10,5,6)$

一元函数能用图形给出图像化描述,这有助于直觉感受函数的性质。图 5—2 是典型函数 $y = f(x)$ 的图形,其中横轴为输入数 x,纵轴为对应的输出数 y。在 x 轴上任意点上方曲线的垂直高度表示该点的函数值。

显然,要问的一个问题是:多元函数是否有图像化表示? 对二元函数答案是肯定

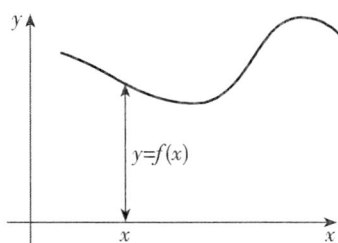

图 5—2

的,尽管它不是特别容易构造。函数

$$z = f(x,y)$$

可以视作三维空间里很像山脉的曲面,如图 5—3 所示。如果将坐标为 (x,y) 的输入点视作位于水平面,那么位于它上面的曲面的垂直高度 z 表示该点的函数值。正如你可能想象到的,像

$$f(x,y) = xy^3 + 4x$$

这样的方程用手画曲面不是容易的事,尽管能制作这种图形的三维图形软件包适用于大多数计算机。

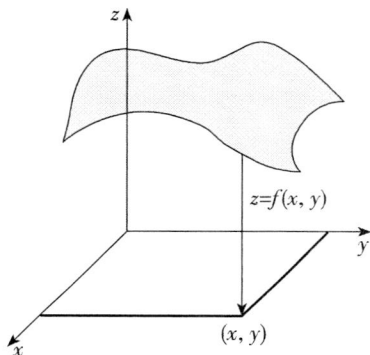

图 5—3

建议

　　网上资源里有个例子说明怎样用 Maple 制作三维图形。如果你感兴趣,你可以现在看那个例子,看看你是否能制作此处涉及的某些函数的图形。

　　对多于两个变量的函数给出某种图形解释是不可能的。例如,四变量函数需要 5 维空间,4 个输入变量和一个输出变量!尽管如此,我们仍然能对多元函数求导,正如我们将在本章其余各节所见,这些导数在分析经济行为中发挥关键作用。

　　已知二元函数

$$z = f(x,y)$$

我们能求出两个一阶导数。f 对 x 的偏导数写为

$$\frac{\partial z}{\partial x} \ \text{或} \frac{\partial f}{\partial x} \ \text{或} f_x$$

通过 y 保持常数对 x 求导求出。类似地,f 对 x 的偏导数写为

$$\frac{\partial z}{\partial y} \ \text{或} \frac{\partial f}{\partial y} \ \text{或} f_y$$

通过 x 保持常数对 y 求导 f 求出。

在符号

$$\frac{\partial f}{\partial x}$$

读作 f 对 x 的偏导数

中我们用"∂"以区分多元函数的偏导数与一元函数的普通导数。另一个符号 f_x 与普通导数符号 f' 类似。

例题

求下列函数的一阶偏导数

（a）$f(x,y) = x^2 + y^3$ （b）$f(x,y) = x^2 y$

解

（a）函数

$$f(x,y) = x^2 + y^3$$

对 x 求导步骤如下。由加法法则我们知道可以对每部分分别求导然后相加。x^2 对 x 求导得 $2x$。而,y^3 对 x 求导得 0。为了弄清这点,注意对 x 求偏导数时把变量 y 看做常数。当然,如果 y 是常数,那么 y^3 也是常数,正如第 4 章所述,常数求导得零。因此

$$\frac{\partial f}{\partial x} = 2x + 0 = 2x$$

同样地

$$\frac{\partial f}{\partial y} = 0 + 3y^2 = 3y^2 (\text{原书有误})$$

此时把 x 看做常数,x^2 对 y 求导得零,而 y^3 对 y 求导得 $3y^2$。

（b）函数

$$f(x,y) = x^2 y \text{ 对 } x \text{ 求导}$$

我们用正常方式求导,将 x 视作变量而将 y 视作常数。现在,当我们求导 x^2 的数乘时,x^2 对 x 求导得 $2x$ 然后乘常数。例如

$7x^2$ 求导得 $7(2x) = 14x$

$-100x^2$ 求导得 $-100(2x) = -200x$

cx^2 求导得 $c(2x) = 2cx(c$ 为任意常数)

在我们所求的情形中,y 起常数作用,因此

$x^2 y$ 求导得 $(2x)y = 2xy$

因此

$$f_x = 2xy$$

类似地,为了求 f_y,我们将表达式 $f(x,y) = x^2 y$

中 y 视作变量而将 x 视作常数。当我们求导 y 的数乘时,我们仅得常数,因此 cy 求导得 c。

在此,x^2 起 c 的作用,因此 x^2y 求导得 x^2。因此

$$f_y = x^2$$

习题

2. 求下列函数的一阶偏导数的表达式

（a）$f(x,y) = 5x^4 - y^2$ （b）$f(x,y) = x^2y^3 - 10x$

一般地,当我们求导二元函数时,得到的结果本身是二元函数。这表明进行二次求导的可能性。事实上有四个二阶偏导数。我们记

$$\frac{\partial^2 z}{\partial x^2} \text{ 或} \frac{\partial^2 f}{\partial x^2} \text{ 或} f_{xx}$$

为对 x 二次求导得到的函数,

$$\frac{\partial^2 z}{\partial y^2} \text{ 或} \frac{\partial^2 f}{\partial y^2} \text{ 或} f_{yy}$$

为对 y 二次求导得到的函数,

$$\frac{\partial^2 z}{\partial y \partial x} \text{ 或} \frac{\partial^2 f}{\partial y \partial x} \text{ 或} f_{yx}$$

为先对 x 后对 y 求导得到的函数,

$$\frac{\partial^2 z}{\partial x \partial y} \text{ 或} \frac{\partial^2 f}{\partial x \partial y} \text{ 或} f_{xy}$$

为先对 y 后对 x 求导得到的函数。

例题

求下列函数的二阶偏导数 $f_{xx}, f_{yy}, f_{yx}, f_{xy}$ 的表达式

（a）$f(x,y) = x^2 + y^3$ （b）$f(x,y) = x^2y$

解

（a）函数

$$f(x,y) = x^2 + y^3$$

的一阶偏导数已经求出为

$$f_x = 2x, f_y = 3y^2$$

为了求 f_{xx} 我们对 x 求导 f_x 得

$$f_{xx} = 2$$

为了求 f_{yy} 我们对 y 求导 f_y 得

$$f_{yy} = 6y$$

为了求 f_{yx} 我们对 y 求导 f_x 得

$$f_{yx} = 0$$

注意 f_{yx} 如何获得。始于原函数

$$f(x,y) = x^2 + y^3$$

我们先对 x 求导得 $2x$，当我们对 y 求导时我们保持 x 为常数，因此它求导得零。最后，为了求 f_{xy}，我们对 x 求导 f_y 得

$$f_{xy} = 0$$

注意 f_{xy} 如何获得。始于原函数

$$f(x,y) = x^2 + y^3$$

我们先对 y 求导得 $3y^2$，当我们对 x 求导时我们把 y 看做常数，因此它求导得零。

（b）函数

$$f(x,y) = x^2 y$$

的一阶偏导数已经求出为

$$f(x,y) = x^2 y$$

因此

$$f_{xx} = 2y, f_{yy} = 0 \quad f_{yx} = 2x, f_{xy} = 2x$$

习题

3. 求下列函数二阶偏导数的表达式

（a）$f(x,y) = 5x^4 - y^2$ （b）$f(x,y) = x^2 y^3 - 10x$

［提示：你可以参考习题 2 的答案］

回顾前例和习题 3 得到的表达式，注意在所有情形下

$$\boxed{\dfrac{\partial^2 f}{\partial y \partial x} = \dfrac{\partial^2}{\partial x \partial y}} \qquad (f_{yx} = f_{xy})$$

能够证明这个结论（称为杨定理）适用于经济学中出现的所有函数。偏导数的顺序无关紧要。先对 x 后对 y 求导与先对 y 后对 x 求导得到同样的表达式。（事实上，对有些奇怪的数学函数该结论不成立，尽管它们不一定与我们有关）

尽管我们仅专注于二元函数，但是怎样计算多于两个变量函数的偏导数是显而易见的。对一般函数

$$y = f(x_1, x_2, \cdots, x_n)$$

有 n 个一阶偏导数，记为

$$\frac{\partial f}{\partial x_i} \text{ 或者 } f_i (i = 1, 2, \cdots, n)$$

即每次对一个变量求导而其余 $n - 1$ 个变量保持不变。二阶偏导数以类似方式确定。

例题

求函数的导数 f_{31}

$$f(x_1, x_2, x_3) = x_1^3 + x_1 x_3^2 + 5x_2^4$$

解

我们需要求

$$f_{31} = \frac{\partial^2 f}{\partial x_3 \partial x_1}$$

这表示先对 x_1 后对 x_3 求导得到的函数。对 x_1 求导得

$$f_1 = \frac{\partial f}{\partial x_1} = 3x_1^2 + x_3^2$$

如果我们进一步对 x_3 求导,我们得

$$f_{31} = \frac{\partial^2 f}{\partial x_3 \partial x_1} = 2x_3$$

事实上,正如我们刚解释的二元函数,如果我们按相反顺序求导,我们得到相同答案。你可以自己检查这点。

习题

4. 求下列函数偏导数 f_1, f_{11}, f_{21} 的表达式

$$f(x_1, x_2, x_3) = x_1 x_2 + x_1^5 - x_2^2 x_3$$

我们已经了解了怎样计算偏导数,但还需要给出它们的含义。为了给出偏导数的解释,让我们先回到第 1 步,回想形式为

$$y = f(x)$$

的一元函数。导数 dy/dx 给出了 y 对 x 的变化率。换句话说,如果 x 变化小量 Δx,那么对应的 y 的变化满足

$$\Delta y \cong \frac{dy}{dx} \times \Delta x$$

而且,近似的精度随 Δx 变得越来越小而改善。

建议

你可能回想起使用这种近似的理由,这在 4.3.1 节用图形解释过。

已知求偏导数的方法,我们能推出,对二元函数

$$z = f(x, y)$$

如果 x 变化小量 Δx,而 y 保持不变,那么对应的 z 的变化为

$$\Delta z \cong \frac{\partial z}{\partial x} \times \Delta x$$

类似地,如果 y 变化小量 Δy,而 x 保持不变,那么 z 的变化为

$$\Delta z \cong \frac{\partial z}{\partial y} \times \Delta y$$

当然,在实践中,x 和 y 可能同时变化。如果是这种情况,那么 z 的净变化将是 x 和 y 变化分别引起的单个变化之和,因此

$$\Delta z \cong \frac{\partial z}{\partial x}\Delta x + \frac{\partial z}{\partial y}\Delta y$$

这称为小增量公式。尽管这仅是近似值,能够证明的是,对大多数函数的误差随 Δx 和 Δy 都趋于零而趋于零。因此公式有时引用等号写为

$$dz = \frac{\partial z}{\partial x}dx + \frac{\partial z}{\partial y}dy$$

其中符号 dx, dy, dz 称为微分,分别表示 $\Delta x, \Delta y, \Delta z$ 的极限值。

例题

求
$$z = x^3 y - y^3 x$$

在点 $(1,3)$ 处 $\dfrac{\partial z}{\partial x}$ 和 $\dfrac{\partial z}{\partial y}$ 的值。估计当 x 从 1 增加到 1.1,同时 y 从 3 下降到 2.8 时 z 的变化。

解

如果
$$z = x^3 y - y^3 x$$
那么
$$\partial z / \partial x = 3x^2 y - y^3, \partial z / \partial y = x^3 - 3y^2 x$$
因此在点 $(1,3)$ 处
$$\frac{\partial z}{\partial x} = 3(1)^2(3) - 3^3 = -18$$
$$\frac{\partial z}{\partial y} = 1^3 - 3(3)^2(1) = -26$$

现在,由于 x 从 1 增加到 1.1,x 的变化为
$$\Delta x = 0.1$$ 正数表示增加

由于 y 从 3 下降到 2.8,y 的变化为
$$\Delta y = -0.2$$ 负数表示下降

小增量公式为
$$\Delta z \cong \frac{\partial z}{\partial x}\Delta x + \frac{\partial z}{\partial y}\Delta y$$

所以 z 的变化为
$$\Delta z \cong (-18)(0.1) + (-26)(-0.2) = 3.4$$
因此 z 增加近似 3.4。

习题

5. 求
$$z = xy - 5x + 2y$$

在点 $(2,6)$ 处 $\dfrac{\partial z}{\partial x}$ 和 $\dfrac{\partial z}{\partial y}$ 的值。

(a) 用小增量公式估计当 x 从 2 下降到 1.9,y 从 6 增加到 6.1 时 z 的变化。

(b) 通过计算在点 $(2,6)$ 和点 $(1.9,6.1)$ 处 z 的值,验证(a)部分的估计。

小增量公式的一个重要应用是隐函数微分。至此我们希望你能很容易求像

$$y = x^3 + 2x^2 + 5$$

$$\frac{\mathrm{d}y}{\mathrm{d}x} = 3x^2 + 4x$$

这样的一元函数的导数。然而,假如要你求给定方程

$$y^3 + 2xy^2 - x = 5$$

的导数 $\mathrm{d}y/\mathrm{d}x$。这很难求,原因在于,第一种情形 y 用 x 表示明确给出,而第二种情形 y 对 x 的函数仅隐含给出。在你求导之前,你需要想法整理该方程,写成用 x 表示 y 的形式。遗憾的是,由于有 y^3 项这是不可能实现的。此处的技巧是将方程左边的表达式视为 x 和 y 的二元函数,因此

$$f(x, y) = y^3 + 2xy^2 - x$$

或等价地

$$z = y^3 + 2xy^2 - x$$

方程

$$y^3 + 2xy^2 - x = 5$$

则读为

$$z = 5$$

一般地,小增量公式的微分形式为

$$\mathrm{d}z = \frac{\partial z}{\partial x}\mathrm{d}x + \frac{\partial z}{\partial y}\mathrm{d}y$$

在我们的特定情形中,z 取常数值 5,是不变的。因此 $\mathrm{d}z = 0$,公式变为

$$0 = \frac{\partial z}{\partial x}\mathrm{d}x + \frac{\partial z}{\partial y}\mathrm{d}y$$

整理为

$$\frac{\partial z}{\partial y}\mathrm{d}y = -\frac{\partial z}{\partial x}\mathrm{d}x$$

即

$$\frac{\mathrm{d}y}{\mathrm{d}x} = \frac{-\partial z/\partial x}{\partial z/\partial y}$$

该公式能用于求任意给定的隐函数
$f(x, y) =$ 常数的 $\mathrm{d}y/\mathrm{d}x$。

即

$$\boxed{\text{如果 } f(x, y) = \text{常数,那么} \frac{\mathrm{d}y}{\mathrm{d}x} = -\frac{f_x}{f_y}}$$

由 $-f_x/f_y$ 求 $\mathrm{d}y/\mathrm{d}x$ 的方法称为隐微分,能用于难以或不可能用 x 表示 y 的显性表达式的场所。

例题

用隐微分求 $\mathrm{d}y/\mathrm{d}x$ 的表达式
$$y^3 + 2xy^2 - x = 5$$

解

对函数
$$f(x,y) = y^3 + 2xy^2 - x$$
我们有
$$f_x = 2y^2 - 1, f_y = 3y^2 + 4xy,$$
因此
$$\frac{dy}{dx} = -\frac{f_x}{f_y} = -\left(\frac{2y^2 - 1}{3y^2 + 4xy}\right) = \frac{-2y^2 + 1}{3y^2 + 4xy}$$

建议

另一种求隐微分的方法,基于链式法则,不依赖偏微分。请参考网上资源高级主题2。你可能发现它比以上说明的方法更容易。

习题

6. 用隐微分求 dy/dx 的表达式

(a) $xy - y^3 + y = 0$ (b) $= y^5 - xy^2 = 10$

关键术语

Dependent variable(因变量):由自变量取值决定的变量值。在 $z = f(x,y)$ 中,因变量是 z。

Differentials(微分):增量变化的极限值。用极限表示,$\Delta z \cong \frac{\partial z}{\partial x}\Delta x$ 近似变为 $dz = \frac{\partial z}{\partial x}dx$,其中 dz 和 dx 是微分。

Function of two variables(二元函数):规定对每对输入数 (x,y) 有唯一确定的输出数 z 的法则。

Implicit differentiation(隐微分):获得 dy/dx 的过程,其中函数没有用 x 表示 y 的显性表达式给出。

Independent variable(自变量):决定因变量值的变量。在 $z = f(x,y)$ 中,自变量是 x 和 y。

Partial derivative(偏导数):多元函数的导数,将其余变量视作常数而对其中某个变量求导。

Second-order partial derivative(二阶偏导数):一阶偏导数的偏导数。例如,f_{xy} 是 f 先对 y 后对 x 求导的二阶偏导数。

Small increments formula(小增量公式):结论为 $\Delta z \cong \frac{\partial z}{\partial x}\Delta x + \frac{\partial z}{\partial y}\Delta y$。

练习题 5.1

1. 已知

$$f(x,y) = 3x^2y^3$$

计算 $f(2,3), f(5,1), f(0,7)$。

2. 写出一阶偏导数 $\dfrac{\partial z}{\partial x}$ 和 $\dfrac{\partial z}{\partial y}$ 的表达式

（a）$z = x^2 + 4y^5$ （b）$z = 3x^3 - 2e^y$ （c）$z = xy + 6y$ （d）$z = x^6y^2 + 5y^3$

3. 已知

$$f(x,y) = x^4y^5 - x^2 + y^2 \qquad\qquad （原书有误）$$

写出一阶偏导数 f_x 和 f_y 的表达式。并计算 $f_x(1,0)$ 和 $f_y(1,1)$。

4. 用小增量公式估计下列情况的 z 的变化

$$z = x^2y^4 - x^6 + 4y$$

（a）当 x 从 1 增加到 1.1，y 固定为 0 时

（b）当 x 固定为 1，y 从 0 下降到 -0.5 时

（c）当 x 从 1 增加到 1.1，y 从 0 下降到 -0.5 时

5.（a）已知

$$f(x,y) = y - x^3 + 2x$$

求出 f_x 和 f_y 的表达式，并用隐微分求给定方程

$y - x^3 + 2x = 1$ 的 $\mathrm{d}y/\mathrm{d}x$ 值

（b）通过整理方程

$$y - x^3 + 2x = 1$$

用 x 显性地表示 y，然后用普通微分，验证（a）部分的答案。

练习题 5.1*

1. 已知

$$f(x,y) = 2xy + 3x$$

证明 $f(5,7) \neq f(7,5)$。求满足 $f(x,y) = f(y,x)$ 的所有数对 (x,y)。

2. 求下列函数的所有一阶和二阶偏导数的表达式。

并在每种情况下验证

$$\frac{\partial^2 z}{\partial y \partial x} = \frac{\partial^2 z}{\partial x \partial y}$$

（a）$z = xy$ （b）$z = e^x y$ （c）$z = x^2 + 2x + y$ （d）$= 16x^{1/4}y^{3/4}$

（e）$z = \dfrac{y}{x^2} + \dfrac{x}{y}$

3. 已知

$$z = x^2y^3 - 10xy + y^2$$

计算在点 $(2,3)$ 处的 $\partial z/\partial x$ 和 $\partial z/\partial y$。并估计当 x 增加 0.2，y 下降 0.1 时 z 的变化。

4. 验证 $x = 1, y = -1$ 满足方程 $x^2 - 2y^3 = 3$，并用隐微分求该点处 $\mathrm{d}y/\mathrm{d}x$ 的值。

5. 已知三元函数为

$$f(x_1, x_2, x_3) = \frac{x_1 x_3^3}{x_2} + \ln(x_2 x_3) \ (原书有误)$$

求该函数所有的一阶和二阶偏导数,并验证

$$f_{12} = f_{21}, f_{13} = f_{31}, f_{23} = f_{32}$$

6. 写出满足如下一阶偏导数的函数 $f(x, y)$ 的表达式

$$\frac{\partial f}{\partial x} = 3xy(xy + 2) \qquad \frac{\partial f}{\partial y} = x^2(2xy + 3)$$

7. 计算如下函数在点 $(3, 2, 0)$ 处的二阶偏导数 f_{23}

$$f(x_1, x_2 x_3) = \frac{x_3 x_2^3}{x_1} + x_2 e^{x_3}$$

8. 求隐函数

$$x^2 y - \frac{x}{y} = 6$$

在点 $(-2, 1)$ 处 $\dfrac{\mathrm{d}y}{\mathrm{d}x}$ 的值。

5.2 偏弹性和边际函数

学习目标

学完本节,你应该能够:

- 计算偏弹性
- 计算边际效用
- 计算沿无差异曲线的商品的边际替代率
- 计算边际产出
- 计算沿等产量线的边际技术替代率
- 陈述齐次生产函数的欧拉定理

本章第 1 节介绍偏微分。希望你已经发现偏微分不比普通微分难。唯一的差别是对多元函数,你必须从开始就清楚在数学表达式中哪个字母作为变量,而在思维上把其余所有字母看做常数! 实际上一旦你做到这一点,偏微分就遵循通用法则。在 4.3 节和 4.5 节中我们已经学习了各种微观经济学应用。了解了普通微分与偏微分之间的密切关系,将这些应用扩展到多元函数你不必为此惊讶。我们主要从三个方面着手:

- 需求弹性
- 效用
- 生产

我们依次考虑每个方面。

需求弹性

假设某种物品的需求 Q 受其价格 P、另一种物品的价格 P_A、消费者的收入 Y 的影响，因此需求函数 f 为

$$Q = f(P, P_A, Y)$$

特别有趣的是：能用弹性定量测度需求对这三个变量中任意一个变量的变化。定义需求的（自）价格弹性为

$E_P = -\ Q$ 的百分比变化 $/P$ 的百分比变化

此时 P_A 和 Y 为常数。该定义与 4.5 节给出的一致，因此同样遵循那里给出的数学论证，我们推断出

$$E_P = -\frac{P}{Q} \times \frac{\partial Q}{\partial P}$$

此处用偏导数符号，因为现在 Q 是多元函数，P_A 和 Y 为常数。

建议

你可能回想起引入负号是为了使 E_P 为正而人为设计的。这不是通用的，建议你看一下你自己的老师采用哪个惯例。

用类似方式我们能测度需求对另一种物品的价格的变化。定义需求交叉价格弹性为

$E_{P_A} = Q$ 的百分比变化 $/P_A$ 的百分比变化

P 和 Y 为常数。再次，通常的数学论证表明，E_{P_A} 的符号是正的还是负的依赖于另一种物品的特征。如果另一种物品是替代品，那么 Q 随 P_A 增加而增加，因为由于它变得相对便宜些，所以消费者买更多的给定物品。因此

$$\frac{\partial Q}{\partial P_A} > 0$$

所以 $E_{P_A} > 0$。如果另一种物品是互补品，那么 Q 随 P_A 增加而下降，因为物品束作为整体变得更昂贵。因此

$$\frac{\partial Q}{\partial P_A} < 0$$

所以 $E_{P_A} < 0$。

最后，定义需求的收入弹性为

$E_Y = Q$ 的百分比变化 $/Y$ 的百分比变化

能由

$$E_Y = \frac{Y}{Q} \times \frac{\partial Q}{\partial Y}$$ 求出。再次，如果物品是优等品，那么需求随收入增加而增加，E_Y 是正的。然而，如果物品是劣等品，那么需求随收入增加而下降，E_Y 是负的。

例题

给定需求函数为

$Q = 100 - 2P + P_A + 0.1Y$

其中 $P = 10, P_A = 12, Y = 1\,000$，求

（a）需求的价格弹性

（b）需求的交叉价格弹性

（c）需求的收入弹性

另一种物品是替代的还是互补的？

解

首先计算当 $P = 10, P_A = 12, Y = 1\,000$ 时 Q 的值。则需求方程为

$Q = 100 - 2(10) + 12 + 0.1(1\,000) = 192$

（a）为了求需求的价格弹性，我们对 P 求

$Q = 100 - 2P + P_A + 0.1Y$ 的偏导

得 $\dfrac{\partial Q}{\partial P} = -2$（原书有误）

因此

$$E_P = -\frac{P}{Q} \times \frac{\partial Q}{\partial P} = -\frac{10}{192} \times (-2) = 0.10$$

（b）为了求需求的交叉价格弹性，我们对 P_A 求

$Q = 100 - 2P + P_A + 0.1Y$ 的偏导

得 $\dfrac{\partial Q}{\partial P_A} = 1$

因此

$$E_{P_A} = \frac{P_A}{Q} \times \frac{\partial Q}{\partial P_A} = \frac{12}{192} \times 1 = 0.06$$

这是正的，表明两种物品是替代的。

（c）为了求需求的收入弹性，我们对 Y 求

$Q = 100 - 2P + P_A + 0.1Y$ 的偏导

得 $\dfrac{\partial Q}{\partial Y} = 0.1$

因此

$$E_Y = \frac{Y}{Q} \times \frac{\partial Q}{\partial Y} = \frac{1\,000}{192} \times 0.1 = 0.52$$

习题

1. 已知需求函数为

$Q = 500 - 3P - 2P_A + 0.01Y$

其中 $P = 20, P_A = 30, Y = 5\,000$，求

（a）需求的价格弹性

（b）需求的交叉价格弹性

（c）需求的收入弹性

如果收入增加 5% ,计算对应的需求的百分比变化。物品是劣等品还是优等品?

5.2.2 效用

到目前为止本书基本只专注于生产者的行为。在这种情况下我们简单地认定最重要的目标是实现利润最大化。现在我们将注意力转向消费者。遗憾的是,他们的行为动机不是特别容易识别。试探性的建议是试图使消费者赚到的收入最大化。然而,如果是这样的话,那么个人将努力每周工作 7 天,每天工作 24 小时,但情况并不是这样。实际上,人们愿意将合理比例的时间用于闲暇活动。

因此消费者面临每周多少小时花在工作和多少小时用于闲暇的选择。同样地,消费者需要决定买多少不同的物品,在可用的选择之间有偏好。为了定量分析消费者行为,我们用一个数 U 将每个选择集联系起来,该数称为效用,表示满足水平。假设有两种物品 G1 和 G2,消费者买 x_1 件 G1 和 x_2 件 G2。则变量 U 是 x_1 和 x_2 的函数,我们写为

$$U = U(x_1, x_2)$$

例如,如果

$$U(3,7) = 20, U(4,5) = 25$$

那么消费者从买4件G1和5件G2中获得的满足比从买3件G1和7件G2中获得的满足大。

效用是二元函数,因此我们能算出两个一阶偏导数

$$\frac{\partial U}{\partial x_1} \text{ 和} \frac{\partial U}{\partial x_2}$$

导数

$\frac{\partial U}{\partial x_i}$ 为 U 对 x_i 的变化率,称为 x_i 的边际效用。如果 x_i 变化小量 Δx_i 而其他变量保持不变,那么 U 的变化满足

$$\Delta U \cong \frac{\partial U}{\partial x_i} \Delta x_i$$

如果 x_1 和 x_2 都变化,那么 U 的净变化能通过小增量公式

$$\Delta U \cong \frac{\partial U}{\partial x_i} \Delta x_1 + \frac{\partial U}{\partial x_2} \Delta x_2$$

求出。

例题

已知效用函数为

$$U = x_1^{1/4} x_2^{3/4}$$

求当 $x_1 = 100$ 和 $x_2 = 200$ 时边际效用 $\frac{\partial U}{\partial x_1}$ 和 $\frac{\partial U}{\partial x_2}$ 的值,

并估计 x_1 从 100 下降到 99 且 x_2 从 200 增加到 201 时效用的变化量。

解

如果
$$U = x_1^{1/4} x_2^{3/4}$$
那么 $\dfrac{\partial U}{\partial x_1} = \dfrac{1}{4} x_1^{-3/4} x_2^{3/4}$, $\dfrac{\partial U}{\partial x_2} = \dfrac{3}{4} x_1^{1/4} x_2^{-1/4}$

因此当 $x_1 = 100$, $x_2 = 200$ 时
$$\frac{\partial U}{\partial x_1} = \frac{1}{4}(100)^{-3/4}(200)^{3/4} = 0.42$$

$$\frac{\partial U}{\partial x_2} = \frac{3}{4}(100)^{-1/4}(200)^{-1/4} = 0.63$$

x_1 下降 1 单位, 即
$$\Delta x_1 = -1$$
x_2 增加 1 单位, 即
$$\Delta x_2 = 1$$
小增量公式为
$$\Delta U \cong \frac{\partial U}{\partial x_1} \Delta x_1 + \frac{\partial U}{\partial x_2} \Delta x_2$$

所以效用的变化为
$$\Delta U \cong (0.42)(-1) + (0.63)(1) = 0.21$$
以上例题给出的效用函数
$$U = x_1^{1/4} x_2^{3/4}$$
的二阶导数为

$\dfrac{\partial^2 U}{\partial x_1^2} = \dfrac{-3}{16} x_1^{-7/4} x_2^{3/4}$, $\dfrac{\partial^2 U}{\partial x_2^2} = \dfrac{-3}{16} x_1^{1/4} x_2^{-5/4}$ 都是负的。$\partial^2 U / \partial x_1^2$ 是边际效用 $\partial U / \partial x_1$ 对 x_1 的偏导数。这是负的, 意味着 x_1 的边际效用随 x_1 增加而下降。换句话说, 随着物品 G1 的消费增加, G1 每增加 1 单位带来的效用比前面增加 1 单位的效用小。类似地, 此性质对 G2 也成立。这称为边际效用递减规律。

建议

你可以将这与 4.3.2 节讨论的边际生产率递减规律进行比较。

习题

2. 已知个人的效用函数为
$$U = 1\,000x_1 + 450x_2 + 5x_1x_2 - 2x_1^2 - x_2^2$$
其中 x_1 是以小时测度的每周闲暇量, x_2 是以美元测度的每周赚到的收入。

求当 $x_1 = 138$, $x_2 = 500$ 时的边际效用 $\dfrac{\partial U}{\partial x_1}$ 和 $\dfrac{\partial U}{\partial x_2}$ 的值。

如果个人额外工作 1 小时,每周赚到的收入增加 15 美元,估计 U 的变化。

边际效用递减规律对该函数成立吗?

在 5.1 节中提到二元函数能用三维曲面表示。在理论上这很好,但事实上手工画这样的曲面是不可能的。这个问题困扰地理学家多年,他们解决这个问题的方法是制作二维等高线图。等高线是连接海平面上同样高度的所有点的曲线。刚好同样的方法能用于效用函数,我们作无差异曲线图。这由连接具有相同效用值的点 (x_1, x_2) 的无差异曲线组成。在数学上,无差异曲线定义为:效用为某固定值 U_0,方程为

$$U(x_1, x_2) = U_0$$

典型的无差异曲线图,如图 5—4 所示。

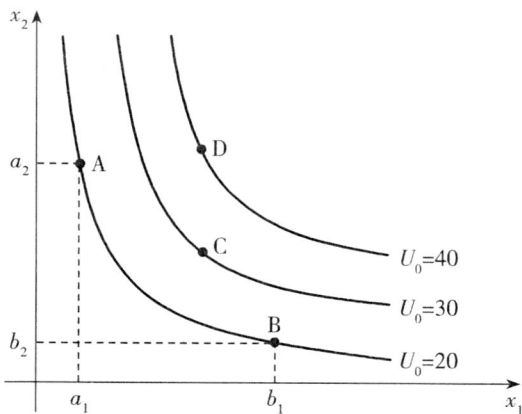

图 5—4

A 和 B 都位于较低的无差异曲线 $U_0 = 20$ 上。A 对应消费者买 a_1 单位 G1 和 a_2 单位 G2 的情形。同样,B 对应消费者买 b_1 单位 G1 和 b_2 单位 G2 的情形。这两个组合产生同样的满足水平,在它们之间消费者的选择无差异。用符号表示为

$$U(a_1, a_2) = 20, U(b_1, b_2) = 20$$

C 和 D 位于离原点更远的无差异曲线上。这些点代表的物品组合产生更高的效用水平,因此位于 A 和 B 的无差异曲线上方。

无差异曲线通常向下倾斜。如果少买 G1,那么消费者不得不通过多买 G2 补偿以维持同样的满足水平。从图 5—4 中我们注意到无差异曲线的斜率沿曲线是变化的,靠近纵轴取大的负值,随曲线趋于横轴变得几乎为零。对任意服从边际效用递减规律的函数,这是我们能预料到的。当消费者拥有大量 G2 和相当少 G1 时可能视 G1 的价值更高。因此,他或她可能愿意牺牲大量 G2 换取一或两个单位 G1 的增加。在该区域,x_1 的边际效用远大于 x_2 的边际效用,这解释了靠近纵轴曲线陡峭。类似地,当曲线趋于横轴,情形相反,曲线变平坦。我们通过引入商品的边际替代率MRCS 将物品的这种交换定量化。MRCS 定义为当 x_1 下降 1 单位时为维持效用不变需要的 x_2 的增加量。如图 5—5 所示。

E 点向左移动 1 单位,如果要留在通过 E 的无差异曲线上,那么 MRCS 的值是我们需要变化的垂直距离。这类"变化 1 单位"的定义是我们在 4.3 节讨论边际函数时采用的精确方法。事实上在那一节我们将边际函数定义为导函数,并且说明"变化 1 单位"

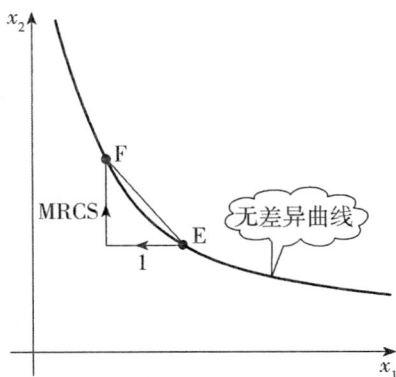

图 5—5

定义给了它好的近似。如果我们此处采用同样做法,那么我们能定义

$$MRCS = -\frac{dx_2}{dx_1}$$

导数 dx_2/dx_1 为当 x_1 为横轴,x_2 为纵轴时无差异曲线的斜率。它是负的,因此我们人为地在前面加负号以使 MRCS 为正。该定义只用于能用 x_1 显性地表示 x_2 的无差异曲线方程时。然而,我们可能仅知道效用函数

$U(x_1, x_2)$

因此无差异曲线隐含地由方程

$U(x_1, x_2) = U_0$ 决定

这恰好是我们5.1节末讨论的情况。隐微分公式为

$$\frac{dx_2}{dx_1} = -\frac{\partial U/\partial x_1}{\partial U/\partial x_2}$$

因此

$$MRCS = -\frac{dx_2}{dx_1} = \frac{\partial U/\partial x_1}{\partial U/\partial x_2}$$

商品的边际替代率是 x_1 的边际效用除以 x_2 的边际效用

例题

已知效用函数

$U = x_1^{1/2} x_2^{1/2}$

求用 x_1 和 x_2 表示的 MRCS 的一般表达式。计算过点$(300, 500)$的无差异曲线的 MRCS 的值。估计当 x_1 下降 3 单位时为维持当前效用水平需要的 x_2 的增加量。

解

如果

$U = x_1^{1/2} x_2^{1/2}$

那么

$$\frac{\partial U}{\partial x_1} = \frac{1}{2} x_1^{-1/2} x_2^{1/2}, \frac{\partial U}{\partial x_2} = \frac{1}{2} x_1^{1/2} x_2^{-1/2}$$

用结论

$$\text{MRCS} = \frac{\partial U / \partial x_1}{\partial U / \partial x_2}$$

我们看到

$$\text{MRCS} = \frac{\frac{1}{2} x_1^{-1/2} x_2^{-1/2}}{\frac{1}{2} x_1^{1/2} x_2^{-1/2}}$$

$$= x_1^{-1} x_2^{1} = \frac{x_2}{x_1}$$

在点 $(300,500)$ 处

$$\text{MRCS} = \frac{500}{300} = \frac{5}{3}$$

此时 MRCS 近似为当 x_1 下降 1 单位时为维持效用不变需要的 x_2 的增加量。在本例中，x_1 下降 3 单位，因此我们用 3 乘以 MRCS。则 x_2 的近似增加为

$$\frac{5}{3} \times 3 = 5$$

我们通过计算原来点 $(300,500)$ 和新的点 $(297,505)$ 处的效用 U，能检验近似的精度。得

$$U(300,500) = (300)^{1/2}(500)^{1/2} = 387.30$$

$$U(297,505) = (297)^{1/2}(505)^{1/2} = 387.28$$

这表明两点确实位于同一条无差异曲线上。

习题

3. 对习题2给出的效用函数，计算在点 $(138,500)$ 处 MRCS 的值。如果每周闲暇时间减少 2 小时，估计为维持当前效用水平需要赚到收入的增加量。

5.2.3　生产

首次介绍生产函数是在2.3节。假设产出 Q 受资本 K 和劳动 L 的影响，因此我们可以写作

$Q = f(K,L)$

该函数能用与效用函数类似的方式分析。偏导数

$$\frac{\partial Q}{\partial K}$$

为资本的产出变化率，称为资本的边际产出 MP_K。在劳动保持不变的前提下，如果资本变化小量 ΔK，那么对应的 Q 的变化为

$$\Delta Q \cong \frac{\partial Q}{\partial K} \Delta K$$

类似地

$$\frac{\partial Q}{\partial L}$$

为劳动的产出变化率,称为劳动的边际产出 MP_L。在资本保持不变的前提下,如果劳动变化小量 ΔL,那么对应的 Q 的变化为

$$\Delta Q \cong \frac{\partial Q}{\partial L} \partial L$$

如果 K 和 L 同时变化,那么 Q 的净变化能通过小增量公式

$$\Delta Q \cong \frac{\partial Q}{\partial K} \Delta K + \frac{\partial Q}{\partial L} \Delta L$$

求出。生产函数的等高线称为等产量线。在希腊语中"iso"意味着"等",因此按字面理解单词"等产量"翻译成"相等的数量"。等产量线上的点代表生产常数 Q_0 的产出水平的所有可能的投入组合 (K, L)。典型的等产量线图如图 5—6 所示。注意我们按标准惯例采用劳动作横轴和资本作纵轴。

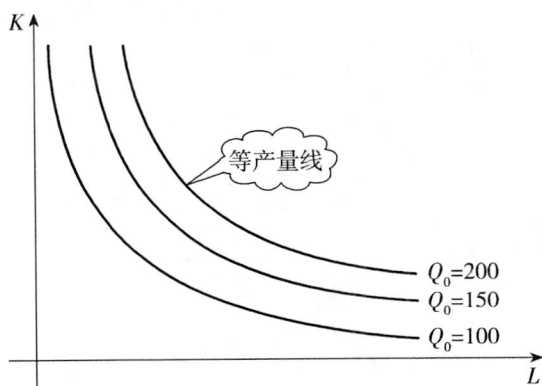

图 5—6

较低曲线是产出为 100 单位需要的投入组合。更高的产出水平对应离原点更远的等产量线。另外,曲线的一般形状是可以预料到的。例如,当资本下降时,必须增加劳动来弥补以维持生产水平。并且,如果资本继续下降,劳动对资本的替代率上升。我们将投入的这种交换定量化,定义边际技术替代率MRTS 为 $-\dfrac{\mathrm{d}K}{\mathrm{d}L}$

因此 MRTS 是等产量线斜率的正值。与效用函数情形一样,用隐微分公式表示为

$$\mathrm{MRTS} = \frac{\partial Q / \partial L}{\partial Q / \partial K} = \frac{MP_L}{MP_K}$$

边际技术替代率是劳动的边际产出除以资本的边际产出

例题

对一般的柯布 — 道格拉斯生产函数

$Q = AK^\alpha L^\beta$ 求 MRTS 的表达式

其中 A, α, β 是正数。

解

我们先求边际产出

$$Q = AK^{\alpha}L^{\beta}$$

对 K 和 L 的偏导数为

$$MP_K = \alpha AK^{\alpha-1}L^{\beta}, MP_L = \beta AK^{\alpha}L^{\beta-1}$$

因此

$$MRTS = \frac{MP_L}{MP_K} = \frac{\beta AK^{\alpha}L^{\beta-1}}{\alpha AK^{\alpha-1}L^{\beta}} = \frac{\beta K}{\alpha L}$$

习题

4. 已知生产函数

$$Q = K^2 + 2L^2$$

求出边际产出 $\dfrac{\partial Q}{\partial K}$ 和 $\dfrac{\partial Q}{\partial L}$ 的表达式。

并证明

（a）$MRTS = \dfrac{2L}{K}$

（b）$K\dfrac{\partial Q}{\partial K} + L\dfrac{\partial Q}{\partial L} = 2Q$

建议

生产函数和齐次的概念在 2.3 节中有涉及。你可以在学习下段之前复习一下那部分内容。

回想 n 次齐次生产函数

$$f(\lambda K, \lambda L) = \lambda^n f(K, L) \quad \lambda \text{ 为任意数}$$

当 $n < 1, n = 1, n > 1$ 时，生产函数分别呈现规模收益递减、规模收益不变、规模收益递增。关于齐次函数的一个有用结论名为欧拉定理，即

$$K\frac{\partial f}{\partial K} + L\frac{\partial f}{\partial L} = nf(K, L)$$

事实上，在习题 4（b）中已经证明过，对生产函数

$$Q = K^2 + 2L^2$$

容易证明这是 2 次齐次。但我们不打算证明该定理，尽管在本节末练习题 5.2* 问题 4 中要你验证对一般的柯布 – 道格拉斯生产函数它的有效性。

值得注意的是 $n = 1$ 的特殊情形，因为右边是简单的 $f(k, L)$，它等于产出 Q。对 1 次齐次生产函数，欧拉定理指出：

资本乘资本的边际产出 + 劳动乘劳动的边际产出 = 总产出

如果每种投入要素得到的支付量等于它的边际产出，那么左边的每项即为那种要

素的总收入。例如,如果每单位劳动支付 MP_L,那么 L 单位劳动的成本为 $L(MP_L)$。假设生产函数呈现规模收益不变,欧拉定理表明要素支付之和等于总产出。

网上资源说明如何用计算机软件包 Maple 来分析二元函数。

关键术语

Cross-price elasticity of demand(需求的交叉价格弹性):某种物品的需求对另一种物品价格变化的反应:(数量的百分比变化)÷(另一种物品价格的百分比变化)。

Euler's theorem(欧拉定理):如果每种投入获得的支付为它的边际产出的值,假设规模收益不变,这些投入的总成本等于总产出。

Income elasticity of demand(需求的收入弹性):某种物品的需求对收入变化的反应:(数量的百分比变化)÷(收入的百分比变化)。

Indifference curve(无差异曲线):表明具有相同效用水平的两种物品的所有组合的某条曲线。

Indifference map(无差异曲线图):显示一系列无差异曲线的图形。无差异曲线离原点越远,效用水平越高。

Isoquant(等产量曲线):表明具有相同产出水平的两种要素的所有组合的某条曲线。

Law of diminishing marginal utility(边际效用递减规律):物品消费增加 1 单位带来的效用增加量最终将下降的规律:当 x_i 充分大时,$\partial^2 U/\partial x_i^2 < 0$。

Marginal product of capital(资本的边际产出):单位资本增加导致的产出增加:$MP_K = \partial Q/\partial K$。

Marginal product of labour(劳动的边际产出):单位劳动增加导致的产出增加:$MP_L = \partial Q/\partial L$。

Marginal rate of commodity substitution(MRCS)(商品的边际替代率(MRCS)):在效用水平不变的前提下,当一种投入下降 1 单位时另一种投入需要增加的量为:$MRCS = \partial U/\partial x_1 \div \partial U/\partial x_2$。

Marginal rate of technical substitution(MRTS)(边际技术替代率(MRTS)):在产出水平不变的前提下,当劳动下降 1 单位时资本需要增加的量:$MRTS = MP_L/MP_K$。

Marginal utility(边际效用):消费物品增加 1 单位获得的效用的增量:$\partial U/\partial x_i$。

Price elasticity of demand(需求的价格弹性):某种物品的需求对自身价格变化的反应:(物品需求数量的百分比变化)÷(价格的百分比变化)。

Utility(效用):从物品消费中获得的满足。

练习题 5.2

1. 已知需求函数
$$Q = 1\,000 - 5P - P_A^2 + 0.005Y^3$$
其中 $P = 15, P_A = 20, Y = 100$,求需求的收入弹性。答案保留 2 位小数。

2. 已知需求函数
$$Q = 200 - 2P - P_A + 0.1Y^2$$

其中 $P = 10, P_A = 15, Y = 100$,求

(a)需求的价格弹性

(b)需求的交叉价格弹性

(c)需求的收入弹性

如果 P_A 增加 3% ,估计需求的百分比变化。另一种物品是替代的还是互补的?

3. 已知需求函数

$$Q = \frac{P_A Y^2}{P}$$

其中 $P_A = 10, Y = 2, P = 4$,求需求的收入弹性。在 P_A 和 P 保持不变的前提下,估计 Q 提高 2% 需要 Y 的百分比变化。

4. 已知效用函数

$$U = x_1^{1/2} x_2^{1/3}$$

求在点 $(25, 8)$ 处,边际效用 $\frac{\partial U}{\partial x_1}$ 和 $\frac{\partial U}{\partial x_2}$ 的值。

(a)估计 x_1 和 x_2 都增加 1 单位时效用的变化

(b)求该点处商品的边际替代率

5. 已知生产函数

$$Q = 2LK + \sqrt{L}$$

当 K 和 L 分别为 7 和 4 时,计算 MP_K 和 MP_L。

(a)写出 MRTS 的值

(b)在产出水平不变的前提下,估计当劳动下降 1 单位时,需要的资本的增加

6. 已知 $Q = 2K^3 + 3L^2 K$,证明:$K(\mathrm{MP}_K) + L(\mathrm{MP}_L) = 3Q$。

练习题 5.2*

1. 已知物品的需求函数为

$$Q = 500 - 4P + 0.02Y$$

当价格和收入分别为 $P = 20$ 和 $Y = 14\,000$ 时,

(a)求需求的收入弹性

(b)估计当收入增加 8% 时需求的百分比变化,并讨论在扩张经济中该物品的增长潜力

2. 已知生产函数为

$$Q = 300 K^{2/3} L^{1/2}$$

求当 $K = 40, L = 60$ 时的边际技术替代率的值。

3. 效用函数为

$$U = x_1^{2/3} x_2^{1/2}$$

如果点 $(64, 256)$ 和 $(512, x_2)$ 位于同一条无差异曲线上,求 x_2 的值。

4. 为柯布 – 道格拉斯生产函数

$$Q = AK^\alpha K^\beta$$

验证欧拉定理

[提示:2.3 节已经证明该函数是 $\alpha + \beta$ 次齐次的]

5. 如果某公司的生产函数为

$$Q = 5L + 7K$$

作产出水平 $Q = 700$ 的等产量线。用图形求 MRTS 的值,并用偏导数验证。

6. 已知某公司的生产函数为

$$Q = 10\sqrt{(KL)} + 3L$$

其中 $K = 90, L = 40$。

(a) 求边际产出 MP_K 和 MP_L 的值。

(b) 用(a) 部分的结果估计当 K 增加 3 单位且 L 下降 2 单位时 Q 的变化。

(c) 求边际技术替代率的值,并解释该值。

7. 某公司的生产函数为

$$Q = A[bK^\alpha + (1 - b)L^\alpha]^{1/\alpha}$$

(a) 证明边际技术替代率为

$$MRTS = \frac{1 - b}{b}\left(\frac{K}{L}\right)^{1-\alpha}$$

(b) 证明边际产出满足关系

$$K\frac{\partial Q}{\partial K} + L\frac{\partial Q}{\partial L} = Q$$

8. 物品的需求函数为

$$Q = a - bP - cP_A + dY$$

其中 P 是物品的价格,P_A 是另一种物品的价格,Y 是收入,系数 a, b, c, d 都是正的。已知 $P = 50, P_A = 30, Y = 1\,000, Q = 5\,000$。

(a) 另一种物品是替代还是互补的? 给出理由

(b) 求以下情况的表达式(用 b, c, d 表示),对

    (i) 需求的价格弹性

    (ii) 需求的交叉价格弹性

    (iii) 需求的收入弹性

(c) 若已知交叉价格弹性是 -0.012,收入弹性是价格弹性的 4 倍。当收入增加 10% 时,需求增加 2%。求 a, b, c, d 的值。

5.3　比较静态

学习目标

学完本节,你应该能够:

● 用结构方程推导宏观经济模型的简约形式

● 计算国民收入乘数

● 用乘数给出经济模型的定性描述

● 用乘数给出经济模型的定量描述
● 计算线性单商品市场模型的乘数

建议

　　由于涉及本书前面的内容,本节内容相对来说比较困难。在学习本节的新知识之前现在复习 1.7 节是有帮助的。

　　在 1.7 节讨论的最简单宏观经济模型假设中有家庭和公司两个部门,假设家庭消费 C 为线性关系形式

$$C = aY + b \tag{1}$$

　　在该方程中,Y 表示国民收入,a 和 b 是参数。参数 a 是边际消费倾向,取值范围为 $0 < a < 1$。参数 b 是自发消费,并且 $b > 0$。在均衡状态

$$Y = C + I \tag{2}$$

中 I 表示投资,假设

$$I = I^* \tag{3}$$

I^* 为常数。方程(1),方程(2),方程(3) 描述了模型的结构,称为结构方程。将方程(1) 和方程(3) 代入方程(2) 得

$$Y = aY + b + I^*$$

$$Y - aY = b + I^* \qquad （两边减 aY）$$

$$(1 - a)Y = b + I^* \qquad （提出公因子 Y）$$

$$Y = \frac{b + I^*}{1 - a} \qquad （两边除以 1 - a）$$

　　这称为简约形式,因为它将模型压缩为用外生变量 I^*、参数 a 与 b 表示内生变量 Y 的单方程。该分析均衡收入水平的过程的方法称为静态,因为它假设瞬间达到均衡状态。研究均衡随时间变化的数理经济学方法称为动态,在第 9 章学习。

　　在此处我们要做的远不止计算均衡值。特别地,我们要研究外生变量和参数的变化对内生变量的影响,这称为比较静态,因为我们要依次比较每个变量和参数的变化产生的影响。变化的实际机制将被忽略,因为假设系统瞬间回到均衡。方程

$$Y = \frac{b + I^*}{1 - a}$$

表明 Y 是含有三个变量 a, b, I^* 的函数,因此我们能写出三个偏导数

$$\frac{\partial Y}{\partial a}, \frac{\partial Y}{\partial b}, \frac{\partial Y}{\partial I^*}$$

唯一计算困难的是第一个,写为

$Y = (b + I^*)(1 - a)^{-1}$ 发现可以用链式法则求,

得

$$\frac{\partial Y}{\partial a} = (b + I^*)(-1)(1 - a)^{-2}(-1) = \frac{b + I^*}{(1 - a)^2}$$

　　为了解释该导数,让我们假设边际消费倾向 a 变化 Δa,b 和 I^* 保持不变。对应的 Y

的变化为

$$\Delta Y = \frac{\partial Y}{\partial a}\Delta a$$

严格讲,符号"="其实应该是"≅"。然而,如我们前两节所述,假设 Δa 很小,则近似值相当于精确值。在任何情况下,我们可以认为模型本身仅仅是经济中实际发生情况的第一近似,因此随后引入的任何小的不精确值,不可能对我们的结论有严重的影响。上面的方程表明国民收入的变化通过边际消费倾向的变化乘偏导数 $\partial Y/\partial a$ 求出。因此,将此偏导数称为 Y 的边际消费倾向乘数。以同样方式,$\partial Y/\partial b$ 和 $\partial Y/\partial I^*$ 分别称为自发消费乘数和投资乘数。

乘数使我们能定性和定量地解释模型的行为。在对变量和参数赋任何值之前,可以用乘数简单地描述定性行为。我们通常能知道乘数是正还是负的,并因此指出外生变量或参数的增加导致对应的内生变量是增加还是下降。在此模型中,显然 Y 的边际消费倾向乘数是正的,因为已知 b 和 I^* 都是正的,并且分母 $(1-a)^2$ 显然是正的。所以当 a 增加时,国民收入增加。

一旦对外生变量参数赋以特定数值,就能对模型行为定量地解释。例如,如果 $b = 10$,$I^* = 30$,$a = 0.5$,那么边际消费倾向乘数为

$$\frac{b + I^*}{(1-a)^2} = \frac{10 + 30}{(1-0.5)^2} = 160$$

这意味着比如说当边际消费倾向增加 0.02 单位时,则国民收入的变化为

$$160 \times 0.02 = 3.2$$

当然,如果 a,b,I^* 同时变化 $\Delta a,\Delta b,\Delta I^*$,那么用小增量公式表示 Y 的变化为

$$\Delta Y = \frac{\partial Y}{\partial a}\Delta a + \frac{\partial Y}{\partial b}\Delta b + \frac{\partial Y}{\partial I^*}\Delta I^*$$

例题

已知方程

$$Y = \frac{b + I^*}{1 - a}$$

求投资乘数,并推导投资增加总是导致国民收入增加。计算当投资增加 4 单位并且边际消费倾向是 0.6 时国民收入的变化。

解

将方程写为

$$Y = \frac{b}{1 - a} + \frac{I^*}{1 - a}$$

我们看出

$$\frac{\partial Y}{\partial I^*} = \frac{1}{1 - a}$$

因为 $a < 1$,这是正的。所以当 I^* 增加时国民收入增加。

当 $a = 0.6$ 时投资乘数为

$$\frac{1}{1-a} = \frac{1}{1-0.6} = \frac{1}{0.4} = 2.5$$

因此,当投资增加 4 单位时国民收入的变化为

$$2.5 \times 4 = 10$$

习题

1. 通过将

$$Y = \frac{b + I^*}{1 - a}$$

代入

$$C = aY + b \text{ 中}$$

写出用 a, b, I^* 表示 C 的简约方程。并证明 C 的投资乘数为

$$\frac{a}{1-a}$$

推导投资增加总是导致消费增加。如果边际消费倾向为 1/2,计算当投资增加 2 单位时消费的变化。

如下例题涉及三个部门:家庭、公司、政府,所以更困难。然而,分析模型的基本方法是一样的。我们先得到简约形式,后求导确定相关的乘数。用这些乘数来定性和定量地讨论国民收入的变化情况。

例题

考虑三部门模型

$$Y = C + I + G \tag{1}$$
$$C = aY_d + b \quad (0 < a < 1, b > 0) \tag{2}$$
$$Y_d = Y - T \tag{3}$$
$$T = tY + T^* \quad (0 < t < 1, T^* > 0) \tag{4}$$
$$I = I^* \quad (I^* > 0) \tag{5}$$
$$G = G^* \quad (G^* > 0) \tag{6}$$

其中, G 表示政府支出, T 表示税收。

(a) 证明

$$Y = \frac{-aT^* + b + I^* + G^*}{1 - a + at}$$

(b) 求政府支出乘数和自发税收乘数。推导 G^* 和 T^* 增加引起的 Y 的变化的方向。

(c) 如果政府政策通过增加自发税收 ΔT^* 为支出增加 ΔG^* 融资,即

$$\Delta G^* = \Delta T^*$$

证明国民收入增加量小于支出增加量。

(d) 如果 $a = 0.7, b = 50, T^* = 200, t = 0.2, I^* = 100, G^* = 300$,计算国民收入 Y 的均衡水平以及政府支出增加 10 单位引起的 Y 的变化。

解

（a）我们需要通过方程（1）–方程（6）解 Y。很明显第 1 步变换是将方程（2）、方程（5）、方程（6）代入方程（1），得

$$Y = aY_d + b + I^* + G^*$$

由方程（3）和方程（4）得

$$Y_d = Y - T$$
$$\quad = Y - (tY + T^*)$$
$$\quad = Y - tY - T^*$$

代入方程(7)得

$$Y = a(Y - tY - T^*) + b + I^* + G^*$$
$$\quad = aY - atY - aT^* + b + I^* + G^*$$

Y 项移到左边得

$$(1 - a + at)Y = -aT^* + b + I^* + G^*$$

即得到要证明的方程

$$Y = \frac{-aT^* + b + I^* + G^*}{1 - a + at}$$

（b）政府支出乘数为

$$\frac{\partial Y}{\partial G^*} = \frac{1}{1 - a + at}（原书有误）$$

自发税收乘数为

$$\frac{\partial Y}{\partial T^*} = \frac{-a}{1 - a + at}$$

已知 $a < 1$，因此 $1 - a > 0$。又因为 a 和 t 都是正的，因此它们的积 at 必定是正的。表达式 $(1 - a) + at$ 是两正项之和，所以是正的。所以政府支出乘数是正的，这表明任意增加 G^* 导致 Y 增加。自发税收乘数是负的，因为它的分子是负的，它的分母是正的。这表明任意增加 T^* 导致 Y 下降。

（c）政府政策通过自发税收增加 ΔT^* 为任何支出增加 ΔG^* 融资，因此

$$\Delta G^* = \Delta T^*$$

由小增量公式

$$\Delta Y = \frac{\partial Y}{\partial G^*}\Delta G^* + \frac{\partial Y}{\partial T^*}\Delta T^*$$

我们推导

$$\Delta Y = \left(\frac{\partial Y}{\partial G^*} + \frac{\partial Y}{\partial T^*}\right)\Delta G^* = \left(\frac{1}{1 - a + at} + \frac{a}{1 - a + at}\right)\Delta G^* = \left(\frac{1 - a}{1 - a + at}\right)\Delta G^*$$

乘数

$$\frac{1 - a}{1 - a + at}$$

称为平衡预算乘数，因为分子和分母都是正的，所以它是正的，即政府支出增加导致国民收入增加。然而，分母比分子大 at，因此

$$\frac{1-a}{1-a+at} < 1$$

$\Delta Y < \Delta G^*$,证明国民收入增加小于支出增加。

（d）为了解该部分问题，我们简单地将 $a = 0.7, b = 50, T^* = 200, t = 0.2, I^* = 100$，$G^* = 300$ 代入（a）和（b）的结果中。由（a）部分

$$Y = \frac{-aT^* + b + I^* + G^*}{1-a+at} = \frac{-0.7(200) + 50 + 100 + 300}{1 - 0.7 + 0.7(0.2)} = 704.5$$

由（b）部分政府支出乘数为

$$\frac{1}{1-a+at} = \frac{1}{0.44} = 2.27$$

我们已知 $\Delta G^* = 10$，因此国民收入的变化为

$$2.27 \times 10 = 22.7$$

习题

2. 考虑四部门模型

$Y = C + I + G + X - M$

$C = aY + b \quad (- < a < 1, b > 0)$

$I = I^* \quad (I^* > 0)$

$G = G^* \quad (G^* > 0)$

$X = X^* \quad (X^* > 0)$

$M = mY + M^* \quad (0 < m < 1, M^* > 0)$

其中，X 和 M 分别表示出口和进口，m 是边际进口倾向。

（a）证明

$$Y = \frac{b + I^* + G^* + X^* - M^*}{1 - a + m}$$

（b）写出自发出口乘数

$$\frac{\partial Y}{\partial X^*}$$

和边际进口倾向乘数

$$\frac{\partial Y}{\partial m}$$

推导 X^* 和 m 增加引起的 Y 变化的方向。

（c）如果 $a = 0.8, b = 120, I^* = 100, G^* = 300, X^* = 150, m = 0.1, M^* = 40$，计算国民收入 Y 的均衡水平以及自发出口增加 10 单位引起的 Y 的变化。

到目前为止我们学习的比较静态的所有例子都取自宏观经济学。此方法同样能用于微观经济学。例如，分析供求理论中的均衡价格和均衡数量。

1.5 节说明的简单线性单商品市场模型，如图 5—7 所示。价格和数量的均衡值由供给曲线和需求曲线的交点决定。供给曲线是有正斜率和正截距的直线，因此其方程可以写为

$$P = aQ_S + b \quad (a > 0, b > 0)$$

需求方程也是线性的,但有负斜率和正截距,因此它的方程可以写为

$$P = -cQ_D + d \quad (c > 0, d > 0)$$

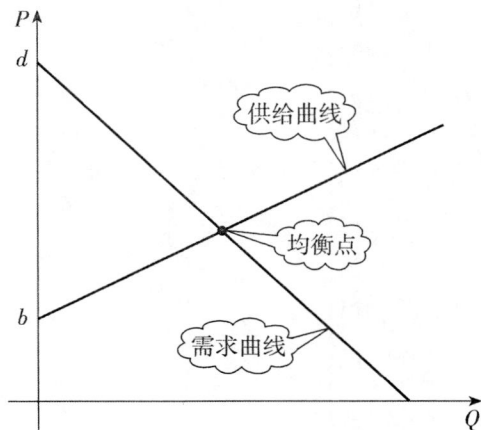

图 5—7

从图 5—7 中明显看出,要使这两条直线交于第一象限,需求曲线的截距必须位于供给曲线的截距上方,因此我们要求

$$d > b$$

或等价地

$$d - b > 0 (原书有误)$$

在均衡状态,Q_S 与 Q_D 相等。如果我们用 Q 表示它们的共同值,那么供给和需求方程变为

$$P = aQ + b$$

$$P = -cQ + d$$

由于两边都等于 P,因此

$$aQ + b = -cQ + b$$

为了解出 Q,我们先合并同类项得

$$(a + c)Q = d - b$$

然后除以 Q 的系数得

$$Q = \frac{d - b}{a + c}$$

(顺便说一句,这验证了约束 $d - b > 0$。因为如果约束不成立,那么 Q 将是零或负的,这将没有经济意义)

均衡数量是四个参数 a, b, c, d 的函数,因此有四个乘数

$$\frac{\partial Q}{\partial a} = -\frac{d - b}{(a + c)^2}$$

$$\frac{\partial Q}{\partial b} = \frac{1}{a + c}$$

$$\frac{\partial Q}{\partial c} = -\frac{d - b}{(a + c)^2}$$

$$\frac{\partial Q}{\partial d} = \frac{1}{a + c}$$

其中, $\partial Q/\partial a$ 和 $\partial Q/\partial c$ 可以用链式法则求。

我们前面解释过所有参数是正的,并且 $d - b > 0$,因此

$$\frac{\partial Q}{\partial a} < 0, \frac{\partial Q}{\partial b} < 0, \frac{\partial Q}{\partial c} < 0, \frac{\partial Q}{\partial d} > 0$$

这表明 a, b, c 的增加都将导致 Q 下降,而 d 的增加将导致 Q 增加。

例题

给出乘数 $\dfrac{\partial Q}{\partial a}$ 的符号的图形验证。

解

由供给方程

$$P = aQ_s + b$$

我们看出小幅度增加参数 a 的值导致供给曲线变得更陡峭,如图 5—8 虚线所示。结果使交点左移,因此均衡数量从 Q_1 下降到 Q_2,这与乘数 $\partial Q/\partial a$ 的负值是一致的。

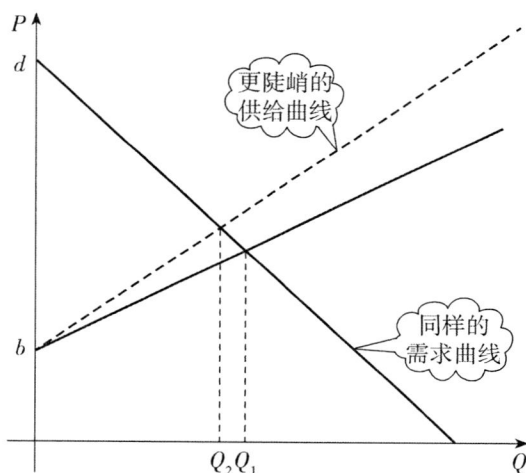

图 5—8

已知任意供给方程和需求方程的变化,我们能容易地计算出对均衡数量的影响。例如,已知方程

$$P = Q_s + 1$$
$$P = -2Q_D + 5$$

假设我们需要计算当 Q_s 的系数从 1 增加到 1.1 时均衡数量的变化。在这种情况下,我们有

$$a = 1, b = 1, c = 2, d = 5$$

为了求 ΔQ,我们先计算乘数

$$\frac{\partial Q}{\partial a} = -\frac{d-b}{(a+c)^2} = -\frac{5-1}{(1+2)^2} = -0.44$$

然后乘 0.1 得

$$\Delta Q = (-0.44) \times 0.1 = -0.044$$

所以，供给曲线斜率增加 0.1 导致均衡数量下降 0.044。

习题

3. 对线性单商品市场模型

$$P = aQ_S + b \quad (a > 0, b > 0)$$
$$P = -cQ_D + d (c > 0, d > 0)$$

给出乘数 $\frac{\partial Q}{\partial d}$ 的符号的图形验证。

在本节中，模型的所有关系假设都是线性的。用类似方法可以分析非线性关系，尽管这超出本书范围。

建议

我们将在第 7 章再次讨论该主题，到时我们用克莱姆法则解线性模型的结构方程。

关键术语

Autonomous consumption multiplier(自发消费乘数)：变化一单位的自发消费导致的对应的国民收入变化的倍数：$\partial Y / \partial b$。

Balanced budget multiplier(平衡预算乘数)：变化一单位政府支出而导致的对应的国民收入的变化的倍数：$\partial Y / \partial G^*$，假设政府支出的变化全部用税收变化融资。

Comparative statics(比较静态)：考查经济模型参数变化对均衡值的影响。

Dynamics(动态)：均衡值如何随时间变化的分析。

Investment multiplier(投资乘数)：变化一单位投资导致的对应的国民收入的变化倍数：$\partial Y / \partial I^*$。

Marginal propensity to consume multiplier(边际消费倾向乘数)：变化一单位 MPC 导致的对应的国民收入的变化的倍数：$\partial Y / \partial a$。

Reduced form(简约形式)：在解宏观经济模型的一系列结构方程的过程中，消除内生变量获得的最终方程。(原书有误)

Statics(静态)：确定不随时间变化的经济模型中变量的均衡值的过程。

Structural equations(结构方程)：描述宏观经济模型均衡状况的一组方程。

练习题 5.3*

1. 已知三部门模型

$$Y = C + I + G \qquad\qquad (1)$$

$$C = aY_d + b \quad (0 < a < 1, b > 0) \tag{2}$$

$$Y_d = Y - T \tag{3}$$

$$T = T^* \quad (T^* > 0) \tag{4}$$

$$I = I^* \quad (I^* > 0) \tag{5}$$

$$G = G^* \quad (G^* > 0) \tag{6}$$

（a）证明

$$C = \frac{aI^* + aG^* - aT^* + b}{1 - a}$$

（b）求出 C 的投资乘数。并推导 I^* 增加引起的 C 的变化的方向。

（c）如果 $a = 0.9, b = 80, I^* = 60, G^* = 40, T^* = 20$，计算消费 C 的均衡水平以及投资变化 2 单位引起的 C 的变化。

2. 宏观经济模型的简约形式为

$$Y = \frac{b + I^* + G^* - aT^*}{1 - a - at}$$

其中，t 是边际税率。

求边际税率乘数的表达式。

3. 已知四部门宏观经济模型

$$Y = C + I + G + X - M$$

$$C = aY_d + b \quad (0 < a < 1, b > 0)$$

$$Y_d = Y - T$$

$$T = tY + T^* \quad (0 < t < 1, T^* > 0)$$

$$I = I^* \quad (I^* > 0)$$

$$G = G^* \quad (G^* > 0)$$

$$X = X^* \quad (X^* > 0)$$

$$M = mY_d + M^* \quad (0 < m < 1, M^* > 0)$$

（1）证明

$$Y = \frac{b + (m - a)T^* + I^* + G^* + X^* - M^*}{1 - a + at + m - mt}$$

（2）（a）求出自发税收乘数。假设国家的边际进口倾向 m 小于它的边际消费倾向 a，推导 T^* 增加导致 Y 下降。

（b）求出政府支出乘数。推导 G^* 增加导致 Y 增加。

（3）如果 $a = 0.7, b = 150, t = 0.25, m = 0.1, T^* = 100, I^* = 100, G^* = 500, M^* = 300, X^* = 160$。

（a）计算均衡国民收入水平。

（b）计算 G^* 增加 11 单位引起的 Y 的变化。

（c）求为了将 Y 恢复到（a）部分计算的水平需要的自发税收的增加量。

4. 对线性单商品市场模型

$$P = aQ_S + b \quad (a > 0, b > 0)$$

$$P = -cQ_D + d \quad (c > 0, d > 0)$$

其中 $d - b > 0$, 证明均衡价格为

$$P = \frac{ad + bc}{a + c}$$

求乘数

$$\frac{\partial P}{\partial a}, \frac{\partial P}{\partial b}, \frac{\partial P}{\partial c}, \frac{\partial P}{\partial d}$$

的表达式。推导 a, b, c, d 增加引起的 P 的变化的方向。

5. 已知三部门宏观经济模型

$$Y = C + I + G$$

$$C = aY_d + b \quad (0 < a < 1, b > 0)$$

$$Y_d = Y - T$$

$$T = T^* \quad (T^* > 0)$$

$$I = I^* \quad (I^* > 0)$$

$$G = G^* \quad (G^* > 0)$$

（a）证明

$$Y = \frac{1}{1 - a}(b - aT^* + I^* + G^*)$$

（b）求出政府支出乘数 $\partial Y / \partial G^*$ 和税收乘数 $\partial Y / \partial T^*$ 的表达式, 并推导如果政府支出和税收都增加 1 单位, 那么无论 a 值是多少, 收入的均衡值也增加 1 单位。

（c）求出平衡预算乘数的值。

6.（1）已知商品市场

$$Y = C + I$$

$$C = aY + b \quad (0 < a < 1, b > 0)$$

$$I = cr + d \quad (c < 0, d > 0)$$

其中 r 是利率。

证明: 当商品市场实现均衡时

$$(1 - a)Y - cr = b + d$$

（2）对货币市场

（货币供给）　　　　$M_S = M_S^* (M_S^* > 0)$

（货币的总需求）　　$M_D = k_1 Y + k_2 r + k_3 (k_1 > 0, k_2 < 0, k_3 > 0)$

（均衡）　　　　　　$M_D = M_S$

证明: 当货币市场实现均衡时

$$k_1 Y + k_2 r = M_S^* - k_3$$

（3）（a）通过解（1）和（2）部分推导出的联立方程, 证明: 当商品市场和货币市场都实现均衡时

$$Y = \frac{k_2(b + d) + c(M_S^* - k_3)}{(1 - a)k_2 + ck_1}$$

（b）求出货币供给乘数 $\partial Y / \partial M_S^*$, 推导 M_S^* 增加导致 Y 增加。

7. 已知三部门模型

$Y = C + I$

$C = aY_d + b \quad (0 < a < 1, b > 0)$

$Y_d = Y - T$

$T = tY + T^* \quad (0 < t < 1, T^* > 0)$

$I = cr + d \quad (c < 0, d > 0)$

（a）证明

$$Y = \frac{b + d - aT^* + cr}{1 - a(1 - t)}$$

（b）求乘数 $\partial Y / \partial c$ 和 $\partial Y / \partial a$ 的表达式。

（c）指出 c 值增加 Y 值增加还是下降，并给出理由。

（d）如果 $a = 0.8, b = 100, t = 0.25, T^* = 250, c = -60, d = 1\,700, r = 8$，计算收入 Y 的均衡水平，并用（b）部分得到的乘数估计边际消费倾向增加 0.01 引起的 Y 的变化。

5.4 无约束最优化

学习目标

学完本节，你应该能够：

● 用一阶偏导数求二元函数的驻点

● 用二阶偏导数对二元函数的驻点进行分类

● 求生产两种物品的公司的最大利润

● 求在不同市场有价格歧视的销售某种物品的公司的最大利润

正如你所预料的，求二元函数的最大值和最小值的方法类似于一元函数的方法。然而，根据多元经济函数的特征我们将最优化问题分成无约束和有约束两类。为了理解这种区别，考虑效用函数

$U(x_1, x_2) = x_1^{1/4} x_2^{3/4}$

效用 U 的值指的是买 x_1 件物品 G1 和 x_2 件物品 G2 获得的满足。在此自然而然的是努力挑选 x_1 和 x_2 使 U 尽可能大，从而使效用最大化。然而，稍思片刻你就会认识到，如果这样的话，该问题有无限解。通过不断增加的 x_1 的值，我们想要因子 $x_1^{1/4}$ 达到多大就能达到多大，对因子 $x_2^{3/4}$ 也一样。换句话说，随着买的物品 G1 和 G2 越来越多，效用无限增加。实际上，由于个人花费在这些物品上的货币量有限，这当然不会发生。例如，假设 G1 和 G2 的单位成本分别为 2 美元和 3 美元，我们花 100 美元买这些物品。买 x_1 件物品 G1 和 x_2 件物品 G2 的总成本为

$2x_1 + 3x_2$

因此我们要求

$2x_1 + 3x_2 = 100$

现在的问题是使效用函数

$$U(x_1, x_2) = x_1^{1/4} x_2^{3/4}$$

在预算约束

$2x_1 + 3x_2 = 100$ 下最大化

约束使我们不能不断增加 x_1 和 x_2 的值,导致解是有限的。

在后面两节我们说明怎样解约束最优化问题。现在我们解无约束最优化函数

$$z = f(x, y)$$

的简单情形。典型的问题是使利润最大化,通常不需要施加约束,问题有有限解。在某种意义上利润函数充当约束,它定义为

$$\pi = TR - TC$$

因为在使总收益 TR 尽可能大同时使总成本 TC 尽可能小之间有冲突。

首先让我们回想怎样求一元函数

$$y = f(x)$$

的驻点并对它进行分类。4.6 节中我们用如下方法:

第 1 步

解方程

$$f'(x) = 0$$

求出驻点 $x = a$。

第 2 步

● 如果 $f''(a) > 0$,那么 $f(x)$ 在 $x = a$ 处取最小值
● 如果 $f''(a) < 0$,那么 $f(x)$ 在 $x = a$ 处取最大值
● 如果 $f''(a) = 0$,那么由已知信息该点无法分类

对二元函数

$$z = f(x, y)$$

通过解联立方程组

$$\frac{\partial z}{\partial x} = 0$$

$$\frac{\partial z}{\partial y} = 0$$

即

$$f_x(x, y) = 0$$

$f_y(x, y) = 0$ 求驻点

这是对单变量情形的自然扩展。我们先写出一阶偏导数的表达式,然后令它们等于零。它们是含有两未知数 x 和 y 的两个方程,我们希望能解由这两个方程构成的方程组。该方法得到的驻点能分成三类:最小值点、最大值点、鞍点。

图 5—9(a) 显示最小值点邻近曲面的形状,可以把它视作碗型山谷的底。如果你站在最小值点,往任意方向走,那么你一定开始向上移动。在数学上,我们能将同时满足下列三个条件的驻点 (a, b) 归类为最小值点:

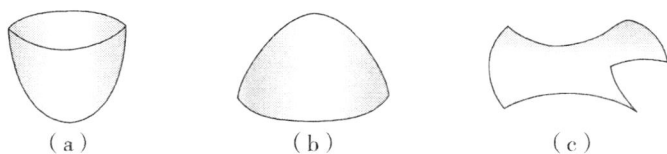

（a）　　　　（b）　　　　（c）

图 5—9

$$\frac{\partial^2 z}{\partial x^2} > 0, \frac{\partial^2 z}{\partial y^2} > 0, \left(\frac{\partial^2 z}{\partial x^2}\right)\left(\frac{\partial^2 z}{\partial y^2}\right) - \left(\frac{\partial^2 z}{\partial x \partial y}\right)^2 > 0$$

即当 $x = a$ 和 $x = b$ 时：

$$f_{xx}(a,b) > 0, f_{yy}(a,b) > 0, f_{xx}(a,b)f_{yy}(a,b) - [f_{xy}(a,b)]^2 > 0$$

显然这三个条件比一元函数情形所需要的单个条件更复杂。然而，一旦算出驻点处的二阶偏导数，这三个条件很容易验证。

图 5—9（b）显示最大值点邻近曲面的形状，可以把它视作山峰。如果你站在最大值点，往任意方向走，那么你一定开始向下移动。在数学上，我们能将同时满足下列三个条件的驻点 (a,b) 归类为最大值点：

$$\frac{\partial^2 z}{\partial x^2} < 0, \frac{\partial^2 z}{\partial y^2} < 0, \left(\frac{\partial^2 z}{\partial x^2}\right)\left(\frac{\partial^2 z}{\partial y^2}\right) - \left(\frac{\partial^2 z}{\partial x \partial y}\right)^2 > 0$$

即当 $x = a$ 和 $y = b$ 时：

$$f_{xx}(a,b) < 0, f_{yy}(a,b) < 0, f_{xx}(a,b)f_{yy}(a,b) - [f_{xy}(a,b)]^2 > 0$$

当然，任意特定山脉可能有许多谷和峰。同样，二元函数可能有多于一个最小值点或最大值点。

图 5—9（c）显示鞍点邻近曲面的形状。正如名称所示，可以把它视作马鞍的中间。如果你坐在该点，向头或尾挪，那么你开始向上移动。而如果你向边挪，那么你开始向下移动（将可能掉下去！）。在数学上，我们能将满足如下单个条件的驻点 (a,b) 归类为鞍点：

$$\left(\frac{\partial^2 z}{\partial x^2}\right)\left(\frac{\partial^2 z}{\partial y^2}\right) - \left(\frac{\partial^2 z}{\partial x \partial y}\right)^2 < 0$$

即当 $x = a$ 和 $x = b$ 时：

$$f_{xx}(a,b)f_{yy}(a,b) - [f_{xy}(a,b)]^2 < 0$$

求函数 $f(x,y)$ 的驻点并进行分类的方法总结如下：

第 1 步

求联立方程组

$$f_x(x,y) = 0$$

$$f_y(x,y) = 0$$

的解为驻点 (a,b)。

第 2 步

● 如果在 (a,b) 处 $f_{xx} > 0, f_{yy} > 0, f_{xx}f_{yy} - f_{xy}^2 > 0$，那么函数在 (a,b) 处取最小值

● 如果在 (a,b) 处 $f_{xx} < 0, f_{yy} < 0, f_{xx}f_{yy} - f_{xy}^2 > 0$，那么函数在 (a,b) 处取最大值

● 如果在 (a,b) 处 $f_{xx}f_{yy} - f_{xy}^2 < 0$，那么函数在 (a,b) 处有鞍点

例题

求如下函数的驻点并对其进行分类

$$f(x,y) = x^3 - 3x + xy^2$$

解

首先我们需要求函数

$$f(x,y) = x^3 - 2x + xy^2$$

的所有一阶和二阶偏导数。容易算出为

$$f_x = 3x^2 - 3 + y^2$$

$$f_y = 2xy$$

$$f_{xx} = 6x$$

$$f_{xy} = 2y$$

$$f_{yy} = 2x$$

第 1 步

驻点是下面联立方程组的解

$$f_x(x,y) = 0$$

$$f_y(x,y) = 0$$

因此我们需要解

$$3x^2 - 3 + y^2 = 0$$

$$2xy = 0$$

当我们解联立方程组的时候,本书有许多方法。到目前为止这些联立方程组都是线性的。然而,这次我们需要解一对非线性方程。遗憾的是对这样的方程组没有标准解法。我们不得不在某些特定情形下动用我们的智慧。此处的技巧是以第二个方程

$$2xy = 0 \text{ 开始}$$

三个数的积能等于零的唯一方式是相乘的数中有一个或多个为零。我们知道 $2 \neq 0$, 因此 $x = 0$ 或 $y = 0$。我们分别研究这两种可能。

● 第一种情形: $x = 0$。把 $x = 0$ 代入第一个方程

$$3x^2 - 3 + y^2 = 0$$

得

$$-3 + y^2 = 0$$

即

$$y^2 = 3$$

所以对应 $x = 0$，y 有两种可能，即 $y = -\sqrt{3}$ 和 $y = \sqrt{3}$。（原书有误）

因此，$(0, -\sqrt{3})$ 和 $(0, \sqrt{3})$ 是驻点。

● 第二种情形：$y = 0$。把 $y = 0$ 代入第一个方程

$$3x^2 - 3 + y^2 = 0$$

得

$$3x^2 - 3 = 0$$

即

$$x^2 = 1$$

所以对应 $y = 0$，x 有两种可能，即 $x = -1$ 和 $x = 1$。

因此，$(-1, 0)$ 和 $(1, 0)$ 是驻点。

这两种情形表明正好有四个驻点：$(0, -\sqrt{3})$，$(0, \sqrt{3})$，$(-1, 0)$，$(1, 0)$。

第 2 步

为了将这些点分类，我们需要计算每点的二阶偏导数

$$f_{xx} = 6x, f_{yy} = 2x, f_{xy} = 2y$$

确定 $f_{xx}, f_{yy}, f_{xx}f_{yy} - f_{xy}^2$ 的符号

● 在点 $(0, -\sqrt{3})$ 处

$$f_{xx} = 6(0) = 0, f_{yy} = 2(0) = 0, f_{xy} = -2\sqrt{3}$$

因此

$$f_{xx}f_{yy} - f_{xy}^2 = 0(0) - (2\sqrt{3})^2 = -12 < 0$$

所以 $(0, -\sqrt{3})$ 是鞍点。

● 在点 $(0, \sqrt{3})$ 处

$$f_{xx} = 6(0) = 0, f_{yy} = 2(0) = 0, f_{xy} = 2\sqrt{3}$$

因此

$$f_{xx}f_{yy} - f_{xy}^2 = 0(0) - (2\sqrt{3})^2 = -12 < 0$$

所以 $(0, \sqrt{3})$ 是鞍点。

● 在点 $(-1, 0)$ 处

$$f_{xx} = 6(-1) = -6, f_{yy} = 2(-1) = -2, f_{xy} = 2(0) = 0$$

因此

$$f_{xx}f_{yy} - f_{xy}^2 = (-6)(-2) - 0^2 = 12 > 0$$

所以 $(-1, 0)$ 不是鞍点。此外，由于 $f_{xx} < 0$ 和 $f_{yy} < 0$，我们推断 $(-1, 0)$ 是最大值点。

● 在点 $(1, 0)$ 处

$$f_{xx} = 6(1) = 6, f_{yy} = 2(1) = 2, f_{xy} = 2(0) = 0$$

因此

$$f_{xx}f_{yy} - f_{xy}^2 = 6(2) - 0^2 = 12 > 0$$

所以 $(1, 0)$ 不是鞍点。此外，由于 $f_{xx} > 0$ 和 $f_{yy} > 0$，我们推断 $(1, 0)$ 是最小值点。

习题

1. 求如下函数的驻点并对其进行分类

$f(x,y) = x^2 + 6y - 3y^2 + 10$

现在我们考虑两个涉及利润最大化的经济例题。第一个是公司生产两种不同物品的情况,而第二个是在两个不同市场销售单一物品的情况。

例题

某公司是完全竞争生产者,分别以价格 1 000 美元和 800 美元销售两种物品 G1 和 G2。生产这些物品的总成本为

$TC = 2Q_1^2 + 2Q_1Q_2 + Q_2^2$

其中 Q_1 和 Q_2 分别表示 G1 和 G2 的产出水平。求最大利润和相应的 Q_1 和 Q_2 的值。

解

因为公司是完全竞争的,所以每种物品的价格由市场确定,不依赖于 Q_1 和 Q_2。已知两种物品的实际价格为 1 000 美元和 800 美元。如果公司以 1 000 美元的价格销售 Q_1 件 G1,那么收益为

$TR_1 = 1\ 000Q_1$

类似地,如果公司以 800 美元的价格销售 Q_2 件 G2,那么收益为

$TR_2 = 800Q_2$

所以来自两种物品销售的总收益为

$TR = TR_1 + TR_2 = 1\ 000Q_1 + 800Q_2$

我们已知总成本为

$TC = 2Q_1^2 + 2Q_1Q_2 + Q_2^2$

因此利润函数为

$\pi = TR - TC$

$\quad = (1\ 000Q_1 + 800Q_2) - (2Q_1^2 + 2Q_1Q_2 + Q_2^2)$

$\quad = 1\ 000Q_1 + 800Q_2 - 2Q_1^2 - 2Q_1Q_2 - Q_2^2$

这是我们要最优化的函数,它含有两个变量 Q_1 和 Q_2。它的一阶和二阶偏导数为

$\dfrac{\partial \pi}{\partial Q_1} = 1\ 000 - 4Q_1 - 2Q_2$

$\dfrac{\partial \pi}{\partial Q_2} = 800 - 2Q_1 - 2Q_2$

$\dfrac{\partial^2 \pi}{\partial Q_1^2} = -4$

$\dfrac{\partial^2 \pi}{\partial Q_1 \partial Q_2} = -2$

$\dfrac{\partial^2 \pi}{\partial Q_2^2} = -2$

两步法如下：

第 1 步

在驻点处

$$\frac{\partial \pi}{\partial Q_1} = 0$$

$$\frac{\partial \pi}{\partial Q_2} = 0$$

因此我们需要解联立方程组

$$1\,000 - 4Q_1 - 2Q_2 = 0$$

$$800 - 2Q_1 - 2Q_2 = 0$$

即

$$4Q_1 + 2Q_2 = 1\,000 \tag{1}$$

$$2Q_1 + 2Q_2 = 800 \tag{2}$$

通过用方程(1)减方程(2)能消除变量 Q_2，得

$$2Q_1 = 200$$

因此 $Q_1 = 100$。代入方程(1)或方程(2)得 $Q_2 = 300$，所以利润函数有一个驻点 $(100,300)$。

第 2 步

为了证明该点确实是最大值点，我们需要检查在该点处是否有

$$\frac{\partial^2 \pi}{\partial Q_1^2} < 0, \frac{\partial^2 \pi}{\partial Q_2^2} < 0, \left(\frac{\partial^2 \pi}{\partial Q_1^2}\right)\left(\frac{\partial^2 \pi}{\partial Q_2^2}\right) - \left(\frac{\partial^2 \pi}{\partial Q_1 \partial Q_2}\right) > 0$$

本例中二阶偏导数都是常数。我们有

$$\frac{\partial^2 \pi}{\partial Q_1^2} = -4 < 0 \quad \checkmark$$

$$\frac{\partial^2 \pi}{\partial Q_2^2} = -2 < 0 \quad \checkmark$$

$$\left(\frac{\partial^2 \pi}{\partial Q_1^2}\right)\left(\frac{\partial^2 \pi}{\partial Q_2^2}\right) - \left(\frac{\partial^2 \pi}{\partial Q_1 \partial Q_2}\right) = (-4)(-2) - (-2) = 4 > 0 \quad \checkmark$$

通过验证得：公司生产 100 件 G1 和 300 件 G2 能实现利润最大化。

通过将 $Q_1 = 100$ 和 $Q_2 = 300$ 代入表达式

$$\pi = 1\,000Q_1 + 800Q_2 - 2Q_1^2 - 2Q_1Q_2 - Q_2^2$$

获得该利润的实际值。得

$$\pi = 1\,000(100) + 800(300) - 2(100)^2 - 2(100)(300) - (300)^2 = 170\,000(美元)$$

习题

2. 某公司是两种物品 G1 和 G2 的垄断生产者。价格 P_1 和 P_2 与数量 Q_1 和 Q_2 的关系为需求方程

$$P_1 = 50 - Q_1$$

$$P_2 = 95 - 3Q_2$$

总成本函数为

$$TC = Q_1^2 + 3Q_1Q_2 + Q_2^2$$

证明:公司的利润函数为

$$\pi = 50Q_1 - 2Q_1^2 - 95Q_2 - 4Q_2^2 - 3Q_1Q_2$$

并求使利润 π 最大化的 Q_1 和 Q_2 的值和相应的价格。

例题

某公司可以对家庭和工业顾客收取不同的价格。如果 P_1 和 Q_1 表示家庭消费市场的价格和需求,那么需求方程为

$$P_1 + Q_1 = 500$$

如果 P_2 和 Q_2 表示工业消费市场的价格和需求,那么需求方程为

$$2P_2 + 3Q_2 = 720$$

总成本函数为

$$TC = 50\ 000 + 20Q$$

其中 $Q = Q_1 + Q_2$

确定在价格歧视下使公司利润最大化的定价策略,并计算最大利润的值。

解

价格歧视已经在 4.7 节中讨论过。该问题与那一节用普通微分解的例题是一样的。你可以详细比较两种方法。

我们当前的目标是求用 Q_1 和 Q_2 表示的利润的表达式,再用偏微分最优化。对家庭消费市场,需求方程为

$$P_1 + Q_1 = 500$$

整理为

$$P_1 = 500 - Q_1$$

该市场的总收益函数则为

$$TR_1 = P_1Q_1 = (500 - Q_1)Q_1 = 500Q_1 - Q_1^2$$

对工业消费市场,需求方程为

$$2P_2 + 3Q_2 = 720$$

整理为

$$P_2 = 360 - \frac{3}{2}Q_2$$

该市场的总收益函数则为

$$TR_2 = P_2Q_2 = \left(360 - \frac{3}{2}Q_2\right)Q_2 = 360Q_2 - \frac{3}{2}Q_2^2$$

所以来自两个市场销售的总收益为

$$TR = TR_1 + TR_2 = 500Q_1 - Q_1^2 + 360Q_2 - \frac{3}{2}Q_2^2$$

而生产这些物品的总成本为

$$TC = 50\ 000\ +\ 20Q$$

由于 $Q = Q_1 + Q_2$，我们能改写为

$$TC = 50\ 000\ +\ 20(Q_1 + Q_2)$$
$$= 50\ 000\ +\ 20Q_1 + 20Q_2$$

所以，公司的利润函数为

$$\pi = TR\ -\ TC$$
$$= \left(500Q_1 - Q_1^2 + 360Q_2 - \frac{3}{2}Q_2^2\right) - (50\ 000\ +\ 20Q_1 + 20Q_2)$$
$$= 480Q_1 - Q_1^2 + 340Q_2 - \frac{3}{2}Q_2^2 - 50\ 000$$

这是我们要最优化的函数，它有两个变量 Q_1 和 Q_2。它的一阶和二阶偏导数为

$$\frac{\partial \pi}{\partial Q} = 480 - 2Q$$

$$\frac{\partial \pi}{\partial Q^2} = 340 - 3Q_2$$

$$\frac{\partial^2 \pi}{\partial Q_1^2} = -2$$

$$\frac{\partial^2 \pi}{\partial Q_1 \partial Q_2} = 0$$

$$\frac{\partial^2 \pi}{\partial Q_2^2} = -3$$

两步法如下：

第 1 步

在驻点处（原书有误）

$$\frac{\partial \pi}{\partial Q_1} = 0$$

$$\frac{\partial \pi}{\partial Q_2} = 0$$

因此我们需要解联立方程组

$$480 - 2Q_1 = 0$$
$$340 - 3Q_2 = 0$$

因为它们是单变量方程，所以很容易解。解第一个方程得

$$Q_1 = \frac{480}{2} = 240$$

而解第二个方程得

$$Q_2 = \frac{340}{3}$$

第 2 步

容易检查该点满足最大值的条件：

$$\frac{\partial^2 \pi}{\partial Q_1^2} = -2\ <\ 0$$

$$\frac{\partial^2 \pi}{\partial Q_2^2} = -3 < 0$$

$$\left(\frac{\partial^2 \pi}{\partial Q_1^2}\right)\left(\frac{\partial^2 \pi}{\partial Q_2^2}\right) - \left(\frac{\partial^2 \pi}{\partial Q_1 \partial Q_2}\right)^2 = (-2)(-3) - 0^2 = 6 > 0$$

事实上问题要求最优价格而不是数量。通过将 $Q_1 = 240$ 和 $Q_2 = \frac{340}{3}$ 代入对应的需求方程可以求出相应的价格。对家庭消费市场

$$P_1 = 500 - Q_1 = 500 - 240 = 260(美元)$$

对工业消费市场

$$P_2 = 360 - \frac{3}{2}Q_1 = 360 - \frac{3}{2}\left(\frac{340}{3}\right) = 190(美元)$$

最后,我们将 Q_1 和 Q_2 的值代入利润函数

$$\pi = 480Q_1 - Q_1^2 + 340Q_2 - \frac{3}{2}Q_2^2 - 50\ 000$$

推导出最大利润为 26 866.67 美元。

习题

3. 某公司有可能对国内外市场收取不同价格。对应的需求方程为

$$Q_1 = 300 - P_1$$

$$Q_2 = 400 - 2P_2$$

总成本函数为

$$TC = 5\ 000 + 100Q$$

其中 $Q = Q_1 + Q_2$。

确定公司在有价格歧视下实现利润最大化收取的价格,并计算该利润的值。

[你已经在 4.7 节的习题 2(a) 中解该特定例子]

用 Maple 求多元函数的驻点的方法见网上资源。

关键术语

Maximum point(最大值点):在曲面上与其他邻近值比较有最大函数值的点。在曲面上看起来像山顶的点。

Minimum point(最小值点):在曲面上与其他邻近值比较有最小函数值的点。在曲面上看起来像山谷或碗底的点。

Saddle point(鞍点):既非最大值也非最小值的驻点,该点处曲面看起来像马鞍的中间。

练习题 5.4

1. 求下列函数的驻点并对其进行分类:

(a)$f(x,y) = x^3 + y^3 - 3x - 3y$ (b)$f(x,y) = x^3 + 3xy^2 - 3x^2 - 3y^2 + 10$

2. 生产两种物品的某公司,利润函数为

$$\pi = 24Q_1 - Q_1^2 - Q_1Q_2 - 2Q_2^2 + 33Q_2 - 43$$

求利润最大化时需要的产出水平,并用二阶导数验证驻点是最大值点。

3. 某公司是完全竞争生产者,分别以价格 70 美元和 50 美元销售两种物品 G1 和 G2。生产这些物品的总成本为

$$TC = Q_1^2 + Q_1 Q_2 + Q_2^2$$

其中,Q_1 和 Q_2 分别表示 G1 和 G2 的产出水平。求最大利润和相应的 Q_1 和 Q_2 的值。

4. 个人的效用函数为

$$U = 260 x_1 + 310 x_2 + 5 x_1 x_2 - 10 x_1^2 - x_2^2$$

其中,x_1 是以小时测度的每周闲暇量,x_2 是以美元测度的每周赚到的收入。

求使效用 U 最大化的 x_1 和 x_2 的值。并求相应的小时支付是多少?

5. 某垄断者在两个工厂生产同样产品。两个工厂的成本函数如下:

$$TC_1 = 8 Q_1, TC_2 = Q_2^2$$

物品的需求函数为

$$P = 100 - 2Q$$

其中,$Q = Q_1 + Q_2$。求利润最大化的 Q_1 和 Q_2 的值。

练习题 5.4*

1. 求如下函数的驻点并对其进行分类

$$f(x, y) = x^3 + x^2 - xy + y^2 + 10$$

2. 某公司的生产函数为

$$Q = 2 L^{1/2} + 3 K^{1/2}$$

其中 Q, L, K 分别表示产出、劳动、资本的单位数量。单位劳动成本为 2 美元,单位资本成本为 1 美元,单位产出卖 8 美元。证明利润函数为

$$\pi = 16 L^{1/2} + 24 K^{1/2} - 2L - K$$

求最大利润和相应的 L 和 K 的值。

3. 公司卖给非 EU 顾客比 EU 顾客额外加收 50 美元的单位成本。两个市场的需求函数相同,为

$$20P + Q = 5\,000$$

总成本函数为

$$TC = 40Q + 2\,000$$

其中 Q 是总需求。

求价格歧视下的最大利润。

4. 某公司的国内、外市场的需求函数分别为

$$P_1 = 50 - 5 Q_1$$
$$P_2 = 30 - 4 Q_2$$

总成本函数为

$$TC = 10 + 10Q$$

其中,$Q = Q_1 + Q_2$。在有价格歧视下求利润最大化需要的价格,并计算该利润的值。

[你已经在练习题 4.7* 的问题 3(a)中解过该例子]

5. 某公司在两个不同市场销售产品。对应的需求函数分别为

$$P_1 + 2Q_1 = 100$$

$$2P_2 + Q_2 = 2a$$

总成本函数为

$$TC = 500 + 10Q$$

其中,$Q = Q_1 + Q_2$ 和 a 为正数。

在下列情况下,确定最大化利润需要的价格(用 a 表示)

(a) 有价格歧视

(b) 无价格歧视。

证明:无论 a 的值是多少,有价格歧视的利润总是大于无价格歧视的利润。

5.5 约束最优化

学习目标

学完本节,你应该能够:

● 给出约束最优化的图形解释

● 证明当在成本约束下公司产出最大化时,边际产出与价格的比率对所有投入是相同的

● 证明当在预算约束下消费者效用最大化时,对所有物品边际效用与价格的比率是相同的

● 用替代法解经济中的约束最优化问题

建议

本节在说明替代法前我们先证明一些理论结论。你初次阅读时可以跳过理论,从两个例题开始。

5.4 节我们说明了怎样求如下二元函数的最优值(即,最大值或最小值):

$$z = f(x,y)$$

其中,变量 x 和 y 为任意值。如我们在那一节开始指出的,在许多经济情形下该假设是不现实的。追求效用最大化的个人受收入约束,追求产出最大化的公司受成本约束。

一般地,我们希望使函数

$$z = f(x,y)$$ 最优化

该函数称为目标函数,它受函数

$$\varphi(x,y) = M$$ 的约束

此处 φ（希腊字母 phi）是已知二元函数，M 是已知常数。

现在的问题同以前一样，是选择数对 (x,y)，使函数 $f(x,y)$ 最大化或最小化。然而，这次我们对数对选择有限制，它们必须满足

$\varphi(x,y) = M$

图形解释将使这更清楚。取特殊情况，假设公司想使产出最大化，生产函数形式为

$Q = f(K,L)$

资本和劳动的单位成本分别为 P_K 和 P_L。公司用 K 单位资本和 L 单位劳动投入的成本为

$P_K K + P_L L$

因此，如果公司有固定量 M 花费在这些投入上，那么

$P_K K + P_L L = M$

问题是试图使目标函数

$Q = f(K,L)$

在成本约束

$P_K K + P_L L = M$ 下最大化

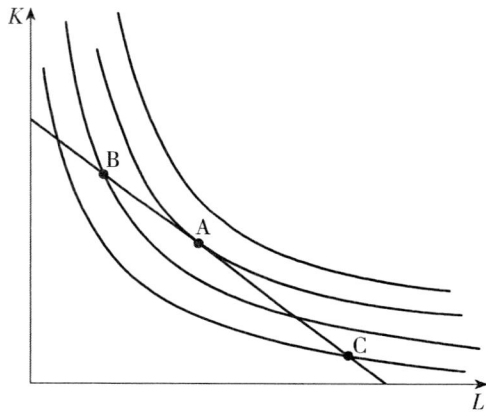

图 5—10

图 5—10 中作出的是典型的等产量线图。同往常一样，任意一条等产量线上的点产生同样的产出水平，随产出增加，等产量线向远离原点的方向移动。图 5—10 中也作出了成本约束，这称为等成本曲线，它是固定成本 M 能买到的 K 和 L 的所有组合。

$P_K K + P_L L = M$

用直线表示应该不会令你惊讶。我们甚至能将它改写为我们更熟悉的"$y = ax + b$"形式，由此确定它的斜率和截距。图 5—10 中，L 为横轴，K 为纵轴，因此我们需要将

$P_K K + P_L L = M$

整理成用 L 表示 K 的形式。两边减 $P_L L$ 然后除以 P_K 得

$$K = \left(-\frac{P_L}{P_K} \right) L + \frac{M}{P_K}$$

所以等成本曲线是斜率为 $-P_L/P_K$，截距为 M/P_K 的直线。从图形上看，我们的约束问题是选择等成本曲线上产出最大化的点，如图 5—10 中标记的 A 点所示。毫无疑

问,A 点位于等成本线上,由于它也位于最高的等产量线上,所以产出最大化。而像 B 和 C 这样的其他点,也满足约束,但它们位于较低的等产量线上,因此低于 A 点的产出水平。A 点的特征是等成本线与等产量线相切。换句话说,在 A 点等成本线的斜率与等产量线的相同。

现在我们已经说明等成本线的斜率为 $-P_L/P_K$。5.2 节中我们定义边际技术替代率 MRTS 是负的等产量线的斜率,因此在 A 点我们一定有

$$\frac{P_L}{P_K} = \text{MRTS}$$

同样,我们也证明

$$\text{MRTS} = \frac{\text{MP}_L}{\text{MP}_K}$$

因此

$$\frac{P_L}{P_K} = \frac{\text{MP}_L}{\text{MP}_K}$$

投入价格的比率等于它们的边际产出的比率

该关系能整理为

$$\frac{MP_L}{P_L} = \frac{MP_K}{P_K}$$

因此,在成本约束下当产出最大化时

所有投入边际产出与价格的比率相同

边际产出为投入增加 1 单位引起的产出的变化,所以该最优化条件指出花在劳动上的最后 1 美元与花在资本上的最后 1 美元会产生同样的额外产出。

上述讨论针对生产函数。当我们使如下效用函数最大化的时候,有类似的情形。

$$U = U(x_1, x_2)$$

其中,x_1, x_2 表示个人购买的物品 G1,G2 的数量。如果这些物品的价格用 P_1 和 P_2 表示,并且个人有固定预算 M 花在这些物品上,那么对应的约束为

$$P_1 x_1 + P_2 x_2 = M$$

该预算约束起成本约束的作用,无差异曲线类似于等产量线。因此,我们将预算线加到无差异曲线图中分析问题。事实上对应的图形与图 5—10 无区别。唯一的变化是轴标记为 x_1 和 x_2 而不是 L 和 K。再次,约束问题的最大值点出现在切点,因此,在该点处,预算线的斜率是无差异曲线的斜率。因此

$$\frac{P_1}{P_2} = \text{MRCS}$$

5.2 节我们已推导出结论

$$\text{MRCS} = \frac{\partial U / \partial x_1}{\partial U / \partial x_2}$$

将偏导数 $\partial U / \partial x_i$ 更简洁地写为 U_i,我们能推出

$$\frac{P_1}{P_2} = \frac{U_1}{U_2}$$

即

物品价格的比率等于它们的边际效用的比率

再次,该关系能整理成更熟悉的形式

$$\frac{U_1}{P_1} = \frac{U_2}{P_2}$$

因此在预算约束下当效用最大化时

对所有消费的物品边际效用与价格的比率是相同的

如果个人在物品之间以这种方式配置预算,那么当花在每种物品上最后 1 美元产生同样的额外总效用时,效用最大化。在这样的情况下,在固定预算约束下消费者实现了最大满足,因此没有重新在物品之间配置收入的倾向。显然,如果像收入或任意物品的价格这样的外部条件发生变化,消费者的均衡将受影响。例如,假设 P_1 突然增加,而 P_2 和 M 保持固定。在这种情况下,等式

$$\frac{U_1}{P_1} = \frac{U_2}{P_2}$$

变为不等式

$$\frac{U_1}{P_1} < \frac{U_2}{P_2}$$

因此均衡不再成立。已知 P_1 已经增加,消费者发现花最后 1 美元不再买同样多的 G1,因此通过买更多的 G2 和更少的 G1 来增加效用。由边际效用递减规律,结果是使 U_1 增加和使 U_2 降低。继续重新配置,直到边际效用与价格的比率再次相等,再次达到均衡。

图形有力解释约束最优化问题,它也能再次证明微观经济学中一些熟悉的结论。然而,事实上它没有给我们解这类问题的可行的方法,也就是说,很难根据任意给定的生产或效用函数制作精确的等产量线或无差异曲线图。我们现在说明另一种方法—— 替代法。为了说明这种方法,我们从一个简单的例题着手。

例题

求目标函数

$z = -2x^2 + y^2$

在约束 $y = 2x - 1$ 下的最小值。

解

本例中,我们需要使函数

$z = -2x^2 + y^2$ 最优化

给定 x 与 y 的关系为

$y = 2x - 1$

明显要做的是将约束给出的 y 的表达式直接代入我们要最优化的函数中,得

$z = -2x^2 + (2x - 1)^2$

$\quad = -2x^2 + 4x^2 - 4x + 1$

$\quad = 2x^2 - 4x + 1$

注意 z 的变化。z 不再是 x 和 y 的二元函数,它现在只是 x 的一元函数。因此,能用第 4 章讨论的驻点理论求出 z 的最小值。

在驻点处

$$\frac{\mathrm{d}z}{\mathrm{d}x} = 0$$

即

$$4x - 4 = 0$$

解为 $x = 1$。二次求导,我们看出

$$\frac{\mathrm{d}^2 z}{\mathrm{d}x} = 4 > 0$$

验证了驻点是最小值点。通过将 $x = 1$ 代入

$$z = 2x^2 - 4x + 1$$

能求出 z 的值,得

$$z = 2(1)^2 - 4(1) + 1 = -1$$

也可以求最小值点处 y 的值。为此,我们将 $x = 1$ 代入约束

$$y = 2x - 1$$

得

$$y = 2(1) - 1 = 1$$

所以约束函数在点 $(1,1)$ 处有最小值 -1。

使函数

$$z = f(x,y)$$

在约束

$$\varphi(x,y) = M \text{ 下最优化}$$

的替代法可以总结如下:

第 1 步

将约束

$$\varphi(x,y) = M \text{ 整理}$$

用 x 表示 y 的形式。

第 2 步

将 y 的表达式代入目标函数

$$z = f(x,y) \text{ 中}$$

z 变为仅是 x 的一元函数。

第 3 步

用一元函数驻点理论求最优化的 z 值。

习题

1. 求目标函数

$$z = 2x^2 - 3xy + 2y + 10$$

在约束 $y = x$ 下的最大值。

为了说明这点,现在我们用替代法解两个涉及生产函数的经济问题。第一个例题中在成本约束下使产出最大化,第二个例题中在产出约束下使成本最小化。

例题

某公司的单位资本和劳动成本分别为 1 美元和 2 美元。生产函数为

$$Q = 4LK + L^2$$

求当总投入成本固定为 105 美元时的最大产出和相应的 K 和 L 的水平,并验证在最优点处两种投入的边际产出与价格的比率是相同的。

解

我们已知单位资本花 1 美元和单位劳动花 2 美元。如果公司用 K 单位资本和 L 单位劳动,那么总投入成本为

$K + 2L$

它固定为 105 美元,因此

$K + 2L = 105$

现在的数学问题是使目标函数

$Q = 4LK + L^2$

在约束

$K + 2L = 105$ 下最大化

三步法如下:

第 1 步

整理约束,用 L 表示 K 得

$K = 105 - 2L$

第 2 步

代入目标函数

$Q = 4LK + L^2$

得

$Q = 4L(105 - 2L) + L^2 = 420L - 7L^2$

因此产出现在是 L 的一元函数。

第 3 步

在驻点处

$$\frac{\mathrm{d}Q}{\mathrm{d}L} = 0$$

即

$$420 - 14L = 0$$

解为 $L = 30$。二次求导得

$$\frac{\mathrm{d}^2 Q}{\mathrm{d}L^2} = -14 < 0$$

验证驻点是最大值点。

通过将目标 $L = 30$ 代入目标函数

$$Q = 420L - 7L^2$$

能求出最大产出,得

$$Q = 420(30) - 7(30)^2 = 6\ 300$$

通过将 $L = 30$ 代入约束

$$K = 105 - 2L$$

求出对应的资本水平,得

$$K = 105 - 2(30) = 45$$

所以公司应该用 30 单位劳动和 45 单位资本生产最大产出 6 300。

最后,检查两种投入的边际产出与价格的比率是否相同。由公式

$$Q = 4LK + L^2$$

我们求出边际产出为

$$MP_L = \frac{\partial Q}{\partial L} = 4K + 2L, MP_K = \frac{\partial Q}{\partial K} = 4L$$

因此在最优点处

$$\mathrm{MP}_L = 4(45) + 2(30) = 240$$

$$\mathrm{MP}_K = 4(30) = 120$$

边际产出与价格的比率为

$$\frac{\mathrm{MP}_L}{P_L} = \frac{240}{2} = 120$$

$$\frac{\mathrm{MP}_K}{P_K} = \frac{120}{1} = 120$$

结果是相同的。

习题

2. 个人的效用函数为

$$U = x_1 x_2$$

其中,x_1 和 x_2 表示两种物品 G1 和 G2 的数量。物品的价格分别为 2 美元和 10 美元。假设个人有 400 美元可用于消费这些物品,求效用最大化的 x_1 和 x_2 的值,并证明在最优点处两种物品的边际效用与价格的比率是相同的。

例题

某公司的生产函数为

$$Q = 2K^{1/2}L^{1/2}$$

单位资本和劳动成本分别为 4 美元和 3 美元。如果公司固定提供 160 单位产出，求使总投入成本最小化的 K 和 L 的值。

解

已知单位资本和劳动成本为 4 美元和 3 美元，K 单位资本和 L 单位劳动的总成本为

$$TC = 4K + 3L$$

公司的生产定额为 160，因此

$$2K^{1/2}L^{1/2} = 160$$

数学问题是使目标函数

$$TC = 4K + 3L$$

在约束

$$2K^{1/2}L^{1/2} = 160 \text{ 下最小化}$$

第 1 步

整理约束，用 K 表示 L 得

$$L^{1/2} = \frac{80}{K^{1/2}} (\text{两边除以 } 2K^{1/2})$$

$$L = \frac{6\,400}{K} (\text{两边取平方})$$

第 2 步

代入目标函数

$$TC = 4K + 3L$$

得

$$TC = 4K + \frac{19\,200}{K}$$

因此现在总成本是 K 的一元函数。

第 3 步

在驻点处

$$\frac{\mathrm{d}(TC)}{\mathrm{d}K} = 0$$

即

$$4 - \frac{19\,200}{K^2} = 0$$

能写为

$$4 = \frac{19\,200}{K^2}$$

因此

$$K^2 = \frac{19\,200}{4} = 4\,800$$

$$K = \sqrt{4\,800} = 69.28$$

二次求导得

$$\frac{\mathrm{d}^2(TC)}{\mathrm{d}K^2} = \frac{38\,400}{K^3} > 0$$

因为 $K > 0$，验证了驻点是最小值点。

最后，通过将 $K = 69.28$ 代入约束能求出 L 的值

$$L = \frac{6\,400}{K}$$

得

$$L = \frac{6\,400}{69.28} = 92.38$$

虽然没有要求我们求最小成本，但通过将 K 和 L 的值代入目标函数很容易求出。

习题

3. 某公司的总成本函数为

$$TC = 3x_1^2 + 2x_1 x_2 + 7x_2^2$$

其中，x_1 和 x_2 分别表示生产的两种物品 G1 和 G2 的数量。如果公司承诺提供物品总量 40，求使成本最小化的 x_1 和 x_2 的值。

关键术语

Isocost curve（等成本曲线）：表示在固定成本下能购买的两种要素的所有组合的线。

Method of substitution（替代法）：用约束消除目标函数中的变量，来解约束最优化问题的方法。

Objective function（目标函数）：在约束下想最优化（通常）的函数。

练习题 5.5

1.（a）使公式 $9x + 3y = 2$ 成为 y 的目标变量。

（b）函数

$$z = 3xy$$

受约束

$$9x + 3y = 2$$

用（a）部分答案证明

$$z = 2x - 9x^2$$

并求 z 的最大值和对应的 x 和 y 的值。

2. 求函数

$$z = 6x - 3x^2 + 2y$$

在约束

$y - x^2 = 2$ 下的最大值

3. 求函数

$z = 80x - 0.1x^2 + 100y - 0.2y^2$

在约束

$x + y = 500$ 下的最大值

4. 某公司的生产函数为

$Q = 50KL$

单位资本和劳动成本分别为 2 美元和 3 美元。如果生产定额为 1 200,求使总投入成本最小化的 K 和 L 的值。

5. 生产 x 件 A 产品和 y 件 B 产品的总成本为

$TC = 22x^2 + 8y^2 - 5xy$

如果公司承诺共生产 20 件,写出关于 x 与 y 的约束关系式。求使成本最小化时生产的每种产品数。

6. 求效用函数 $U = x_1 x_2$ 在预算约束 $x_1 + 4x_2 = 360$ 下的最大值。

练习题 5.5*

1. (a) 求目标函数

$z = 9x^2 + 2y^2 - 3xy$

在约束

$x + y = 40$ 下的最小值

(b) 求目标函数

$-16x^2 - 2y^2 + 4x + 9y + 2xy$

在约束

$y = 4x$ 下的最大值

2. 某公司的生产函数为

$Q = 10K^{1/2} L^{1/4}$

单位资本和劳动成本分别为 4 美元和 5 美元。公司在这些投入上总支出为 60 美元。求使产出最大化的 K 和 L 的值。

3. 某公司的生产函数为

$Q = 2L^{1/2} + 3K^{1/2}$

其中,Q,L,K 分别表示产出、劳动、资本的数量。

单位劳动成本为 2 美元,单位资本成本为 1 美元,单位产出卖 8 美元。

如果公司准备在投入成本上支出 99 美元,求最大利润和相应的 K 和 L 的值。

[你可以将答案与练习题 5.4* 问题 2 解的对应的无约束问题比较]

4. 某消费者的效用函数为

$U = \ln x_1 + 2\ln x_2$

求在预算约束

$2x_1 + 3x_2 = 18$

下使效用 U 最大化的 x_1 和 x_2 的值。

5.6 拉格朗日乘数法

学习目标

学完本节,你应该能够:

● 用拉格朗日乘数法解约束最优化问题

● 给出拉格朗日乘数的经济解释

● 在成本约束下用拉格朗日乘数法最大化柯布 – 道格拉斯生产函数

● 用拉格朗日乘数法证明当公司在成本约束下使产出最大化时,对所有投入,边际产出与价格的比率是相同的

我们现在说明解约束最优化问题的拉格朗日乘数法。这是一种更好的方法,因为它容易处理非线性约束和涉及多于两个变量的问题。它也为求解经济问题提供了一些有用的额外信息。

使目标函数

$f(x,y)$

在约束

$\varphi(x,y) = M$ 下最优化

我们进行如下工作:

第 1 步

定义新函数

$g(x,y,\lambda) = f(x,y) + \lambda [M - \varphi(x,y)]$

第 2 步

对三个未知数 x, y, λ,解联立方程组

$$\frac{\partial g}{\partial x} = 0$$

$$\frac{\partial g}{\partial y} = 0$$

$$\frac{\partial g}{\partial \lambda} = 0$$

方法的基本步骤是简单的。第 1 步我们将目标函数和约束组合成单个函数。为此我们将约束整理成

$M - \varphi(x,y)$

然后乘标量(亦即数)λ(希腊字母"lambda")。该标量称为拉格朗日乘数。最后,我们加到目标函数上得到新函数

$g(x,y,\lambda) = f(x,y) + \lambda [M - \varphi(x,y)]$

这称为拉格朗日函数。右边涉及三个字母 x, y, λ,因此 g 为三元函数。

第 2 步我们算出三个一阶偏导数

$$\frac{\partial g}{\partial x}, \frac{\partial g}{\partial y}, \frac{\partial g}{\partial \lambda}$$

令它们等于零,组成由三个未知数 x, y, λ 表示的三个方程的联立方程组。点 (x, y) 则是约束问题的最优解。数 λ 也有经济意义,我们后面讨论。现在我们以简单例题开始。

例题

用拉格朗日乘数法求函数

$$x^2 - 3xy + 12x$$

在约束

$$2x + 3y = 6$$ 下的最优值

解

第 1 步

本例中

$$f(x, y) = x^2 - 3xy + 12x$$

$$\varphi(x, y) = 2x + 3y$$

$$M = 6$$

因此拉格朗日函数为

$$g(x, y, \lambda) = x^2 - 3xy + 12x + \lambda(6 - 2x - 3y)$$

第 2 步

算出 g 的三个偏导数,得

$$\frac{\partial g}{\partial x} = 2x - 3y + 12 - 2\lambda$$

$$\frac{\partial g}{\partial y} = -3x - 3\lambda$$

$$\frac{\partial g}{\partial \lambda} = -6 - 2x - 3y$$

因此我们需要解联立方程组

$$2x - 3y + 12 - 2\lambda = 0$$

$$-3x - 3\lambda = 0$$

$$6 - 2x - 3y = 0$$

即

$$2x - 3y - 2\lambda = -12 \tag{1}$$

$$-3x - 3\lambda = 0 \tag{2}$$

$$2x + 3y = 6 \tag{3}$$

我们通过方程(1)乘3,方程(2)乘2,然后相加,能从方程(2)中消除 x。类似地,通过方程(1)减方程(3),能从方程(3)中消除 x。这些运算得

$$-9y - 12\lambda = -36 \tag{4}$$

$$-6y - 2\lambda = -18 \tag{5}$$

通过方程(4)乘6,方程(5)乘9,然后相减,变量 y 能消除,得

$$-54\lambda = -54 \tag{6}$$

因此 $\lambda = 1$。代入方程(5)和方程(2)得,$y = 8/3$ 和 $x = -1$。

所以最优解是 $(-1, 8/3)$,目标函数   (原书有误)

$$x^2 - 3xy + 12x$$

对应的值为

$$(-1)^2 - 3(-1)(8/3) + 12(-1) = -3 \qquad \text{(原书有误)}$$

习题

1. 用拉格朗日乘数法求

$$2x^2 - xy$$

在约束

$x + y = 12$ 下的最优值

回顾例题和习题1的解答过程,注意第2步中第三个方程恰巧是原约束的重述。容易看出这是普遍规律,因为如果 $g(x, y, \lambda) = f(x, y) + \lambda[M - \varphi(x, y)]$

那么 $\dfrac{\partial g}{\partial \lambda} = M - \varphi(x, y)$

令方程 $\dfrac{\partial g}{\partial \lambda} = 0$

则意味着为约束 $\varphi(x, y) = M$

可以用二阶偏导数分类最优点。不幸地,这些条件相当复杂,可以参考网上资源高级主题3。我们这里考虑的所有问题只有唯一的最优解,从经济角度来看,它是最大值还是最小值通常非常明显。

例题

有一个垄断生产者,生产两种物品 G1 和 G2,联合总成本函数为

$$TC = 10Q_1 + Q_1 Q_2 + 10Q_2$$

其中,Q_1 和 Q_2 分别表示 G1 和 G2 的数量。如果 P_1 和 P_2 表示对应的价格,那么需求方程分别为

$$P_1 = 50 - Q_1 + Q_2$$
$$P_2 = 30 + 2Q_1 - Q_2$$

如果公司合同规定生产物品总量为15,求最大利润。如果生产定额增加1单位,估计新的最优利润。

解

我们要做的第一件事是写出目标函数和约束的表达式。目标函数是利润,即

$$\pi = TR - TC$$

总成本函数为

$$TC = 10Q_1 + Q_1Q_2 + 10Q_2$$

然而,我们需要用需求方程得到 TR 的表达式。G1 销售的总收益为

$$TR_1 = P_1Q_1 = (50 - Q_1 + Q_2)Q_1 = 50Q_1 - Q_1^2 + Q_2Q_1$$

G2 销售的总收益为

$$TR_2 = P_2Q_2 = (30 + 2Q_1 - Q_2)Q_2 = 30Q_2 - 2Q_1Q_2 + Q_2^2$$

因此

$$TR = TR_1 + TR_2$$
$$= 50Q_1 - Q_1^2 + Q_2Q_1 + 30Q_2 + 2Q_1Q_2 - Q_2^2$$
$$= 50Q_1 - Q_1^2 + 3Q_1Q_2 + 30Q_2 - Q_2^2$$

因此

$$\pi = TR - TC$$
$$= (50Q_1 - Q_1^2 + 3Q_1Q_2 + 30Q_2 - Q_2^2) - (10Q_1 + Q_1Q_2 + 10Q_2)$$
$$= 40Q_1 - Q_1^2 + 2Q_1Q_2 + 20Q_2 - Q_2^2$$

约束更容易确定。我们已知公司共生产物品总量为 15,因此

$$Q_1 + Q_2 = 15$$

数学问题是使目标函数

$$\pi = 40Q_1 - Q_1^2 + 2Q_1Q_2 + 20Q_2 - Q_2^2$$

在约束

$$Q_1 + Q_2 = 15 \text{ 下最大化}$$

第 1 步

拉格朗日函数为

$$g(Q_1, Q_2, \lambda) = 40Q_1 - Q_1^2 + 2Q_1Q_2 + 20Q_2 - Q_2^2 + \lambda(15 - Q_1 - Q_2)$$

第 2 步

联立方程组

$$\frac{\partial g}{\partial Q_1} = 0, \frac{\partial g}{\partial Q_2} = 0, \frac{\partial g}{\partial \lambda} = 0$$

为

$$40 - 2Q_1 + 2Q_2 - \lambda = 0$$
$$2Q_1 + 20 - 2Q_2 - \lambda = 0$$
$$15 - Q_1 - Q_2 = 0$$

即

$$-2Q_1 + 2Q_2 - \lambda = -40 \tag{1}$$
$$2Q_1 - 2Q_2 - \lambda = -20 \tag{2}$$
$$Q_1 + Q_2 = 15 \tag{3}$$

解该方程组,方法是方程(1)与方程(2)相加得

$$-2\lambda = -60$$

因此 $\lambda = 30$。代入方程(1)得

$$-2Q_1 + 2Q_2 = -10 \tag{4}$$

方程(3)与方程(4)组成未知数 Q_1 和 Q_2 的两个方程组。

通过方程(3)乘2,然后加方程(4),我们能消除 Q_1 得 $4Q_2 = 20$

因此 $Q_2 = 5$。代入方程(3)得

$Q_1 = 15 - 5 = 10$

通过 $Q_1 = 10$ 和 $Q_2 = 5$ 代入 π 的公式求出最大利润,得

$\pi = 40(10) - (10)^2 + 2(10)(5) + 20(5) - 5^2 = 475$

本例最后部分要我们求当生产定额增加1单位时新的最优利润。一种做法是用16代替先前定额的15重复计算,尽管这极其繁琐,并且完全没有必要。

在此有基于拉格朗日乘数 λ 的值的简单方法。为了理解这种方法,让我们用变量 M 代替生产定额15,因此拉格朗日函数为

$g(Q_1, Q_2, \lambda, M) = 40Q_1 - Q_1^2 + 2Q_1Q_2 + 20Q_2 - Q_2^2 + \lambda(M - Q_1 - Q_2)$

右边表达式涉及 Q_1, Q_2, λ, M,因此 g 现在是四元函数。如果我们对 M 求偏导,那么

$\dfrac{\partial g}{\partial M} = \lambda$

我们看出不仅在数学上,而且在经济意义上,λ 是乘数。它表示 M 增加1单位引起的 g 的(近似)变化。此外,如果满足约束,那么 $Q_1 + Q_2 = M$

g 的表达式简化为 $40Q_1 - Q_1^2 + 2Q_1Q_2 + 20Q_2 - Q_2^2$

这等于利润。拉格朗日乘数的值表示生产定额增加1单位引起的最优利润的变化。在这种情况下,$\lambda = 30$,因此利润增加30变为505。

本例对 λ 的值的解释是普遍适用的。给定目标函数 $f(x, y)$ 和约束 $\varphi(x, y) = M$

λ 的值给出 M 增加1单位引起的 f 的最优值的(近似)变化。

习题

2. 某消费者的效用函数为

$U(x_1, x_2) = 2x_1x_2 + 3x_1$

其中,x_1 和 x_2 表示购买的两种物品 G1 和 G2 的数量。G1 每件花1美元,G2 每件花2美元。如果消费者的收入为83美元,用拉格朗日乘数法求 U 的最大值。如果消费者的收入增加1美元,估计新的最优效用。

例题

用拉格朗日乘数法求使柯布 – 道格拉斯生产函数最大化的 K 和 L 的表达式,已知产出为

$Q = AK^\alpha L^\beta$(A, α, β 是正常数)

成本约束为 $P_K K + P_L L = M$

解

本例初看起来很难,因为它不涉及特定的数。然而,我们不必惊慌,这样的一般化问题容易处理。

第 1 步

拉格朗日函数为

$$g(K,L,\lambda) = AK^{\alpha}L^{\beta} + \lambda(M - P_K K - P_L L)$$

第 2 步

联立方程组

$$\frac{\partial g}{\partial K} = 0, \frac{\partial g}{\partial L} = 0, \frac{\partial g}{\partial \lambda} = 0$$

为

$$A\alpha K^{\alpha-1}L^{\beta} - \lambda P_K = 0 \tag{1}$$

$$A\beta K^{\alpha}L^{\beta1}L^{\alpha-1} - \lambda P_L = 0 \tag{2}$$

$$M - P_K K - P_L L = 0 \tag{3}$$

这些方程看起来相当可怕。在我们开始求解它们前,引入 $Q = AK^{\alpha}L^{\beta}$ 稍微化简方程(1)和方程(2)。注意到

$$A\alpha K^{\alpha-1}L^{\beta} = \frac{\alpha(AK^{\alpha}L^{\alpha\beta})}{K} = \frac{\alpha Q}{K}$$

$$A\beta K^{\alpha}L^{\beta-1} = \frac{\beta(AK^{\alpha}L^{\beta})}{L} = \frac{\beta Q}{L}$$

因此方程(1),方程(2),方程(3)能写成

$$\frac{\alpha Q}{K} - \lambda P_K = 0 \tag{4}$$

$$\frac{\beta Q}{L} - \lambda P_L = 0 \tag{5}$$

$$P_K K + P_L L = M \tag{6}$$

方程(4)和方程(5)能整理得 $\lambda = \dfrac{\alpha Q}{P_K K}$ 和 $\lambda = \dfrac{\beta Q}{P_L L}$

因此 $\dfrac{\alpha Q}{P_K K} = \dfrac{\beta Q}{P_L L}$

因此 $\dfrac{P_K K}{\alpha} = \dfrac{P_L L}{\beta}$ (两边除以 Q,然后两边倒过来)

即

$$P_K K = \frac{\alpha}{\beta} P_L L \quad (乘\ \alpha) \tag{7}$$

代入方程(6)得

$$\frac{\alpha}{\beta} P_L L + P_L L = M$$

$$\alpha L + \beta L = \frac{\beta M}{P_L} \quad (乘\ \beta/P_L)$$

$$(\alpha + \beta)L = \frac{\beta M}{P_L}$$

$$L = \frac{\beta M}{(\alpha + \beta)P_L} \quad (除以\ \alpha + \beta)$$

最后,将它代入方程(7) 得

$$P_K K = \frac{\alpha M}{\alpha + \beta}$$

因此

$$K = \frac{\alpha M}{(\alpha + \beta) P_K}$$

所以使产出 Q 最优化的 K 和 L 的值为

$$\frac{\alpha M}{(\alpha + \beta) P_K} \text{ 和} \frac{\beta M}{(\alpha + \beta) P_L}$$

习题

3. 用拉格朗日乘数法求效用函数最大化的 x_1 和 x_2 的表达式,函数为

$$U = x_1^{1/2} + x_2^{1/2}$$

一般预算约束为 $P_1 x_1 + P_2 x_2 = M$

前例说明解经济问题数学的威力。不只用图形和数值表而用代数和微积分的主要
优势是它们的一般性。将来,如果我们需要在特定成本约束下最大化任意特定柯布 –
道格拉斯生产函数,那么我们要做的就是引用前例的结果。通过将 $M, \alpha, \beta, P_K, P_L$ 的特
定值代入 K 和 L 的一般公式,我们能很快写出解。事实上,我们能用数学进一步一般
化。不是对形如 $Q = AK^\alpha L^\beta$ 的指定的生产函数,而是对任意生产函数 $Q = f(K, L)$ 我们能
获得有关的结果。例如,我们能用拉格朗日乘数法证明 5.5 节用图形推出的结论。从
那节开始,当我们证明在成本约束下产出最大化时,对所有投入,边际产出与价格的比
率是相同的。为了用拉格朗日乘数法获得该结论,我们简单地写出

对应生产函数

$f(K, L)$

和成本约束

$P_K K + P_L L = M$

的拉格朗日函数

$g(K, L, \lambda) = f(K, L) + \lambda(M - P_K K - P_L L)$

联立方程组

$$\frac{\partial g}{\partial K} = 0, \frac{\partial g}{\partial L} = 0, \frac{\partial g}{\partial \lambda} = 0$$

为

$$\mathrm{MP}_K - \lambda P_K = 0 \tag{1}$$

$$\mathrm{MP}_L - \lambda P_L = 0 \tag{2}$$

$$M - P_K K - P_L L = 0 \tag{3}$$

因为

$$\frac{\partial f}{\partial K} = \mathrm{MP}_K, \frac{\partial f}{\partial L} = \mathrm{MP}_L$$

方程(1) 和方程(2) 能整理得

$$\lambda = \frac{MP_K}{P_K}, \lambda = \frac{MP_L}{P_L}$$

因此

$$\frac{MP_K}{P_K} = \frac{MP_L}{P_L}$$

得证。

关键术语

Lagrange multiplier(拉格朗日乘数):拉格朗日函数中的数 λ。在经济上,它代表当约束值增加 1 单位时目标函数值的变化。

Lagrangian(拉格朗日函数):函数 $f(x,y) + \lambda[M - \varphi(x,y)]$,其中,$f(x,y)$ 是目标函数,$\varphi(x,y) = M$ 是约束。该函数的驻点是相关的约束最优化问题的解。

建议

接下来你可以做很多附加题。如果你感到需要更多练习,那么建议你用拉格朗日乘数法重做 5.5 节中的问题。

练习题 5.6

1. 用拉格朗日乘数法求函数

$z = x + 2xy$

在约束

$x + 2y = 5$ 下的最大值

2.(a)用拉格朗日乘数法求函数

$z = 4xy$

在约束

$x + 2y = 40$ 下的最大值

并指出相应的 x, y, λ 的值。

(b)约束变为

$x + 2y = 41$ 重复(a)部分

(c)验证(a)部分拉格朗日乘数的值近似等于当约束的右边增加 1 单位时 z 的最优值的变化。

3. 某公司的生产函数为

$Q = KL$

单位资本和劳动成本分别为 2 美元和 1 美元。如果资本和劳动的总成本为 6 美元,求最大产出水平。

4. 某垄断生产者,生产两种物品 G1 和 G2,总成本函数为

$TC = 5Q_1 + 10Q_2$

其中,Q_1 和 Q_2 分别表示 G1 和 G2 的数量。如果 P_1 和 P_2 表示对应的价格,那么需求

方程为

$$P_1 = 50 - Q_1 - Q_2$$

$$P_2 = 100 - Q_1 - 4Q_2$$

如果公司总成本固定为 100 美元,求最大利润。如果总成本增加到 101 美元,估计新的最优利润。

练习题 5.6 *

1. 某公司制造特别自行车,利润函数为

$$\pi = 5x^2 - 10xy + 3y^2 + 240x(原书有误)$$

其中,x 表示框架数,y 表示轮子数。假设生产结束时公司不想剩下任何框架和轮子,求最大利润。

2. 求函数

$$Q = 10\sqrt{(KL)}$$

在成本约束

$$K + 4L = 16 下的最大值$$

并估计如果成本约束变为

$$K + 4L = 17 时,Q 的最优值的变化。$$

3. 某消费者的效用函数为

$$U = \alpha\ln x_1 + \beta\ln x_2$$

求在预算约束

$$P_1x_1 + P_2x_2 = M 下的效用 U 最大化的 x_1 和 x_2 的值。$$

4. 某广告代理商花 x 美元在报纸宣传上,另外花 y 美元在当地广播上促销委托人的产品。代理商从委托人的总销售中提成 15%。代理商总花费 1 万美元,委托人在销售中赚到 M 美元,其中

$$M = \frac{100\ 000x}{50 + x} + \frac{40\ 000y}{30 + y}$$

用拉格朗日乘数法确定为实现代理商的净收入最大化,在报纸和广播上应该花多少。答案保留 2 位小数。

5. 某公司生产 A,B,C 三种物品。每种物品的件数分别为 x,y,z。公司承诺生产 A 和 B 的总件数为 30。公司相关的利润函数为

$$\pi = 8x + 12y + 4z - 0.5x^2 - 0.5y^2 - z^2$$

在约束下使利润最大化,每种物品必须生产多少?

6. 某公司决定投资 x 单位资本于 A 项目和 y 单位资本于 B 项目。预期单位投资收益 A 项目为 400 美元和 B 项目 800 美元。然而,为了满足公司的道德期望和环境政策,x 和 y 的值必须满足约束

$$x^2 + y^2 - 4x - 6y = 195$$

为了实现总收益最大化,公司应该购买多少单位每类项目?

5.7 正规数学

5.1 节我们指出偏导数 $\partial f / \partial x$ 通过"y 保持常数对 x 求导"求出。尽管这确切地告诉你为了算出它做什么,但它是很不精确的,没有给出它代表什么的真实几何洞见。

仔细地看如图 5—11 所示的 $z = f(x,y)$ 的曲面。在 (x,y) 平面的曲面下方是直线 $y = b$ 和位于该直线上的点 (a,b)。蚀刻在该直线垂直上方的曲面本身是曲线。当你沿该曲线从 F 到 G 再到 H 移动时,y 坐标在 $y = b$ 保持固定,z 的高度变化与 x 的变化一致。该曲线在点 (a,b) 的切线的梯度测度了当 y 固定 x 变化时函数的变化率。这是在点 (a,b) 计算的偏导数 $\partial f / \partial x$ 的值。如果你想象自己沿 FH 线走在曲面上,那么梯度就是用来测度路如何陡峭的。图 5—11 中,曲线在 G 点向上,因此 $f_x(a,b) > 0$。曲线也是凹的,因此二阶偏导数 $f_{xx}(a,b) < 0$。类似解释能对 y 的偏导数给出。它是图 5—11 中曲线 RS 沿平行于 y 轴变化的梯度。

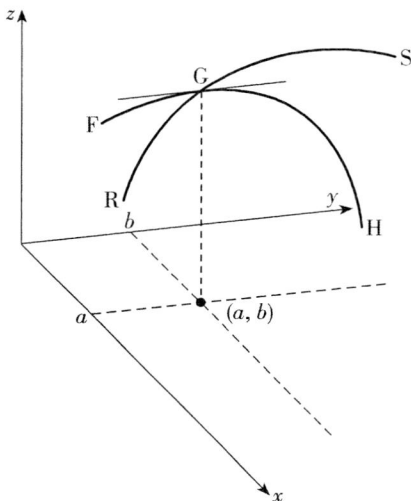

图 5—11

我们能用该几何解释给出偏导数的正规定义。图 5—12 中 V 点在 (a,b) 的正上方,因此高度为 $f(a,b)$。W 点在沿曲线不远处 $(a + \Delta x, b)$ 的正上方,因此高度为 $f(a + \Delta x, b)$。弦 VW 的梯度为

$$\frac{f(a + \Delta x, b) - f(a,b)}{\Delta x}$$

当 Δx 变得越来越小时,弦的梯度趋于切线的梯度,因此我们能定义

$$f_x(a,b) = \lim_{\Delta x \to 0} \frac{f(a + \Delta x, b) - f(a,b)}{\Delta x}$$

类似论证得

$$f_y(a,b) = \lim_{\Delta x \to 0} \frac{f(a, b + \Delta y) - f(a,b)}{\Delta y}$$

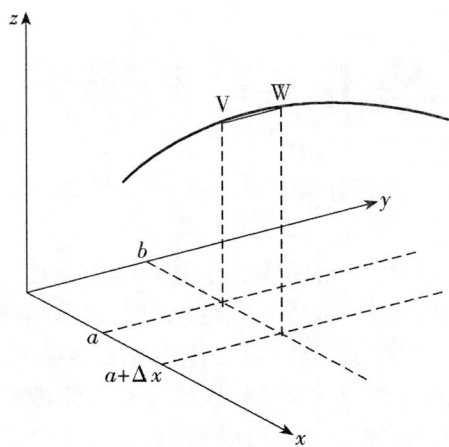

图 5—12

第6章 积分

本章通过考虑一元函数的积分来结束微积分主题,共两节,应该按出现的顺序进行阅读。

6.1 节介绍了和微分思想相反的积分。它使你能够由任意给定的边际收益函数求出总收益函数的表达式,由任意边际成本函数求出总成本函数,等等。无疑,你将高兴地发现对此不需要新的数学技巧。现在需要让你的头脑进入逆向思维。当然,越往后学掌握起来越难。然而,随着练习你应该发现积分与微分其实都不难。

6.2 节说明如何用积分来求函数图形的面积,该过程称为定积分。我们能将此技巧用于供给和需求曲线,因此可以计算生产者和消费者剩余。定积分也能用于确定资本存量和折现连续的收益流。

6.1 不定积分

学习目标

学完本节,你应该能够:

- 认识不定积分的符号
- 写出简单幂函数和指数函数的积分
- 求形如 $af(x) + bg(x)$ 的函数的积分
- 给定任意边际成本函数,求总成本函数
- 给定任意边际收益函数,求总收益函数
- 给定边际消费倾向或边际储蓄倾向,求消费和储蓄函数

数学中有许多运算会相互抵消,使你回到出发点。或许最明显的一对是乘法和除法。如果你以非零常数 k 乘以某数,那么再除以 k 得到的结果是你先考虑的数。这种情形描述为,两种运算互为逆运算。在微积分中,微分的逆运算称为积分。

假设要你求函数 $F(x)$,它求导得

$f(x) = 3x^2$

你能猜出在这种情况下 $F(x)$ 是什么吗? 给定这样一个简单函数,通过审视写出答案是简单的。它是

$F(x) = x^3$

因为

$F'(x) = 3x^2 = f(x)$ ✓

得证。

第二个例子,

$$f(x) = x^7$$

你能想出求导得该函数的函数 $F(x)$ 吗？ 回想当对幂函数求导时,幂下降 1,因此反过来做是有意义的,尝试

$$F(x) = x^8$$

不幸地是,这不完全对,因为它求导得

$$8x^7$$

也就是扩大了 8 倍。这提示我们尝试

$$F(x) = \frac{1}{8}x^8$$

这是对的,因为

$$F'(x) = \frac{8}{8}x^7 = x^7 = f(x) \qquad \checkmark$$

一般地,如果 $F'(x) = f(x)$,那么 $F(x)$ 是 $f(x)$ 的积分(有时称为反导数或原函数),记为

$$F(x) = \int f(x)\,\mathrm{d}x$$

用该符号

$$\int 3x^2\,\mathrm{d}x = x^3$$

$$\int x^7\,\mathrm{d}x = \frac{1}{8}x^8$$

例题

求 $\int \dfrac{1}{x^4}\mathrm{d}x$

解

把 $\dfrac{1}{x^4}$ 写为 x^{-4},我们试

$$F(x) = x^{-3}$$

得

$$F'(x) = -3x^{-4}$$

为原式的 -3 倍。因此

$$\int \frac{1}{x^4}\mathrm{d}x = -\frac{1}{3}x^{-3} = -\frac{1}{3x^3}$$

此处是你试的一个问题,不要让符号 $\int \mathrm{d}x$ 妨碍你。它仅是指示你想出特定的函数,对它求导得到压缩在积分符号"$\int$"与 $\mathrm{d}x$ 之间的函数,无论被压缩的函数是什么样的。如果你感到为难,试着加 1 次幂。求导你的猜测,如果它不完全对,那么回头再试并相应地调整系数。

习题

1. 求下列积分

（a）$\int 2x \, dx$ 　　（b）$\int 4x^3 \, dx$ 　　（c）$\int 100x^{99} \, dx$ 　　（d）$\int x^3 \, dx$ 　　（e）$\int x^{18} \, dx$

习题 1（a）中，你可能写

$$\int 2x \, dx = x^2$$

然而，还有其他可能。例如，如下两个函数

$x^2 + 6$ 和 $x^2 - 59$

求导也得 $2x$，因为常数求导得零。事实上，我们能把任意常数 c 加到 x^2 上得到求导为 $2x$ 的函数。因此

$$\int 2x \, dx = x^2 + c$$

其中，任意常数 c 称为积分常数。一般地，如果 $F(x)$ 是求导得 $f(x)$ 的任意函数，那么 $F(x) + c$ 也是。因此

$$\boxed{\int f(x) \, dx = F(x) + c}$$

在习题 1 中，用猜测可以求出各种积分。在理论上，大部分积分能用该方法求出。然而，当求复杂函数的积分时，可能需要相当高的天赋和运气！提出类似第 4 章讨论的微分的各种法则是可能的，但尽管如此我们有时也不得不求助于纯粹的技巧。探讨第 4 章研究的每个法则不是我们的关注点，理由很简单，在经济中较少需要它们。然而，向你说明求像

$2x - 3x^2 + 10x^3$ 和 $x - e^{2x} + 5$

这样的简单函数的积分的直接方法是值得的。

首先我们求

$\int x^n \, dx$ 和 $\int e^{mx} \, dx$

的一般公式。为了求 $f(x) = x^n$ 的积分，猜测

$F(x) = x^{n+1}$

求导得

$F'(x) = (n + 1)x^n$

扩大了 $n + 1$ 倍。这提示我们再试

$$F(x) = \frac{1}{n + 1} x^{n+1}$$

检查通过，因为

$$F'(x) = \frac{n + 1}{n + 1} x^n = x^n = f(x) \qquad \checkmark$$

因此

$$\boxed{\int x^n \, dx = \frac{1}{n + 1} x^{n+1} + c}$$

求幂函数的积分,你可以简单地将幂加 1 并除以你得到的幂数。当 n 为正数、负数、整数或分数时该公式都成立。唯一的例外是当 $n = -1$ 时,公式不能用来求 $\frac{1}{x}$ 的积分,因为不可能除以零。所以,在这种情况下,需要另一个结果。由第 4 章我们知道自然对数函数 $\ln x$

求导得

$$\frac{1}{x}$$

因此

$$\boxed{\int \frac{1}{x} \mathrm{d}x = \ln x + c}$$

我们最后要确定的基本积分为

$$\int e^{mx} \mathrm{d}x$$

在 4.8 节我们已经证明,求导指数函数,我们要做的是乘以 x 的系数。求积分,我们要做的正好相反,即除以 x 的系数,因此

$$\boxed{\int e^{mx} \mathrm{d}x = \frac{1}{m} e^{mx} + c}$$

很容易检查这是对的,因为如果

$$F(x) = \frac{1}{m} e^{mx}$$

那么

$$F'(x) = \frac{m}{m} e^{mx} = e^{mx} \qquad \checkmark$$

例题

求下列函数的积分

$$(a) \int x^6 \mathrm{d}x \qquad (b) \int \frac{1}{x^2} \mathrm{d}x \qquad (c) \int \sqrt{x} \, \mathrm{d}x \qquad (d) \int e^{2x} \mathrm{d}x$$

解

利用公式

$$\int x^n \mathrm{d}x = \frac{1}{n+1} x^{n+1} + c$$

代入相应的 n 的特定值,能求出前三个积分。

(a) 代入 $n = 6$ 得

$$\int x^6 \mathrm{d}x = \frac{1}{7} x^7 + c$$

(b) 代入 $n = -2$ 得

$$\int \frac{1}{x^2} \mathrm{d}x = \int x^{-2} \mathrm{d}x = \frac{1}{-1} x^{-1} + c = -\frac{1}{x} + c$$

（c）代入 $n = 1/2$ 得

$$\int \sqrt{x}\,\mathrm{d}x = \int x^{1/2}\,\mathrm{d}x = \frac{1}{3/2}x^{3/2} + c = \frac{2}{3}x^{3/2} + c$$

（d）为了求

$$\int e^{2x}\,\mathrm{d}x$$

我们将 $m = 2$ 代入公式

$$\int e^{mx}\,\mathrm{d}x = \frac{1}{m}e^{mx} + c$$

得

$$\int e^{2x}\,\mathrm{d}x = \frac{1}{2}e^{2x} + c$$

习题

2. 求下列函数的积分

（a）$\int x^4\,\mathrm{d}x$ （b）$\int \frac{1}{x^3}\,\mathrm{d}x$ （c）$\int x^{1/3}\,\mathrm{d}x$ （d）$e^{3x}\,\mathrm{d}x$

（e）$\int 1\,\mathrm{d}x$ （f）$\int x\,\mathrm{d}x$ （g）$\int \frac{1}{x}\,\mathrm{d}x$

［提示：在（b），（e），（f）部分注意 $1/x^3 = x^{-3}$，$1 = x^0$，$x = x^1$］

4.2 节我们说明了名为数乘法则、加法法则、减法法则的三个微分法则。积分是微分的逆运算，当我们求函数的积分时这三个法则也适用。函数的数乘的积分通过对函数求积分然后乘以常数得到。两个函数的和（或差）的积分通过对函数分别求积分然后相加（或减）获得。

这三个法则能组合成单个法则

$$\boxed{\int [af(x) + bg(x)]\,\mathrm{d}x = a\int f(x)\,\mathrm{d}x + b\int g(x)\,\mathrm{d}x}$$

这使我们能对表达式逐项求积分，如以下例题所述。

例题

（a）$\int (2x^2 - 4x^6)\,\mathrm{d}x$ （b）$\int \left(7e^{-x} + \frac{2}{x}\right)\,\mathrm{d}x$ （c）$\int (5x^2 + 3x + 2)\,\mathrm{d}x$

解

（a）$\int (2x^2 - 4x^6)\,\mathrm{d}x = 2\int x^2\,\mathrm{d}x - 4\int x^6\,\mathrm{d}x$

把 $n = 2$ 和 $n = 6$ 代入

$$\int x^n\,\mathrm{d}x = \frac{1}{n + 1}x^{n+1} + c$$

得

$$\int x^2 \mathrm{d}x = \frac{1}{3}x^3 , \int x^6 \mathrm{d}x = \frac{1}{7}x^7$$

因此

$$\int (2x^2 - 4x^6)\,\mathrm{d}x = \frac{2}{3}x^3 - \frac{4}{7}x^7$$

最后,我们加任意常数得

$$\int (2x^2 - 4x^6)\,\mathrm{d}x = \frac{2}{3}x^3 - \frac{4}{7}x^7 + c$$

检查如下:

如果 $F(x) = \frac{2}{3}x^3 - \frac{4}{7}x^7 + c$,那么 $F'(x) = 2z^2 - 4x^6$

(b) $\int \left(7e^{-x} + \frac{2}{x} \right) \mathrm{d}x = 7 \int e^{-x} \mathrm{d}x + 2 \int \frac{1}{x} \mathrm{d}x$

由公式

$$\int e^{mx} \mathrm{d}x = \frac{1}{m}e^{mx}$$

把 $m = -1$ 代入得

$$\int e^{-x} \mathrm{d}x = \frac{1}{-1}e^{-x} = -e^{-x}$$

我们也知道倒数函数求积分得自然对数函数,因此

$$\int \frac{1}{x} \mathrm{d}x = \ln x$$

因此

$$\int \left(7e^{-x} + \frac{2}{x} \right) \mathrm{d}x = -7e^{-x} + 2\ln x$$

最后,我们加任意常数得

$$\int \left(7e^{-x} + \frac{2}{x} \right) \mathrm{d}x = -7e^{-x} + 2\ln x + c$$

检查如下:

如果 $F(x) = -7e^{-x} + 2\ln x + c$,那么 $F'(x) = 7e^{-x} + \frac{2}{x}$

(c) $\int (5x^2 + 3x + 2)\,\mathrm{d}x = 5 \int x^2 \mathrm{d}x + 3 \int x \mathrm{d}x + 2 \int 1 \mathrm{d}x$

把 $n = 2,1,0$ 代入

$$\int x^n \mathrm{d}x = \frac{1}{n+1}x^{n+1}$$

得

$$\int x^2 \mathrm{d}x = \frac{1}{3}x^3 , \int x \mathrm{d}x = \frac{1}{2}x^2 , \int 1 \mathrm{d}x = x$$

因此

$$\int (5x^2 + 3x + 2)\,\mathrm{d}x = \frac{5}{3}x^3 + \frac{3}{2}x^2 + 2x$$

最后,我们加任意常数得

$$\int (5x^2 + 3x + 2)\,\mathrm{d}x = \frac{5}{3}x^3 + \frac{3}{2}x^2 + 2x + c$$

检查如下:

如果 $F(x) = \frac{5}{3}x^3 + \frac{3}{2}x^2 + 2x + c$,那么 $F'(x) = 5x^2 + 3x + 2$

建议

我们详细地写出本例的求解过程,向你精确地展示了怎样求积分。随着练习你可能会发现你用一次求积分过程就可以写出答案,通过求导你所得的答案来检查(至少在头脑中,如果不在纸上)你没犯任何错误总是好的。

通过积分技巧,我们得到了 x 的函数。下节我们将讨论另一种不同类型的积分,最终得到另一个结果。由于该原因,我们用"不定"这个词来描述此处考虑的积分类型,以区别于 6.2 节的定积分。

习题

3. 求下列不定积分

（a）$\int (2x - 4x^3)\,\mathrm{d}x$　　　　（b）$\int \left(10x^4 + \frac{5}{x^2}\right)\,\mathrm{d}x$　　　　（c）$\int (7x^2 - 3x + 2)\,\mathrm{d}x$

4.3 节我们说明了微分在经济学中的几个应用。从任意基本经济函数入手,我们能求导得到对应的边际函数。积分让我们往回求,即由任意边际函数求原函数。例如,通过对边际成本函数求积分,求出总成本函数。同样,给定边际收益函数,我们能求出总收益函数,通过总收益函数接着能求出需求函数。在下面的例题中,我们将说明这些思想,并说明在经济问题中如何得到积分常数的特定数值。

例题

（a）某公司的边际成本函数为

$\mathrm{MC} = Q^2 + 2Q + 4$

如果固定成本为 100,求总成本函数。

（b）垄断生产者的边际收益函数为

$\mathrm{MR} = 10 - 4Q$

求总收益函数,并推导对应的需求方程。

（c）已知边际消费倾向为

$\mathrm{MPC} = 0.5 + \dfrac{0.1}{\sqrt{Y}}$

当收入为 100 时,消费为 85,求消费函数的表达式。

解

（a）我们需要由边际成本函数

$$MC = Q^2 + 2Q + 4$$

求总成本,因为

$$MC = \frac{d(TC)}{dQ}$$

因此

$$TC = \int MCdQ = \int (Q^2 + 2Q + 4)dQ = \frac{Q^3}{3} + Q^2 + 4Q + c$$

固定成本给定为100,它独立于生产物品的数量,表示当公司不生产任何物品时的成本。把 $Q = 0$ 代入 TC 函数得

$$TC = \frac{0^3}{3} + 0^2 + 4(0) + c = c$$

积分常数等于生产的固定成本,所以,$c = 100$。

因此

$$TC = \frac{Q^3}{3} + Q^2 + 4Q + 100$$

(b) 我们需要由边际收益函数

$$MR = 10 - 4Q$$

求总收益。因为

$$MR = \frac{d(TR)}{dQ}$$

因此

$$TR = \int MRdQ = \int (10 - 4Q)dQ = 10Q - 2Q^2 + c$$

不像本例(a)部分,我们没有任何额外信息可以用于确定 c 的值。然而,我们知道,当公司不生产物品时收益为零,因此当 $Q = 0$ 时,TR $= 0$。把该条件代入

$$TR = 10Q - 2Q^2 + c$$

得

$$0 = 10(0) - 2(0)^2 + c = c$$

所以,积分常数等于零。因此

$$TR = 10Q - 2Q^2$$

最后,我们由此能推出需求方程。由需求方程求总收益的表达式,我们一般乘以 Q,因为 TR $= PQ$。

这次我们往回算,因此我们除以 Q 得

$$P = \frac{TR}{Q} = \frac{10Q - 2Q^2}{Q} = 10 - 2Q$$

因此需求方程为

$$P = 10 - 2Q$$

(c) 我们需要由边际消费倾向

$$MPC = 0.5 + \frac{0.1}{\sqrt{Y}}$$

求消费。因为

$$\mathrm{MPC} = \frac{\mathrm{d}C}{\mathrm{d}Y}$$

因此

$$C = \int \mathrm{MPC}\,\mathrm{d}Y = \int\left(0.5 + \frac{0.1}{\sqrt{Y}}\right)\mathrm{d}Y = 0.5Y + 0.2\sqrt{Y} + c$$

其中,第二项求解如下

$$\int \frac{0.1}{\sqrt{Y}}\mathrm{d}Y = 0.1\int Y^{-1/2}\mathrm{d}Y = 0.1\left(\frac{1}{1/2}Y^{1/2}\right) = 0.2\sqrt{Y}$$

积分常数能根据额外信息:当收入为 100 时,消费为 85 计算出。把 $Y = 100$ 代入 C 的表达式得

$$85 = 0.5(100) + 0.2\sqrt{100} + c = 52 + c$$

因此

$$c = 85 - 52 = 33$$

因此 $C = 0.5Y + 0.2\sqrt{Y} + 33$

习题

4.(a) 某公司的边际成本函数为

MC = 2

如果固定成本为 500,求总成本函数的表达式,并求生产 40 件物品的总成本。

(b) 垄断生产者的边际收益函数为

MR = 100 − 6Q

求总收益函数,并推出对应的需求方程。

(c) 已知边际储蓄倾向为

MPS = 0.4 − 0.1$Y^{-1/2}$

当收入为 100 时储蓄为零,求储蓄函数的表达式。

网上资源说明怎样用 Maple 求不定积分。

关键术语

Anti-derivative(反导数):其导数是给定函数的函数。

Constant of integration(积分常数):当求不定积分时出现在表达式里的任意常数。

Definite integration(求定积分):求图形下面积的过程,即把积分上下限代入反导数,获得的值相减。

Indefinite integration(求不定积分):获得反导数的过程。

Integral(积分):数 $\int_{a}^{b} f(x)\,\mathrm{d}x$(定积分)或函数 $\int f(x)\,\mathrm{d}x$(不定积分)。

Integration(求积分):计算定积分或不定积分。

Inverse(逆):逆转给定运算的结果的运算,使你回到原来。例如,取一半的逆是

加倍。

Primitive(原函数）:反导数的另一种说法。

练习题 6.1

1. 求下列不定积分

(a) $\int 5x^5 \mathrm{d}x$ (b) $\int x^4 \mathrm{d}x$ (c) $10e^{10x} \mathrm{d}x$

(d) $\int \dfrac{1}{x} \mathrm{d}x$ (e) $\int x^{3/2} \mathrm{d}x$ (f) $(2x^3 - 6x) \mathrm{d}x$

(g) $\int (x^2 - 8x + 3) \mathrm{d}x$ (h) $\int (ax + b) \mathrm{d}x$ (i) $\int \left(7x^3 + 4e^{-2x} - \dfrac{3}{x^2}\right) \mathrm{d}x$

2. (a) 已知边际成本为

$$MC = Q + 5$$

固定成本为 20,求总成本。

(b) 已知边际成本为

$$MC = 3e^{0.5Q}$$

固定成本为 10,求总成本。

3. 已知下列边际收益函数:

(a) $MR = 20 - 2Q$ (b) $MR = \dfrac{6}{\sqrt{Q}}$

求相应的总收益和需求函数。

4. 已知边际消费倾向为 0.6,当收入为 5 时消费为 10。求消费函数,并推出对应的储蓄函数。

5. 已知下列劳动的边际产品函数:

(a) $1\,000 - 3L^2$ (b) $\dfrac{6}{\sqrt{L}} - 0.01$

求短期生产函数。

练习题 6.1*

1. 求下列不定积分

(a) $\int x(x^5 - 2) \mathrm{d}x$ (b) $\int (x^{10} - 3\sqrt{x} + e^{-x}) \mathrm{d}x$ (c) $\int \left(x^3 - \dfrac{5}{x^6} + \dfrac{2}{x} - 4e^{-4x}\right) \mathrm{d}x$

2. (a) 已知边际消费倾向为

$$MPC = 20 + \dfrac{10}{Y^{3/4}}$$

当 $Y = 16$ 时消费为 420,求消费函数。

(b) 已知边际成本为

$$MC = 15 + 3Q^2$$

求单位可变成本的表达式。

3.（1）求下列函数的导数

$$F(x) = (2x + 1)^5$$

以此求

$$\int (2x + 1)^4 \mathrm{d}x$$

（2）用（1）部分提示的方法求下列函数的不定积分

（a）$\displaystyle\int (3x - 2)^7 \mathrm{d}x$　　　　　　　　（b）$\displaystyle\int (2 - 4x)^9 \mathrm{d}x$

（c）$\displaystyle\int (ax + b)^n \mathrm{d}x \quad (n \neq -1)$　　　（d）$\displaystyle\int \frac{1}{7x + 3} \mathrm{d}x$

4.（a）证明

$$\sqrt{x}(\sqrt{x} + x^2) - x + x^{5/2}$$

并以此求

$$\int \sqrt{x}(\sqrt{x} + x^2) \mathrm{d}x$$

（b）用（a）部分提示的方法求下列函数的不定积分：

$$x^4\left(x^6 + \frac{1}{x^2}\right), e^{2x}(e^{3x} + e^{-x} + 3), x^{3/2}\left(\sqrt{x} - \frac{1}{\sqrt{x}}\right)$$

5.（a）证明

$$\frac{x^4 - x^2 + \sqrt{x}}{x} = x^3 - x + x^{-1/2}$$

并以此求

$$\int \frac{x^4 - x^2 + \sqrt{x}}{x} \mathrm{d}x$$

（b）用（a）部分提示的方法求下列函数的不定积分：

$$\frac{x^2 - x}{x^3}, \frac{e^x - e^{-x}}{e^{2x}}, \frac{\sqrt{x} - x\sqrt{x} + x^2}{x\sqrt{x}}$$

6. 已知 $\mathrm{MPC} = 0.4 + \dfrac{0.4}{\sqrt{Y}}$，当 $Y = 100$ 时，$C = 50$，求储蓄函数的表达式。

7. 某公司的边际收益和边际成本函数为

$$\mathrm{MR} = 240 - 0.6Q^2 \text{ 和 } \mathrm{MC} = 150 + 0.3Q^2$$

如果固定成本为 50，求最大利润。

6.2　定积分

学习目标

学完本节，你应该能够：

● 认识定积分符号

- 计算简单的定积分
- 计算消费者剩余
- 计算生产者剩余
- 计算资本存量形成
- 计算连续收益流的现值

你可能记得在学校相当繁琐的一项任务就是求面积。图 6—1 中画的是由曲线 $y = x^2$,直线 $x = 1$,$x = 2$ 和 x 轴围成的区域。在学校也可能要求你通过坐标纸上的方格求该区域的面积。而计算该面积的又快又精确的方法是用积分。

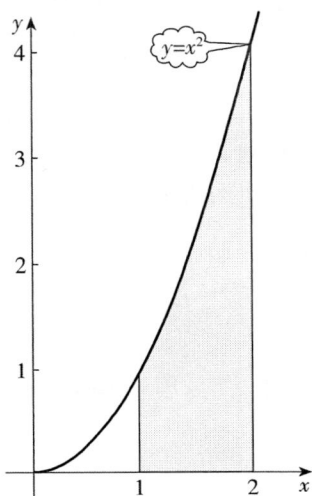

图 6—1

我们先求函数 $f(x) = x^2$

的积分得 $F(x) = \dfrac{1}{3}x^3$

此时,我们要求 $x = 1$ 与 $x = 2$ 之间的曲线下的面积,因此我们计算

$F(1) = \dfrac{1}{3}(1)^3 = \dfrac{1}{3}$

$F(2) = \dfrac{1}{3}(2)^3 = \dfrac{8}{3}$

最后,我们用 $F(2)$ 减 $F(1)$ 得

$F(2) - F(1) = \dfrac{8}{3} - \dfrac{1}{3} = \dfrac{7}{3}$

该数即为图 6—1 中区域面积的精确值。把求面积与积分联系起来,我们将该面积写为 $\displaystyle\int_1^2 x^2 \, \mathrm{d}x$

一般地,定积分

$\displaystyle\int_a^b f(x) \, \mathrm{d}x$

表示在 $x = a$ 与 $x = b$ 之间 $f(x)$ 图形下的面积,如图 6—2 所示。数 a 和 b 称为积分

限,在本节中假设 $a < b$ 和 $f(x) \geqslant 0$,如图 6—2 所示。

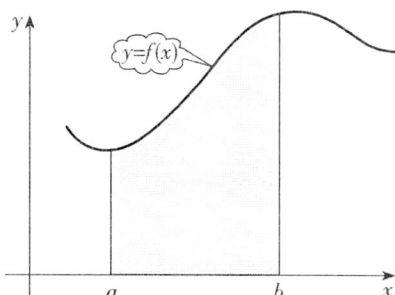

图 6—2

计算定积分的技巧如下:首先找到求导得 $f(x)$ 的某个函数 $F(x)$。求 $F(x)$ 的方法在 6.1 节已经说明。然后计算在限 $x = a$ 与 $x = b$ 处新函数 $F(x)$ 的值,得 $F(a)$ 和 $F(b)$。最后,第二个数减第一个数得结果

$F(b) - F(a)$

用符号表示为

$$\int_a^b f(x)\,\mathrm{d}x = F(b) - F(a)$$

计算两个不同 x 值处的函数值,然后用一个减去另一个的过程在数学上特别常见,将此赋予一个特殊符号,我们将

$\left[F(x) \right]_a^b$

作为 $F(b) - F(a)$ 的缩写,因此定积分计算可以表示为

$$\int_a^b f(x)\,\mathrm{d}x = \left[F(x) \right]_a^b = F(b) - F(a)$$

其中,$F(x)$ 是 $f(x)$ 的不定积分。用该符号表示

$$\int_1^2 x^2\,\mathrm{d}x$$

的计算写为

$$\int_1^2 x^2\,\mathrm{d}x = \left[\frac{1}{3}x^3 \right]_1^2 = \frac{1}{3}(2)^3 - \frac{1}{3}(1)^3 = \frac{7}{3}$$

注意不必加积分常数,因为当我们用 $F(b)$ 减 $F(a)$ 时,它被抵消了。

例题

计算下列定积分

(a) $\displaystyle\int_2^6 3\,\mathrm{d}x$　　　　　　(b) $\displaystyle\int_0^2 (x + 1)\,\mathrm{d}x$

解

(a) $\displaystyle\int_2^6 3\,\mathrm{d}x = \left[3x \right]_2^6 = 3(6) - 3(2) = 12$

该值能用图形验证。在 $x = 2$ 与 $x = 6$ 之间 $y = 3$ 图形下的区域,如图 6—3 所示。它

是个长方形,因此它的面积能由公式

面积 = 底 × 高

求出。得

面积 = 4 × 3 = 12

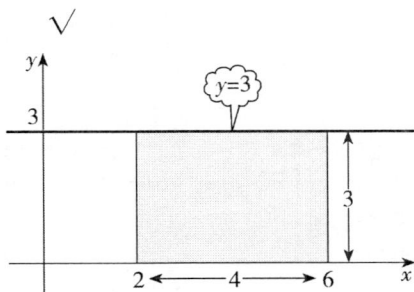

图 6—3

(b) $\int_0^2 (x+1)\mathrm{d}x = \left[\dfrac{x^2}{2} + x\right]_0^2 = \left(\dfrac{2^2}{2} + 2\right) - \left(\dfrac{0^2}{2} + 0\right) = 4$

该值也能用图形验证。在 $x = 0$ 与 $x = 2$ 之间 $y = x + 1$ 图形下的区域,如图6—4(a)所示。

可以把它视作图6—4(b)所示的长方形的一半。该长方形底为 2 单位,高为 4 单位,因此面积为 $2 \times 4 = 8$

所以图 6—4(a) 所示区域的面积为

$\dfrac{1}{2} \times 8 = 4$

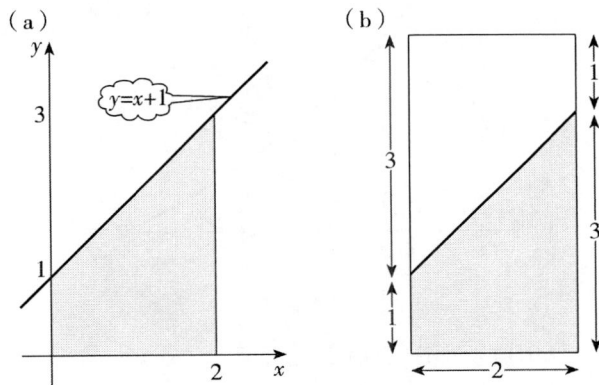

图 6—4

在本例中,我们有意选择两个很简单的函数,来说明定积分确实能给出图形下面积的事实。然而,积分技巧的美在于它能用来计算相当复杂函数下的面积,而对此其他方法不能得到精确值。

习题

1. 计算下列定积分:

(a) $\int_0^1 x^3 \, \mathrm{d}x$ (b) $\int_2^5 (2x + 1) \, \mathrm{d}x$ (c) $\int_1^4 (x^2 - x + 1) \, \mathrm{d}x$ (d) $\int_0^1 e^x \, \mathrm{d}x$

为了说明定积分的应用,我们依次考虑如下四个主题:

● 消费者剩余
● 生产者剩余
● 投资流
● 折现

6.2.1   消费者剩余

如图 6—5 所示的需求函数 $P = f(Q)$ 给出了消费者对不同数量的物品准备支付的不同的价格。在 $Q = Q_0$ 处,价格 $P = P_0$,花在 Q_0 物品上的总货币量为 $Q_0 P_0$,这由长方形 OABC 的面积给出。现在,P_0 是消费者准备对他们购买的最后单位(即第 Q_0 单位)物品支付的价格。对 Q_0 前的数量,事实上他们愿意支付由需求曲线确定的更高的价格。所以阴影 BCD 的面积表示支付固定价格 P_0 时消费者获得的好处,称为消费者剩余 CS 。由观察能得到 CS 的值:

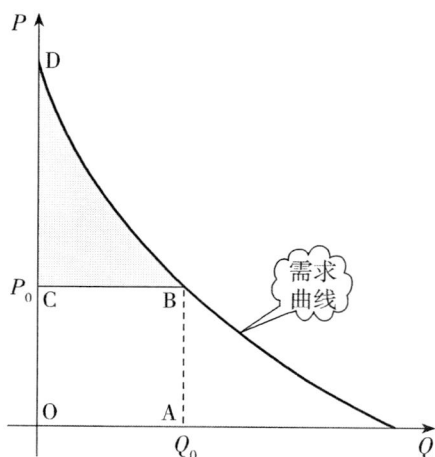

图 6—5

BCD 的面积 = OABD 的面积 - OABC 的面积

OABD 的面积是在 $Q = 0$ 与 $Q = Q_0$ 之间需求函数 $P = f(Q)$ 下的面积,因此等于
$$\int_0^{Q_0} f(Q) \, dQ$$

OABC 区域是底为 Q_0 高为 P_0 的长方形,因此

OABC 的面积 = $Q_0 P_0$

因此

$$\text{CS} = \int_0^{Q_0} f(Q) \, \mathrm{d}Q - Q_0 P_0$$

例题

已知需求函数为

$P = 30 - 4Q$

求在 $Q = 5$ 处的消费者剩余。

解

在这种情况下,已知

$f(Q) = 30 - 4Q$

且 $Q_0 = 5$。容易求出相应的价格,把 $Q_0 = 5$ 代入

$P = 30 - 4Q$

得

$P_0 = 30 - 4(5) = 10$

由消费者剩余的公式

$$CS = \int_0^{Q_0} f(Q)\,dQ - Q_0 P_0$$

得

$$CS = \int_0^5 (30 - 4Q)\,dQ - 5(10) = \left[30Q - 2Q^2\right]_0^5 - 50$$

$$= \left[30(5) - 2(5)^2\right] - \left[30(0) - 2(0)^2\right] - 50$$

$$= 50$$

习题

2. 已知需求函数

$P = 100 - Q^2$

求在 $Q = 8$ 处的消费者剩余。

6.2.2 生产者剩余

如图 6—6 所示的供给函数 $P = g(Q)$ 给出了生产者准备供给不同数量的物品的不同价格。在 $Q = Q_0$ 处,价格 $P = P_0$。假设所有物品销售出去,那么收到的总货币量为 $Q_0 P_0$,这由长方形 OABC 的面积给出。

现在,P_0 是生产者准备供给最后单位(即第 Q_0 单位)物品的价格。对 Q_0 前的数量,事实上他们愿意接受由供给曲线给出的更低的价格,所以阴影 BCD 的面积表示以固定价格 P_0 销售的生产者获得的好处,称为生产者剩余 PS。由观察能得到 PS 的值:

BCD 的面积 = OABC 的面积 − OABD 的面积

OABC 区域是底为 Q_0 高为 P_0 的长方形,因此

OABC 的面积 = $Q_0 P_0$

OABD 的面积是在 $Q = 0$ 与 $Q = Q_0$ 之间供给曲线 $P = g(Q)$ 下的面积,因此等于

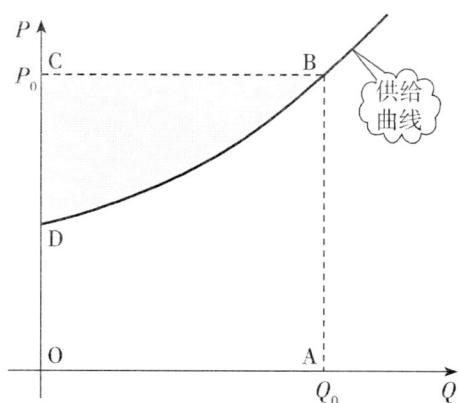

图 6—6

$$\int_0^{Q_0} g(Q)\,\mathrm{d}Q$$

因此

$$\mathrm{PS} = Q_0 P_0 - \int_0^{Q_0} g(Q)\,dQ$$

例题

已知需求函数为

$$P = 35 - Q_D^2$$

供给函数为

$$P = 3 + Q_S^2$$

假设市场为完全竞争的,求生产者剩余。

解

在完全竞争情况下,价格由市场决定。所以,我们在计算生产者剩余前,我们需要求市场均衡价格和数量。用 Q 表示 Q_D 和 Q_S 的共同值,需求和供给函数为

$$P = 35 - Q^2 \text{ 和 } P = 3 + Q^2$$

因此

$$35 - Q^2 = 3 + Q^2 (两边都等于 P)$$
$$35 - 2Q^2 = 3 (两边减 Q^2)$$
$$-2Q^2 = -32 (两边减 35)$$
$$Q^2 = 16 (两边除以 -2)$$

解为 $Q = \pm 4$。显然我们能忽略负解,因为它没有经济意义,所以均衡数量等于 4。将该值代入需求或供给方程能求出对应的价格。由需求方程,我们得

$$P_0 = 35 - (4)^2 = 19$$

由生产者剩余的公式

$$\mathrm{PS} = Q_0 P_0 - \int_0^{Q_0} g(Q)\,\mathrm{d}Q$$

得

$$PS = 4(19) - \int_0^4 (3 + Q^2)\,dQ$$

$$= 76 - \left[3Q + \frac{Q}{3}\right]_0^4$$

$$= 76 - \left\{\left[3(4) + \frac{1}{3}(4)^3\right] - \left[3(0) - \frac{1}{3}(0)^3\right]\right\}$$

$$= 42\frac{2}{3}$$

习题

3. 已知需求方程为

$$P = 50 - 2Q_D$$

供给方程为

$$P = 10 + 2Q_S$$

假设市场为完全竞争的,计算

(a) 消费者剩余   (b) 生产者剩余

6.2.3   投资流

净投资 I 定义为资本存量 K 的变化率,即

$$I = \frac{dK}{dt}$$

此处,$I(t)$ 表示以美元测度的每年的货币流,$K(t)$ 是作为投资流的结果以美元测度的 t 时刻积累的资本量。

已知用时间表示的资本存量的公式,我们简单地求导得到净投资。反之,如果我们知道净投资函数,那么我们求积分得到资本存量。特别地,为了计算从 $t = t_1$ 到 $t = t_2$ 期间的资本形成,我们计算定积分

$$\int_{t_1}^{t_2} I(t)\,dt$$

例题

已知投资流为

$$I(t) = 9\,000\sqrt{t}$$

计算

(a) 从第 1 年末到第 4 年末的资本形成。

(b) 资本存量超过 100 000 美元需要的年数。

解

(a) 本部分,我们需要计算从 $t = 1$ 到 $t = 4$ 的资本形成,因此我们计算定积分

$$\int_1^4 9\,000\sqrt{t}\,\mathrm{d}t = 9\,000\int_1^4 t^{1/2}\,\mathrm{d}t = 9\,000\left[\frac{2}{3}t^{3/2}\right]_1^4 = 9\,000\left(\frac{16}{3} - \frac{2}{3}\right) = 42\,000\,(\text{美元})$$

（b）本部分，我们需要计算积累 100 000 美元需要的年数。T 年后资本存量为

$$\int_0^T 9\,000\sqrt{t}\,\mathrm{d}t = 9\,000\int_0^T t^{1/2}\,\mathrm{d}t$$

即我们要求满足

$9\,000\displaystyle\int_0^T t^{1/2}\,\mathrm{d}t = 100\,000$ 的 T 的值。

积分容易计算为

$$9\,000\left[\frac{2}{3}t^{3/2}\right]_0^T = 9\,000\left(\frac{2}{3}T^{3/2} - \frac{2}{3}(0)^{3/2}\right) = 6\,000T^{3/2}$$

因此，T 满足

$6\,000T^{3/2} = 100\,000$

该非线性方程能解出，两边除以 6 000 得

$T^{3/2} = 16.67$

两边取 2/3 次幂得

$T = 6.5$

所以大约在第 7 年年中资本存量达到 100 000 美元水平。

习题

4. 已知净投资函数为

$I(t) = 800t^{1/3}$

计算

（a）从第 1 年末到第 8 年末的资本形成。

（b）资本存量超过 48 600 美元需要的年数。

网上资源说明怎样用 Maple 计算定积分。

6.2.4　折现

在第 3 章中公式

$P = Se^{-rt/100}\,\mathrm{d}t$

用来计算 t 年单笔终值 S 按连续利息 $r\%$ 折现的现值 P。我们也用这一思想讨论年金。它提供一系列离散的定期支付的基金，我们说明怎样计算为了保证得到规定年数的这些支付所需要的最初的总额。该总额称为年金的现值。如果基金提供每年 S 美元的连续收益流 n 年，那么，可以通过计算定积分来确定现值

$$P = \int_0^n Se^{-rt/100}\,\mathrm{d}t$$

例题

计算每年 1 000 美元的连续收益流 5 年的现值，已知折现率为 9%。

解

由公式

$$P = \int_0^{rt} Se^{-rt/100}\,dt$$

$S = 1\ 000, r = 9, n = 5$,求出现值。因此

$$P = \int_0^5 1\ 000e^{-0.09t}\,dt$$

$$= 1\ 000\int_0^5 e^{-0.009t}\,dt$$

$$= 1\ 000\left[\frac{-1}{0.09}e^{-0.09t}\right]_0^5$$

$$= -\frac{1\ 000}{0.09}\left[e^{-0.09t}\right]_0^5$$

$$= -\frac{1\ 000}{0.09}(e^{-0.45} - 1) \qquad \text{(} e^0 = 1\text{)}$$

$$= 4\ 026.35(美元)$$

习题

5. 计算每年 5 000 美元的连续收益流 10 年的现值,已知折现率为 6%。

关键术语

Consumer's surplus(消费者剩余):某人准备对物品支付的超过实际支付的过度成本。

Definite integral(定积分):数 $\int_a^b f(x)\,dx$,表示在 $x = a$ 与 $x = b$ 之间 $f(x)$ 图形下的面积。

Limits of integration(积分限):在定积分 $\int_a^b f(x)\,dx$ 中的数 a 和数 b。

Net investment(净投资):资本存量沿时间的变化率:$I = dK/dt$。

Producer's surplus(生产者剩余):生产者实际上收到的高于他准备从物品供给中接受的较低收益的超出收益。

练习题 6.2

1. 计算定积分

$$\int_1^2 (4x^3 - 3x^2 + 4x + 2)\,dx$$

2. 计算下列定积分:

(a) $\int_0^2 x^2\,dx$ (b) $\int_{-2}^2 x^3\,dx$

通过作出 $x = -2$ 与 $x = 2$ 之间立方函数的粗略图形,解释(b)部分的答案。在 x 轴与该范围内 $y = x^3$ 的图形之间实际面积是多少?

3. 对下列需求函数:

（a）$P = 25 - 2Q$　　　　（b）$P = \dfrac{10}{\sqrt{Q}}$

求在 $P = 5$ 处的消费者剩余。

4. 对下列供给函数:

（a）$P = 12 + 2Q$　　　　（b）$P = 20\sqrt{Q} + 15$

求在 $Q = 9$ 处的生产者剩余。

5. 已知需求函数为

$P = -Q_D^2 - 4Q_D + 68$

供给函数为

$P = Q_S^2 - 2Q_S + 12$

假设市场为完全竞争的,求

（a）消费者剩余

（b）生产者剩余

6. 已知投资流为

$I(t) = 5\,000 t^{1/4}$

计算从第 2 年末到第 5 年年中的资本形成（答案保留整数）

7. 已知投资流为

$I(t) = 2\,400\sqrt{t}$

（a）计算前 4 年的总资本形成。

（b）求第 N 年的年资本形成的表达式,并以此求年资本形成首次超过 4 000 美元的年份。

8. 计算每年 12 000 美元的连续收益流 8 年的现值,已知折现率为 7.5%。（原书有误）

练习题 6.2 *

1. 计算下列定积分

（a）$\displaystyle\int_{-1}^{2} 5x^2 - 4x + 6\,\mathrm{d}x$　　（b）$\displaystyle\int_{2}^{10} \dfrac{1}{(2x + 5)\sqrt{2x + 5}}\,\mathrm{d}x$

2.（a）对需求函数

$P = 50 - 4Q$

求在 $Q = 8$ 处的消费者剩余。

（b）对供给函数

$P = 6 + 8Q$

已知在 $Q = a$ 处的生产者剩余为 400,求 a 的值。

3. 已知需求函数为

$P = 74 - Q_D^2$

供给函数为

$$P = (Q_s + 2)^2$$

计算在完全竞争下的消费者剩余和生产者剩余。

4. 已知净投资函数为

$$I(t) = 100e^{0.1t}$$

计算

（a）从第 2 年末到第 5 年末的资本形成。

（b）资本存量超过 100 000 美元需要的年数。

5. 对下列净投资函数：

（a）$I(t) = At^{\alpha}$ （b）$I(t) = Ae^{\alpha t}$

其中，A 和 α 为正常数。求在 $t = 0$ 与 $t = T$ 之间资本形成的表达式。

6. 计算每年 1 000 美元的连续收益流的现值，已知折现率为 5%，货币支付

（a）3 年 （b）10 年 （c）100 年 （d）永续

7. 折现率为 10% 的每年 5 000 美元的连续收益流 n 年的现值为 25 000 美元。求 n 的值，保留 1 位小数。

8. 已知

$$g(x) = \int_2^x (5t^2 - 2t)\,\mathrm{d}t$$

写出 $g'(x)$ 的表达式。

9. 写出每年 S 美元的连续收益流 n 年的现值的表达式，已知折现率为 $r\%$。

6.3　正规数学

6.2 节积分用来求 x 轴，曲线 $y = f(x)$，垂直线 $x = a$、$x = b$ 之间的面积。在所有情况下，区域在所有方向有界，面积为有限的。有时可能求像如图 6—7 所示的无界区域的面积。没有尽头的区域实际上能有有限的面积，这似乎有些令人吃惊。然而，假如图形与 x 轴靠近得足够近，那么面积本身是有限的，并且我们能用积分求它的值。正式地，我们定义：

$$\int_a^{\infty} f(x)\,\mathrm{d}x = \lim_{N \to \infty} \int_a^N f(x)\,\mathrm{d}x \qquad （假设极限存在）$$

为 $x = a$ 与 $x = N$ 之间的曲线下的面积，我们先算出用 N 表示的表达式，然后看当 N 趋于 ∞ 时，它是否收敛。

例题

计算下列积分（如果可能的话）：

（a）$\displaystyle\int_1^{\infty} \frac{1}{x^3}\,\mathrm{d}x$ （b）$\displaystyle\int_1^{\infty} \frac{1}{\sqrt{x}}\,\mathrm{d}x$

解

（a）我们首先求从 $x = 1$ 到 $x = N$ 的 $y = x^{-3}$ 图形下的有限面积：

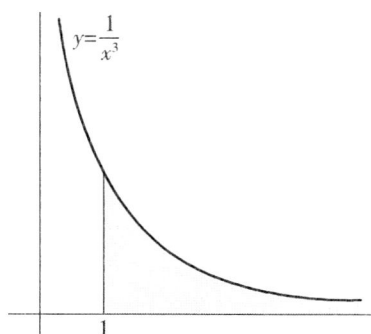

图 6—7

$$\int_1^N x^{-3}\,\mathrm{d}x = \left[-\frac{1}{2}x^{-2}\right]_1^N = -\frac{1}{2}N^{-2} + \frac{1}{2} = \frac{1}{2} - \frac{1}{2N^2}$$

由不定积分的定义,我们现在考虑 N 趋于无穷时该表达式的情况。

$$\int_1^\infty \frac{1}{x^3}\,\mathrm{d}x = \lim_{N\to\infty}\left(\frac{1}{2} - \frac{1}{2N^2}\right) = \frac{1}{2} \quad \text{因为当 } N\to\infty \text{ 时}, \frac{1}{2N^2} \to 0$$

在这种情况下,如图 6—7 所示的无界区域的有限面积为 1/2。(原书有误)

(b)我们首先求从 $x = 1$ 到 $x = N$ 的 $y = x^{-1/2}$ 图形下的有限面积:

$$\int_1^N x^{-\frac{1}{2}}\,\mathrm{d}x = \left[2x^{\frac{1}{2}}\right]_1^N = 2N^{\frac{1}{2}} - 2 = 2\sqrt{N} - 2$$

在这种情况下,当 $N\to\infty$ 时,$\sqrt{N}$ 项无界,因此积分不存在。

第7章 矩阵

从读本书中你可能已经获得一个印象,即数学包含一个主要主题——微积分,每个其他主题只是该主题的变化。真相远不是这样。在本章和下一章中,我们会看到两个完全不同的数学分支。学习第1章是有用的,尽管这不是必要的。本章共三节,需要按顺序阅读。

7.1节介绍矩阵的概念,它是用表展示信息的方便的数学工具。通过定义矩阵的加法、减法、乘法运算,可以发展矩阵代数。用简单的经济例子来说明这些定义,表明矩阵运算法则与普通算术的运算法则差不多。7.2节向你说明怎样计算矩阵的逆矩阵。这与数的倒数类似,使矩阵方程能求解。特别地,逆矩阵提供了解联立线性方程组的另一种方法,因此能用来解静态问题。7.3节说明解线性方程组的克莱姆法则。该方法在解只有内生变量需要确定的经济模型时特别有用。

高级主题4(网上资源中)介绍被称为投入—产出分析的新经济主题,说明前两节介绍的矩阵运算能怎样用来确定公司之间的货币流。

7.1 基本矩阵运算

学习目标

学完本节,你应该能够:

- 理解矩阵代数的符号和专业术语
- 求矩阵的转置
- 矩阵的加法和减法运算
- 矩阵的数乘运算
- 矩阵的乘法
- 用矩阵符号表示线性方程组

假设某公司生产三类物品 G1,G2,G3,销售给两个客户 C1 和 C2。这些物品的月销售在表7—1中给出。

表7—1

		物品月销售		
		G1	G2	G3
销售给	C1	7	3	4
客户	C2	1	5	6

期间公司销售3件G2给客户C1,6件G3给客户C2,等等。这些数确切地代表什么在上下文中也是很明显的。在这样的情况下,可以忽略表头,将这些信息更简洁地写成

$$A = \begin{bmatrix} 7 & 3 & 4 \\ 1 & 5 & 6 \end{bmatrix}$$

这是矩阵的例子。通常,由一对括号括起来的任意长方形数组称为矩阵(复数矩阵),组成组的单个数称为纪录或元素。本书中我们使用方括号,尽管用圆括号同样正确。它有助于将矩阵视作由行和列组成。矩阵 A 有 2 行 3 列,说成 2×3 阶。一般地,$m \times n$ 阶矩阵有 m 行 n 列。

我们用大写字母(如,A,B,C,…) 表示矩阵,用对应的普通体小写字母表示它们的元素。事实上,我们明智地使用了双下标符号,因此 a_{ij} 表示 A 的 i 行 j 列的元素。对以上矩阵 A,我们看出

$a_{12} = 3$(A 的 1 行 2 列)

3×2 阶一般矩阵 D 写为

$$\begin{bmatrix} d_{11} & d_{12} \\ d_{21} & d_{22} \\ d_{31} & d_{32} \end{bmatrix}$$

类似地,3×3 阶矩阵 E 写为

$$\begin{bmatrix} e_{11} & e_{12} & e_{13} \\ e_{21} & e_{22} & e_{23} \\ e_{31} & e_{32} & e_{33} \end{bmatrix}$$

例题

$$B = \begin{bmatrix} 2 & 1 \\ -1 & 6 \end{bmatrix} \quad C = \begin{bmatrix} 1 & 3 & 4 & 0 \\ 1 & 2 & 1 & 1 \\ 1 & 4 & 5 & 7 \end{bmatrix}$$

(a) 指出 B 和 C 的阶

(b) 写出 b_{22} 和 c_{34} 的值

解

(a) 矩阵 B 和 C 的阶分别为 2×2 和 3×4

(b) $b_{22} = 6$(B 的 2 行 2 列)

$c_{34} = 7$(C 的 3 行 4 列)

习题

1. 如果

$$A = \begin{bmatrix} 1 & 2 \\ 3 & 4 \end{bmatrix} \quad B = \begin{bmatrix} 1 & -1 & 0 & 6 & 2 \end{bmatrix} \quad C = \begin{bmatrix} 1 & 0 & 2 & 3 & 1 \\ 5 & 7 & 9 & 0 & 2 \\ 3 & 4 & 6 & 7 & 8 \end{bmatrix} \quad D = \begin{bmatrix} 6 \end{bmatrix}$$

(a) 指出矩阵 A,B,C,D 的阶

(b) 写出 $a_{11}, a_{22}, b_{14}, c_{25}, c_{33}, c_{43}, d_{11}$ 的值

我们至今做的全部是解释矩阵是什么,给出处理它们的一些符号。矩阵确实给我们提供了描述表中信息的简便方法。然而,我们想比这走得更远,用矩阵解经济问题。为此我们说明几种能对矩阵实施的数学运算,即:

- 转置
- 加减
- 数乘
- 乘法

列示中明显遗漏矩阵除法。严格说,一个矩阵除以另一个是不可能的,尽管我们能通过定义逆矩阵来接近除法。我们在 7.2 节学习逆矩阵。

建议

如果你以前没见过矩阵,你可能愿意将本节分为两个分开的部分。建议你现在学习直到 7.1.4 的所有材料,将矩阵乘法留做另一节。

7.1.1　转置

表 7—1 中,行对应两个客户,列对应三种物品。表的矩阵表示则为

$$A = \begin{bmatrix} 7 & 3 & 4 \\ 1 & 5 & 6 \end{bmatrix}$$

关于月销售的同样信息能容易地用如表 7—2 所示的另一种方式表示。矩阵表示则为

$$B = \begin{bmatrix} 7 & 1 \\ 3 & 5 \\ 4 & 6 \end{bmatrix}$$

表 7—2

		销售给客户	
		C1	C2
物品	G1	7	1
月销售	G2	3	5
	G3	4	6

我们描述这种情形,说 A 与 B 互为转置,记为

$A^T = B$　　读作"A 转置等于 B"

或等价地

$B^T = A$　　读作"B 转置等于 A"

矩阵的转置通过用列代替行求出,因此,第 1 行变第 1 列,第 2 行变第 2 列,等等。A

的行数则与 A^T 的列数相同,反之亦然。因此,如果 A 为 $m \times n$ 阶,那么 A^T 为 $n \times m$ 阶。

例题

写出下列矩阵的转置

$$D = \begin{bmatrix} 1 & 7 & 0 & 3 \\ 2 & 4 & 6 & 0 \\ 5 & 1 & 9 & 2 \end{bmatrix} \quad E = \begin{bmatrix} -6 \\ 3 \end{bmatrix}$$

解

3×4 矩阵 D 的转置为 4×3 矩阵

$$D^T = \begin{bmatrix} 1 & 2 & 5 \\ 7 & 4 & 1 \\ 0 & 6 & 9 \\ 3 & 0 & 2 \end{bmatrix}$$

2×1 矩阵 E 的转置为 1×2 矩阵

$$E^T = \begin{bmatrix} -6 & 3 \end{bmatrix}$$

习题

2. 写出下列矩阵的转置

$$A = \begin{bmatrix} 1 & 4 & 0 & 1 & 2 \\ 3 & 7 & 6 & 1 & 4 \\ 2 & 1 & 3 & 5 & -1 \\ 2 & -5 & 1 & 8 & 0 \end{bmatrix}$$

$$B = \begin{bmatrix} 1 & 5 & 7 & 9 \end{bmatrix}$$

$$C = \begin{bmatrix} 1 & 2 & 3 \\ 2 & 4 & 5 \\ 3 & 5 & 6 \end{bmatrix}$$

有两类给出特定称呼的特殊矩阵。像

$$c = \begin{bmatrix} 5 & 2 & 1 & -4 \end{bmatrix}$$

这样仅有一行的矩阵称为行向量,像

$$d = \begin{bmatrix} -3 \\ 10 \\ 6 \\ -7 \\ 1 \\ 9 \\ 2 \end{bmatrix}$$

这样仅有一列的矩阵称为列向量。用小写而不用大写字母区分向量是标准做法。如果你用手写,那么你应该给字母加下划线,写成

$\underline{c}$ 和 $\underline{d}$

这是有用的惯例,因为它有助于将表示单个数的像 x, y, a, b 这样的标量与表示一行或一列的像 x,y,a,b 这样的向量区分开。顺便说一句,在书和杂志上印列向量实际上是相当昂贵的,因为它浪费空间,特别是元素多的时候。用转置符号写成行向量则更方便。例如,前面给出的 7×1 矩阵 d 写成

$$d = \begin{bmatrix} -3 & 10 & 6 & -7 & 1 & 9 & 2 \end{bmatrix}^T$$

其中,上标 T 告诉我们它意指列向量。

7.1.2 加减

对两客户三产品的例子,让我们假设矩阵

$$A = \begin{bmatrix} 7 & 3 & 4 \\ 1 & 5 & 6 \end{bmatrix}$$

给出了 1 月份的销售。类似地,2 月份的销售可能为

$$B = \begin{bmatrix} 6 & 2 & 1 \\ 0 & 4 & 4 \end{bmatrix}$$

这意味着,例如,客户 C1 在 1 月份买 7 件 G1,2 月份买 6 件 G1。所以,客户 C1 在两个月期间共买 13 件件 G_1。类似程序能用于其余物品和客户,因此,给出两个月销售的矩阵为

$$C = \begin{bmatrix} 7+6 & 3+2 & 4+1 \\ 1+0 & 5+4 & 6+4 \end{bmatrix}$$

$$= \begin{bmatrix} 13 & 5 & 5 \\ 1 & 9 & 10 \end{bmatrix}$$

我们描述 C 是两个矩阵 A 与 B 的和,写成

$$C = A + B$$

一般地,加(或减)两个同阶矩阵,我们简单地加(或减)它们的对应元素。由该定义明显看出,对任意两个 $m \times n$ 矩阵 A 和 B

$$A + B = B + A$$

因为两数相加与顺序无关。注意为了用该方式合并矩阵,它们必须有同样的阶。例如,矩阵

$$D = \begin{bmatrix} 1 & -7 \\ 1 & 3 \end{bmatrix} \text{ 与 } E = \begin{bmatrix} 1 & 2 \\ 1 & 1 \\ 3 & 5 \end{bmatrix}$$

不可能相加,因为 D 的阶为 2×2,E 的阶为 3×2。

例题

如果

$$A = \begin{bmatrix} 9 & -3 \\ 4 & 1 \\ 2 & 0 \end{bmatrix}, B = \begin{bmatrix} 5 & 2 \\ -1 & 6 \\ 3 & 4 \end{bmatrix}$$

求

(a) A + B   (b) A − B   (c) A − A

解

$$(a) A + B = \begin{bmatrix} 9 & -3 \\ 4 & 1 \\ 2 & 0 \end{bmatrix} + \begin{bmatrix} 5 & 2 \\ -1 & 6 \\ 3 & 4 \end{bmatrix} = \begin{bmatrix} 14 & -1 \\ 3 & 7 \\ 5 & 4 \end{bmatrix}$$

$$(b) A - B = \begin{bmatrix} 9 & -3 \\ 4 & 1 \\ 2 & 0 \end{bmatrix} - \begin{bmatrix} 5 & 2 \\ -1 & 6 \\ 3 & 4 \end{bmatrix} = \begin{bmatrix} 4 & -5 \\ 5 & -5 \\ -1 & -4 \end{bmatrix}$$

$$(c) A - A = \begin{bmatrix} 9 & -3 \\ 4 & 1 \\ 2 & 0 \end{bmatrix} - \begin{bmatrix} 9 & -3 \\ 4 & 1 \\ 2 & 0 \end{bmatrix} = \begin{bmatrix} 0 & 0 \\ 0 & 0 \\ 0 & 0 \end{bmatrix}$$

本例(c)部分的结果是所有元素是零的 3×2 矩阵。这样的矩阵称为零矩阵,记为 0。实际上,有许多零矩阵,每个对应特定阶。例如:

$$[0] \quad \begin{bmatrix} 0 & 0 \\ 0 & 0 \end{bmatrix} \quad \begin{bmatrix} 0 \\ 0 \\ 0 \\ 0 \end{bmatrix} \quad \begin{bmatrix} 0 & 0 & 0 & 0 & 0 & 0 \\ 0 & 0 & 0 & 0 & 0 & 0 \\ 0 & 0 & 0 & 0 & 0 & 0 \\ 0 & 0 & 0 & 0 & 0 & 0 \end{bmatrix}$$

分别为 $1 \times 1, 2 \times 2, 4 \times 1, 4 \times 6$ 零矩阵。然而,尽管如此,我们对所有这些矩阵用单个符号 0 ,因为阶是多少以及因此采用的特定零矩阵是什么,通常在实际例子中是清楚的。由加减法的定义推出,对任意矩阵 A

A − A = 0

A + 0 = A

因此矩阵代数中矩阵 0 起的作用与数 0 在普通算术中起的作用是类似的。

习题

3. 如果

$$A = \begin{bmatrix} 7 & 5 \\ 2 & 1 \end{bmatrix} \quad B = \begin{bmatrix} 2 \\ 2 \end{bmatrix} \quad C = \begin{bmatrix} 2 \\ 2 \end{bmatrix} \quad D = \begin{bmatrix} -6 & 2 \\ 1 & -9 \end{bmatrix} \quad 0 = \begin{bmatrix} 0 \\ 0 \end{bmatrix}$$

求(其中可能的)

(a) A + D   (b) A + C   (c) B − C   (d) C − 0   (e) D − D

7.1.3　数乘

回到两客户三产品例子,让我们假设每月销售是相同的,都为

$$A = \begin{bmatrix} 7 & 3 & 4 \\ 1 & 5 & 6 \end{bmatrix}$$

这意味着,例如,客户 C1 每月买 7 件 G1,因此全年 C1 买 84 件 G1。类似程序适用于

其余物品和顾客,给出年销售的矩阵为

$$B = \begin{bmatrix} 12 \times 7 & 12 \times 3 & 12 \times 4 \\ 12 \times 1 & 12 \times 5 & 12 \times 6 \end{bmatrix} = \begin{bmatrix} 84 & 36 & 48 \\ 12 & 60 & 72 \end{bmatrix}$$

矩阵 B 通过 A 的每个元素乘 12 求出,我们写成 B = 12A

一般地,矩阵 A 与标量 k 相乘,我们简单地用 k 乘 A 的每个元素。

例题

如果

$$A = \begin{bmatrix} 1 & 2 & 3 \\ 4 & 5 & 6 \\ 7 & 8 & 9 \end{bmatrix}$$

求

(a)2A   (b) − A   (c)0A

解

$$(a)2A = \begin{bmatrix} 2 & 4 & 6 \\ 8 & 10 & 12 \\ 14 & 16 & 18 \end{bmatrix}$$

$$(b) - A = (-1)A = \begin{bmatrix} -1 & -2 & -3 \\ -4 & -5 & -6 \\ -7 & -8 & -9 \end{bmatrix}$$

$$(c)0A = \begin{bmatrix} 0 & 0 & 0 \\ 0 & 0 & 0 \\ 0 & 0 & 0 \end{bmatrix} = 0$$

普通算术中,我们知道,对任意三个数 a, b, c

$$a(b + c) = ab + ac$$

由矩阵加法和数乘的定义,对任意 $m \times n$ 矩阵 A 和 B 与标量 k

$$k(A + B) = kA + kB$$

矩阵的另一个性质是,对标量 k 和 l

$$k(lA) = (kl)A$$

它与普通算数类似

$$a(bc) = (ab)c$$

建议你在下面问题中自己检查前两条矩阵性质。

习题

4. 如果

$$A = \begin{bmatrix} 1 & -2 \\ 3 & 5 \\ 0 & 4 \end{bmatrix}, B = \begin{bmatrix} 0 & -1 \\ 2 & 7 \\ 1 & 6 \end{bmatrix}$$

（1）求（a）2A   （b）2B   （c）A + B   （d）2（A + B）

验证 2（A + B）= 2A + 2B

（2）求（a）3A   （b） − 6A

验证 − 2（3A）= − 6A

7.1.4   乘法

> **建议**
>
> 　　希望你发现本节至今考虑的矩阵运算容易理解。我们现在将注意力转向矩阵乘法。如果你以前从没有做过矩阵乘法，你可能发现它需要更大的努力掌握，你应该自己多花点时间学习该问题。不必担心，一旦你做了大量的矩阵乘法，你将发现技术变得比较自然，尽管初看过程可能显得相当陌生和复杂。

　　我们开始向你说明行向量如何乘以列向量。为了说明该问题，让我们假设物品 G1，G2，G3 分别以 50 美元、30 美元、20 美元的价格销售，让我们引入行向量

P = $\begin{bmatrix} 50 & 30 & 20 \end{bmatrix}$

　　如果公司销售 G1，G2，G3 类物品总量分别为 100，200，175，那么我们能将该信息写为列向量

q = $\begin{bmatrix} 100 \\ 200 \\ 175 \end{bmatrix}$

　　由销售 G1 得到的总收益通过价格 50 美元乘数量 100 求出，得

$50 \times 100 = 5\,000$（美元）

　　类似地，由销售 G2 和 G3 得到的收益分别为

$30 \times 200 = 6\,000$（美元）和 $20 \times 175 = 3\,500$（美元）

　　所以，公司的总收益为

TR = 5 000 + 6 000 + 3 500 = 14 500（美元）

　　TR 的值是一个数，可以视为 1 × 1 矩阵，即

[14 500]

　　该 1 × 1 矩阵通过价格向量 p 与数量向量 q 相乘获得，得

$\begin{bmatrix} 50 & 30 & 20 \end{bmatrix} \begin{bmatrix} 100 \\ 200 \\ 175 \end{bmatrix} = \begin{bmatrix} 14\,500 \end{bmatrix}$

　　值 14 500 通过 p 与 q 的对应元素相乘然后相加求出，即

[50　30　20] $\begin{bmatrix} 100 \\ 200 \\ 175 \end{bmatrix}$ =[5 000+6 000+3 500]=[14 500]

一般地,如果 a 是行向量

$$[\begin{array}{ccccc} a_{11} & a_{12} & a_{13} & \cdots & a_{1s} \end{array}]$$

b 是列向量

$$\begin{bmatrix} b_{11} \\ b_{21} \\ b_{31} \\ \vdots \\ b_{s1} \end{bmatrix}$$

那么我们定义矩阵的乘积

$$ab = [\begin{array}{ccccc} a_{11} & a_{12} & a_{13} & \cdots & a_{1s} \end{array}] \begin{bmatrix} b_{11} \\ b_{21} \\ b_{31} \\ \vdots \\ b_{s1} \end{bmatrix}$$

是 1×1 矩阵

$$[\begin{array}{c} a_{11}b_{11} + a_{12}b_{21} + b_{13}b_{31} + \cdots + a_{1s}b_{s1} \end{array}]$$

重要的是注意 1×1 矩阵 ab 的单个元素通过 a 的每个元素乘对应的 b 的每个元素求出。因此,两个向量元素的个数必须相同。换句话说,如果 a 的阶为 $1 \times s$,b 的阶为 $t \times 1$,那么 仅当 $s = t$ 时才可能存在乘积 ab。

例题

如果

$$a = [\begin{array}{cccc} 1 & 2 & 3 & 4 \end{array}], b = \begin{bmatrix} 2 \\ 5 \\ -1 \\ 0 \end{bmatrix}, c = \begin{bmatrix} 6 \\ 9 \\ 2 \end{bmatrix}$$

求 ab 和 ac。

解

用行向量乘列向量的定义,我们有

$$ab = [\begin{array}{cccc} 1 & 2 & 3 & 4 \end{array}] \begin{bmatrix} 2 \\ 5 \\ -1 \\ 0 \end{bmatrix} = [\begin{array}{c} 1(2) + 2(5) + 3(-1) + 4(0) \end{array}] = [9]$$

我们用该方式进行计算,因此你能看到值 9 是如何得到的。你不需要在答案中这么写,可以简单地写为

$$\begin{bmatrix} 1 & 2 & 3 & 4 \end{bmatrix} \begin{bmatrix} 2 \\ 5 \\ -1 \\ 0 \end{bmatrix} = \begin{bmatrix} 9 \end{bmatrix}$$

不用麻烦地插入任何中间步骤。

a 与 c 相乘是不可能的,因为 a 有 4 个元素,c 仅有 3 个元素。你能看出问题,如果你实际上试着做计算,由于 c 中没有元素与 a 中第 4 个元素相乘。

$$\begin{bmatrix} 1 & 2 & 3 & 4 \end{bmatrix} \begin{bmatrix} 6 \\ 9 \\ 2 \end{bmatrix} = \begin{bmatrix} 1(6) + 2(9) + 3(2) + 4(?) \end{bmatrix}$$

习题

5. 如果

$$a = \begin{bmatrix} 1 & -1 & 0 & 3 & 2 \end{bmatrix}, b = \begin{bmatrix} 1 & 2 & 9 \end{bmatrix}, c = \begin{bmatrix} 0 \\ -1 \\ 1 \\ 1 \\ 2 \end{bmatrix}, d = \begin{bmatrix} -2 \\ 1 \\ 0 \end{bmatrix}$$

求(其中可能的)

(a)ac (b)bd (c)ad

我们现在将注意力转向一般的矩阵乘法,它定义如下。如果 A 是 $m \times s$ 矩阵,B 是 $s \times n$ 矩阵,那么 C = AB 是 $m \times n$ 矩阵,c_{ij} 通过 A 的第 i 行乘 B 的第 j 列得到。

对该定义,有三点要注意。首先,A 的列数等于 B 的行数。除非该条件满足,否则不可能得到乘积 AB。其次,矩阵 C 的阶为 $m \times n$,其中,m 是 A 的行数,n 是 B 的列数。最后,C 的元素通过行向量乘列向量得出。理解该定义的最好方式是考虑一个例题。

例题

对下列矩阵求 AB

$$A = \begin{bmatrix} 2 & 1 & 0 \\ 1 & 0 & 4 \end{bmatrix}, B = \begin{bmatrix} 3 & 1 & 2 & 1 \\ 1 & 0 & 1 & 2 \\ 5 & 4 & 1 & 1 \end{bmatrix}$$

解

一个好主意是,你开始具体计算前,检查乘这些矩阵是可能的,也识别结果矩阵的阶。本例中

A 是 2×3 矩阵,B 是 3×4 矩阵

矩阵 A 有 3 列,B 有 3 行,因此求 AB 是可能的。此外,AB 的阶必为 2×4,因为 A 有 2 行,B 有 4 列。因此

$$\begin{bmatrix} 2 & 1 & 0 \\ 1 & 0 & 4 \end{bmatrix} \begin{bmatrix} 3 & 1 & 2 & 1 \\ 1 & 0 & 1 & 2 \\ 5 & 4 & 1 & 1 \end{bmatrix} = \begin{bmatrix} c_{11} & c_{12} & c_{13} & c_{24} \\ c_{21} & c_{22} & c_{23} & c_{24} \end{bmatrix}$$

我们剩下要做的是计算 8 个数 c_{ij}。

左上角的数 c_{11} 位于第 1 行第 1 列,因此为了求它的值,我们将 A 的第 1 行与 B 的第 1 列相乘得

$$\begin{bmatrix} \boxed{2 \quad 1 \quad 0} \\ 1 \quad 0 \quad 4 \end{bmatrix} \begin{bmatrix} \boxed{3} & 1 & 2 & 1 \\ \boxed{1} & 0 & 1 & 2 \\ \boxed{5} & 4 & 1 & 1 \end{bmatrix} \begin{bmatrix} \boxed{7} & c_{12} & c_{13} & c_{24} \\ c_{21} & c_{22} & c_{23} & c_{24} \end{bmatrix}$$

因为 $2(3) + 1(1) + 0(5) = 7$。

数 c_{12} 位于第 1 行第 2 列,因此为了求它的值,我们将 A 的第 1 行与 B 的第 2 列相乘得

$$\begin{bmatrix} \boxed{2 \quad 1 \quad 0} \\ 1 \quad 0 \quad 4 \end{bmatrix} \begin{bmatrix} 3 & \boxed{1} & 2 & 1 \\ 1 & \boxed{0} & 1 & 2 \\ 5 & \boxed{4} & 1 & 1 \end{bmatrix} \begin{bmatrix} 7 & \boxed{2} & c_{13} & c_{24} \\ c_{21} & c_{22} & c_{23} & c_{24} \end{bmatrix}$$

因为 $2(1) + 1(0) + 0(4) = 2$。

c_{13} 和 c_{14} 的值以类似方式求出,通过 A 的第 1 行分别与 B 的第 3 和 4 列相乘得

$$\begin{bmatrix} \boxed{2 \quad 1 \quad 0} \\ 1 \quad 0 \quad 4 \end{bmatrix} \begin{bmatrix} 3 & 1 & \boxed{2} & \boxed{1} \\ 1 & 0 & \boxed{1} & \boxed{2} \\ 5 & 4 & \boxed{1} & \boxed{1} \end{bmatrix} \begin{bmatrix} 7 & 2 & \boxed{5} & \boxed{4} \\ c_{21} & c_{22} & c_{23} & c_{24} \end{bmatrix}$$

因为 $2(2) + 1(1) + 0(1) = 5, 2(1) + 1(2) + 0(1) = 4$。

最后,我们沿 C 的第 2 行重复整个过程。元素 $c_{21}, c_{22}, c_{23}, c_{24}$ 被计算出来,通过 A 的第 2 行分别与 B 的 4 列相继相乘得

$$\begin{bmatrix} 2 \quad 1 \quad 0 \\ \boxed{1 \quad 0 \quad 4} \end{bmatrix} \begin{bmatrix} \boxed{3} & \boxed{1} & \boxed{2} & \boxed{1} \\ \boxed{1} & \boxed{0} & \boxed{1} & \boxed{2} \\ \boxed{5} & \boxed{4} & \boxed{1} & \boxed{1} \end{bmatrix} \begin{bmatrix} 7 & 2 & 5 & 4 \\ \boxed{23} & \boxed{17} & \boxed{6} & \boxed{5} \end{bmatrix}$$

因为

$1(3) + 0(1) + 4(5) = 23$

$1(1) + 0(0) + 4(4) = 17$

$1(2) + 0(1) + 4(1) = 6$

$1(1) + 0(2) + 4(1) = 5$

本例中,我们表明怎样一步步构造矩阵 C,用方框向你表明计算如何做。该方法仅限教学采用。你不需要用该方法计算,鼓励你以单一步骤写出答案。

建议

在开始前,你要花些时间检查形成矩阵乘积是可能的以及预期最后结果的阶。这能通过将原矩阵的阶并排写在一起做到。如果里面的数相同,乘积存在,结果的阶是外面的数,即

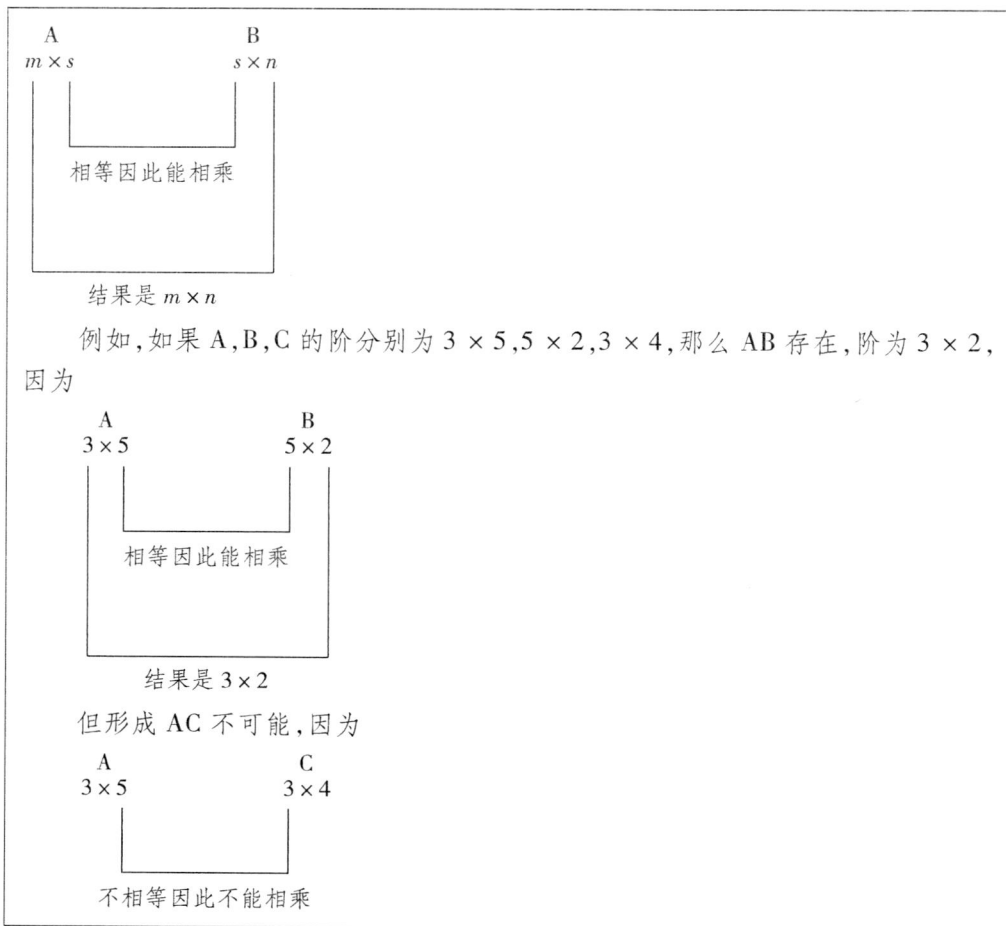

```
    A                 B
   m × s             s × n
     └──────┬──────────┘
      相等因此能相乘
     └──────────┬──────────┘
           结果是 m × n
```

例如,如果 A,B,C 的阶分别为 3 × 5,5 × 2,3 × 4,那么 AB 存在,阶为 3 × 2,因为

```
    A                 B
   3 × 5             5 × 2
     └──────┬──────────┘
      相等因此能相乘
     └──────────┬──────────┘
           结果是 3 × 2
```

但形成 AC 不可能,因为

```
    A                 C
   3 × 5             3 × 4
     └──────┬──────────┘
      不相等因此不能相乘
```

习题

6. 写出矩阵

$$A = \begin{bmatrix} 1 & 2 \\ 0 & 1 \\ 3 & 1 \end{bmatrix}, B = \begin{bmatrix} 1 & 2 \\ 3 & 4 \end{bmatrix}$$

的阶。证明可能形成矩阵乘积 C = AB,写出 C 的阶。计算 C 的所有元素。

我们已经注意到矩阵运算具有与普通算术运算的类似性质。一些特定的算术法则是:

$a(b + c) = ab + ac($分配律$)$

$(a + b)c = ac + bc($分配律$)$

$a(bc) = (ab)c$ (结合律)

$ab = ba($交换律$)$

一个明显的问题是:它们是否在矩阵代数中有对应法则? 实际上,假设矩阵 A,B,C 有正确的阶使得和与乘积存在,那么

$$A(B + C) = AB + AC$$
$$(A + B)C = AC + BC$$
$$A(BC) = (AB)C$$

然而,尽管 $ab = ba$ 成立,该结果不能扩展到矩阵。即使 AB 和 BA 都存在,AB = BA 也不一定成立,这将在下面例题中说明。

例题

如果

$$A = \begin{bmatrix} 1 & -1 \\ 2 & 1 \end{bmatrix}, B = \begin{bmatrix} 1 & 3 \\ 1 & 2 \end{bmatrix}$$

计算 AB 和 BA。

解

容易检查形成乘积 AB 和 BA 是可能的,因为它们的阶都是 2×2。事实上

$$AB = \begin{bmatrix} 1 & -1 \\ 2 & 2 \end{bmatrix} \begin{bmatrix} 1 & 3 \\ 1 & 2 \end{bmatrix} = \begin{bmatrix} 0 & 1 \\ 3 & 8 \end{bmatrix}$$

$$BA = \begin{bmatrix} 1 & 3 \\ 1 & 2 \end{bmatrix} \begin{bmatrix} 1 & -1 \\ 2 & 1 \end{bmatrix} = \begin{bmatrix} 7 & 2 \\ 5 & 1 \end{bmatrix}$$

因此 $AB \neq BA$。

有某些对矩阵是可以交换的 $(AB = BA)$,我们将在下节研究一些这样的矩阵。然而,有很多例外。所以,我们没有这样的性质,一般地

$$AB \neq BA$$

习题

7. 如果

$$A = \begin{bmatrix} 2 & 1 & 1 \\ 5 & 1 & 0 \\ -1 & 1 & 4 \end{bmatrix}, B = \begin{bmatrix} 1 \\ 2 \\ 1 \end{bmatrix}, C = \begin{bmatrix} 1 & 2 \\ 3 & 1 \end{bmatrix}, D = \begin{bmatrix} 1 & 1 \\ -1 & 1 \\ 2 & 1 \end{bmatrix} \text{ 以及 } E = \begin{bmatrix} 1 & 2 & 3 \\ 4 & 5 & 6 \end{bmatrix}$$

求(其中可能的)

(a) AB   (b) BA   (c) CD   (d) DC

(e) AE   (f) EA   (g) DE   (h) ED

8. 计算矩阵乘积 Ax,其中

$$A = \begin{bmatrix} 1 & 4 & 7 \\ 2 & 6 & 5 \\ 8 & 9 & 5 \end{bmatrix}, x = \begin{bmatrix} x \\ y \\ z \end{bmatrix}$$

证明线性方程组

$$x + 4y + 7z = -3$$
$$2x + 6y + 5z = 10$$
$$8x + 9y + 5z = 1$$

能写为 Ax = b,其中

$$b = \begin{bmatrix} -3 \\ 10 \\ 1 \end{bmatrix}$$

我们通过向你说明怎样用矩阵符号表示一个熟悉的问题来结束本节。1.4 节描述了用消元法解联立线性方程组。例如,我们可能想求满足下列方程组的 x 和 y 的值。

$2x - 5y = 6$

$7x + 8y = -1$

受习题 8 结果的启发,我们将这写为

Ax = b

其中

$$A = \begin{bmatrix} 2 & -5 \\ 7 & 8 \end{bmatrix} \quad x = \begin{bmatrix} x \\ y \end{bmatrix} \quad b = \begin{bmatrix} 6 \\ -1 \end{bmatrix}$$

容易验证这是正确的,乘出 Ax 得

$$\begin{bmatrix} 2 & -5 \\ 7 & 8 \end{bmatrix} \begin{bmatrix} x \\ y \end{bmatrix} = \begin{bmatrix} 2x - 5y \\ 7x + 8y \end{bmatrix}$$

因此,矩阵方程 Ax = b 就是

$$\begin{bmatrix} 2x - 5y \\ 7x + 8y \end{bmatrix} = \begin{bmatrix} 6 \\ -1 \end{bmatrix}$$

即

$2x - 5y = 6$

$7x + 8y = -1$

一般地,任意 n 个未知数 n 个方程的线性方程组能写为

Ax = b

其中,A,x,b 分别是 $n \times n, n \times 1, n \times 1$ 矩阵。矩阵 A 由系数组成,向量 x 由未知数组成,向量 b 由右边常数项组成。矩阵乘法的定义使我们能够用矩阵表示线性方程组,尽管现在这样做有何优点并不明显。下节我们引入矩阵的逆矩阵概念,向你说明怎样用逆矩阵解用矩阵形式表示的线性方程组。

贯穿本节,我们已经解释了矩阵满足的各种性质。为方便起见,这些性质总结在下个小节中。

7.1.5　小结

假设表示的和与乘积有意义,那么

A + B = B + A

A − A = 0

A + 0 = A

$k(A + B) = kA + kB$

$$k(l\mathrm{A}) = (kl)\,\mathrm{A}$$
$$\mathrm{A}(\mathrm{B} + \mathrm{C}) = \mathrm{AB} + \mathrm{AC}$$
$$(\mathrm{A} + \mathrm{B})\mathrm{C} = \mathrm{AC} + \mathrm{BC}$$
$$\mathrm{A}(\mathrm{BC}) = (\mathrm{AB})\mathrm{C}$$

我们也有不成立的性质,一般地
$$\mathrm{AB} \neq \mathrm{BA}$$

关键术语

Column vector(列向量):有一列的矩阵。

Elements(元素):矩阵内的单个数(也称为纪录)。

Matrix(矩阵):长方形数组,用行和列的方式表示,由一对括号括起来(也称为复数矩阵)。

Order(阶):矩阵的维数。m 行 n 列的矩阵阶为 $m \times n$。

Row vector(行向量):有一行的矩阵。

Transpose(转置):由给定矩阵通过行和列对换得到的矩阵。矩阵 A 的转置记为 A^{T}。

Zero matrix(零矩阵):每个元素都为零的矩阵。

练习题 7.1

1. 三家快餐店(R1,R2,R3)的汉堡(B1)和快餐(B2)的月销售(以千为单位)如下

1 月

	R1	R2	R3
B1	35	27	13
B2	42	39	24

2 月

	R1	R2	R3
B1	31	17	3
B2	25	29	16

(a) 写出两个 2×3 矩阵 J 和 F,分别表示 1 月和 2 月的销售。

(b) 通过求 J + F,写出两个月总销售的矩阵。

(c) 通过求 J – F,写出两个月销售差的矩阵。

2. 如果

$$A = \begin{bmatrix} 2 & 3 & 1 & 9 \\ 1 & 0 & 5 & 0 \\ 6 & 7 & 8 & 4 \end{bmatrix} \quad B = \begin{bmatrix} 1 & 7 & 9 & 6 \\ 2 & 1 & 0 & 5 \\ 6 & 4 & 5 & 3 \end{bmatrix}$$

计算

(a)2A　　　　(b)2B　　　　(c)2A + 2B　　　　(d)2(A + B)

你注意到(c)和(d)部分答案之间有何联系?

3. 如果 A,B,C 的阶分别为 $3 \times 3, 2 \times 3, 4 \times 2$, 下列矩阵计算哪些是可能的? 如果计算是可能的,指出下列结果矩阵的阶

$4B, A + B, 3B^T + C, AB, B^TA, (CB)^T, CBA$

4. 某公司制造三种产品 P1,P2,P3,销售给两个客户 C1 和 C2。销售给这些客户每种产品的件数为

$$
\begin{array}{cc}
 & \text{P1\ P2\ P3} \\
A = \begin{array}{c} \text{C1} \\ \text{C2} \end{array} & \begin{bmatrix} 6 & 7 & 9 \\ 2 & 1 & 2 \end{bmatrix}
\end{array}
$$

公司对每种产品向两个客户收取同样的价格

$$
\begin{array}{ccc}
\text{P1} & \text{P2} & \text{P3}
\end{array}
$$
$D = \begin{bmatrix} 100 & 500 & 200 \end{bmatrix}^T$

为了生产每件产品 P1,P2,P3,公司用四种原材料 R1,R2,R3,R4。每件需要的吨数为

$$
\begin{array}{cc}
 & \text{R1\ R2\ R3\ R4} \\
A = \begin{array}{c} \text{P1} \\ \text{P2} \\ \text{P3} \end{array} & \begin{bmatrix} 1 & 0 & 0 & 1 \\ 1 & 1 & 2 & 1 \\ 0 & 0 & 1 & 1 \end{bmatrix}
\end{array}
$$

原材料每吨的成本为

$$
\begin{array}{cccc}
\text{R1} & \text{R2} & \text{R3} & \text{R4}
\end{array}
$$
$D = \begin{bmatrix} 20 & 10 & 15 & 15 \end{bmatrix}^T$

此外,设

$E = \begin{bmatrix} 1 & 1 \end{bmatrix}$

求下列矩阵乘积并给出解释

(a)AB   (b)AC   (c)CD   (d)ACD   (e)EAB

(f)EACD   (g)EAB − EACD

5. (1) 如果

$$
A = \begin{bmatrix} 1 & 2 \\ 3 & 4 \\ 5 & 6 \end{bmatrix}, B = \begin{bmatrix} 1 & -1 \\ 2 & 1 \\ -3 & 4 \end{bmatrix}
$$

求

(a)A^T (b)B^T (c)A + B   (d)$(A + B)^T$

你注意到$(A + B)^T, A^T, B^T$ 之间有何联系?

(2) 如果

$$
C = \begin{bmatrix} 1 & 4 \\ 5 & 9 \end{bmatrix}, D = \begin{bmatrix} 2 & 1 & 0 \\ -1 & 0 & 1 \end{bmatrix}
$$

求

(a)C^T (b)D^T (c)CD   (d)$(CD)^T$

你注意到$(CD)^T, C^T, D^T$ 之间有何联系?

6. 对

$$A = \begin{bmatrix} 5 & -3 \\ 2 & 1 \end{bmatrix}, B = \begin{bmatrix} 1 & 5 \\ 4 & 0 \end{bmatrix}, C = \begin{bmatrix} -1 & 1 \\ 1 & 2 \end{bmatrix}$$

验证方程

（a）$A(B + C) = AB + AC$　　　　　　（b）$(AB)C = A(BC)$

7. 如果

$$A = \begin{bmatrix} 1 & 2 & -4 & 3 \end{bmatrix}, B = \begin{bmatrix} 1 \\ 7 \\ 3 \\ 2 \end{bmatrix}$$

求 AB 和 BA

8.（a）计算矩阵乘积 Ax，其中

$$A = \begin{bmatrix} 5 & -3 \\ 2 & 1 \end{bmatrix}, x = \begin{bmatrix} x \\ y \end{bmatrix}$$

证明线性方程组

$7x + 5y = 3$

$x + 3y = 2$

能写为 $Ax = b$，其中 $b = \begin{bmatrix} 3 \\ 2 \end{bmatrix}$

（b）方程组

$2x + 3y - 2z = 6$

$x - y + 2z = 3$

$4x + 2y + 5z = 1$

能表示为形式 $Ax = b$。写出矩阵 A, x, b。

练习题 7.1*

1. 矩阵 A,B,C,D 的阶分别为 $3 \times 5, 5 \times 2, 5 \times 5, 3 \times 5$,指出做下列矩阵计算是否可能。如果计算是可能的,指出结果矩阵的阶

（a）7B　　　　　（b）$(A + C)^T$　　　　　（c）A − 2D　　　　　（d）BC

（e）CB^T　　　　　（f）$D^T A$　　　　　（g）$A^T + B^T$

2. 考虑矩阵

$$A = \begin{bmatrix} a & b & c \\ d & e & f \end{bmatrix}, B = \begin{bmatrix} g & h \\ i & j \\ k & l \end{bmatrix}$$

（a）写出矩阵 A^T 和 B^T

（b）计算矩阵乘积 AB 和 $B^T A^T$

（c）指出 AB 和 $B^T A^T$ 之间的关系,用该结果化简 $(A^T B^T C^T)^T$

3. 体育用品连锁店 A,B,C,销售 T 恤衫、跑鞋、网球拍。每周销量和每件利润如下表所示

每周销量	A	B	C
T恤衫	60	40	25
跑鞋	80	123	90
网球拍	10	0	25

每件利润(美元)	A	B	C
T恤衫	1	1	1.50
跑鞋	5	8	6
网球拍	20	25	30

由销量表和利润表形成的 3×3 矩阵分别表示为 S 和 P。

(a) 如果 SP^T 表示为 A,求元素 a_{11} 并给出简要解释

(b) 如果 S^TP 表示为 B,求元素 b_{33} 并给出简要解释

4. 如果 $A = \begin{bmatrix} 3 & -1 & 4 \\ 0 & 2 & 1 \end{bmatrix}$ 和 $B = \begin{bmatrix} 4 & 0 & 7 \\ 2 & 5 & 1 \end{bmatrix}$,求矩阵 X,满足矩阵方程:$2A + X^T = 3B$。

5. 矩阵 A,B,C 为

$$A = \begin{bmatrix} 3 & -2 & 4 \\ 6 & 1 & 0 \\ -5 & 9 & 5 \end{bmatrix}, B = \begin{bmatrix} 1 & 5 & 0 \\ 1 & 4 & 7 \\ 2 & 3 & -9 \end{bmatrix}, C = \begin{bmatrix} 3 & -2 & -7 \\ -4 & 5 & 1 \\ 3 & 0 & 6 \end{bmatrix}$$

如果 $D = A(2B + 3C)$,求 d_{23}。

6. 如果

$$A = \begin{bmatrix} a & b \\ c & d \end{bmatrix}, A^{-1} = \frac{1}{ad - bc} \begin{bmatrix} d & -b \\ -c & a \end{bmatrix} \quad (ad - bc \neq 0)$$

$$I = \begin{bmatrix} 1 & 0 \\ 0 & 1 \end{bmatrix}, x = \begin{bmatrix} x \\ y \end{bmatrix}$$

证明

(a)$AI = A, IA = A$ (b)$A^{-1}A = I, AA^{-1} = I$ (c)$Ix = x$

7. 对商品市场

$C = aY + b, I = cr + d$

对货币市场

$M_S = M_S^*, M_D = k_1 Y + k_2 r + k_3$

如果两个市场实现均衡,求矩阵 A,使 $Ax = b$,其中,$x = \begin{bmatrix} r \\ Y \end{bmatrix}, b = \begin{bmatrix} M_S^* - k_3 \\ b + d \end{bmatrix}$

7.2 逆矩阵

学习目标

学完本节,你应该能够:

● 写出 2×2 和 3×3 单位矩阵
● 检测矩阵是奇异的还是非奇异的
● 计算 2×2 矩阵的行列式和逆矩阵
● 计算 3×3 矩阵的代数余子式
● 用代数余子式求 3×3 矩阵的行列式和逆矩阵
● 用逆矩阵解经济中出现的线性方程组

在本节和下节,我们考虑方阵,其行列数相等。为了简单,我们专注于 2×2 和 3×3 矩阵,尽管思想和技术适用于更一般的任意规模的 $n \times n$ 矩阵。我们已经看到,有一个重要例外,矩阵代数事实上与数的代数相同。然而,有两个重要的数的性质,我们也需要考虑。第一个是存在数 1,对任意数 a,满足

$$a1 = a, 1a = a$$

第二个是对应任意非零数 a,我们能找到另一个数 a^{-1},具有性质

$$a^{-1}a = 1, aa^{-1} = 1$$

如果你做过练习题 7.1^* 中的问题 6,你就会知道怎样将这些性质扩展到 2×2 矩阵。在(a)部分你已经证明,对任意 2×2 矩阵 A

$$AI = A, IA = A$$

其中

$$I = \begin{bmatrix} 1 & 0 \\ 0 & 1 \end{bmatrix}$$

矩阵 I 称为单位矩阵,类似于普通算术中的数 1。

你也在问题 6 的(b)部分证明,对应 2×2 矩阵

$$A = \begin{bmatrix} a & b \\ c & d \end{bmatrix}$$

存在另一个矩阵

$$A^{-1} = \frac{1}{ad - bc} \begin{bmatrix} d & -b \\ -c & a \end{bmatrix}$$

具有性质

$$A^{-1}A = I, AA^{-1} = I$$

矩阵 A^{-1} 是 A 的逆矩阵,类似于数的倒数。A^{-1} 的公式看起来相当复杂,但 A^{-1} 的构造事实上很容易。始于某矩阵

$$A = \begin{bmatrix} a & b \\ c & d \end{bmatrix}$$

我们先互换主对角（即，A 的左边顶角与右边底角直线的元素）上的两数得

$$\begin{bmatrix} d & b \\ c & a \end{bmatrix}$$

互换 a 与 d

其次，我们改变非对角元素的符号得

$$\begin{bmatrix} d & -b \\ -c & a \end{bmatrix}$$

改变 b 与 c 的符号

最后，我们用标量 $\dfrac{1}{ad-bc}$ 乘矩阵

得

$$\frac{1}{ad-bc}\begin{bmatrix} d & -b \\ -c & a \end{bmatrix}$$

每个元素除以 $ad-bc$

数 $ad-bc$ 称为 A 的行列式，写为

$\det(A)$ 或 $|A|$ 或 $\begin{vmatrix} a & b \\ c & d \end{vmatrix}$

注意：如果

$|A| = 0$

计算的最后一步是不可能的，因为我们不能除以零。我们推断，矩阵的逆矩阵仅当矩阵有非零行列式时存在。这类似于算术中数的倒数仅当其非零时存在的情形。如果矩阵有非零行列式，它被称为是非奇异的，否则它被称为是奇异的。

例题

求下列矩阵的逆矩阵。这些矩阵是奇异的还是非奇异的？

$$A = \begin{bmatrix} 1 & 2 \\ 3 & 4 \end{bmatrix}, B = \begin{bmatrix} 2 & 5 \\ 4 & 10 \end{bmatrix}$$

解

我们开始计算

$$A = \begin{bmatrix} 1 & 2 \\ 3 & 4 \end{bmatrix}$$

的行列式，看逆矩阵是否存在。

$$\det(A) = \begin{vmatrix} 1 & 2 \\ 3 & 4 \end{vmatrix} = 1(4) - 2(3) = 4 - 6 = -2$$

我们看到 $\det(A) \neq 0$，因此矩阵是非奇异的，逆矩阵存在。为了求 A^{-1}，我们互换对角元素 1 与 4，改变非对角元素 2 和 3 的符号，除以行列式 -2。因此

$$A^{-1} = -\frac{1}{2}\begin{bmatrix} 4 & -2 \\ -3 & 1 \end{bmatrix} = \begin{bmatrix} -2 & 1 \\ 3/2 & -1/2 \end{bmatrix}$$

当然，如果 A^{-1} 真是 A 的逆矩阵，那么 $A^{-1}A$ 和 AA^{-1} 相乘得 I。我们进行检验：

$$A^{-1}A = \begin{bmatrix} -2 & 1 \\ 3-2 & -1/2 \end{bmatrix}\begin{bmatrix} 1 & 2 \\ 3 & 4 \end{bmatrix} = \begin{bmatrix} 1 & 0 \\ 0 & 1 \end{bmatrix} \quad \checkmark$$

$$AA^{-1} = \begin{bmatrix} 1 & 2 \\ 3 & 4 \end{bmatrix} \begin{bmatrix} -2 & 1 \\ 3/2 & -1/2 \end{bmatrix} = \begin{bmatrix} 1 & 0 \\ 0 & 1 \end{bmatrix} \quad \checkmark$$

为了发现矩阵

$$B = \begin{bmatrix} 2 & 5 \\ 4 & 10 \end{bmatrix}$$

是否有逆矩阵,我们需要求它的行列式。

$$\det(B) = \begin{vmatrix} 2 & 5 \\ 4 & 10 \end{vmatrix} = 2(10) - 5(4) = 20 - 20 = 0$$

我们看到 $\det(B) = 0$,因此矩阵是奇异的,逆矩阵不存在。

习题

1. 求(其中可能的)下列矩阵的逆矩阵。这些矩阵是奇异的还是非奇异的?

$$A = \begin{bmatrix} 6 & 4 \\ 1 & 2 \end{bmatrix} \qquad B = \begin{bmatrix} 6 & 4 \\ 3 & 2 \end{bmatrix}$$

计算矩阵的逆矩阵的一个原因是它会帮助我们解矩阵方程,与用数的倒数来解代数方程相同。我们在 7.1 节已经见过怎样用矩阵形式表示线性方程组。任意 2×2 方程组

$ax + by = e$

$cx + dy = f$

能写为 $Ax = b$

其中

$$A = \begin{bmatrix} a & b \\ c & d \end{bmatrix} \quad x = \begin{bmatrix} x \\ y \end{bmatrix} \quad b = \begin{bmatrix} e \\ f \end{bmatrix}$$

假设系数矩阵 A 和右边向量 b 为已知,问题是确定未知向量 x。

$Ax = b$ 的两边都乘以 A^{-1} 得

$A^{-1}(Ax) = A^{-1}b$

$(A^{-1}A)x = A^{-1}b$ （结合律性质）

$Ix = A^{-1}b$ （逆矩阵的定义）

$x = A^{-1}b$ （练习题 7.1^* 中的问题 6(c)）

所以解向量 x 能通过 A^{-1} 乘以 b 简单地求出。我们此处假设 A^{-1} 存在。如果系数矩阵是奇异的,那么逆矩阵不能求出,线性方程组没有唯一解,有无穷组解或无解。

> **建议**
>
> 　这些特殊情形用 1.4 节说明的消元法处理。你可能发现复习 1.4 和 1.5 节有启发性。

下列两个例题说明用逆矩阵解线性方程组。第一个取自微观经济学,第二个取自宏观经济学。

例题

两种物品的均衡价格 P_1 和 P_2 满足方程

$-4P_1 + P_2 = -13$

$2P_1 - 5P_2 = -7$

用矩阵形式表示该方程组,求 P_1 和 P_2 的值。

解

用矩阵符号,联立方程组

$-4P_1 + P_2 = -13$

$2P_1 - 5P_2 = -7$

能写为

$$\begin{bmatrix} -4 & 1 \\ 2 & -5 \end{bmatrix} \begin{bmatrix} P_1 \\ P_2 \end{bmatrix} = \begin{bmatrix} -13 \\ -7 \end{bmatrix}$$

即

$Ax = b$

其中

$$A = \begin{bmatrix} -4 & 1 \\ 2 & -5 \end{bmatrix} \quad x = \begin{bmatrix} P_1 \\ P_2 \end{bmatrix} \quad b = \begin{bmatrix} -13 \\ -7 \end{bmatrix}$$

矩阵 A 有行列式

$$\begin{vmatrix} -4 & 1 \\ 2 & -5 \end{vmatrix} = (-4)(-5) - (1)(2) = 20 - 2 = 18$$

为了求 A^{-1},我们互换对角元素 -4 与 -5,改变非对角元素 1 和 2 的符号,除以行列式 18。得

$$A^{-1} = \frac{1}{18} \begin{bmatrix} -5 & -1 \\ -2 & -4 \end{bmatrix}$$

最后,为了计算 x,我们用 b 乘 A^{-1} 得

$$x = A^{-1}b = \frac{1}{18} \begin{bmatrix} -5 & -1 \\ -2 & -4 \end{bmatrix} \begin{bmatrix} -13 \\ -7 \end{bmatrix} = \frac{1}{18} \begin{bmatrix} 72 \\ 54 \end{bmatrix} = \begin{bmatrix} 4 \\ 3 \end{bmatrix}$$

因此,$P_1 = 4, P_2 = 3$。

习题

2. 两种物品的均衡价格 P_1 和 P_2 满足方程

$9P_1 + P_2 = 43$

$2P_1 + 7P_2 = 57$

用矩阵形式表示该方程组,求 P_1 和 P_2 的值。

(你已经在 1.5 节习题 4 中解过这个特定方程组。你可以比较第 1 章说明的消元法与此处的逆矩阵方法。)

例题

对简单两部门宏观经济模型,消费 C 和收入 Y 的均衡水平满足结构方程组

$Y = C + I^*$

$C = aY + b$

其中,a 和 b 是参数,$0 < a < 1, b > 0, I^*$ 表示投资。

用矩阵形式表示该方程组,因此用 a, b, I^* 表示 Y 和 C。给出逆矩阵的经济解释。

解

该简单模型结构方程的简约形式在 5.3 节已经求出。用矩阵重新考虑该问题有启发性。目标是用外生变量 I^* 与参数 a 和 b 表示内生变量 Y 和 C。所以该问题的未知数是 Y 和 C,我们开始整理结构方程,使 Y 和 C 出现在左边。

$Y = C + I^*$

两边减 C 得

$$Y - C = I^* \tag{1}$$

$C = aY + b$

两边减 aY 得

$$-aY + C = b \tag{2}$$

(将含 Y 项放在前面是方便的,使变量与方程(1)的变量联立)

用矩阵形式,方程(1)和(2)变为

$$\begin{bmatrix} 1 & -1 \\ -a & 1 \end{bmatrix} \begin{bmatrix} Y \\ C \end{bmatrix} = \begin{bmatrix} I^* \\ b \end{bmatrix}$$

即

$$Ax = b$$

其中

$$A = \begin{bmatrix} 1 & -1 \\ -a & 1 \end{bmatrix} \quad x = \begin{bmatrix} Y \\ C \end{bmatrix} \quad b = \begin{bmatrix} I^* \\ b \end{bmatrix}$$

矩阵 A 有行列式

$$\begin{vmatrix} 1 & -1 \\ -a & 1 \end{vmatrix} = 1(1) - (-1)(-a) = 1 - a$$

不为零,因为 $a < 1$。

为了求 A^{-1},我们互换对角元素 1 与 1,改变非对角元素 -1 和 $-a$ 的符号,除以行列式 $1 - a$,得

$$A^{-1} = \frac{1}{1-a} \begin{bmatrix} 1 & 1 \\ a & 1 \end{bmatrix}$$

最后,为了计算 x,我们用 b 乘 A^{-1} 得

$$x = A^{-1}b = \frac{1}{1-a} \begin{bmatrix} 1 & 1 \\ a & 1 \end{bmatrix} \begin{bmatrix} I^* \\ b \end{bmatrix} = \frac{1}{1-a} \begin{bmatrix} I^* + b \\ aI^* + b \end{bmatrix}$$

因此 $Y = \dfrac{I^* + b}{1 - a}$（原书有误），$C = \dfrac{aI^* + b}{1 - a}$

逆矩阵显然提供了解宏观经济模型的结构方程的有用方法。此外,逆矩阵的元素能给出重要的经济解释。为了看清这点,让我们假设投资 I^* 增加 ΔI^*,变为 $I^* + \Delta I^*$,参数 b 保持固定。Y 和 C 的新的值通过在 Y 和 C 的表达式中用 $I^* + \Delta I^*$ 代替 I^* 获得,分别为

$$\frac{I^* + \Delta I^* + b}{1 - a} \text{ 和} \frac{a(I^* + \Delta I^*) + b}{1 - a}$$

所以 Y 的值的变化为

$$\Delta Y = \frac{I^* + \Delta I^* + b}{1 - a} - \frac{I^* + b}{1 - a} = \left(\frac{1}{1 - a}\right)\Delta I^*$$

C 的值的变化为

$$\Delta C = \frac{a(I^* + \Delta I^*) + b}{1 - a} - \frac{aI^* + b}{1 - a} = \left(\frac{a}{1 - a}\right)\Delta I^*$$

换句话说,Y 和 C 的变化通过分别用

$$\frac{1}{1 - a} \text{ 和} \frac{a}{1 - a}$$

乘 I^* 的变化求出,因此,我们称

$$\frac{1}{1 - a}$$

为 Y 的投资乘数,

$$\frac{a}{1 - a}$$

为 C 的投资乘数。

现在逆矩阵为

$$\mathbf{A}^{-1} = \begin{bmatrix} \dfrac{1}{1 - a} & \dfrac{1}{1 - a} \\ \dfrac{a}{1 - a} & \dfrac{1}{1 - a} \end{bmatrix}$$

我们看出这些乘数正是出现在第1列的元素。用类似论证容易证明,第2列包含由自发消费 b 变化引起的对 Y 和 C 的乘数。逆矩阵的四个元素能解释如下:

	I^*	b
Y	Y 的投资乘数	Y 的自发消费乘数
C	C 的投资乘数	C 的自发消费乘数

习题

3. 对单商品市场模型,一般的线性供给和需求方程为

$$P = aQ_S + b \quad (a > 0, b > 0)$$
$$P = -cQ_D + d \quad (c > 0, d > 0)$$

证明:用矩阵符号,均衡价格 P 和数量 Q 满足

$$\begin{bmatrix} 1 & -a \\ 1 & c \end{bmatrix} \begin{bmatrix} P \\ Q \end{bmatrix} = \begin{bmatrix} b \\ d \end{bmatrix}$$

解该方程组,用 a,b,c,d 表示 P 和 Q。写出 b 变化引起的 Q 的乘数,

推导 b 增加导致 Q 下降。

行列式、逆矩阵、单位矩阵的概念也完全适用于 3×3 矩阵。单位矩阵容易处理。

能够表明 3×3 单位矩阵为

$$I = \begin{bmatrix} 1 & 0 & 0 \\ 0 & 1 & 0 \\ 0 & 0 & 1 \end{bmatrix}$$

请验证对任意 3×3 矩阵 A

$$AI = A, IA = A$$

在我们能讨论 3×3 矩阵的行列式和逆矩阵之前,我们需要引入另一个名为代数余子式的概念。对应矩阵 A 的每个元素 a_{ij},有一个代数余子式 A_{ij}。3×3 矩阵 A 有 9 个元素,因此有 9 个代数余子式。代数余子式 A_{ij} 定义为删除 A 的第 i 行第 j 列得到的 2×2 矩阵的行列式,按下列模式在前面加正负号

$$\begin{bmatrix} + & - & + \\ - & + & - \\ + & - & + \end{bmatrix}$$

例如,假如我们想计算 A_{23},它是与矩阵中 a_{23} 对应的代数余子式,元素 a_{23} 位于第 2 行第 3 列。因此,我们删除第 2 行第 3 列

$$A = \begin{bmatrix} a_{11} & a_{12} & a_{13} \\ \overline{a_{21}} & \overline{a_{22}} & \overline{a_{23}} \\ a_{31} & a_{32} & a_{33} \end{bmatrix}$$

得 2×2 矩阵

$$\begin{bmatrix} a_{11} & a_{12} \\ a_{31} & a_{32} \end{bmatrix}$$

代数余子式 A_{23} 是该 2×2 矩阵的行列式,前面加上负号,因为由模式

$$\begin{bmatrix} + & - & + \\ - & + & - \\ + & - & \boxed{-} \end{bmatrix}$$

我们看到 a_{23} 在负号位置。换句话说

$$A_{23} = - \begin{vmatrix} a_{11} & a_{12} \\ a_{31} & a_{32} \end{vmatrix}$$
$$= - (a_{11}a_{32} - a_{12}a_{31})$$
$$= - a_{11}a_{32} + a_{12}a_{31}$$

例题

求如下矩阵的所有代数余子式

$$A = \begin{bmatrix} 2 & 4 & 1 \\ 4 & 3 & 7 \\ 2 & 1 & 3 \end{bmatrix}$$

解

让我们从左边顶角开始,逐行进行。对代数余子式 A_{11},元素 $a_{11} = 2$ 位于第 1 行第 1 列,因此我们删除该行和列,得到 2×2 矩阵

$$\begin{bmatrix} 3 & 7 \\ 1 & 3 \end{bmatrix}$$

代数余子式 A_{11} 是该 2×2 矩阵的行列式,前面加上正号,因为由模式

$$\begin{bmatrix} \boxed{+} & - & + \\ - & + & - \\ + & - & + \end{bmatrix}$$

我们看到 a_{11} 在正号位置。因此

$$A_{11} = + \begin{vmatrix} 3 & 7 \\ 1 & 3 \end{vmatrix}$$

$$= + (3(3) - 7(1))$$

$$= 9 - 7$$

$$= 2$$

对代数余子式 A_{12},元素 $a_{12} = 4$ 位于第 1 行第 2 列,因此我们删除该行和列,得到 2×2 矩阵

$$\begin{bmatrix} 4 & 7 \\ 2 & 3 \end{bmatrix}$$

代数余子式 A_{12} 是该 2×2 矩阵的行列式,前面加上负号,因为由模式

$$\begin{bmatrix} + & \boxed{-} & + \\ - & + & - \\ + & - & + \end{bmatrix}$$

我们看到 a_{12} 在负号位置。因此

$$A_{12} = - \begin{vmatrix} 4 & 7 \\ 2 & 3 \end{vmatrix}$$

$$= - (4(3) - 7(2))$$

$$= - (12 - 14)$$

$$= 2$$

我们能以这种方式继续求其余代数余子式

$$A_{13} = + \begin{vmatrix} 4 & 3 \\ 2 & 1 \end{vmatrix} = - 2$$

$$A_{21} = - \begin{vmatrix} 4 & 1 \\ 1 & 3 \end{vmatrix} = - 11$$

$$A_{22} = + \begin{vmatrix} 2 & 1 \\ 2 & 3 \end{vmatrix} = 4$$

$$A_{23} = - \begin{vmatrix} 2 & 4 \\ 2 & 1 \end{vmatrix} = 6$$

$$A_{31} = + \begin{vmatrix} 4 & 1 \\ 3 & 7 \end{vmatrix} = 25$$

$$A_{32} = - \begin{vmatrix} 2 & 1 \\ 4 & 7 \end{vmatrix} = -10$$

$$A_{33} = + \begin{vmatrix} 2 & 4 \\ 4 & 3 \end{vmatrix} = -10$$

习题

4. 求如下矩阵的所有代数余子式

$$A = \begin{bmatrix} 1 & 3 & 2 \\ 1 & 4 & 3 \\ 1 & 3 & 4 \end{bmatrix}$$

我们现在着手说明怎样计算 3×3 矩阵的行列式和逆矩阵。行列式通过任意一行或列的元素乘它们对应的代数余子式之和求出。与行列选择无关,每种情况下都会获得完全相同的答案。如果我们用矩阵

$$A = \begin{bmatrix} a_{11} & a_{12} & a_{13} \\ a_{21} & a_{22} & a_{23} \\ a_{31} & a_{32} & a_{33} \end{bmatrix}$$

的第 1 行展开,我们得

$$\det(A) = a_{11}A_{11} + a_{12}A_{12} + a_{13}A_{13}$$

类似地,如果我们用第 2 列展开,我们得

$$\det(A) = a_{12}A_{12} + a_{22}A_{22} + a_{32}A_{32}$$

无论用行或用列展开,我们都会得到同样答案的事实是个特别有用的性质。它提供给我们对计算一种明显的验证方式。有些场合用某行或列展开比其他行或列更方便。

例题

求下列矩阵的行列式

$$A = \begin{bmatrix} 2 & 4 & 1 \\ 4 & 3 & 7 \\ 2 & 1 & 3 \end{bmatrix}, B = \begin{bmatrix} 10 & 7 & 5 \\ 0 & 2 & 0 \\ 2 & 7 & 3 \end{bmatrix}$$

解

我们已经在前例中计算出矩阵

$$A = \begin{bmatrix} 2 & 4 & 1 \\ 4 & 3 & 7 \\ 2 & 1 & 3 \end{bmatrix}$$

的全部 9 个代数余子式。我们用行或列无关紧要。让我们选择第 2 行。第 2 行的三个元素 4,3,7 对应的代数余子式已经求出,分别为 $-11,4,6$。因此,如果我们用该行展开,我们得

$$\begin{vmatrix} 2 & 4 & 1 \\ 4 & 3 & 7 \\ 2 & 1 & 3 \end{vmatrix} = 4(-11) + 3(4) + 7(6) = 10$$

作为检查,让我们也用第 3 列展开。该列元素为 1,7,3,分别有代数余子式 $-2,6$,-10。因此,如果我们将每个元素与其代数余子式相乘后相加,我们得

$$1(-2) + 7(6) + 3(-10) = 10$$

与前面一样。如果你感兴趣,你可以自己验证,用第 1 或 3 行、第 1 或 2 列展开也得 10 的值。

矩阵

$$B = \begin{bmatrix} 10 & 7 & 5 \\ 0 & 2 & 0 \\ 2 & 7 & 3 \end{bmatrix}$$

对我们是全新的,因此我们没有它的代数余子式的先前知识。一般地,为了求 3×3 矩阵的行列式,我们需要计算任意 1 行或列的全部三个代数余子式。然而,在当前情况下,我们能非常省事。观察到第 2 行除 1 个外所有元素为零,因此当我们用该行展开时,我们得

$$\begin{aligned} \det(B) &= b_{21}B_{21} + b_{22}B_{22} + b_{23}B_{23} \\ &= 0B_{21} + 2B_{22} + 0B_{23} \\ &= 2B_{22} \end{aligned}$$

因此 B_{22} 是我们需要求的唯一的代数余子式。它对应第 2 行第 2 列的元素,因此我们删除该行和列得 2×2 矩阵

$$\begin{bmatrix} 10 & 5 \\ 2 & 3 \end{bmatrix}$$

元素 b_{22} 在正号位置,因此

$$B_{22} = + \begin{vmatrix} 10 & 5 \\ 2 & 3 \end{vmatrix} = 20$$

因此 $\det(B) = 2B_{22} = 2 \times 20 = 40$

习题

5. 求下列矩阵的行列式

$$A = \begin{bmatrix} 1 & 3 & 3 \\ 1 & 4 & 3 \\ 1 & 3 & 4 \end{bmatrix}, B = \begin{bmatrix} 270 & -372 & 0 \\ 552 & 201 & 0 \\ 999 & 413 & 0 \end{bmatrix}$$

（提示：你可能发现当计算 A 的行列式时，习题4 的答案有用。）

3×3 矩阵

$$A = \begin{bmatrix} a_{11} & a_{12} & a_{13} \\ a_{21} & a_{22} & a_{23} \\ a_{31} & a_{32} & a_{33} \end{bmatrix}$$

的逆矩阵为

$$A^{-1} = \frac{1}{|A|} \begin{bmatrix} A_{11} & A_{21} & A_{31} \\ A_{21} & A_{22} & A_{32} \\ A_{13} & A_{23} & A_{33} \end{bmatrix}$$

一旦 A 的代数余子式求出，容易构造 A^{-1}。我们先以它们的自然位置放代数余子式

$$\begin{bmatrix} A_{11} & A_{12} & A_{13} \\ A_{21} & A_{22} & A_{23} \\ A_{31} & A_{32} & A_{33} \end{bmatrix}$$

称作转置伴随矩阵

其次，我们取转置得

$$\begin{bmatrix} A_{11} & A_{21} & A_{31} \\ A_{12} & A_{22} & A_{32} \\ A_{13} & A_{23} & A_{33} \end{bmatrix}$$

称作伴随矩阵

最后，我们乘标量 $\frac{1}{|A|}$

得

$$A^{-1} = \frac{1}{|A|} \begin{bmatrix} A_{11} & A_{21} & A_{31} \\ A_{12} & A_{22} & A_{32} \\ A_{13} & A_{23} & A_{33} \end{bmatrix}$$

每个元素除以行列式

如果 $|A| = 0$

最后一步是不可能的，因为我们不能除以零。在这样的情况下，逆矩阵不存在，矩阵是奇异的。

建议

检查没犯错误的好主意是验证 $A^{-1}A = I, AA^{-1} = I$

例题

求如下矩阵的逆矩阵

$$A = \begin{bmatrix} 2 & 4 & 1 \\ 4 & 3 & 7 \\ 2 & 1 & 3 \end{bmatrix}$$

解

该特定矩阵的代数余子式已经计算为

$A_{11}2$, $A_{12} = 2$, $A_{13} = -2$

$A_{21} = -11$, $A_{22} = 4$, $A_{23} = 6$

$A_{31} = 25$, $A_{32} = -10$, $A_{22} = -10$

将这些数以它们自然位置摆放,得转置伴随矩阵

$$\begin{bmatrix} 2 & 2 & -2 \\ -11 & 4 & 6 \\ 25 & -10 & -10 \end{bmatrix}$$

取转置,得伴随矩阵

$$\begin{bmatrix} 2 & -11 & -25 \\ 2 & 4 & -10 \\ -2 & 6 & -10 \end{bmatrix}$$

前例中行列式求出为 10,因此

$$A^{-1} = \frac{1}{10}\begin{bmatrix} 2 & -11 & 25 \\ 2 & 4 & -10 \\ -2 & 6 & -10 \end{bmatrix} = \begin{bmatrix} 1/5 & -11/10 & 5/2 \\ 1/5 & 2/5 & -1 \\ -1/5 & 3/5 & -1 \end{bmatrix}$$

作为验证:

$$A^{-1}A = \begin{bmatrix} 1/5 & -11/10 & 5/2 \\ 1/5 & 2/5 & -1 \\ -1/5 & 3/5 & -1 \end{bmatrix}\begin{bmatrix} 2 & 4 & 1 \\ 4 & 3 & 7 \\ 2 & 1 & 3 \end{bmatrix} = \begin{bmatrix} 1 & 0 & 0 \\ 0 & 1 & 0 \\ 0 & 0 & 1 \end{bmatrix} = I \quad \checkmark$$

$$AA^{-1} = \begin{bmatrix} 2 & 4 & 1 \\ 4 & 3 & 7 \\ 2 & 1 & 3 \end{bmatrix}\begin{bmatrix} 1/5 & -11/10 & 5/2 \\ 1/5 & 2/5 & -1 \\ -1/5 & 3/5 & -1 \end{bmatrix} = \begin{bmatrix} 1 & 0 & 0 \\ 0 & 1 & 0 \\ 0 & 0 & 1 \end{bmatrix} = I \quad \checkmark$$

习题

6. 求(其中可能的)下列矩阵的逆矩阵

$$A = \begin{bmatrix} 1 & 3 & 3 \\ 1 & 4 & 3 \\ 1 & 3 & 4 \end{bmatrix}, B = \begin{bmatrix} 270 & -372 & 0 \\ 552 & 201 & 0 \\ 999 & 413 & 0 \end{bmatrix}$$

(提示:你可能发现习题 4 和 5 的答案有用)

3×3 矩阵的逆矩阵能用来解三个未知数三个方程的线性方程组。方程组

$a_{11}x + a_{12}y + a_{13}z = b_1$

$a_{21}x + a_{22}y + a_{23}z = b_2$

$a_{31}x + a_{32}y + a_{23}z = b_3$

能写为 $Ax = b$

其中

$$A = \begin{bmatrix} a_{11} & a_{12} & a_{13} \\ a_{21} & a_{22} & a_{23} \\ a_{31} & a_{32} & a_{33} \end{bmatrix} \quad x = \begin{bmatrix} x \\ y \\ z \end{bmatrix} \quad b = \begin{bmatrix} b_1 \\ b_2 \\ b_3 \end{bmatrix}$$

未知数向量 x 能通过求系数矩阵 A 的逆,然后乘以右边向量 b 求出,得

$x = A^{-1}b$

例题

确定三种相互依赖商品的均衡价格,满足

$2P_1 + 4P_2 + P_3 = 77$

$4P_1 + 3P_2 + 7P_3 = 114$

$2P_1 + P_2 + 3P_3 = 48$

解

用矩阵符号,该方程组能写为 $Ax = b$

其中

$$A = \begin{bmatrix} 2 & 4 & 1 \\ 4 & 3 & 7 \\ 2 & 1 & 3 \end{bmatrix} \quad x = \begin{bmatrix} P_1 \\ P_2 \\ P_3 \end{bmatrix} \quad b = \begin{bmatrix} 77 \\ 114 \\ 48 \end{bmatrix}$$

系数矩阵的逆矩阵已经在前例中求出,为

$$A^{-1} = \begin{bmatrix} 1/5 & -11/10 & 5/2 \\ 1/5 & 2/5 & -1 \\ -1/5 & 3/5 & -1 \end{bmatrix}$$

因此

$$\begin{bmatrix} P_1 \\ P_2 \\ P_3 \end{bmatrix} = \begin{bmatrix} 1/5 & -11/10 & 5/2 \\ 1/5 & 2/5 & -1 \\ -1/5 & 3/5 & -1 \end{bmatrix} \begin{bmatrix} 77 \\ 114 \\ 48 \end{bmatrix} = \begin{bmatrix} 10 \\ 13 \\ 5 \end{bmatrix}$$

所以均衡价格为 $P_1 = 10, P_2 = 13, P_3 = 5$

习题

7. 确定三种相互依赖商品的均衡价格,满足

$P_1 + 3P_2 + 3P_3 = 32$

$P_1 + 4P_2 + 3P_3 = 37$

$P_1 + 3P_2 + 4P_3 = 35$

(提示:你可能发现习题 6 的答案有用。)

建议

投入 —— 产出分析提供了矩阵包括逆矩阵的有趣应用。

贯穿本节,我们专注 2×2 和 3×3 矩阵。说明的方法能扩展到更大的 $n \times n$ 阶矩阵。然而,代数余子式方法是很低效的。计算量随 n 的增加而急剧增加,使该方法不适用于大矩阵。解联立方程组更好的方法基于我们在 1.4 节说明的消元思想。这种方法容易程序化,计算机能在极短时间解出大型方程组。

关键术语

Cofactor(代数余子式):元素 a_{ij} 的代数余子式是当删除第 i 行和第 j 列时剩下的矩阵的行列式,分别乘以 $+1$ 或 -1,依赖于 $i+j$ 是偶数或奇数。

Determinant(行列式):行列式能展开为任意行或列元素与它们对应的代数余子式的乘积之和。

Identity matrix(单位矩阵):一个 $n \times n$ 矩阵 I,主对角线上每个元素为 1,其他元素都为 0。如果 A 为任意 $n \times n$ 矩阵,那么 AI = A = IA。

Inverse matrix(逆矩阵):矩阵 A^{-1},具有性质 $A^{-1}A = I = AA^{-1}$。

Non-singular matrix(非奇异矩阵):有非零行列式的方阵。

Singular matrix(奇异矩阵):有零行列式的方阵。奇异矩阵没有逆矩阵。

Square matrix(方阵):行列数相同的矩阵。

练习题 7.2

1. 如果
$$A = \begin{bmatrix} 2 & 1 \\ 5 & 1 \end{bmatrix}, B = \begin{bmatrix} 1 & 0 \\ 2 & 4 \end{bmatrix}$$

(1)求

(a)$|A|$ (b)$|B|$ (c)$|AB|$

你注意 $|A|$,$|B|$ 和 $|AB|$ 之间有何联系?

(2)求

(a)A^{-1} (b)B^{-1} (c)$(AB)^{-1}$

你注意 A^{-1},B^{-1} 和 $(AB)^{-1}$ 之间有何联系?

2. 如果矩阵
$$\begin{bmatrix} 2 & -1 \\ 3 & a \end{bmatrix} \text{和} \begin{bmatrix} 2 & b \\ 3 & -4 \end{bmatrix}$$

是奇异的,求 a 和 b 的值。

3. 用矩阵解下列联立方程组

(a)$3x + 4y = -1$ (b)$x + 3y = 8$

    $5x - y = 6$ $4x - y = 6$

4. 计算
$$\begin{bmatrix} -3 & 1 \\ 2 & -9 \end{bmatrix}$$

的逆矩阵。求练习题 1.5 问题 7 中给出的两商品市场模型的均衡价格。

5. 两种相互依赖商品的需求和供给函数为

$$Q_{D_1} = 50 - 2P_1 + P_2$$
$$Q_{D_2} = 10 + P_1 - 4P_2$$
$$Q_{S_1} = -20 + P_1$$
$$Q_{S_2} = -10 + 5P_2$$

（a）证明均衡价格满足

$$\begin{bmatrix} 3 & -1 \\ -1 & 9 \end{bmatrix} \begin{bmatrix} P_1 \\ P_2 \end{bmatrix} = \begin{bmatrix} 70 \\ 20 \end{bmatrix}$$

（b）求（a）部分 2×2 矩阵的逆矩阵以及均衡价格。

练习题 7.2*

1. 如果矩阵

$$A = \begin{bmatrix} 1 & 2 \\ a & b \end{bmatrix} \text{ 和 } B = \begin{bmatrix} a & 4 \\ 2 & b \end{bmatrix}$$

都是奇异的，确定 a 和 b 的所有可能值。

2.（a）如果

$$A = \begin{bmatrix} a & b \\ c & d \end{bmatrix} \text{ 和 } B = \begin{bmatrix} e & f \\ g & h \end{bmatrix}$$

计算出矩阵乘积 AB。

（b）证明 $\det(AB) = \det(A) \times \det(B)$

（c）如果 A 是奇异的，B 是非奇异的，关于 AB 能得出什么结论，如果有的话？给出
简要理由。

3. 下列矩阵中哪个有逆矩阵?

$$A = \begin{bmatrix} 1 & 1 \\ 1 & 0 \end{bmatrix}, B = \begin{bmatrix} 1 & 0 \\ 0 & 1 \end{bmatrix}, C = \begin{bmatrix} 0 & 1 \\ 1 & -1 \end{bmatrix}, D = \begin{bmatrix} 1 & -1 \\ -1 & 0 \end{bmatrix}, E = \begin{bmatrix} -1 & 0 \\ 0 & 1 \end{bmatrix}$$

4. 求如下矩阵的行列式

$$\begin{bmatrix} 5 & -2 & 3 \\ 4 & -1 & -5 \\ 6 & 7 & 9 \end{bmatrix}$$

5. 求如下矩阵的代数余子式 A_{23}

$$A = \begin{bmatrix} 5 & -2 & 7 \\ 6 & 1 & -9 \\ 4 & -3 & 8 \end{bmatrix}$$

6. 求下列矩阵（其中可能的）的逆矩阵

$$A = \begin{bmatrix} 2 & 1 & -1 \\ 1 & 3 & 2 \\ -1 & 2 & 1 \end{bmatrix} \text{ 和 } B = \begin{bmatrix} 1 & 4 & 5 \\ 2 & 1 & 3 \\ -1 & 3 & 2 \end{bmatrix}$$

这些矩阵是奇异的还是非奇异的？

7. 对商品市场

$C = aY + b \quad (0 < a < 1, b > 0)$

$I = cr + d \quad (c < 0, d > 0)$

对货币市场

$M_S = M_S^*$

$M_D = k_1 Y + k_2 r + k_3 (k_1, k_3 > 0, k_2 < 0)$

证明当商品和货币市场都均衡时,收入 Y 和利率 r 满足矩阵方程

$$\begin{bmatrix} 1-a & -c \\ k_1 & k_2 \end{bmatrix} \begin{bmatrix} Y \\ r \end{bmatrix} = \begin{bmatrix} b+d \\ M_S^* - k_3 \end{bmatrix}$$

解该方程组。写出 r 的 M_S^* 变化的乘数,推导利率随货币供给上升而下降。

8. 求用 a 表示的矩阵

$$A = \begin{bmatrix} 2 & 1 & 3 \\ 1 & 0 & a \\ 3 & 1 & 4 \end{bmatrix}$$

的行列式。假设 $a \neq 1$,推导该矩阵是非奇异的,求在这种情况下的 A^{-1}。

9. 求

$$\begin{bmatrix} -2 & 2 & 1 \\ 2 & -5 & -1 \\ 2 & -1 & -6 \end{bmatrix}$$

的逆矩阵,求练习题 1.5^* 问题 6 中给出的三商品市场模型的均衡价格。

10. 求矩阵

$$A = \begin{bmatrix} 6 & 3 & a \\ 5 & 4 & 2 \\ 7 & 2 & 3 \end{bmatrix}$$

用 a 表示的逆矩阵。

a 为何值时,形如

$6x + 3y + az = b$

$5x + 4y + 2z = c$

$7x + 2y + 3z = d$

的联立方程组没有唯一解?

7.3 克莱姆法则

学习目标

学完本节,你应该能够:

● 认识用逆矩阵解线性方程组的局限性

- 用克莱姆法则解线性方程组
- 用克莱姆法则分析静态宏观经济模型
- 用克莱姆法则解两国贸易模型

7.2 节我们说明了计算 2×2 和 3×3 矩阵的行列式和逆矩阵的机制。这些概念能以明显的方式扩展到大型方程组,尽管随矩阵阶的增加需要的努力急剧增加。例如,考虑用逆矩阵方法解方程组

$$\begin{bmatrix} 1 & 0 & 2 & 3 \\ -1 & 5 & 4 & 1 \\ 0 & 7 & -3 & 6 \\ 2 & 4 & 5 & 1 \end{bmatrix} \begin{bmatrix} x_1 \\ x_2 \\ x_3 \\ x_4 \end{bmatrix} = \begin{bmatrix} -1 \\ 1 \\ -24 \\ 15 \end{bmatrix}$$

涉及的工作量。在当前情况下,系数矩阵阶为 4×4,因此有 16 个元素。每个元素有对应的代数余子式。这被定义为通过删除包含该元素的行和列得到的 3×3 行列式,前面加正负号,按下列模式

$$\begin{bmatrix} + & - & + & - \\ - & + & - & + \\ + & - & + & - \\ - & + & - & - \end{bmatrix}$$

同前面一样,行列式通过按行或列展开求出,逆矩阵通过排列代数余子式求出。然而,如果要计算 16 个代数余子式,即使最有热情的学生也不免觉得前景有些暗淡。更糟的是,经济中经常出现的情况是,变量 x_i 中仅有几个是实际需要的。例如,可能变量 x_3 是唯一有用的。在这样的情况下,花费大量的努力计算逆矩阵明显是浪费时间,尤其当其余变量 x_1,x_2,x_4 的值不需要时。

本节我们说明一次求一个变量值的另一种方法。如果仅需要选择一个变量,新方法更简便。该方法称为克莱姆法则,并且仅利用矩阵的行列式。对解任意 $n \times n$ 方程组 $Ax = b$,克莱姆法则指出,第 i 个变量 x_i 能由

$$x_i = \frac{\det(A_i)}{\det(A)}$$

求出。其中 A_i 是用右边向量 b 代替 A 的第 i 列得到的 $n \times n$ 矩阵。为了理解这点,考虑简单 2×2 方程组

$$\begin{bmatrix} 7 & 2 \\ 4 & 5 \end{bmatrix} \begin{bmatrix} x_1 \\ x_2 \end{bmatrix} = \begin{bmatrix} -6 \\ 12 \end{bmatrix}$$

假设我们要求比如说第二个变量 x_2 的值。根据克莱姆法则

$$x_2 = \frac{\det(A_2)}{\det(A)}$$

其中

$$A = \begin{bmatrix} 7 & 2 \\ 4 & 5 \end{bmatrix} \text{ 和 } A_2 = \begin{bmatrix} 7 & -6 \\ 4 & 12 \end{bmatrix}$$

注意 x_2 由两个行列式的商给出。下面的是原系数矩阵 A 的行列式。上面的是用

右边向量

$$\begin{bmatrix} -6 \\ 12 \end{bmatrix}$$

代替 A 的第 2 列(由于我们想求第二个变量)得到的矩阵的行列式。在当前情况下行列式容易算出,得

$$\det(A_2) = \begin{vmatrix} 7 & -6 \\ 4 & 12 \end{vmatrix} = 7(12) - (-6)(4) = 108$$

$$\det(A) = \begin{vmatrix} 7 & 2 \\ 4 & 5 \end{vmatrix} = 7(5) - 2(4) = 27$$

因此

$$x_2 = \frac{108}{27} = 4$$

例题

解方程组

$$\begin{bmatrix} 1 & 2 & 3 \\ -4 & 1 & 6 \\ 2 & 7 & 5 \end{bmatrix} \begin{bmatrix} x_1 \\ x_2 \\ x_3 \end{bmatrix} = \begin{bmatrix} 9 \\ -9 \\ 13 \end{bmatrix}$$

用克莱姆法则求 x_1

解

克莱姆法则给出

$$x_1 = \frac{\det(A_1)}{\det(A)}$$

其中 A 是系数矩阵

$$\begin{bmatrix} 1 & 2 & 3 \\ -4 & 1 & 6 \\ 2 & 7 & 5 \end{bmatrix}$$

A_1 通过右边向量

$$\begin{bmatrix} 9 \\ -9 \\ 13 \end{bmatrix}$$

代替 A 的第一列构造,得

$$A_1 = \begin{bmatrix} 9 & 2 & 3 \\ -9 & 1 & 6 \\ 13 & 7 & 6 \end{bmatrix}$$

如果我们按第一行展开每个行列式,得

$$\det(A_1) = \begin{vmatrix} 9 & 2 & 3 \\ -9 & 1 & 6 \\ 13 & 7 & 5 \end{vmatrix}$$

$$= 9 \begin{vmatrix} 1 & 6 \\ 7 & 5 \end{vmatrix} - 2 \begin{vmatrix} -9 & 6 \\ 13 & 5 \end{vmatrix} + 3 \begin{vmatrix} -9 & 1 \\ 13 & 7 \end{vmatrix}$$

$$= 9(-37) - 2(123) + 3(-76)$$

$$= -315$$

$$\det(A) = \begin{vmatrix} 1 & 2 & 3 \\ -4 & 1 & 6 \\ 2 & 7 & 5 \end{vmatrix}$$

$$= 1 \begin{vmatrix} 1 & 6 \\ 7 & 5 \end{vmatrix} - 2 \begin{vmatrix} -4 & 6 \\ 2 & 5 \end{vmatrix} + 3 \begin{vmatrix} -4 & 1 \\ 2 & 7 \end{vmatrix}$$

$$= 1(-37) - 2(-32) + 3(-30)$$

$$= -63$$

因此

$$x_1 = \frac{\det(A_1)}{\det(A)} = \frac{-315}{-63} = 5$$

习题

1.（a）解方程组

$$2x_1 + 4x_2 = 16$$
$$3x_1 - 5x_2 = -9$$

用克莱姆法则求 x_2

（b）解方程组

$$4x_1 + x_2 + 3x_3 = 8$$
$$-2x_1 + 5x_2 + x_3 = 4$$
$$3x_1 + 2x_2 + 4x_3 = 9$$

用克莱姆法则求 x_3

我们现在说明克莱姆法则用于分析经济模型。我们开始考虑涉及政府活动的三部门宏观经济模型。

建议

政府支出和税收纳入模型已经在5.3节考虑过,你可以比较两种方法涉及的工作量。

例题

对三部门宏观经济模型,收入 Y、可支配收入 Y_d、税收 T 的均衡水平满足结构方程

$$y = C + I^* + G^*$$
$$C = aY_d + b \quad (0 < a < 1, b > 0)$$
$$Y_d = Y - T$$

$$T = tY + T^* \quad (t < 1, T^* > 0)$$

证明该方程组能写为 $Ax = b$,其中

$$A = \begin{bmatrix} 1 & -1 & 0 & 0 \\ 0 & 1 & -a & 0 \\ -1 & 0 & 1 & 1 \\ -t & 0 & 0 & 1 \end{bmatrix} \quad x = \begin{bmatrix} Y \\ C \\ Y_d \\ T \end{bmatrix} \quad b = \begin{bmatrix} I^* - G^* \\ b \\ O \\ T^* \end{bmatrix}$$

用克莱姆法则解该方程组的 Y

解

该模型中内生变量是 Y、C、Y_d、T,因此我们开始整理方程,使这些变量出现在左边。此外,由于未知数向量 x 为

$$\begin{bmatrix} Y \\ C \\ Y_d \\ T \end{bmatrix}$$

我们需要整理方程,使变量出现顺序为 Y、C、Y_d、T。例如,在第三个方程中

$$Y_d = Y - T$$

我们先减 Y,同时两边加 T,得

$$Y_d - Y + T = 0$$

然后重排顺序,得

$$-Y + Y_d + T = 0$$

对其余方程做类似整理,得

$$Y - C = I^* + G^*$$
$$C - aY_d = b$$
$$-Y + Y_d + T = 0$$
$$-tY + T = T^*$$

因此,用矩阵形式表示,它们变为

$$\begin{bmatrix} 1 & -1 & 0 & 0 \\ 0 & 1 & -a & 0 \\ -1 & 0 & 1 & 1 \\ -t & 0 & 0 & 1 \end{bmatrix} \begin{bmatrix} T \\ C \\ Y_d \\ T \end{bmatrix} = \begin{bmatrix} I^* - G^* \\ b \\ O \\ T^* \end{bmatrix}$$

变量 Y 是第一个,因此克莱姆法则给出

$$Y = \frac{\det(A_1)}{\det(A)}$$

其中

$$A_1 = \begin{bmatrix} I^* - G^* & -1 & 0 & 0 \\ b & 1 & -a & 0 \\ 0 & 0 & 1 & 1 \\ T^* & 0 & 0 & 1 \end{bmatrix}$$

$$A = \begin{bmatrix} 1 & -1 & 0 & 0 \\ 0 & 1 & -a & 0 \\ -1 & 0 & 1 & 1 \\ -t & 0 & 0 & 1 \end{bmatrix}$$

计算相当容易做,尽管两个矩阵都是 4×4 的,因为它们包含很多零。按第一行展开 A_1,得

沿第 1 行模式为

$$\det(A_1) = (I^* + G^*) \begin{vmatrix} 1 & -a & 0 \\ 0 & 1 & 1 \\ 0 & 0 & 1 \end{vmatrix} - (-1) \begin{vmatrix} b & -a & 0 \\ 0 & 1 & 1 \\ T^* & 0 & 1 \end{vmatrix}$$

沿第 1 行模式为 +-+-

注意没有必要计算第一行的最后两个代数余子式,因为对应的元素都是零。

对第一个 3×3 的行列式,我们选择按第一列展开,因为该列仅有一个非零元素。得到

$$\begin{vmatrix} 1 & -a & 0 \\ 0 & 1 & 1 \\ 0 & 0 & 1 \end{vmatrix} = (-1) \begin{vmatrix} 1 & 1 \\ 0 & 1 \end{vmatrix} = 1$$

对第二个 3×3 的行列式,我们选择行或列无关紧要,由于它们都含两个非零元素。沿第一行展开得

$$\begin{vmatrix} b & -a & 0 \\ 0 & 1 & 1 \\ T^* & 0 & 1 \end{vmatrix} = b \begin{vmatrix} 1 & 1 \\ 0 & 1 \end{vmatrix} - 1(-a) \begin{vmatrix} 0 & 1 \\ T^* & 1 \end{vmatrix} = b - aT^*$$

因此 $\det(A_1) = (I^* + G^*)(1) - (-1)(b - aT^*) = I^* + G^* + b - aT^*$

类似过程能用于矩阵 A。按第一行展开得

$$\det(A) = (1) \begin{vmatrix} 1 & -a & 0 \\ 0 & 1 & 1 \\ 0 & 0 & 1 \end{vmatrix} - (-1) \begin{vmatrix} 0 & -a & 0 \\ -1 & 1 & 1 \\ -t & 0 & 1 \end{vmatrix}$$

第一个 3×3 的行列式在我们前面的计算中已经求出是 1。第二个 3×3 的行列式是新的,如果我们沿第一行展开,得

$$\begin{vmatrix} 0 & -a & 0 \\ -1 & 1 & 1 \\ -t & 0 & 1 \end{vmatrix} = -(-a) \begin{vmatrix} -1 & 1 \\ -t & 1 \end{vmatrix} = a(-1 + t)$$

因此 $\det(A) = (1)(1) - (-1)a(-1 + t) = 1 - a + at$

最后我们用克莱姆法则推出

$$Y = \frac{I^* + G^* + b - aT^*}{1 - a + at}$$

习题

2. 用克莱姆法则对 Y_d 解如下方程组

$$\begin{bmatrix} 1 & -1 & 0 & 0 \\ 0 & 1 & -a & 0 \\ -1 & 0 & 1 & 1 \\ -t & 0 & 0 & 1 \end{bmatrix} \begin{bmatrix} Y \\ C \\ Y_d \\ T \end{bmatrix} = \begin{bmatrix} I^* - G^* \\ b \\ 0 \\ T^* \end{bmatrix}$$

（提示：系数矩阵的行列式在前例中已经算出。）

我们通过将外贸引入我们的模型结束本节。在前面的所有宏观经济模型中，我们假设不同国家的行为对其他国家的国民收入没有影响。现实中完全不是这么回事。我们现在研究进行贸易的国家经济如何互动。为了简化分析，我们将忽略所有政府活动，假设只有两个国家，记为 1 和 2，它们彼此进行贸易但不与任何其他国家进行贸易。我们将用明显的下标符号，因此，Y_1 表示国家 1 的国民收入，C_2 表示国家 2 的消费，等等。不存在政府活动，定义国家 i 的均衡的方程为

$Y_i = C_i + I_i + X_i - M_i$

其中，I_i 是国家 i 的投资，X_i 是国家 i 的出口，M_i 是国家 i 的进口。我们通常假设 I_i 是外生决定的，取已知的值 I_i^*。

给定只有两个国家进行贸易，某国出口必是另一国家的进口。用符号我们写为

$X_1 = M_2, X_2 = M_1$

我们将假设进口是国民收入的某个比例，因此

$M_i = m_i Y_i$

其中，边际进口倾向 m_i 满足 $0 < m_i < 1$。

一旦 C_i 和 M_i 的表达式给出，我们能推出两个未知数 Y_1 和 Y_2 两方程的联立方程组，能用克莱姆法则或逆矩阵求解。

例题

定义两个贸易国的模型的方程为

$Y_1 = C_1 + I_1^* + X_1 - M_1$　　　　$Y_2 = C_2 + I_2^* + X_2 - M_2$

$C_1 = 0.8Y_1 + 200$　　　　　　　　$C_2 = 0.9Y_2 + 100$

$M_1 = 0.2Y_1$　　　　　　　　　　　$M_2 = 0.1Y_2$

用矩阵形式表示该方程组，因此用 I_1^* 和 I_2^* 表示 Y_1。

写出由 I_2^* 变化引起的 Y_1 的乘数，说明国家 2 的投资变化对国家 1 国民收入的影响。

解

该问题对六个内生变量 Y_1、C_1、M_1 和 Y_2、C_2、M_2 有六个方程。然而，不做 6×6 矩阵，我们做一些初级代数将它化简为只有两个未知数的两个方程。为此我们将 C_1 和 M_1 的表达式代入第一个方程，得

$Y_1 = 0.8Y_1 + 200 + I_1^* + X_1 - 0.2Y_1$

由于 $X_1 = M_2 = 0.1Y_2$，上式变为

$Y_1 = 0.8Y_1 + 200 + I_1^* + 0.1Y_2 - 0.2Y_1$

整理为

$$0.4Y_1 - 0.1Y_2 = 200 + I_1^*$$

类似程序用于对国家 2 的第二组方程,得

$$-0.2Y_1 + 0.2Y_2 = 100 + I_2^*$$

用矩阵形式这对方程能写为

$$\begin{bmatrix} 0.4 & -0.1 \\ -0.2 & 0.2 \end{bmatrix} \begin{bmatrix} Y_1 \\ Y_2 \end{bmatrix} = \begin{bmatrix} 200 + I_1^* \\ 100 + I_2^* \end{bmatrix}$$

由克莱姆法则,得

$$Y_1 = \frac{\begin{vmatrix} 200 + I_1^* & -0.1 \\ 100 + I_2^* & 0.2 \end{vmatrix}}{\begin{vmatrix} 0.4 & -0.1 \\ -0.2 & 0.2 \end{vmatrix}} = \frac{50 + 0.2I_1^* + 0.1I_2^*}{0.06}$$

为了求由 I_2^* 变化引起的 Y_1 的乘数,我们考虑当 I_2^* 变化 ΔI_2^* 时,Y_1 会发生什么情况。新的 Y_1 的值通过 $I_2^* + \Delta I_2^*$ 代替 I_2^* 获得,为

$$\frac{50 + 0.2I_1^* + 0.1(I_2^* + \Delta I_2^*)}{0.06}$$

因此对应的 Y_1 的变化为

$$\Delta Y_1 = \frac{50 + 0.2I_1^* + 0.1(I_2^* + \Delta I_2^*)}{0.06} - \frac{50 + 0.2I_1^* + 0.1I_2^*}{0.06}$$

$$= \frac{0.1}{0.06}\Delta I_2^* = \frac{5}{3}\Delta I_2^*$$

我们推出国家 2 投资的任何增加导致国家 1 国民收入的增加。此外,因为 $5/3 > 1$,国民收入的增加大于投资的增加。

习题

3. 定义两个贸易国的模型的方程为

$Y_1 = C_1 + I_1^* + X_1 - M_1$	$Y_2 = C_2 + I_2^* + X_2 - M_2$
$C_1 = 0.7Y_1 + 50$	$C_2 = 0.8Y_2 + 100$
$I_1^* = 200$	$I_2^* = 300$
$M_1 = 0.3Y_1$	$M_2 = 0.1Y_2$

用矩阵形式表示该方程组,因此求 Y_1 和 Y_2 的值。计算两国之间的贸易平衡。

关键术语

Cramer's rule(克莱姆法则):用行列式解联立方程 $Ax = b$ 的一种方法。第 i 个变量 x_i 能用 $\det(A_i)/\det(A)$ 计算,其中 A_i 是用 b 代替 A 的第 i 列得到的矩阵的行列式。

练习题 7.3

1. 用克莱姆法则求满足下列联立方程组的 x 的值

（a）$7x - 3y = 4$ （b）$3x + 4y = 5$ （c）$x + 4y = 9$

       $2x + 5y = 7$ $2x + 5y = 12$ $2x - 7y = 3$

2. 用克莱姆法则求满足下列联立方程组的 y 的值

（a）$x + 3y = 9$ （b）$5x - 2y = 7$ （c）$2x + 3y = 7$

       $2x - 4y = -2$ $2x + 3y = -1$ $3x - 5y = 1$

3. 用克莱姆法则解下列联立方程组

（a）$4x + 3y = 1$ （b）$4x + 3y = 1$ （c）$4x + 3y = -2$

       $2x + 5y = -3$ $2x + 5y = 11$ $2x + 5y = -36$

4. 两种相互依赖商品的需求与供给方程为

$$Q_{D_1} = 400 - 5P_1 - 3P_2$$

$$Q_{D_2} = 300 - 2P_1 - 3P_2$$

$$Q_{S_1} = -60 + 3P_1$$

$$Q_{S_2} = -100 + 2P_2$$

（a）证明均衡价格满足

$$\begin{bmatrix} 8 & 3 \\ 2 & 5 \end{bmatrix} \begin{bmatrix} P_1 \\ P_2 \end{bmatrix} = \begin{bmatrix} 460 \\ 400 \end{bmatrix}$$

（b）用克莱姆法则求商品 1 的均衡价格。

5. 考虑两部门宏观经济模型

$$Y = C + I^*$$

$$C = aY + b$$

（a）用形式 $Ax = b$ 表示该方程组

其中，$x = \begin{bmatrix} Y \\ C \end{bmatrix}$，$A$ 和 b 是 2×2 和 2×1 矩阵。

（b）用克莱姆法则解该方程组的 C

练习题 7.3 *

1. 用克莱姆法则解

（a）$\begin{bmatrix} 4 & -1 \\ -2 & 5 \end{bmatrix} \begin{bmatrix} x_1 \\ x_2 \end{bmatrix} = \begin{bmatrix} 13 \\ 7 \end{bmatrix}$ 的 x_1

（b）$\begin{bmatrix} 3 & 2 & -2 \\ 4 & 3 & 3 \\ 2 & -1 & 1 \end{bmatrix} \begin{bmatrix} x_1 \\ x_2 \\ x_3 \end{bmatrix} = \begin{bmatrix} -15 \\ 17 \\ -1 \end{bmatrix}$ 的 x_2

（c）$\begin{bmatrix} 1 & 0 & 2 & 3 \\ -1 & 5 & 4 & 1 \\ 0 & 7 & -3 & 6 \\ 2 & 4 & 5 & 1 \end{bmatrix} \begin{bmatrix} x_1 \\ x_2 \\ x_3 \\ x_4 \end{bmatrix} = \begin{bmatrix} -1 \\ 1 \\ -24 \\ 15 \end{bmatrix}$ 的 x_4

2. 矩阵

$$\begin{bmatrix} 1 & -1 & 0 & 0 \\ 0 & 1 & -a & 0 \\ -1 & 0 & 1 & 1 \\ -t & 0 & 0 & 1 \end{bmatrix}$$

有行列式 $1 - a + at$。

用克莱姆法则解下面方程组的 C

$$\begin{bmatrix} 1 & -1 & 0 & 0 \\ 0 & 1 & -a & 0 \\ -1 & 0 & 1 & 1 \\ -t & 0 & 0 & 1 \end{bmatrix} \begin{bmatrix} Y \\ C \\ Y_d \\ T \end{bmatrix} = \begin{bmatrix} I^* + G^* \\ b \\ 0 \\ T^* \end{bmatrix}$$

3. 考虑三部门宏观经济模型

$$Y = C + I^* + G^*$$
$$C = a(Y - T) + b$$
$$T = tY + T^*$$

（a）用形式 Ax = b 表示该方程组

其中，x $= \begin{bmatrix} Y \\ C \\ T \end{bmatrix}$，A 和 b 是 3×3 和 3×1 矩阵。

（b）用克莱姆法则解该方程组的 Y

4. 考虑由

$$Y = C + I^* + G^* + X^* - M$$
$$C = aY + b \quad (0 < a < 1, b > 0)$$
$$M = mY + M^* \quad (m < 1, M^* > 0)$$

定义的宏观经济模型，证明该方程组能写为 Ax = b，其中

$$A = \begin{bmatrix} 1 & -1 & 1 \\ -a & 1 & 0 \\ -m & 0 & 1 \end{bmatrix} \quad x = \begin{bmatrix} Y \\ C \\ M \end{bmatrix} \quad b = \begin{bmatrix} I^* + G^* + X^* \\ b \\ M^* \end{bmatrix}$$

用克莱姆法则证明

$$Y = \frac{b + I^* + G^* + X^* - M^*}{1 - a + m}$$

写出 Y 的自发投资乘数，推导 Y 随 I^* 增加而增加。

5. 考虑由

国民收入：$Y = C + I + G^* (G^* > 0)$

消费：$C = aY + b(0 < a < 1, b > 0)$

投资：$I = cr + d(c < 0, d > 0)$

货币供给：$M_s^* = k_1 Y + k_2 r(k_1 > 0, k_2 < 0, M_s^* > 0)$

定义的宏观经济模型，证明该方程组能写为 Ax = b，其中

$$A = \begin{bmatrix} 1 & -1 & -1 & 0 \\ -a & 1 & 0 & 0 \\ 0 & 0 & 1 & -c \\ k_1 & 0 & 0 & k_2 \end{bmatrix} \quad x = \begin{bmatrix} Y \\ C \\ I \\ r \end{bmatrix} \quad b = \begin{bmatrix} G^* \\ b \\ d \\ M_S^* \end{bmatrix}$$

用克莱姆法则证明

$$r = \frac{M_S^*(1-a) - k_1(b+d+G^*)}{k_2(1-a) + ck_1}$$

写出 r 的政府支出乘数,推导利率 r 随政府支出 G^* 增加而增加。

6. 定义两个贸易国的模型的方程为

$Y_1 = C_1 + I_1^* + X_1 - M_1$ $Y_2 = C_2 + I_2^* + X_2 - M_2$

$C_1 = 0.6Y_1 + 50$ $C_2 = 0.8Y_2 + 80$

$M_1 = 0.2Y_1$ $M_2 = 0.1Y_2$

如果 $I_2^* = 70$,如果贸易收支是零,求 I_1^* 的值。

(提示:构造含三个未知数 Y_1、Y_2、I_1^* 的三个方程的方程组。)

7. 定义两个贸易国的一般模型的方程为

$Y_1 = C_1 + I_1^* + X_1 - M_1$ $Y_2 = C_2 + I_2^* + X_2 - M_2$

$C_1 = a_1Y_1 + b_1$ $C_2 = a_2Y_2 + b_2$

$M_1 = m_1Y_1$ $M_2 = m_2Y_2$

其中,$0 < a_i < 1, b_i > 0, 0 < m_i < 1 (i = 1,2)$。用矩阵形式表示该方程组,用克莱姆法则解该方程组的 Y_1。写出由 I_2^* 变化引起的 Y_1 的乘数,因此给出另一国投资变化对某国国民收入影响的一般描述。

7.4   正规数学

第 3 章我们引入 sigma 符号作为序列求和的方便的缩写。该符号明显能用于矩阵,我们会很自然地用两个下标符号区分矩阵的元素。特别是可以正规地定义矩阵的乘法运算。为此,考虑组成矩阵乘积 $C = AB$,其中,A 和 B 是元素分别为 a_{ij} 和 b_{ij} 的 2×3 和 3×3 矩阵:

$$\begin{bmatrix} c_{11} & c_{12} & c_{13} \\ c_{21} & c_{22} & c_{23} \end{bmatrix} = \begin{bmatrix} a_{11} & a_{12} & a_{13} \\ a_{21} & a_{22} & a_{23} \end{bmatrix} \begin{bmatrix} b_{11} & b_{12} & b_{13} \\ b_{21} & b_{22} & b_{23} \\ b_{31} & b_{32} & b_{33} \end{bmatrix}$$

如果我们让第 1 行第 1 列元素相等,得

$c_{11} = a_{11}b_{11} + a_{12}b_{21} + a_{13}b_{31}$

用 sigma 符号能写为 $c_{11} = \sum_{k=1}^{3} a_{1k}b_{k1}$

类似地,对第 2 行第 3 列,我们得

$c_{23} = a_{21}b_{13} + a_{22}b_{23} + a_{23}b_{33}$

这能写为 $c_{23} = \sum\limits_{k=1}^{3} a_{2k} b_{k3}$

一般地,如果 A 是 $m \times s$ 矩阵,B 是 $s \times n$ 矩阵,那么 C = AB 定义为 $m \times n$ 矩阵,含有元素

$$c_{ij} = a_{i1} b_{1j} + a_{i2} b_{2j} + a_{i3} b_{3j} + \cdots + a_{is} b_{sj} = \sum\limits_{k=1}^{s} a_{ik} b_{kj}$$

第8章 线性规划

在第5章中介绍了几种最优化受约束的二元函数的方法。经济中不是所有变量之间的关系都由方程表示,我们现在考虑当约束由不等式给出的情况。假设最优化的函数是线性的,不等式都是线性的,我们研究的问题就变成了线性规划。为简单起见,我们专注于涉及两个未知数的问题和说明图解法。

本章共两节,读者应按它们出现的顺序阅读。8.1节说明基本数学技术和考虑当问题无解或有无穷解的特殊情形。8.2节说明开始用文字给出的经济问题能怎样表示为线性规划问题和因此求解。

本章材料能在任何阶段阅读,因为它仅要求理解怎样在图纸上画出直线。

8.1 线性规划问题的图解法

学习目标

学完本节,你应该能够:

- 识别由线性不等式定义的区域
- 画出联立线性不等式定义的可行域
- 图解法解线性规划问题
- 认识到线性规划问题可能有无穷解
- 认识到线性规划问题可能无解

在本节和下节中,我们向你说明怎样建立和求解线性规划问题。该过程自然分成两个独立的阶段。第一阶段涉及问题公式化,用数学符号表示用文字给出的问题。第二阶段包括这样问题的实际求解。经验表明学生通常发现第一阶段更困难。因此,我们将问题公式化延后至8.2节,而首先研究它们的数学求解技术。

> **建议**
>
> 你可以现在浏览8.2节给出的一或两个例子,感觉一下用这些技术能求解的问题类型。

在你能考虑线性规划前,你有必要知道怎样画线性不等式。1.1节我们发现形如

$$dx + ey = f$$

的线性方程能通过图形纸上的直线表示。当等号由

< (小于)

≤ (小于或等于)(原书有误)

>（大于）

≥（大于或等于）（原书有误）

中的一个代替时,我们能对涉及两变量的线性不等式给出类似的图形解释。

为了说明这点,考虑简单不等式 $y \geq x$

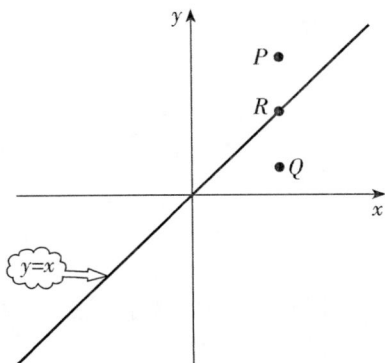

图 8—1

我们想识别坐标为 (x,y) 的那些点,对这些点不等式成立。明显地,这与画在图 8—1 中的直线 $y = x$ 有关。

如果 P 点位于直线上方,那么 y 坐标大于 x 坐标,因此 $y > x$。

类似地,如果 Q 点位于直线下方,那么 y 坐标小于 x 坐标,因此 $y < x$。

当然,事实上位于直线上的 R 点的坐标满足 $y = x$。

因此,我们看到不等式 $y \geq x$ 对位于直线 $y = x$ 上或上方的任意点成立。

有用的是能用图形表示该区域。我们通过将半个坐标面涂上阴影做到这点。事实上此处有两种想法。有些人喜欢对包含不等式成立的点的区域涂上阴影,另外一些人喜欢对包含不等式不成立的点的区域涂上阴影。本书中,我们用后者的方法,总是对如图 8—2 所示的我们不感兴趣的区域涂上阴影。这好像是个不常见的选择,但这样做的理由不久将会显现。

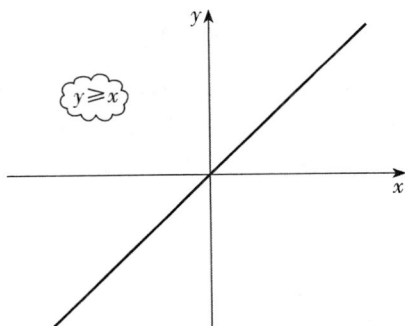

图 8—2

一般地,画形如 $dx + ey < f, dx + ey \leq f, dx + ey > f, dx + ey \geq f$ 的不等式

我们先画对应的直线 $dx + ey = f$,然后决定处理直线的哪边。这样做的一种容易的方法是选取检验点 (x,y)。如果点本身不在直线上,选哪一点就没有关系。然后把数 x

和 y 代入原不等式。如果满足不等式,那么包含检验点的那边是我们感兴趣的区域。
否则,我们找直线另一边的区域。

例题

画区域 $2x + y < 4$

解

我们先画直线 $2x + y = 4$

当 $x = 0$ 时,我们得 $y = 4$

当 $y = 0$ 时,我们得 $2x = 4$

因此 $x = 4/2 = 2$

直线过 $(0,4)$ 和 $(2,0)$,如图 8—3 所示。对检验点,让我们取 $(3,2)$,它位于直线上
方。把 $x = 3$ 和 $y = 2$ 代入表达式 $2x + y$,得

$$2(3) + 2 = 8$$

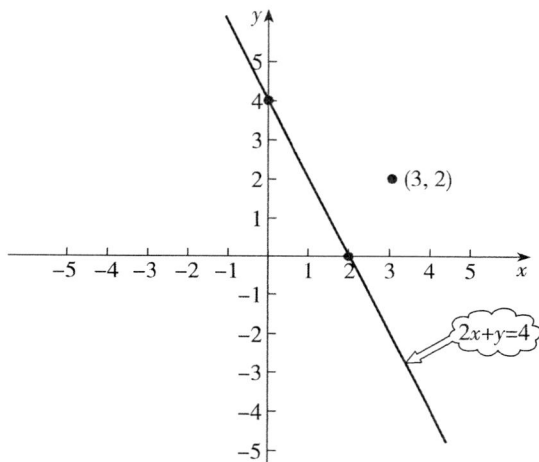

图 8—3

这不小于 4,因此检验点不满足不等式,感兴趣的区域位于直线下方,如图 8—4 所
示。本例中,用符号 < 而不是 ≤。因此直线上的点本身不包括在感兴趣的区域。我们
选择用断开直线作为边界表示这点。

习题

1. 在坐标纸上画直线 $x + 3y = 6$

通过考虑检验点 $(1,4)$ 来表示区域 $x + 3y > 6$

我们现在考虑由联立线性不等式定义的区域。这称为可行域。它由同时满足几
个不等式的那些点 (x,y) 组成。我们通过依次画由每个不等式定义的区域求可
行域。

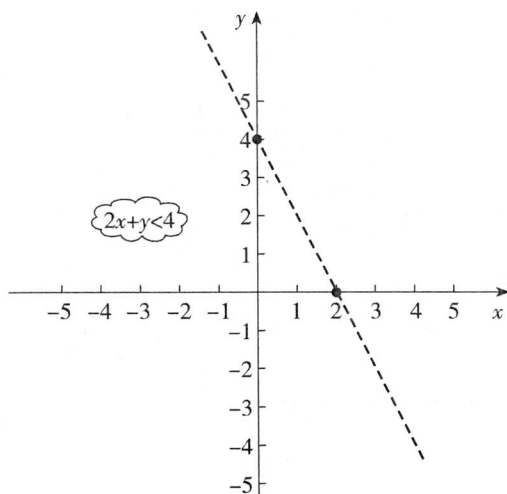

图 8—4

例题

画可行域 $x + 2y \leqslant 12$，$-x + y \leqslant 3$，$x \geqslant 0$，$y \geqslant 0$

解

该问题最容易处理的不等式是最后两个。这些仅表示 x 和 y 是非负的，因此我们只需要考虑如图 8—5 所示的第一象限的点。

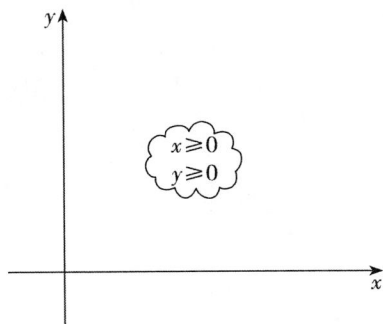

图 8—5

对不等式 $x + 2y \leqslant 12$

我们需要画直线 $x + 2y = 12$

当 $x = 0$ 时，我们得 $2y = 12$

因此 $y = 12/2 = 6$。

当时 $y = 0$，我们得 $x = 12$

直线过点 $(0,6)$ 和 $(12,0)$。

对检验点，让我们取 $(0,0)$，由于这样的选择把我们必须要做的算术计算量降到最低。把 $x = 0$ 和 $y = 0$ 代入不等式，得 $0 + 2(0) \leqslant 12$，不等式显然成立。现在包含原点的区域位于直线下方,因此我们给位于它上方的区域涂上阴影,如图 8—6 所示。

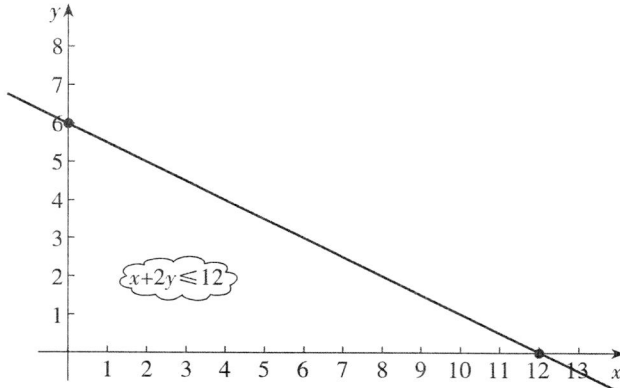

图 8—6

对不等式 $-x+y \leqslant 3$

我们需要画直线 $-x+y = 3$

当 $x = 0$ 时,我们得 $y = 3$

当 $y = 0$ 时,我们得 $-x = 3$

因此 $x = 3/(-1) = -3$

直线过 $(0,3)$ 和 $(-3,0)$。第二个点不在我们作出的图形中。在该阶段,我们能重画 x 轴以包括 -3,我们也能试着找直线上落在图形中的另一个点。例如,令 $x = 5$ 得
$$-5 + y = 3$$

因此 $y = 3 + 5 = 8$。因此直线过 $(5,8)$,与 $(0,3)$ 一起构成一条直线。在检验点 $(0,0)$ 不等式为 $-0 + 0 \leqslant 3$

这显然成立。所以,我们对直线下的区域感兴趣,由于该区域包含原点。与通常一样,我们通过对另一边区域涂上阴影表示这点。完整的图形如图 8—7 所示。

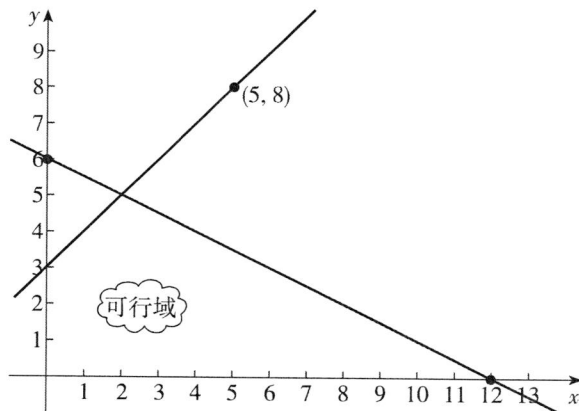

图 8—7

满足所有四个不等式的点 (x,y) 必然处在中间没涂上阴影的"洞"里。顺便说一句,这解释了为什么我们不用给感兴趣区域涂上阴影的惯例。如果我们这么做,我们的任务将是识别图形中涂上最重阴影部分,这不是太容易。

习题

2. 画可行域 $x + 2y \leq 10$，$-3x + y \leq 10$，$x \geq 0$，$y \geq 0$

我们现在着手精确地解释通过线性规划问题我们想做什么，这样的问题如何能用图解法求解。我们实际上打算说明两种稍有不同的解法。一种相当复杂难以运用，而另一种更简单。对更困难方法花费精力的正当理由是它提供寻找更容易方法的动机。它也有助于我们处理有时出现的一两个更有技巧的问题。我们将通过专注于一个特定例题介绍两种方法。

例题

解线性规划问题

最小化　　$2x + y$

受约束于 $x + 2y \leq 12$，$-x + y \leq 3$，$x \geq 0$，$y \geq 0$

解

一般地，有三个部分组成线性规划问题。首先，有几个要确定的未知数。本例中，正好有两个未知数 x 和 y。其次，有一个我们想最大化或最小化的形如 $ax + by$ 的数学表达式。该表达式称为目标函数。本例中，$a = -2$，$b = 1$，问题是最小化。最后，未知数 x 和 y 受一组线性不等式的约束。相当常见(但并非总是)的两个不等式是 $x \geq 0$ 和 $y \geq 0$。这些称为非负约束。本例中，共有包括非负约束的 4 个约束。

几何上，满足联立线性不等式的点 (x, y) 定义了一个坐标面上的可行域。事实上，对该特定问题，可行域已经画在图 8—7 中。

现在的问题是试图找到可行域内的点，最小化目标函数的值。解决该问题的一种幼稚方法可能是用试错法，即我们计算区域内每点的目标函数值，选择得到最小值的点。例如，$(1,1)$ 在区域内，当值 $x = 1$ 和 $y = 1$ 代入 $-2x + y$

我们得 $-2(1) + 1 = -1$

类似地，我们可能试 $(3.4, 2.1)$，得 $-2(3.4) + 2.1 = -4.7$

这是一种改进，由于 $-4.7 < -1$。

该方法的缺陷是区域内有无穷多点，因此要花很长的时间我们才能确定解！一种更系统的方法是在可行域的顶端添加一簇直线 $-2x + y = c$

对不同的常数值 c，回顾目标函数，你将注意到数 c 正是我们想最小化的对象。该方程代表直线不会令你吃惊。确实，由整理我们可知

$y = 2x + c$

直线斜率为 2，截距为 c。因此，所有这些直线相互平行，它们的确切位置由数 c 确定。

现在当 $y = 0$ 时方程为

$0 = 2x + c$

因此解为 $x = -c/2$。因此直线过点 $(-c/2, 0)$。对在 0 到 -24 范围内的 c 的值，选择的一些直线画在图 8—8 中。这些用它们过 $(-c/2, 0)$ 和斜率为 2 的信息画出。注意

随着 c 从 0 下降到 -24,直线从左到右扫过可行域。一旦 c 到 -24 以下,直线不再与该区域相交。所以,c 的最小值(你可能记住,这正是目标函数值)是 -24。此外,当 $c = -24$ 时,直线 $-2x + y = c$ 与可行域刚好相交于一点,即 $(12,0)$。这必然是我们的问题的解。点 $(12,0)$ 位于要求的可行域内,因为它也位于直线 $-2x + y = -24$ 上,我们知道对应的目标函数值是 -24,这是最小值。可行域内的其他点也位于直线 $-2x + y = c$ 上,但有更大的 c 的值。

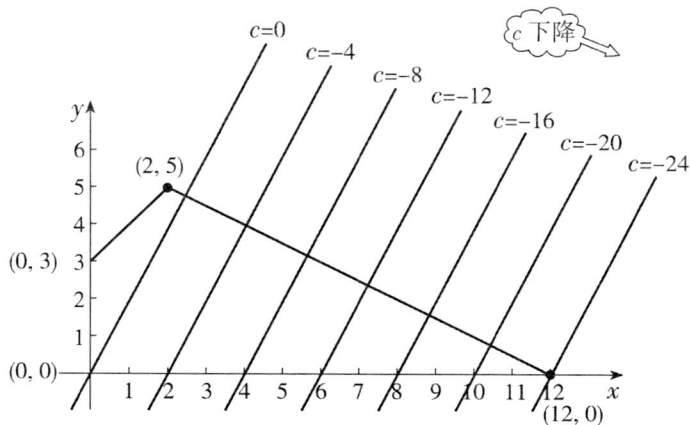

图 8—8

习题

3. 考虑线性规划问题

最大化 $-x + y$

受约束于

$3x + 4y \leqslant 12$, $x \geqslant 0$, $y \geqslant 0$。

(a)画出可行域。

(b)在同一图形中,画五条直线

$y = x + c$

当 $c = -4$, $-2, 0, 1, 3$ 时。

(提示:形如 $y = x + c$ 的直线的斜率为 1,过点 $(0,c)$ 和 $(-c,0)$。)

(c)用(b)部分的答案解给定的线性规划问题

前例和习题 3 中,目标函数的最优值在可行域的角点获得。这不是简单的巧合。能够证明任意线性规划问题的解总是出现在角点。因此,早先提到的试错法一点也不幼稚。答案唯一可能的候选者是角点,因此只有有限的点需要检查。该法可以总结为:

第 1 步

画可行域。

第 2 步

找出可行域的角点,求它们的坐标。

第 3 步

计算角点的目标函数值,选取有最大值或最小值的那个。

回到前例,我们求解如下:

第 1 步

可行域已经画在图 8—7 中。

第 2 步

有四个角点,坐标为 $(0,0),(0,3),(2,5),(12,0)$。

第 3 步

角点	目标函数
$(0,0)$	$-2(0)+0=0$
$(0,3)$	$-2(0)+3=3$
$(0,5)$	$-2(2)+5=1$
$(12,0)$	$-2(12)+0=-24$

由此,我们看出,最小值发生在 $(12,0)$ 处,该点目标函数值为 -24。顺便说一句,如果我们也需要最大值,那么不需要进一步的努力就能够推出。由表可知,最大值为 3,出现在 $(0,3)$ 处。

例题

解线性规划问题

最大化 $5x+3y$

受约束于 $2x+4y \leqslant 8, x \geqslant 0, y \geqslant 0$

解

第 1 步

非负约束 $x \geqslant 0$ 和 $y \geqslant 0$ 表明区域限定在第一象限坐标轴内。

直线 $2x+4y=8$ 过 $(0,2)$ 和 $(4,0)$。在检验点 $(0,0)$,不等式 $2x+4y \leqslant 8$ 为 $0 \leqslant 8$,不等式成立。所以,我们对直线下的区域感兴趣,由于该区域包含检验点 $(0,0)$。可行域画在图 8—9 中。

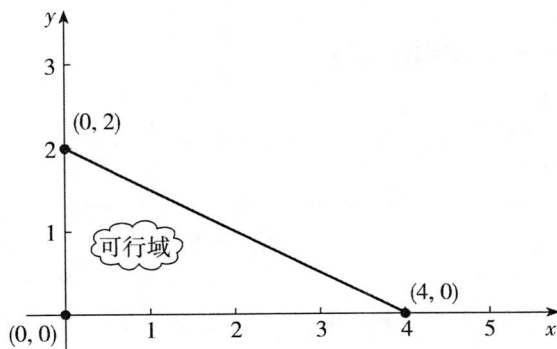

图 8—9

第 2 步

可行域是个三角形,有三个角点$(0,0),(0,2),(4,0)$。

第 3 步

角点	目标函数
$(0,0)$	$5(0) + 0(0) = 0$
$(0,2)$	$5(0) + 3(2) = 6$
$(4,0)$	$5(4) + 5(0) = 20$

目标函数的最大值为 20,出现在 $x = 4$ 和 $y = 0$ 的时候。

习题

4. 解线性规划问题

最小化 $x - y$

受约束于 $2x + y \leqslant 2, x \geqslant 0, y \geqslant 0$

5. 解线性规划问题

最大化 $3x + 5y$

受约束于 $x + 2y \leqslant 10, 3x + y \leqslant 10, x \geqslant 0, y \geqslant 0$

(提示:你可能发现习题 2 的答案有用。)

在 1.4 节中我们向你说明了怎样解联立线性方程组。我们发现方程组并不总是有唯一解。问题可能无解或有无穷组解。类似情形出现在线性规划中。我们通过考虑两个说明这些特殊情形的例题结束本节。

例题

解线性规划问题

最大化 $x + 2y$

受约束于 $2x + 4y \leqslant 8, x \geqslant 0, y \geqslant 0$

解

第 1 步

可行域与前例图 8—9 中画的一样。

第 2 步

如前面一样,可行域有三个角点$(0,0),(0,2),(4,0)$。

第 3 步

角点	目标函数
$(0,0)$	$0 + 2(0) = 0$
$(0,2)$	$0 + 2(2) = 4$
$(4,0)$	$0 + 2(0) = 4$

然而,这次最大值为 4,事实上发生在两个角点$(0,2),(4,0)$。这表明问题没有唯

一解。为了解释此处将出现什么情况,我们回到本节初介绍的方法。我们通过设目标函数等于某常数 c 来添加一簇直线。平行线 $x + 2y = c$ 过点 $(0, c/2)$ 和 $(c, 0)$。

对 0 与 4 之间的 c 的值,选择的一组直线画在图 8—10 中。这些特定值被选择,由于它们生成与可行域相交的直线。随着 c 增加,直线从左到右扫过区域。此外,当 c 超过 4 时,直线不再与区域相交。所以,c 能取的最大值(目标函数)为 4。然而,直线 $x + 2y = 4$ 与区域相交不限于一点,它沿整条线段相交。连接两个角点 $(0, 2)$ 和 $(4, 0)$ 直线上的任意点将是解。因为该线段上任意点位于可行域内,该线上对应的目标函数值为 4,这是最大值。

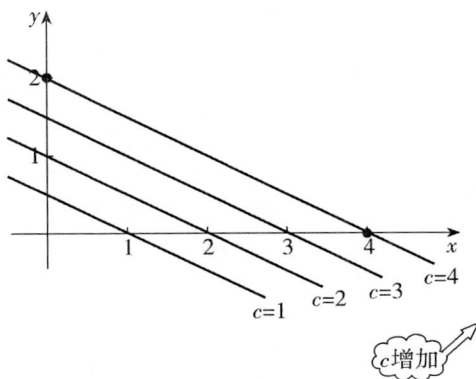

图 8—10

本例表明一般结论。如果在第 3 步中,最大值(或最小值)出现在两个角点处,那么问题有无穷组解。连接这些角点的线段上的任意点,包括两个角点本身,也是解。

例题

解线性规划问题:

最大化 $3x + 2y$

受约束于 $x + 4y \geq 8, x + y \geq 5, 2x + y \geq 6, x \geq 0, y \geq 0$

如果该问题是个最小化而不是最大化问题,解有什么变化?

解

第 1 步

如通常一样,非负约束表明我们只需考虑第一象限。

直线 $x + 4y = 8$ 过 $(0, 2)$ 和 $(8, 0)$。

直线 $x + y = 5$ 过 $(0, 5)$ 和 $(5, 0)$。

直线 $2x + y = 6$ 过 $(0, 6)$ 和 $(3, 0)$。

检验点 $(0, 0)$ 不满足任意对应约束,因为三个不等式符号都是 "$\geq$"。所以,我们对所有这些直线上方的区域感兴趣,如图 8—11 所示。

第 2 步

可行域有四个角点 $(0, 6), (1, 4), (4, 1), (8, 0)$。

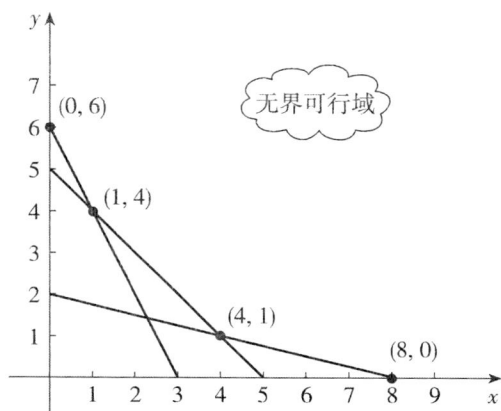

图 8—11

第 3 步

角点	目标函数
(0,6)	3(0) + 2(6) = 12
(1,4)	3(1) + 2(4) = 11
(4,1)	3(4) + 2(1) = 14
(8,0)	3(8) + 2(0) = 24

由表可知,目标函数的最小值和最大值分别为 11 和 24,出现在(1,4)和(8,0)。然而,我们遇到了有点不常见的情形,即可行域在所有边不封闭。我们把它描述为可行域是**无界**的。它在顶端是开口的,严格说,谈这样区域的角点无意义。所以我们在这种情况下用容易的方法是合理的吗? 为了回答该问题,我们添加一簇直线 $3x + 2y = c$ 表示目标函数,如图 8—12 所示。

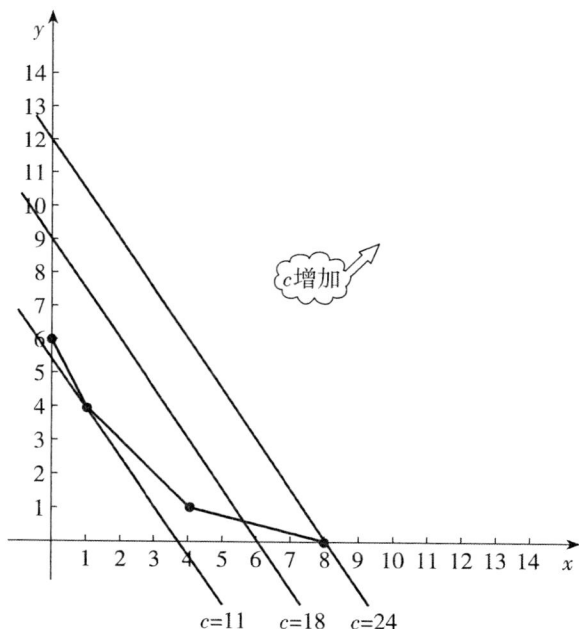

图 8—12

当 $c = 11$ 时,直线与该区域相交于唯一点(1,4)。然而,随着 c 值增加,直线扫过可行域,永远不离开它,无论 c 变多大。因此,如果问题是最大化,我们的结论是它没有有限解。我们能将 x 和 y 的巨大的值代入 $3x + 2y$,得到不断递增的结果。另一方面,如果问题是最小化,那么它有在角点 $(1,4)$ 处的一个解。当然,这是前面用"容易"方法获得的答案。

本例说明当可行域无界时,线性规划问题不可能有有限解。然而,当解存在时,它可以简单地通过以正常方式检查角点求出。实践中,线性规划问题产生于现实经济情形。所以,我们预期问题拥有有意义的(有限的)答案,因此解不存在的情形很少出现。

关键术语

Feasible region(可行域):满足所有线性规划问题约束的点的集合。

Non-negativity constraints(非负约束):约束 $x \geqslant 0, y \geqslant 0$,等等。

Objective function(目标函数):线性规划问题中被最优化的函数。

Unbounded region(无界区域):不能由多边形完全封闭的可行域。相关的线性规划问题可能没有有限解。

练习题 8.1

1. 下列点中哪些满足不等式 $2x - 3y > -5$?
$(1,1),(-1,1),(1,-1),(-1,-1),(-2,1),(2,-1),(-1,2)$ 和 $(-2,-1)$

2. 多少坐标为整数的点位于由 $3x + 4y \leqslant 12, x \geqslant 0$ 和 $y \geqslant 1$ 定义的可行域内?

3. 画出由下列不等式的集合定义的可行域

$$\begin{array}{lll}
(a)\,5x + 3y \leqslant 30 & (b)\,2x + 5y \leqslant 20 & (c)\,x - 2y \leqslant 3 \\
\quad\;\;\,7x + 2y \leqslant 28 & \quad\;\;\,x + y \leqslant 5 & \quad\;\;\,x - y \leqslant 4 \\
\quad\;\;\,x \geqslant 0 & \quad\;\;\,x \geqslant 0 & \quad\;\;\,x \geqslant 1 \\
\quad\;\;\,y \geqslant 0 & \quad\;\;\,y \geqslant 0 & \quad\;\;\,y \geqslant 0
\end{array}$$

4. 用问题 3 的答案解下列线性规划问题

$$\begin{array}{lll}
(a)\;\text{最大化}\quad 4x + 9y & (b)\;\text{最大化}\quad 3x + 6y & (c)\;\text{最小化}\quad x + y \\
\quad\text{受下列约束} & \quad\text{受下列约束} & \quad\text{受下列约束} \\
\quad\;\;\,5x + 3y \leqslant 30 & \quad\;\;\,2x + 5y \leqslant 20 & \quad\;\;\,x - 2y \leqslant 3 \\
\quad\;\;\,7x + 2y \leqslant 28 & \quad\;\;\,x + y \leqslant 5 & \quad\;\;\,x - y \leqslant 4 \\
\quad\;\;\,x \geqslant 0 & \quad\;\;\,x \geqslant 0 & \quad\;\;\,x \geqslant 1 \\
\quad\;\;\,y \geqslant 0 & \quad\;\;\,y \geqslant 0 & \quad\;\;\,y \geqslant 0
\end{array}$$

5. 如果问题是最大化而不是最小化,问题 4(c) 的解是什么? 通过将一簇直线 $x + y = c$ 添加到可行域上解释你的答案。

6. 如果可能,求目标函数 $3x - 4y$ 的最小值,约束为 $-2x + y \leqslant 12, x - y \leqslant 2, x \geqslant 0, y \geqslant 0$。

7. 问题 6 中设定的线性规划问题的解是什么,如果
(a) 目标函数是最大化而不是最小化?
(b) 第二个约束变为 $x + y \leqslant 2$,问题是最小化?

（c）第二个约束变为 $3x - 4y \leqslant 24$，问题是最大化？

练习题 8.1 *

1. 点 $(x, 3)$ 满足不等式 $-5x - 2y \leqslant 13$。求 x 的最小可能值。

2. 下列五个不等式定义了可行域。去掉哪个不会改变可行域？

A：$-x + y \leqslant 10$

B：$x + y \leqslant 20$

C：$x - 2y \geqslant -8$

D：$x \geqslant 0$

E：$y \geqslant 0$

3. 解下列线性规划问题

（a）最大化　　$2x + 3y$　　　　　　（b）最大化　　$-8x + 4y$

　　　受下列约束　　　　　　　　　　　　受下列约束

　　　$2x + y \leqslant 8$　　　　　　　　　　　$x - y \leqslant 2$

　　　$x + y \leqslant 6$　　　　　　　　　　　$2x - y \geqslant -3$

　　　$x + 2y \leqslant 10$　　　　　　　　　　$x - y \geqslant -4$

　　　　　$x \geqslant 0$　　　　　　　　　　　　$x \geqslant 0$

　　　　　$y \geqslant 0$　　　　　　　　　　　　$y \geqslant 0$

4. 解释为什么下列问题无解

（a）最大化　　$x + y$

　　　受下列约束　　　　　　　　　　（b）最大化　　$x + y$

　　　　　$y \geqslant 2$　　　　　　　　　　　受下列约束

　　　　　$x \leqslant 2$　　　　　　　　　　　$2x - y \geqslant -1$

　　　　$x - y \leqslant 1$　　　　　　　　　　$x - 2y \leqslant 2$

　　　　　$x \geqslant 0$　　　　　　　　　　　　$x \geqslant 0$

　　　　　$y \geqslant 0$　　　　　　　　　　　　$y \geqslant 0$

5. 解线性规划问题

最大化　　$6x + 2y$

受下列约束

　$x - y \geqslant 0$

$3x + y \geqslant 8$

　　$x \geqslant 1$

　　$y \geqslant 0$

6. 证明问题 3（a）中给出的线性规划问题能用矩阵符号表示为

最大化　　$c^T x$

受下列约束

$Ax \leqslant b$

　$x \geqslant 0$

其中，c，x，0 为 2×1 矩阵，A 为 3×2 矩阵，b 为 3×1 矩阵。

7. (a) 考虑线性规划问题

最小化　　$x + y$

受下列约束

$$2x + y \geqslant 16$$
$$2x + 3y \geqslant 24$$
$$-x + y \leqslant 12$$
$$x \geqslant 0$$
$$y \geqslant 0$$

(i) 画出可行域,求角点的精确坐标。

(ii) 对每个角点的目标函数值列表,指出最优点的坐标。

(iii) 五个约束中有一个是不需要的。指出该多余的约束。

(b) 如果问题变为

(i) 最大化　　$x + y$

(ii) 最小化　　$2x + y$

其中的一个,解是什么? 如果约束与(a) 部分相同,解又是什么? 给出理由。

(c) (a) 部分的目标函数变为 $ax + 2y$

其中, a 是个正的常数。问题仍然是最小化,约束同前。

线性规划问题有解 $x = 12, y = 0$,求 a 的最大值。解释你的推论。

8.2　线性规划的应用

学习目标

学完本节,你应该能够:

● 识别线性规划问题的未知数

● 求目标函数的表达式和决定它应该最大化还是最小化

● 写出所有约束,包括任何明显的在问题设定中没有明确提出的约束

● 解文字表示的线性规划问题,记住检查答案有意义

　　至今可能得到的印象是,线性规划是被设计用来解相当抽象问题的数学技术。这是误导,因为线性规划问题产生自具体的情况。我们现在通过考虑三个自然导出这类问题的现实例题直接提出问题。在这样做的过程中,我们将提高能被大致称为问题公式化的重要能力。此处我们从或许仅用文字含糊地给出的信息开始,努力用更精确的数学语言表示。一旦完成,应用数学技术得到解将会是件简单的事情。

例题

　　小制造商生产两种物品 A 和 B,对物品的需求超过供给。A 和 B 的单位生产成本分别为6美元和3美元,对应的销售价格为7美元和4美元。此外,A 和 B 的单位运输成本分别为20美分和30美分。银行贷款条件限制制造商最大周生产成本为2 700美元和最

大周运输成本为 120 美元。制造商如何安排生产以最大化利润？

解

如 8.1 节提到的，构造线性规划问题有三个部分：一对未知数 x 和 y，一个需要最大化或最小化的目标函数，一些约束条件。我们依次考虑其中的每一个。

制造商需要决定每周生产物品 A 和 B 的确切数量。所以这些是该问题的未知数，我们用字母 x 和 y 表示这些未知数，即我们设

x = 每周生产物品 A 的数量

y = 每周生产物品 B 的数量

问题的最后一句指出制造商应该选择这些数量以最大化利润。因此，我们需要求用 x 和 y 表示的利润的公式。现在，对单位 A 类物品，生产成本为 6 美元，运输成本为 20 美分。所以，总成本为 6.20 美元。如果销售价格为 7 美元，推出每件产生的利润为 80 美分。因此，当 A 类物品制造量为 x 时，总利润是 x 乘该量，即 $0.80x$ 美元。注意到问题指出"需求超过供给"，因此所有物品保证能销售。完全同样的理由能应用于 B。单位利润为 70 美分，因此当 B 类物品制造 y 时，总利润为 $0.70y$ 美元。因此，从生产 A 和 B 中得到的利润为 $0.8x + 0.7y$，这是我们要最大化的目标函数。

下面做的事情是阅读原规定，看什么限制加到生产水平上。我们看到总的周生产成本必须不超过 2 700 美元。A 的单位生产成本为 6 美元，B 为 3 美元。因此，如果 A 类物品制造量为 x 和 B 类物品制造量为 y，总成本为 $6x + 3y$，因此，我们要求，$6x + 3y \leqslant 2\,700$，类似地，物品的总运输成本为 $0.2x + 0.3y \leqslant 120$。

由于这必须不超过 120 美元，我们需要 $0.2x + 0.3y \leqslant 120$，表面上好像问题中没有给出进一步的约束。然而，稍思片刻你就会想到我们漏掉了两个重要约束，即 $x \geqslant 0, y \geqslant 0$。

尽管这些没有明确提到，明显的不可能制造负数数量的物品。

将所有这些部分合在一起，线性规划问题可以陈述为：

最大化 $0.80x + 0.70y$

受下列约束

$$6x + 3y \leqslant 2\,700$$
$$0.2x + 0.3y \leqslant 120$$
$$x \geqslant 0$$
$$y \geqslant 0$$

问题现在能用 8.1 节说明的方法求解。

第 1 步

如通常一样，非负约束表明我们只需考虑第一象限的点。

直线 $6x + 3y \leqslant 2\,700$ 过 $(0,900)$ 和 $(450,0)$。

直线 $0.2x + 0.3y \leqslant 120$ 过 $(0,400)$ 和 $(600,0)$。

也用原点作检验点揭示感兴趣的区域位于两条直线以下。图画在图 8—13 中。

第 2 步

可行域共有四个角点，其中三个有明显的坐标 $(0,0)$，$(0,400)$，$(450,0)$。但剩下的那个角点的精确坐标不容易从图形中看出。这由两条线

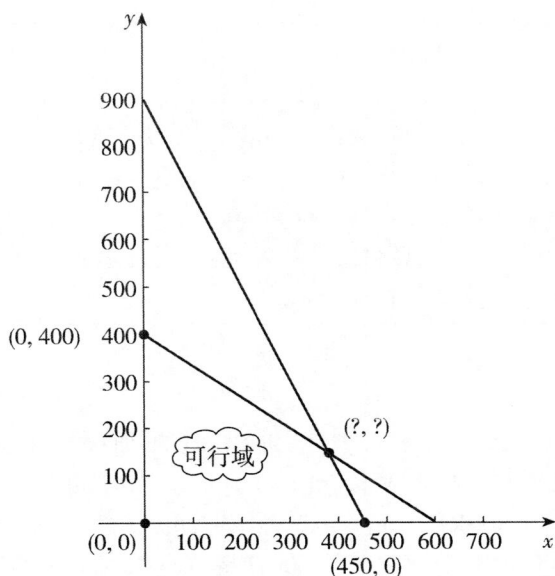

图 8—13

$6x + 3y = 2\,700$ （1）

$0.2x + 0.3y = 120$ （2）

的交点形成。如果愿意,我们总能够通过将对应方程视为联立方程组然后用代数方法求解,求出精确的坐标。变量 x 能通过方程（2）乘以 30,然后从方程（1）减去消除,得

$6x + 3y = 2\,700$

$6x + 9y = 3\,600$

$ -6y = -900$ （3）

由方程（3）得 $y = 150$,如果该值代入任一原方程,容易看出 $x = 375$。所以第四个角点坐标为（375,150）。

第 3 步

角点	目标函数
(0,0)	0
(0,400)	280
(450,0)	360
(375,150)	405

最大周利润为 405 美元,这发生在 A 类物品制造量为 375 和 B 类物品制造量为 150 的时候。

习题

1. 某电子公司决定推出两种新型计算机 COM1 和 COM2。COM1 型每台生产成本为 1 200 美元，COM2 型每台生产成本为 1 600 美元。公司认识到这是风险投资，决定把总的周生产成本限制在 40 000 美元。由于熟练劳动力短缺，公司一周能生产的计算机总数最多为 30 台。每台 COM1 的利润为 600 美元，COM2 的利润为 700 美元。公司如何安排生产以使利润最大化？

例题

某食品生产商使用两个加工厂 P1 和 P2，一周开工 7 天。加工后，牛肉按质量分为高、中、低三个等级。高质量牛肉销售给肉店，中等质量牛肉用作商场便餐，低质量牛肉用作狗食。生产者按合同每周提供高、中、低三个等级质量的牛肉各 120 千克、80 千克、240 千克。每天花费 4 000 美元运营工厂 P1，每天花费 3 200 美元运营工厂 P2。每天 P1 加工 60 千克高质量牛肉、20 千克中等质量牛肉、40 千克低质量牛肉。P2 对应的数量分别为 20 千克、20 千克、120 千克。工厂每周运营多少天可以最经济地完成牛肉合同？

解

该问题未知数的线索能在最后一句"每周多少天 ……"中发现。我们设

x = 工厂 P1 每周运营的天数

y = 工厂 P2 每周运营的天数

目标函数较难确定。词组"最经济地完成合同"是相当含糊的。它能意味着我们想最大化利润，如前例中的一样。但问题中没有给出确定利润的充分信息，因为我们不知道三种等级牛肉的销售价格。然而，我们已知运营成本，因此我们取其为目标函数，这需要最小化。工厂 P1 和 P2 的日成本分别为 4 000 美元和 3 200 美元。因此，如果工厂 P1 运营 x 天和工厂 P2 运营 y 天，那么总的周成本为

$4\ 000x + 3\ 200y$

其余信息用来确定约束条件。生产者按合同每周提供 120 千克高质量牛肉。这意味着至少要加工这个数量来完成合同。高质量牛肉有两个来源：工厂 P1 每天加工 60 千克，而工厂 P2 每天加工 20 千克。因此，高质量牛肉总的周产出为

$60x + 20y$

所以，满足合同要求

$$60x + 20y \geqslant 120$$

类似论证对中等和低质量牛肉成立。对应的约束为

$$20x + 20y \geqslant 80$$

$$40x + 120y \geqslant 240$$

回顾一下,容易检查每部分数值信息至今已经运用到公式化中。然而,还有四个约束需要写出!这些约束基于常识,但它们不需要组成线性规划问题的陈述。一周天数为 7,因此 x 和 y 的值必须在 0 与 7 之间。因此我们有

$$x \geqslant 0, y \geqslant 0$$

$$x \leqslant 7, y \leqslant 7$$

完整的问题现在可以陈述为

最小化　　$4\,000x + 3\,200y$

受下列约束

$$60x + 20y \geqslant 120$$

$$20x + 20y \geqslant 80$$

$$40x + 120y \geqslant 240$$

$$x \leqslant 7$$

$$y \leqslant 7$$

$$x \geqslant 0$$

$$y \geqslant 0$$

现在用 8.1 节说明的方法求解。

第 1 步

可行域能以通常方式画出。注意最后四个约束仅表明区域在以垂直和水平直线 $x = 0, x = 7, y = 0, y = 7$ 组成的盒状图形内。

直线 $60x + 20y = 120$ 过 $(0,6)$ 和 $(2,0)$。

直线 $20x + 20y = 80$ 过 $(0,4)$ 和 $(4,0)$。

直线 $40x + 120y = 240$ 过 $(0,2)$ 和 $(6,0)$。

检验点 $(0,0)$ 不满足这三个约束中的任意一个,因此可行域位于这些直线上方,如图 8—14 所示。

第 2 步

可行域有角点 $(7,0),(7,7),(0,7),(1,3),(3,1),(0,6),(6,0)$。

第 3 步

角点	目标函数
(7,0)	28 000
(7,7)	50 400
(0,7)	22 400
(0,6)	19 200
(3,1)	15 200
(1,3)	13 600
(6,0)	24 000

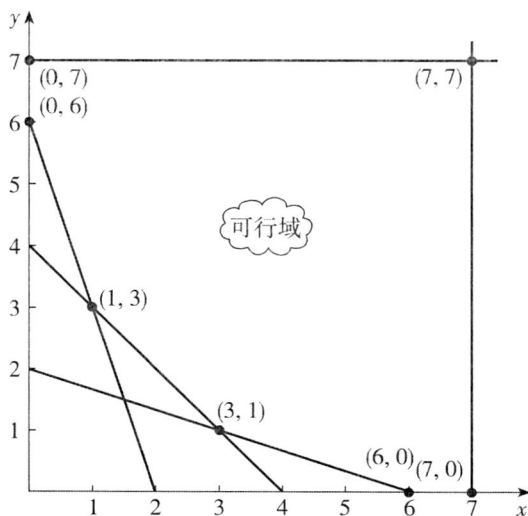

图 8—14

最小成本为13 600美元,通过工厂P1每周运营1天和工厂P2每周运营3天获得。

建议

或许公式化线性规划问题的更困难的方面之一是记住包括来自常识的明显约束。前例中,最后四个约束是如此明显,以至于太容易忽略它们,特别是因为它们没有在原设定中明确提到。所以,我们可以在我们的一般策略中包括下面一点:

(4)写出任意明显约束,像你可能在(3)中忘记的非负约束之类。

习题

2. 某小出版公司决定用它工厂的一部分生产两种称为《微观经济学》和《宏观经济学》的教科书。每本《微观经济学》产生的利润为12美元,《宏观经济学》为18美元。每本《微观经济学》需要12分钟印刷和18分钟装订。《宏观经济学》对应的数字分别为15分钟和9分钟。有10小时可用于印刷,有10.5小时可用于装订。每种应该生产多少,才能使利润最大?

例题

某保险公司雇用全职和兼职人员,他们每周分别工作40和20小时。全职人员每周被支付800美元,兼职人员每周被支付320美元。此外,公司政策规定兼职人员的人数不超过全职人员的人数的1/3。

如果处理公司工作需要的每周工时数为900,为了以最小成本完成工作任务,每类工人应该雇用多少?

解

如果公司雇用 x 名全职人员和 y 名兼职人员,那么公司将选择 x 和 y 最小化它的周薪资成本。由于全职人员和兼职人员每周分别被支付 800 美元和 320 美元,总工资成本为

$800x + 320y$

这是需要最小化的目标函数。

全职人员和兼职人员每周分别工作 40 和 20 小时,因此可用总工时数为 $40x + 20y$,要求这至少为 900,因此我们得到约束 $40x + 20y \geq 900$。

对公司的进一步约束产生于兼职人员人数不超过全职人员人数 1/3 的事实。这意味着,例如,如果公司雇用 30 名全职人员,那么不允许雇用超过 10 名兼职人员,因为 $(1/3) \times 30 = 10$。

一般地,如果 x 表示全职人员数,那么兼职人员数 y 不能超过 $x/3$,即 $y \leq x/3$。此外,我们有明显的非负约束 $x \geq 0, y \geq 0$。

整个问题现在可以陈述为:

最小化 $800x + 320y$

受下列约束

$40x + 20y \geq 900$

$\qquad\qquad y \leq x/3$

$\qquad\qquad x \geq 0$

$\qquad\qquad y \geq 0$

现在运用 8.1 节说明的方法求解。

第 1 步

可行域能以通常方式画出。直线 $y = x/3$ 过 $(0,0)$,$(3,1)$,$(6,2)$ 等等。但因为原点实际位于直线上,必须用其他点作为检验点。例如,将 $x = 30, y = 5$ 代入不等式

$y \leq x/3$

得

$5 \leq 30/3$

该不等式显然成立,表明 $(30,5)$ 位于直线以下,在感兴趣的区域内。约束 $40x + 20y \geq 900$ 更容易处理。对应的直线过 $(0,45)$ 和 $(22.5,0)$,用原点作为检验点,表明我们需要对直线以下区域涂上阴影。可行域如图 8—15 所示。

第 2 步

可行域有两个角点。其中之一显然为 $(22.5,0)$。然而,不可能由图形直接写出另一个角点的坐标。这由两条直线

$y = x/3$ $\qquad\qquad\qquad\qquad\qquad\qquad\qquad\qquad\qquad\qquad\qquad$ (1)

$40x + 20y = 900$ $\qquad\qquad\qquad\qquad\qquad\qquad\qquad\qquad\qquad$ (2)

的交点形成,因此我们需要用代数法解该方程组。在当前情况下,最容易做的事情是把方程(1)代入方程(2),消除 y,得 $40x + \dfrac{20}{3}x = 900$

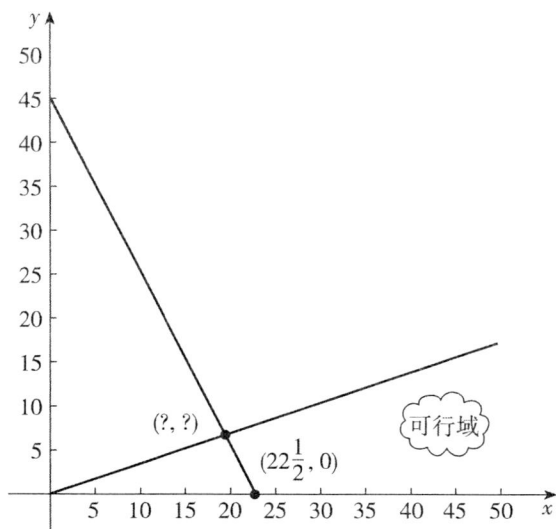

图 8—15

即 $\frac{140}{3}x = 900$

解为 $x = \frac{2\,700}{140} = \frac{135}{7} = 19\frac{2}{7}$

最后,由方程(1),得 $y = \frac{1}{3}x = \frac{1}{3} \times \frac{135}{7} = \frac{45}{7} = 6\frac{3}{7}$

所以,可行域角点的坐标为 $(19\frac{2}{7}, 6\frac{3}{7})$ 和 $(22.5, 0)$。

第 3 步

角点	目标函数
$(19\frac{2}{7}, 6\frac{3}{7})$	$17\,485\frac{5}{7}$
$(22.5, 0)$	$18\,000$

最小成本为 17 485.71 美元,发生在 $x = 19\frac{2}{7}$ 和 $y = 6\frac{3}{7}$ 的时候。

好像这是我们的原问题的解。这在数学上确实是正确的,但它不可能是我们要找的解,因为它没有意义。例如,雇用 $\frac{2}{7}$ 个工人是没有意义的。我们只对坐标是整数的点感兴趣。像这样的问题称为整数规划问题。我们需要求可行域内 x 和 y 都是整数的最小化目标函数的点 (x,y)。最小成本角点附近可行域的放大图如图 8—16 所示,下表表明最优解为 $(20,5)$。

角点	目标函数
$(20,5)$	17 600
$(20,6)$	17 920
$(21,5)$	18 400
$(21,6)$	18 720

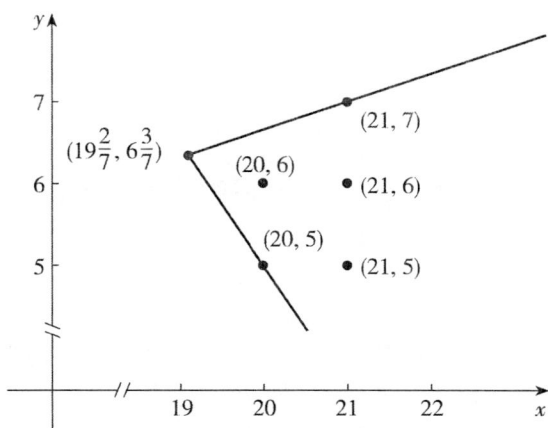

图 8—16

邻近有整数坐标的其他点为 $(20,6)$,$(20,7)$,$(21,5)$,等等。然而,所有这些有更大的 x 值或更大的 y 值(或同时具备),因此必然产生更大的总成本。所以,公司应该雇用 20 名全职和 5 名兼职人员以最小化薪资成本。

建议

本例强调需要回顾一下原问题,确保最终答案有意义。当解线性规划问题时,很有诱惑的做法是不思考就写出答案,不认真检查一下,然后继续做另一个问题。但这样处理容易在问题公式化和画可行域中犯错误。花几分钟检查你求解的有效性也有助于发现你犯的任何错误,也揭示出如前例一样的对求解过程的可能修正。所以,我们可以用下面步骤结束一般策略:

(5)检查最终答案作为原问题的解有意义。

习题

3. 某人把收入的 95% 用在必需的物品和服务上,仅在奢侈品上留 5%,他的奢侈品分为流行服装与去剧院。每件服装成本为 150 美元,每次去剧院成本为 70 美元。对应的效用函数为 $U = 3x + 7y$

其中,x 和 y 分别表示每年流行服装数和去剧院数。为了得体的外表,每年至少要购买 9 件新服装。已知年收入为 4.2 万美元,求最大化效用的 x 和 y 的值。

本节我们已经说明怎样公式化线性规划问题。一般策略可以总结为:

(1)识别未知数和标记它们为 x 和 y。

(2)写出用 x 和 y 表示的目标函数的表达式,决定它需要最大化还是最小化。

(3)写出所有对变量 x 和 y 的约束。

(4)写出任意明显约束,像你可能在(3)中忘记的非负约束之类。

(5)检查最终答案作为原问题的解有意义。

显然你不一定非要遵循该方法,尽管当你遇到困难时,你可能希望想到它。

Maple 能用来解线性规划问题。它使用简单算法,能处理涉及多于两个未知数的问题。

关键术语

Integer programming(整数规划):在线性规划问题中求解可以限定在可行域内具有整数坐标的点中。

练习题 8.2

1. 某制造商生产 B 型和 C 型两种竞赛自行车,每种必须经过两个机器车间加工。1 车间每月有 120 小时可用,2 车间每月有 180 小时可用。生产每辆 B 型自行车需要在 1 车间花 6 小时和 2 车间花 3 小时,C 型对应的时间分别为 4 小时和 10 小时。如果每辆 B 型和 C 型自行车的利润分别为 180 美元和 220 美元,则制造商该如何安排生产,才会使总利润最大?

2. 某小公司制造和销售 1 公升盒装的不含酒精的鸡尾酒"加勒比海"和"水果先生",它们分别卖 1 美元和 1.25 美元。每种用新鲜的橘子、菠萝、苹果以不同比例混合制成。"加勒比海"由 1 份橘子、6 份菠萝、1 份苹果组成。"水果先生"由 2 份橘子、3 份菠萝、1 份苹果组成。公司每周能以每公升 0.72 美元、0.64 美元、0.48 美元的成本买 300 公升橘子汁、1 125 公升菠萝汁、195 公升苹果汁。

求公司为使利润最大化,应该生产的"加勒比海"和"水果先生"的公升数。你可以假设不含酒精的鸡尾酒如此流行以至于公司能卖出生产的所有产品。

3. 学生的饮食中,一餐由牛排和土豆片组成。每盎司牛排有 1 单位营养素 N1、4 单位营养素 N2 和 125 卡路里。每盎司土豆片有 1/2 单位 N1、1 单位 N2 和 60 卡路里。从学生健康的角度考虑,一餐必须包含至少 7 单位 N1 和 22 单位 N2。

下一次去食堂时,为了满足营养要求和最小化卡路里的量,学生应该如何就餐?

4. [该问题中,要求你公式化线性规划问题。不要求你求解] 某美国大学有足够容纳 9 000 名学生的能力。政府限制意味着至少 75% 的名额必须给美国籍学生,但剩下的名额可以给非美国籍学生。校园里有 5 000 个住宿位置可用。

所有海外学生和至少 1/4 的美国学生必须在校园内安排住宿。大学对每个美国籍学生收取 12 000 美元的学费和对每个非美国籍学生收取 15 000 美元的学费。大学想最大化收取的学费。

用字母 x 表示给美国籍学生的名额和 y 表示给海外学生的名额,

(a)写出目标函数的表达式,指出它是最大化还是最小化;

(b)写出定义可行域的 5 个约束,谨慎地解释你的理由;

(c)找出在(a)和(b)部分中,原问题的哪个方面被忽略。

练习题 8.2*

1. Leo 有 12.50 美元花在他的甜点、薯片、苹果的每周供给上。一包薯片花 0.65 美元,一包甜点花 0.85 美元,一包苹果花 0.50 美元。一周消费的薯片、甜点、苹果的总包数必须至少为 7,他吃甜点的包数至少是薯片的 2 倍。他的新健康饮食也意味着甜点和薯片的总包数必须不超过苹果包数的1/3。如果s、c和a分别表示甜点、薯片和苹果的包数,下列中的哪两个代表定义可行域的约束?

(1)$3c + 3s \leq a$

(2)$s \geq 0.5c$

(3)$0.65s + 0.85c + 0.5a \geq 12.5$

(4)$a + c + s > 7$

(5)$s \leq c - a$

(6)$17s + 10a + 13c \leq 250$

(7)$c \leq 2s$

(8)$a + c + s \leq 7$

(9)$3c + 3s + a \leq 0$

(10)$3s - 3c + a \geq 0$

2. 某户外服装制造商生产打蜡的夹克和裤子。制作每件夹克需要 1 小时,而每条裤子花40分钟。1 件夹克的材料花32美元,每条裤子的材料花40美元。公司每周仅能拿出 34 小时生产夹克和裤子,公司每周材料的总成本不能超过 1 200 美元。公司以每件12美元利润销售夹克,以每条14美元利润销售裤子。市场研究表明公司能卖出生产的所有夹克,但最多能卖出一半数量的裤子。

(a) 公司每周应该生产多少夹克和裤子,使利润最大?

(b) 由于需求变化,公司不得不调整它的每条裤子的利润。假设夹克的边际利润维持在 12 美元,约束条件没有变化,求在改变它的最优产出策略前,公司能允许的每条裤子的最小和最大利润。

3. 某农场主希望用最小成本养猪,但需要保证每头猪每天得到至少 1.6 千克蛋白质,至少0.3 千克氨基酸,不多于0.3 千克钙。可用食物是鱼粉和碎肉,每千克含有蛋白质、氨基酸、钙的情况见下表(单位:千克):

	蛋白质	氨基酸	钙
鱼粉	0.60	0.05	0.18
碎肉	0.50	0.11	0.05

每千克鱼粉的成本是 0.65 美元,而每千克碎肉的成本是 0.52 美元。确定养猪的最小成本。

8.3 正规数学

我们通过说明 n 个变量的一般线性规划问题来结束本章。问题涉及最大化或最小化目标函数:

$$z = c_1x_1 + c_2x_2 + \cdots + c_nx_n$$

受 m 个线性约束:

$$a_{11}x_1 + a_{12}x_2 + \cdots + a_{1n}x_n \leq b_1$$

$$a_{21}x_1 + a_{22}x_2 + \cdots + a_{2n}x_n \leqslant b_2$$

$$\vdots$$

$$a_{m1}x_1 + a_{m2}x_2 + \cdots + a_{mn}x_n \leqslant b_n$$

和非负约束:

$$x_1 \geqslant 0, x_2 \geqslant 0, \cdots\cdots, x_n \geqslant 0$$

其中, c_i、 a_{ij} 和 b_j 是已知常数。

如果给定问题中任意线性约束用"$\geqslant$"符号表示,它们总是能通过简单地两边乘以数 -1 转化为上面的形式。

两种其他形式化是可能的。用 sigma 符号,问题为最大化或最小化 $z = \sum\limits_{i=1}^{n} c_i x_i$

受 $\quad \sum\limits_{j=1}^{n} a_{ij}x_j \leqslant b_i$, $x_j \geqslant 0$ 约束

用矩阵符号,我们最大化或最小化受 $Ax \leqslant b$, $x \geqslant 0$ 约束的 $c^T x$

第9章 动态

本章提供经济系统的动态的简单导论。至今,我们的所有模型是静态的。我们隐含假定价格和收入的均衡瞬间达到,好像变魔术一样。实际上,经济变量的变化是需要时间的。把时间并入经济模型称为动态,它使我们决定均衡值事实上是否实现,如果实现,单个变量怎样准确地趋于这些值。共两节,可以按顺序阅读。

9.1 节我们考虑在时间 t 离散变量取整数值的情形。这描述了变量只在固定期后变化的情形。例如,某种农产品的价格从一个季度到下个季度会有变化,但在每个季度内是固定的。我们用明显的下标符号表示这种时间依赖性。第 1 期的价格表示为 P_1,第 2 期的价格表示为 P_2,等等。一期的价格 P_t 与前期的价格 P_{t-1} 相关的方程称为差分方程,说明解这种方程的一种方法。

9.2 节我们考虑时间是连续变量,在某个区间取所有可能值的情形。这描述了变量从一个时刻到下个时刻变化的情形。例如,像某种商品,比如石油的价格,有效地瞬时变化,不固定在季节基准上。我们用通常的函数符号 $P(t)$ 表示这种时间依赖性。用导数 $P'(t)$ 对 P 对 t 的变化率建模是适当的。涉及未知函数的导数的方程称为微分方程,下面说明解这种方程的一种方法。

在像这样的一本导论书中不可能给你太多关于动态数学的知识。然而,尽管如此,我们仍向你说明怎样解宏观经济学和微观经济学动态系统。我们也希望本章将鼓励你阅读说明更高级方法和模型的其他书。

9.1 差分方程

学习目标

学完本节,你应该能够:
- 求差分方程的余函数
- 求差分方程的特解
- 分析经济系统的稳定性
- 解滞后国民收入决定模型
- 解含滞后供给的单商品市场模型

差分方程(有时称为递归关系)是数列前后项关系的方程。例如,方程

$$Y_t = 2Y_{t-1}$$

描述一个数是它前项两倍的序列。显然有许多序列满足该要求,包括

$2, 4, 8, 16, \cdots$

$5, 10, 20, 40, \cdots$

$-1, -2, -4, -8, \cdots$

为了确定唯一的序列,我们需要知道一些额外信息,像首项这样的信息。首项写为 Y_0 是惯例,一旦首项给了某个特定的值,所有其余项就知道了。

例题

写出由 $Y_0 = 3, Y_t = 2Y_{t-1}$ 定义的序列的前 4 项,得出用 t 表示的通项 Y_t 的公式。

解

如果 $Y_0 = 3$,那么

$Y_1 = 2Y_0 = 2 \times 3 = 6$

$Y_2 = 2Y_1 = 2 \times 6 = 12$

$Y_3 = 2Y_2 = 2 \times 12 = 24$

为了生成通项的公式,我们将这些写为

$Y_1 = 2Y_0 = 2^1 \times 3$

$Y_2 = 2Y_1 = 2^2 \times 3$

$Y_3 = 2Y_2 = 2^3 \times 3$

现在由该模式明显地看出,由 $Y_t = 3(2^t)$ 给出的通项是差分方程 $Y_t = 2Y_{t-1}$ 初始条件为 $Y_0 = 3$ 的解。

如下问题给你自己解差分方程的机会。

习题

1. 从给定的初始条件着手,写出下列序列的前 4 项。通过将这些表示为适当的幂,写出用 t 表示的通项 Y_t 的公式。

(1)(a) $Y_t = 3Y_{t-1}$;$Y_0 = 1$ (b) $Y_t = 3Y_{t-1}$;$Y_0 = 7$ (c) $Y_t = 3Y_{t-1}$;$Y_0 = A$

(2)(a) $Y_t = \dfrac{1}{2}Y_{t-1}$;$Y_0 = 1$ (b) $Y_t = \dfrac{1}{2}Y_{t-1}$;$Y_0 = 7$ (c) $Y_t = \dfrac{1}{2}Y_{t-1}$;$Y_0 = A$

(3) $Y_t = bY_{t-1}$;$Y_0 = A$

习题 1 最后部分的结果表明,一般方程 $Y_t = bY_{t-1}$ (1)

初始条件 $Y_0 = A$ 的解为 $Y_t = A(b^t)$

在我们能考虑差分方程在经济模型中的应用之前,我们必须检验如下形式的更一般方程的解

$Y_t = bY_{t-1} + c$ (2)

其中,右边现在包含非零常数 c。我们开始定义一些专业术语。方程(2)的通解能写为两个名为余函数(CF)和特解(PS)的分开的表达式之和。余函数是当常数 c 为零时我们给方程(2)的解的称呼。在这种情况下,方程(2)变为方程(1),因此

$CF = A(b^t)$

特解是我们对方程(2)任意解给出的名称。这使得做起来比初看上去容易得多,我们将很快看到这能如何做到。最后,一旦 CF 和 PS 已经求出,我们能写出方程(2)的通解

$Y_t = \text{CF} + \text{PS} = A(b^t) + \text{PS}$

字母 A 不再等于首项 Y_0,尽管它能容易地算出,如下例所说明的那样。

例题

解下列有特定初始条件的差分方程。评论每种情形下解的定性行为。

(a) $Y_t = 4Y_{t-1} + 21$;$Y_0 = 1$

(b) $Y_t = \frac{1}{3}Y_{t-1} + 8$;$Y_0 = 2$

解

(a) 差分方程 $Y_t = 4Y_{t-1} + 21$ 具有标准形式 $Y_t = bY_{t-1} + c$,因此能用余函数和特解求解。余函数是当右边常数项被零替代时的方程的通解,即它是 $Y_t = 4Y_{t-1}$ 的解 $A(4^t)$。

特解是我们能求出的原方程 $Y_t = 4Y_{t-1} + 21$ 的任意解。因此,我们需要考虑序列 Y_t,当这代入 $Y_t = 4Y_{t-1}$ 时,我们得到常数值 21。对某数 D 一个有效的明显的序列是常数序列

$$Y_t = D$$

如果这代入 $Y_t = 4Y_{t-1} + 21$,我们得 $D = 4D + 21$

(注意,无论 t 是何值,$Y_t = D$,因此 Y_{t-1} 也等于 D)该代数方程能整理得

$$-3D = 21$$

因此 $D = -7$。

所以,我们已经表明余函数为 $CF = A(4^t)$。

特解为 $PS = -7$,因此,$Y_t = CF + PS = A(4^t) - 7$,这是差分方程 $Y_t = 4Y_{t-1} + 21$ 的通解。

为了求满足初始条件 $Y_0 = 1$ 的特解,我们简单地将 $t = 0$ 代入通解得 $Y_0 = A(4^0) - 7 = 1$,即 $A - 7 = 1$,得 $A = 8$,解为 $Y_t = 8(4^t) - 7$。

该解的图形解释如图 9—1 所示,其中 Y_t 对 t 作图。想用一条光滑的曲线将这些点连起来。然而,这没有意义,因为 t 只允许取整数值。因此,我们连接水平线的点,形成"楼梯",更恰当地反映 t 是离散的事实。图 9—1 表明 Y_t 的值随 t 增加而无限增加。这从 Y_t 的公式来看也是明显的,因为数 4^t 随 t 增加而无限变大。我们把它描述为时间路径一致发散或爆炸。这种行为能预期到对如下任意解发生。

$$Y_t = A(b^t) + PS, b > 1$$

(b) 差分方程 $Y_t = \frac{1}{3}Y_{t-1} + 8$ 能以与(a)部分类似的方式求解。余函数为 $CF = A\left(\frac{1}{3}\right)^t$,对特解,我们尝试 $Y_t = D$,把它代入差分方程,得 $D = \frac{1}{3}D + 8$,解为 $D = 12$,因此 $PS = 12$。

所以,通解为 $Y_t = CF + PS = A\left(\frac{1}{3}\right)^t + 12$

最后,A 的特定值能由初始条件 $Y_0 = 2$ 求出。通解中令 $t = 0$ 得

$$2 = A\left(\frac{1}{3}\right)^0 + 12 = A + 12$$

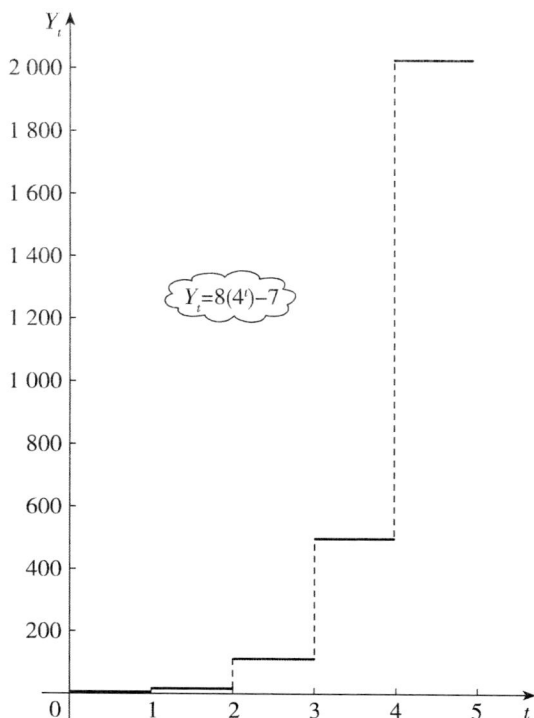

$$Y_t=8(4^t)-7$$

图 9—1

因此 A 为 -10。解为 $Y_t=-10\left(\dfrac{1}{3}\right)^t+12$

该解画在图9—2中,这表明 Y_t 的值增加但最终稳定为12。我们把这描述为时间路径一致收敛到12,被称为均衡值。这由 Y_t 的公式可以明显得到,因为数 $(1/3)^t$ 随 t 增加而无限变小。实际上,余函数消失,仅剩下特解。特解是 Y_t 的均衡值,而余函数测度的是对均衡的偏离,在这种情况下,随 t 增加收敛到零。这种行为能预期对如下任意解发生。

$$Y_t=A(b^t)+\text{PS},0<b<1$$

习题

2. 解下列有特定初始条件的差分方程

(a) $Y_t=-\dfrac{1}{2}Y_{t-1}+6;Y_0=0$ (b) $Y_t=-2Y_t+9;Y_0=4$

每种情况下,画出对应的"楼梯"图,评论随着 t 的增加,解的定性行为。

前例和习题2的结果能总结为:

如果 $b>1$,那么 Y_t 呈现一致发散。

如果 $0<b<1$,那么 Y_t 呈现一致收敛。

如果 $-1<b<0$,那么 Y_t 呈现振荡收敛。

如果 $b<-1$,那么 Y_t 呈现振荡发散。

其余可能性 $b=1,b=-1,b=0$ 在本节末练习题9.1的问题1中考虑,到时证明,当 b 是0时 Y_t 收敛,但当 b 是1或 -1 时 Y_t 发散。我们得出结论,差分方程的解最终稳定在

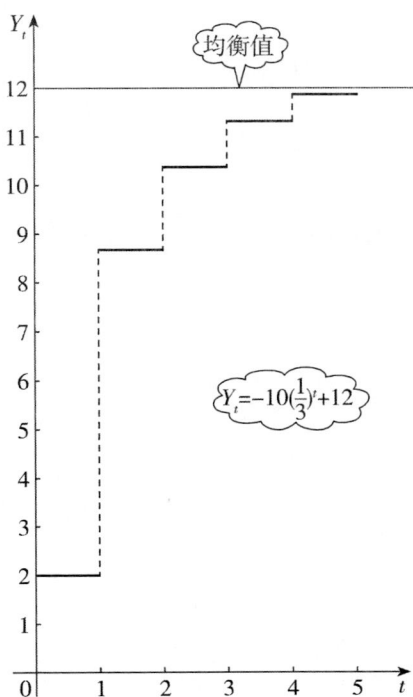

$$Y_t = -10\left(\frac{1}{3}\right)^t + 12$$

均衡值

图 9—2

均衡态,仅当 b 位于范围 $-1 < b < 1$。

如果收敛发生在经济模型中,模型被说成是稳定的。如果变量发散,则被说成是不稳定的。

我们现在研究分别取自宏观经济学和微观经济学的差分方程的两个应用:

● 国民收入决定

● 供求分析

我们依次考虑。

9.1.1　国民收入决定

1.7 节我们引入简单两部门模型,结构方程为:

$Y = C + I$

$C = aY + b$

$I = I^*$

其中,b 和 I^* 表示自发消费和投资,a 为边际消费倾向,其取值范围为 $0 < a < 1$。以这种形式写下方程,我们隐含假设仅涉及某期,消费依赖于该期内的国民收入,均衡值瞬间达到。实际上,消费和国民收入之间有时滞。在 t 期消费 C_t 依赖于前期 $t-1$ 的国民收入 Y_{t-i}。对应的消费函数为

$C_t = aY_{t-1} + b$

如果我们假设投资在所有时期相同,那么,对常数 I^*

$$I_t = I^*$$

最后,如果货币流在每期平衡,我们也有

$$Y_t = C_t + I_t$$

把 C_t 和 I_t 的表达式代入该方程得

$$Y_t = aY_{t-1} + b + I^*$$

我们认出这是本节给出的标准形式的差分方程。所以,该方程能求解,时间路径能分析。

例题

考虑两部门模型:

$$Y_t = C_t + I_t$$
$$C_t = 0.8Y_{t-1} + 100$$
$$I_t = 200$$

求当 $Y_0 = 1\ 700$ 时 Y_t 的表达式。该系统是稳定的还是不稳定的?

解

C_t 和 I_t 的表达式代入 $Y_t = C_t + I_t$ 得

$$Y_t = (0.8Y_{t-1} + 100) + 200$$
$$= 0.8Y_{t-1} + 300$$

余函数为 $CF = A(0.8)^t$

对特解,我们尝试把 $Y_t = D$ 代入差分方程得

$$D = 0.8D + 300$$

解为 $D = 1\ 500$。所以,通解为 $Y_t = A(0.8)^t + 1\ 500$

由初始条件 $Y_0 = 1\ 700$

得 $1\ 700 = A(0.8)^0 + 1\ 500 = A + 1\ 500$

因此 A 为 200。解为 $Y_t = 200(0.8^t) + 1\ 500$

当 t 增加时,$(0.8)^t$ 收敛于零,因此 Y_t 最终稳定于均衡水平 $1\ 500$。所以,系统是稳定的。注意,因为 0.8 在 0 与 1 之间,时间路径呈现一致收敛。

习题

3. 考虑两部门模型

$$Y_t = C_t + I_t$$
$$C_t = 0.9Y_{t-1} + 250$$
$$I_t = 350$$

求当 $Y_0 = 6\ 500$ 时 Y_t 的表达式。该系统是稳定的还是不稳定的?

前例和习题 3 中,我们注意到模型是稳定的和呈现一致收敛。如果我们回到一般方程 $Y_t = aY_{t-1} + b + I^*$

容易看出,对简单两部门模型,情况总是如此,因为 Y_{t-1} 的系数是边际消费倾向,在 0 与 1 之间。

9.1.2　供求分析

1.5 节我们介绍了孤立市场中单一商品简单的供求模型。如果我们假设供给和需求函数都是线性的,那么我们有如下关系式:

$$Q_S = aP - b$$
$$Q_D = -cP + d$$

a、b、c、d 为正的常数(之前,我们已经用 Q 表示 P,用 Q 为横轴和 P 为纵轴画供给和需求曲线。但在现在的情况下,按另一种方式将 Q 写为 P 的函数更方便)。在这些方程中,我们隐含地假设仅涉及一期,供给和需求仅依赖该期的价格,均衡值瞬间达到。然而,对某些物品,在供给与价格之间有时滞。例如,农场主需要在销售前决定播种庄稼的精确数量。该决定基于种植时的价格,不是基于未知的收获时的市场价格。换句话说,t 期的供给 Q_{S_t} 依赖于上期 $t-1$ 的价格 P_{t-1}。对应的依赖时间的供给和需求方程为:

$$Q_{S_t} = aP_{t-1} - b$$
$$Q_{D_t} = -cP_t + d$$

如果我们假设,每期内需求与供给相等,所有物品都被销售掉,那么

$$Q_{D_t} = Q_{S_t}$$
$$即 -cP_t + d = aP_{t-1} - b$$

该方程能整理为

$$-cP_t = aP_{t-1} - b - d（两边减 d）$$
$$P_t = \left(-\frac{a}{c}\right)P_{t-1} + \frac{b+d}{c}（两边除以 -c）$$

这是标准形式的差分方程。所以,方程能用通常方法求解和分析时间路径。一旦获得 P_t 的公式,我们能用需求方程

$$Q_t = -cP_t + d$$

将 P_t 的表达式代入右边推导出对应的 Q_t 的公式。

例题

考虑供给和需求方程
$$Q_{S_t} = 4P_{t-1} - 10$$
$$Q_{D_t} = -5P_t + 35$$
假设市场在均衡状态,求当 $P_0 = 6$ 时 P_t 和 Q_t 的表达式。系统是稳定的还是不稳定的?

解

如果 $Q_{D_t} = Q_{S_t}$
那么 $-5P_t + 35 = 4P_{t-1} - 10$
整理得
$$-5P_t = 4P_{t-1} - 45（两边减 35）$$

$P_t = -0.8P_{t-1} + 9$（两边除以 -5）

余函数为

$CF = A(-0.8)^t$

对特解,我们假设 $P_t = D$

将其代入差分方程得 $D = -0.8D + 9$

解为 $D = 5$。所以,通解为 $P_t = A(-0.8)^t + 5$

由初始条件 $P_0 = 6$,得 $6 = A(-0.8)^0 + 5 = A + 5$

因此 A 为 1。解为 $P_t = (-0.8)^t + 5$

Q_t 的表达式能通过将其代入需求方程 $Q_t = -5P_t + 35$

求出,得

$A_t = -5[(-0.8)^t + 5] + 35$

$\quad = -5(-0.8)^t + 10$

当 t 增加时,$(-0.8)^t$ 收敛于零,因此 P_t 和 Q_t 最终分别稳定于 5 和 10 的均衡水平。所以,系统是稳定的。同时注意,因为 -0.8 位于 -1 与 0 之间,时间路径呈现振荡收敛。

习题

4. 考虑供给和需求方程

$Q_{S_t} = P_{t-1} - 8$

$Q_{D_t} = -2P_t + 22$

假设均衡,求当 $P_0 = 11$ 时 P_t 和 Q_t 的表达式。系统是稳定的还是不稳定的?

5. 考虑供给和需求方程

$Q_{S_t} = 3P_{t-1} - 20$

$Q_{D_t} = -2P_t + 80$

假设均衡,求当 $P_0 = 8$ 时 P_t 和 Q_t 的表达式。系统是稳定的还是不稳定的?

前例与习题 4 和 5 出现两个特征。首先,时间路径总是振荡。其次,系统不一定是稳定的,因此均衡可能达不到。如果我们回到一般方程

$$P_t = \left(-\frac{a}{c}\right)P_{t-1} + \frac{b+d}{c}$$

这些特征能解释。

P_{t-1} 的系数为 $-a/c$。给定 a 和 c 都是正的,那么 $-a/c$ 是负的,因此振荡将总出现。此外

● 如果 $a > c$,那么 $-a/c < -1$,P_t 发散

● 如果 $a < c$,那么 $-1 < -a/c < 0$,P_t 收敛

我们得出结论,稳定性依赖于 a 与 c 的相对大小,它们决定供给和需求曲线的斜率。牢记:我们选择考虑用 P 表示 Q 的供给和需求方程,即

$Q_S = aP - b$

$Q_D = -cP + d$

我们推断:P 画在横轴上,当供给曲线比需求曲线平坦时,系统是稳定的。

贯穿本节,我们专注于线性模型。显而易见的问题是,我们是否能够扩展到包含非

线性关系的情形? 不幸地,相关的数学很快变得复杂,即使是简单的非线性问题。通常不可能找到这样差分方程的显式解。在这样的情况下,我们返回到试错法,实际上计算开始的几个值,直到我们能看出它的行为。电子表格提供了这样做的理想工具,由于模型的参数能够容易地改变。

关键术语

Complementary function of a difference equation(差分方程的余函数):差分方程 $Y_t = bY_{t-1} + c$ 当常数 c 被零代替时的解。

Difference equation(差分方程):数列前后项关系的方程。

Dynamics(动态):均衡值随时间如何变化的分析。

Equilibrium value of a difference equation(差分方程的均衡值):差分方程的不随时间变化的解,它是当 n 趋于无穷时 Y_n 的极限值。

General solution of a difference equation(差分方程的通解):差分方程的包含任意常数的解。它是余函数与特解之和。

Initial condition(初始条件):需要设定以得到差分方程唯一解的 Y_0 的值。

Particular solution of a difference equation(差分方程的特解):像 $Y_t = bY_{t-1} + c$ 这样的差分方程的任意一个解。

Recurrence relation(递归关系):差分方程的另一种说法。它是用 Y_{n-1}(和可能的 $Y_{n-2}, Y_{n-3},$ 等等)表示的 Y_n 的表达式。

Stable (unstable) equilibrium(稳定(不稳定)均衡):相关差分方程的解收敛(发散)的经济模型。

Uniformly convergent sequence(一致收敛序列):不断地增加(或下降)到有限的极限的数列。

Uniformly divergent sequence(一致发散序列):不断地增加(或下降)、没有有限的极限的数列。

练习题 9.1

1. 计算下列差分方程定义的序列的前 4 项。因此写出用 t 表示的 Y_t 的公式。评论每种情形下解的定性行为。

(a) $Y_t = Y_{t-1} + 2; Y_0 = 0$ (b) $Y_t = -Y_{t-1} + 6; Y_0 = 4$ (c) $Y_t = 0Y_{t-1} + 3; Y_0 = 3$

2. 解有规定的初始条件的下列差分方程

(a) $Y_t = \frac{1}{4}Y_{t-1} + 6; Y_0 = 1$ (b) $Y_t = -4Y_{t-1} + 5; Y_0 = 2$

评论当 t 增加时的定性行为。

3. 考虑两部门模型

$Y_t = C_t + I_t$

$C_t = 0.7Y_{t-1} + 400$

$I_t = 0.1Y_{t-1} + 100$

已知 $Y_0 = 3\,000$,求 Y_t 的表达式。该系统是稳定的还是不稳定的?

4. 考虑供给和需求方程

$$Q_{S_t} = 0.4P_{t-1} - 12$$

$$Q_{D_t} = -0.8P_t + 60$$

假设均衡条件成立,求当 $P_0 = 70$ 时 P_t 的表达式。该系统是稳定的还是不稳定的?

5. 考虑两部门模型

$$Y_t = C_t + I_t$$

$$C_t = 0.75Y_{t-1} + 400$$

$$I_t = 200$$

求 C_2 的值,已知 $Y_0 = 400$。

6. 哈罗德 — 多马经济增长模型基于如下三个假设

(1) 在任意时期储蓄 S_t 与同期收入 Y_t 成比例,因此

$$S_t = \alpha Y_t (\alpha > 0)$$

(2) 在任意时期投资 I_t 与从前期到当期的收入变化成比例,因此

$$I_t = \beta(Y_t - Y_{t-1}) \quad (\beta > 0)$$

(3) 在任意期投资和储蓄相等,因此

$$I_t = S_t$$

用这些假设证明

$$Y_t = \left(\frac{\beta}{\beta - \alpha}\right)Y_{t-1}$$

因此写出用 Y_0 表示的 Y_t 的公式。评论当 $\alpha = 0.1$ 和 $\beta = 1.4$ 的情况下系统的稳定性。

练习题 9.1*

1. 描述数列的定性行为,它满足 $Y_t = -\frac{1}{2}Y_{t-1}^2$,有初始条件 $Y_0 = -1$。

2. (a) 写出由 $Y_t = \frac{1}{1 - Y_{t-1}}$,$Y_0 = 2$ 定义的序列的下面的 4 项,推导 Y_{200} 的值。

(b) 写出由 $Y_t = Y_{t-1} + 4$,$Y_0 = 3$ 定义的序列的下面的 4 项。写出用 t 表示的 Y_t 的公式。

3. 求解差分方程

$$Y_t = bY_{t-1} + c$$

初始条件为 $Y_0 = a$。

4. 考虑两部门模型

$$Y_t = C_t + I_t$$

$$C_t = 0.85Y_{t-1} + 300$$

$$I_t = 0.15Y_{t-1} + 100$$

已知 $Y_0 = 4\,000$,求 Y_t 的表达式。该系统是稳定的还是不稳定的?

5. 考虑供给和需求方程

$$Q_{S_t} = aP_{t-1} - b$$

$$Q_{D_t} = -cP_t + d$$

其中,常数 a、b、c、d 都是正的。

(a) 假设市场在均衡中,证明:$P_t = \left(-\dfrac{a}{c}\right)P_{t-1} + \dfrac{b+d}{c}$

(b) 证明 $\dfrac{b+d}{a+c}$ 是(a)部分差分方程的特解,写出通解的表达式。

(c) 指出保证(a)部分的解收敛的条件,指出均衡价格和数量。化简你的答案。

6. 对市场模型

$$Q_{S_t} = aP_t - b$$

$$Q_{D_t} = -cP_t + d$$

$$P_t = P_{t-1} - e(Q_{S_{t-1}} - Q_{D_{t-1}}) \text{ 求联系 } P_t \text{ 与 } P_{t-1} \text{ 的简约形式。}$$

7. 考虑差分方程

$$Y_t = 0.1Y_{t-1} + 5(0.6)^t$$

(a) 写出余函数。

(b) 通过 $Y_t = D(0.6)^t$ 代入该方程,求特解。

(c) 用(a)和(b)部分的答案写出通解,因此求满足初始条件 $Y_0 = 9$ 的特解。

(d)(c)部分的解是稳定的还是不稳定的?

8. 考虑差分方程

$$Y_t = 0.2Y_{t-1} + 0.8t + 5$$

(a) 写出余函数。

(b) 通过把 $Y_t = Dt + E$ 代入该方程,求特解。

(c) 用(a)和(b)部分的答案写出通解,因此求满足初始条件 $Y_0 = 10$ 的特解。

(d)(c)部分的解是稳定的还是不稳定的?

9.2 微分方程

学习目标

学完本节,你应该能够:

● 求微分方程的余函数

● 求微分方程的特解

● 分析经济系统的稳定性

● 解连续时间国民收入决定模型

● 解连续时间供求模型

微分方程是涉及未知函数的导数的方程。几个例子已经在第 6 章考虑过。例如,6.2 节我们注意关系

$$\frac{dK}{dt} = I$$

其中,K 和 I 分别表示资本存量和净投资。给定 $I(t)$ 的任意表达式,这代表未知函

数 $K(t)$ 的微分方程。在当前这样的简单情形下，我们能通过两边对 t 求积分解微分方程。例如，如果 $I(t) = t$，方程变为 $\dfrac{dK}{dt} = t$

因此 $K(t) = \displaystyle\int t dt = \dfrac{t^2}{2} + c$

其中，c 为积分常数。函数 $K(t)$ 说成是微分方程的通解，c 称为任意常数。如果解唯一确定，需要附加信息。这通常以初始条件的形式提供，其中我们指定 $t = 0$ 处 K 的值。例如，初始资本存量可能给定为 500。把 $t = 0$ 代入通解

$$K(t) = \frac{t^2}{2} + c$$

得

$$K(0) = \frac{0^2}{2} + c = 500$$

c 为 500。因此解为

$$K(t) = \frac{t^2}{2} + 500$$

本节我们研究像如下的更复杂的微分方程

$$\frac{dy}{dt} = 5y, \frac{dy}{dt} = -y + 3$$

这些方程的右边给定为用 y 而不是 t 表示，不能通过直接积分求解。

例题

求解微分方程 $\dfrac{dy}{dt} = 3y$，满足初始条件 $y(0) = 5$

解

方程 $\dfrac{dy}{dt} = 3y$ 的解是任意函数 $y(t)$，它求导得自己的 3 倍。我们在 4.8 节见过 e^{mt} 求导得自己的 m 倍，因此明显的候选解为 $y = e^{3t}$

然而，有许多函数具有相同特征，包括 $y = 2e^{3t}$，$y = 5e^{3t}$，$y = 7.52e^{3t}$

确实，形式为 $y = Ae^{3t}$ 的任意函数满足该微分方程，因为 $\dfrac{dy}{dt} = 3(Ae^{3t}) = 3y$

常数 A 的精确值由初始条件 $y(0) = 5$ 确定。如果我们将 $t = 0$ 代入通解 $y(t) = Ae^{3t}$ 我们得 $y(0) = Ae^0 = A$

因此 A 为 5。解为 $y(t) = 5e^{3t}$

习题

1. (a) 求解微分方程 $\dfrac{dy}{dt} = 4y$，满足初始条件 $y(0) = 6$

(b) 求解微分方程 $\dfrac{dy}{dt} = -5y$，满足初始条件 $y(0) = 2$

考虑微分方程 $\dfrac{dy}{dt} = my + c$

其中,m 和 c 是常数。方程(1)的通解是余函数(CF)和特解(PS)的两个独立的函数之和。 它们以与前节讨论的差分方程的余函数和特解非常一致的方式定义。余函数是方程(1)当右边常数项用零代替时的解。换句话说,余函数为 $\dfrac{dy}{dt} = my$ 的解。

习题 1 的结论表明这是 $\text{CF} = Ae^{mt}$

特解是我们能找到的原方程(1)的任意解。这能通过猜测找到,正如我们在 9.1 节做的。最后,一旦 CF 和 PS 已经确定,方程(1)的通解能写为

$$y = \text{CF} + \text{PS} = Ae^{mt} + \text{PS}$$

通常,A 的特定值能通过初始条件最后计算出。

例题

求解微分方程 $\dfrac{dy}{dt} = -2y + 100$

在下列初始条件情形下

(a)$y(0) = 10$　　　(b)$y(0) = 90$　　　(c)$y(0) = 50$
评论每种情形下解的定性行为。

解

微分方程 $\dfrac{dy}{dt} = -2y + 100$ 的标准形式是 $\dfrac{dy}{dt} = my + c$

因此能用余函数和特解求解。

余函数是方程当常数项取零时的通解,即它是 $\dfrac{dy}{dt} = -2y$ 的解,解为 Ae^{-2t}。特解是我们能求出的原方程 $\dfrac{dy}{dt} = -2y + 100$ 的任意解。实际上,我们需要考虑函数 $Y(t)$,当把它代入 $\dfrac{dy}{dt} + 2y$ 时,我们得到常数值 100。可能满足方程的明显函数是常数函数 $y(t) = D$

如果代入 $\dfrac{dy}{dt} = -2y + 100$

我们得 $0 = -2D + 100$
(注意:$dy/dt = 0$,因为常数求导得零) 该代数方程能整理得 $2D = 100$
因此,$D = 50$。
所以,我们已经表明余函数为 $\text{CF} = Ae^{-2t}$
特解为 $\text{PS} = 50$
因此

$y(t) = \text{CF} + \text{PS} = Ae^{-2t} + 50$ 这是微分方程 $\dfrac{dy}{dt} = -2y + 100$ 的通解。

(a) 为了求满足初始条件 $y(0) = 10$ 的特解,我们简单地将 $t = 0$ 代入通解得 $y(0) = Ae^0 + 50 = 10$,即 $A + 50 = 10$,得 $A = -40$,解为 $y(t) = -40e^{-2t} + 50$。

Y 对 t 的图形画为图9—3中底端图形。这表明 $Y(t)$ 从初始值10增加,对充分大的 t 稳定于 50 的值。通常该极限称为均衡值,等于特解。余函数测度对均衡的偏离。

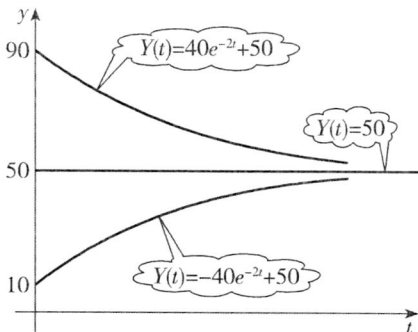

图 9—3

(b) 如果初始条件为 $y(0) = 90$,那么,我们能将 $t = 0$ 代入通解 $y(t) = Ae^{-2t} + 50$,得 $y(0) = Ae^0 + 50 = 90$,解为 $A = 40$。因此,$y(t) = 40e^{-2t} + 50$。

Y 对 t 的图形画为图9—3中顶端图形。在该情形下,$Y(t)$ 从初始值90下降,但再次稳定于 50 的均衡水平。

(c) 如果初始条件为 $y(0) = 50$,那么,我们能将 $t = 0$ 代入通解 $y(t) = Ae^{-2t} + 50$,得 $y(0) = Ae^0 + 50 = 50$,解为 $A = 0$。 因此 $y(t) = 50$。

Y 对 t 的图形画为图9—3 中的水平线。在这种情况下,Y 初始值等于均衡值,并一直维持在该常数值。

注意不管初始条件如何,解 $Y(t)$ 最终稳定在均衡值。 这是因为在表达式 CF $= Ae^{-2t}$ 中 t 的系数是负的,导致随 t 增加 CF 收敛到零。我们预期对任意解 $y(t) = Ae^{mt} + D$,当 $m < 0$ 时收敛发生。

习题

2. 解给定初始条件下如下微分方程。评论当 t 增加时解的定性行为。

$$\frac{dy}{dt} = 3y - 60; y(0) = 30$$

前例和习题 2 的结论能总结为

● 如果 $m < 0$,那么 $y(t)$ 收敛
● 如果 $m > 0$,那么 $y(t)$ 发散

当变量随 t 增加而收敛时,我们说经济模型是稳定的。上述结论表明由 $\frac{dy}{dt} = my + c$ 表示的经济系统在 y 的系数为负时是稳定的,在 y 的系数为正时是不稳定的。当然,m 是零的情形能发生。微分方程变为 $\frac{dy}{dt} = c$,能直接求积分得 $y(t) = \int c dt = ct + d$

d 为任意常数。所以,对应的模型是不稳定的,除非 c 也是零。这种情形下,$y(t)$ 对所有 t 取常数值 d。

我们现在研究分别取自宏观经济学和微观经济学的微分方程的两个应用:

- 国民收入决定
- 供求分析

我们依次考虑每一个。

9.2.1 国民收入决定

通常的两部门模型的定义方程为

$$Y = C + I \tag{1}$$
$$C = aY + b \tag{2}$$
$$I = I^* \tag{3}$$

第一个方程简单地指出经济已经在平衡中。方程（1）的左边是从公司到家庭作为生产要素支付的货币流。右边是公司收到的总货币流，以投资形式，或作为家庭购买物品的支付。实际上，均衡值不是瞬时达到的，我们需要作出国民收入如何随时间变化的另一个假设。合理的假设是，Y 的变化率与过度支出 $C + I - Y$ 成比例，即

$$\frac{dY}{dt} = \alpha(C + I - Y) \tag{1'}$$

对于正的调整系数 α，这有意义，因为

- 如果 $C + I > Y$，得 $dY/dt > 0$，因此 Y 增加，以实现支出与收入之间的平衡
- 如果 $C + I = Y$，得 $dY/dt = 0$，因此 Y 保持在常数均衡水平
- 如果 $C + I < Y$，得 $dY/dt < 0$，因此 Y 下降，以实现支出与收入之间的平衡

通常的关系（2）和（3）能代入新方程（1'）得

$$\frac{dY}{dt} = \alpha(aY + b + I^* - Y)$$
$$= \alpha(a - 1)Y + \alpha(b + I^*)$$

我们认出这是本节给出的标准形式的微分方程。

例题

考虑两部门模型：

$$\frac{dY}{dt} = 0.5(C + I - Y)$$
$$C = 0.8Y + 400$$
$$I = 600$$

求当 $Y(0) = 7\,000$ 时的 $Y(t)$ 的表达式。该系统是稳定的还是不稳定的？

解

C 和 I 的表达式代入 $\dfrac{dY}{dt} = 0.5(C + I - Y)$

得 $\dfrac{dY}{dt} = 0.5(0.8Y + 400 + 600 - Y)$

$$= -0.1Y + 500$$

余函数为 $CF = Ae^{-0.1t}$

对特解,我们尝试 $Y(t) = D, D$ 为常数。代入微分方程,得 $0 = -0.1D + 500$

解为 $D = 5\ 000$。所以,通解为 $Y(t) = Ae^{-0.1t} + 5\ 000$

由初始条件 $Y(0) = 7\ 000$ 得 $A + 5\ 000 = 7\ 000$

因此 A 为 $2\ 000$。解为 $Y(t) = 2\ 000e^{-0.1t} + 5\ 000$

第一项是负指数,因此随着 t 的增加,它收敛于零。$Y(t)$ 最终稳定于均衡值5 000,系统是稳定的。

习题

3. 考虑两部门模型

$$\frac{dY}{dt} = 0.1(C + I - Y)$$

$$C = 0.9Y + 100$$

$$I = 300$$

求当 $Y(0) = 2\ 000$ 时,$Y(t)$ 的表达式。该系统是稳定的还是不稳定的?

前例和习题 3 中,我们注意到宏观经济系统是稳定的。如果我们回到一般方程

$$\frac{dY}{dt} = \alpha(a - 1)Y + \alpha(b + I^*)$$

容易看出对简单两部门模型情况总是这样,由于 Y 的系数是负的。这是因为,如前面指出的:$\alpha > 0$,边际消费倾向 $a < 1$。

9.2.2 供求分析

通常的线性单商品市场模型的定义方程为

$$Q_S = aP - b \tag{1}$$

$$Q_D = -cP + d \tag{2}$$

a、b、c、d 为正的常数。如9.1节一样,为方便起见,我们用 P 表示 Q。以前,我们简单地通过让供给与需求相等来计算均衡价格和数量,即令 $Q_S = Q_D$

在写下该关系时,我们隐含假设均衡瞬时达到,这样做的时候,我们没有考虑均衡实现的方式。作出的合理假设是,价格的变化率与过度需求 $Q_D - Q_S$ 成比例。即

$$\frac{dP}{dt} = \alpha(Q_D - Q_S)$$

对正的调整系数 α。这有意义,因为

● 如果 $Q_D > Q_S$,得 $dP/dt > 0$,因此 P 增加,以实现供求之间的平衡
● 如果 $Q_D = Q_S$,得 $dP/dt = 0$,因此 P 保持在常数均衡水平
● 如果 $Q_D < Q_S$,得 $dP/dt < 0$,因此 P 下降,以实现供求之间的平衡

把方程(1)和(2)代入方程(3)得

$$\frac{dP}{dt} = \alpha[(-cP + d) - (aP - b)] = -\alpha(a + c)P + \alpha(d + b)$$

这是标准形式的微分方程。

例题

考虑市场模型

$$Q_S = \quad 3P - 4$$

$$Q_D = \quad -5P + 20$$

$$\frac{dP}{dt} = 0.2(Q_D - Q_S)$$

求当 $P(0) = 2$ 时 $P(t), Q_S(t)$ 和 $Q_D(t)$ 的表达式。该系统是稳定的还是不稳定的?

解

把 Q_D 和 Q_S 的表达式代入

$$\frac{dP}{dt} = 0.2(Q_D - Q_S)$$

得

$$\frac{dP}{dt} = 0.2[(-5P + 20) - (3P - 4)] = -1.6P + 4.8$$

余函数为

$$CF = Ae^{-1.6t}$$

对特解,我们尝试 $P(t) = D, D$ 为常数。代入微分方程,得 $0 = -1.6D + 4.8$,解为 $D = 3$。所以,通解为 $P(t) = Ae^{-1.6t} + 3$。

由初始条件 $P(0) = 2$ 得 $A + 3 = 2$,因此 A 为 -1。解为 $P(t) = -e^{-1.6t} + 3$

对应的 $Q_S(t), Q_D(t)$ 的表达式能由供给和需求方程求出,得

$$Q_S(t) = 3P - 4 = 3(-e^{-1.6t} + 3) - 4 = -3e^{-1.6t} + 5$$

$$Q_D(t) = -5P + 20 = -5(-e^{-1.6t} + 3) + 20 = 5e^{-1.6t} + 5$$

注意所有三个表达式涉及负指数,随 t 增加收敛于零,因此,系统是稳定的。价格 $P(t)$ 最终稳定于均衡价格 3,$Q_S(t), Q_D(t)$ 两者趋于均衡数量 5。

习题

4. 考虑市场模型

$$Q_S = 2P - 2$$

$$Q_D = -P + 4$$

$$\frac{dP}{dt} = \frac{1}{3}(Q_D - Q_S)$$

求当 $P(0) = 1$ 时 $P(t), Q_S(t)$ 和 $Q_D(t)$ 的表达式。该系统是稳定的还是不稳定的?

前例和习题 4 中,我们注意单商品市场模型是稳定的。如果我们再次回到一般方程

$$\frac{dP}{dt} = -\alpha(a + c)P + \alpha(d + b)$$

容易看出情况总是这样,由于 P 的系数是负的。这是因为,如前所述,α,a,c 都是正的。

$Maple$ 为研究微分方程行为提供了一系列便利。

关键术语

Adjustment coefficient(调整系数):简单宏观经济模型中的比例常数,国民收入的变化率被假设为过度支出的比例。

Arbitrary constant(任意常数):微分方程的通解中表示没特殊化常数的字母。

Complementary function of a differential equation(微分方程的余函数):当常数 c 用零代替时,微分方程 $dy/dt = my + c$ 的解。

Differential equation(微分方程):联系未知函数导数的方程。

Equilibrium value of a differential equation(微分方程的均衡值):微分方程不随时间变化的解,它是当 t 趋于无穷时 $y(t)$ 的极限值。

General solution of a differential equation(微分方程的通解):微分方程包含任意常数的解。它是余函数与特解之和。

Initial condition(初始条件):得到微分方程唯一解需要设定的 $y(0)$ 的值。

Particular solution of a differential equation(微分方程的特解):像 $dy/dt = my + c$ 这样微分方程的任意解。

Stable equilibrium(稳定均衡):相关的微分方程的解收敛的经济模型。

练习题 9.2

1. 用积分解给定初始条件的下列微分方程。

（a）$\dfrac{dy}{dt} = 2t$；$y(0) = 7$　　（b）$\dfrac{dy}{dt} = e^{-3t}$；$y(0) = 0$　　（c）$\dfrac{dy}{dt} = t^2 + 3t - 5$；$y(0) = 1$

2. 在下列初始条件下

（a）$y(0) = 40$　　　（b）$y(0) = 80$　　　（c）$y(0) = 60$

解微分方程

$$\frac{dy}{dt} = -3y + 180$$

评论每种情况下解的定性行为。

3. 投资 60 美元本金。t 天后投资值 $I(t)$ 满足微分方程

$$\frac{dI}{dt} = 0.002I + 5$$

求 27 天后的投资值,保留 2 位小数。

4. 考虑两部门模型

$$\frac{dY}{dt} = 0.5(C + I - Y)$$

$$C = 0.7Y + 500$$

$$I = 0.2Y + 500$$

求当 $Y(0) = 15\,000$ 时 $Y(t)$ 的表达式。该系统是稳定的还是不稳定的?

5. 考虑两部门模型

$$\frac{dY}{dt} = 0.3(C + I - Y)$$

$$C = 0.8Y + 300$$

$$I = 0.7Y + 600$$

求当 $Y(0) = 200$ 时 $Y(t)$ 的表达式。该系统是稳定的还是不稳定的?

6. 考虑市场模型

$$Q_S = 3P - 1$$

$$Q_D = -2P + 9$$

$$\frac{dP}{dt} = 0.5(Q_D - Q_S)$$

求当 $P(0) = 1$ 时 $P(t)$,$Q_S(t)$ 和 $Q_D(t)$ 的表达式。该系统是稳定的还是不稳定的?

练习题 9.2[*]

1. 求解微分方程 $\frac{dy}{dt} = 3t^2 - \frac{4}{\sqrt{t}}$,初始条件为 $y(0) = 4$。

2. 考虑市场模型

$$Q_S = 4P - 3$$

$$Q_D = -2P + 13$$

$$\frac{dP}{dt} = 0.4(Q_D - Q_S)$$

求当 $P(0) = 2$ 时 $Q_D(t)$ 的表达式。

3. 4 000 美元的本金以年利率 6% 投资,t 年后投资终值为 $S(t)$,它满足

$$\frac{dS}{dt} = 0.06S$$

(a) 解该方程,用 t 表示 S。

(b) 该模型表示的是什么复合类型?

4. 解微分方程

$$\frac{dy}{dt} = 8e^{-2y}$$

初始条件为 $y(0) = 10$。

作 y 对 t 的图形。

5. 考虑两部门模型

$$\frac{dY}{dt} = 0.4(C + I - Y)$$

$$C = 0.6Y + 400$$

$$I = 0.8Y + 500$$

已知 $Y(0) = 100$,求 $Y(2.4)$ 的值,保留整数。

6. 考虑两部门宏观经济模型

$$\frac{dY}{dt} = 0.2(C + I - Y)$$

$$C = 0.8Y + 420$$

$$I = 300$$

（a）求当 $Y(0) = 8\,000$ 时 $Y(t)$ 的表达式。

（b）因此求储蓄函数 $S(t)$ 的表达式。

（c）求收入下降到 4 150 需要的时间并求该时间的收入变化率。保留整数。

7. 某经济变量沿时间的值满足关系

$$R(t) = \frac{6}{1 + t^2} + 3e^{-0.4t}$$

求 R 的均衡值。

8. 简单经济增长模型基于如下三个假设

（1）储蓄 S 与收入 Y 成比例，因此

$$S = \alpha Y \quad (\alpha > 0)$$

（2）投资 I 与 Y 的变化率成比例，因此

$$I = \beta \frac{dY}{dt} \quad (\beta > 0)$$

（3）投资与储蓄相等，因此

$$I = S$$

用这些假设证明

$$\frac{dY}{dt} = \frac{\alpha}{\beta}Y$$

因此写出用 $Y(0)$ 表示的 $Y(t)$ 的公式。该系统是稳定的还是不稳定的？

9. 通过代入微分方程证明 $y(t) = Ae^{mt} - \dfrac{c}{m}$ 是 $\dfrac{dy}{dt} = my + c$ 的解。

10. 考虑微分方程

$$\frac{dy}{dt} = -2y + 5e^{3t}$$

（a）求余函数。

（b）通过 $y(t) = De^{3t}$ 代入该方程，求特解。

（c）用（a）和（b）部分的答案写出通解，因此求满足初始条件 $y(0) = 7$ 的特解。

（d）（c）部分的解是稳定的还是不稳定的？

11. 考虑微分方程

$$\frac{dy}{dt} = -y + 4t - 3$$

（a）求余函数。

（b）通过把 $y(t) = Dt + E$ 代入该方程，求特解。

（c）用（a）和（b）部分的答案写出通解，因此求满足初始条件 $y(0) = 1$ 的特解。

（d）（c）部分的解是稳定的还是不稳定的？

9.3   正规数学

我们用 9.1 节考虑的一般差分方程 $y_t = by_{t-1} + c$ 有 $y_0 = a$ 的解的正规推导结束本章。依次令 $t = 1,2,3$ 得

$Y_1 = bY_0 + c = ab + c$

$Y_2 = bY_1 + c = b(ab + c) + c = ab^2 + bc + c$

$Y_3 = bY_2 + c = b(ab^2 + bc + c) + c = ab^3 + b^2c + bc + c$

继续得

$Y_t = ab^t + b^{t-1} + b^{t-2}c + \cdots + b^2c + bc + c$

$\quad\ = ab^t + c(1 + b + b^2 + \cdots + b^{t-1})$

括号内的表达式是比率为 b 的几何数列的前 t 项的和。如果我们假设 $b \neq 1$,我们能得

$$Y_t = ab^t + c\left(\frac{b^t - 1}{b - 1}\right)$$

$$= \left(a + \frac{c}{b-1}\right)b^t - \frac{c}{b-1}$$

这验证了 9.1 节用的"$Y_t = Ab^t + PS$"形式。

例题

解差分方程

$Y_t = -2Y_t + 9 ; Y_0 = 4$

解

$a = 4, b = -2, c = 9$ 代入通解得

$$Y_t = \left(4 + \frac{9}{-2-2}\right)(-2)^t - \frac{9}{-2-1} = (-2)^t + 3$$

(这是 9.1 节习题 2(b) 中考虑的相同的差分方程)

北京培生信息中心
北京市东城区北三环东路 36 号
北京环球贸易中心 D 座 1208 室
邮政编码:100013
电话:(8610)57355171/57355169/57355176
传真:(8610)58257961

Beijing Pearson Education
Information Centre
Suit 1208, Tower D, Beijing Global Trade Centre,
36 North Third Ring Road East,
DongchengDistrict,Beijing, China100013
TEL:(8610)57355171/57355169/57355176
FAX:(8610)58257961

尊敬的老师:

您好!

　　为了确保您及时有效地申请教辅资源,请您务必完整填写如下教辅申请表,加盖学院的公章后传真给我们,我们将会在 2-3 个工作日内为您开通属于您个人的唯一账号以供您下载与教材配套的教师资源。

请填写所需教辅的开课信息:

采用教材			□中文版 □英文版 □双语版	
作　者		出版社		
版　次		ISBN		
课程时间	始于　年　月　日	学生人数		
	止于　年　月　日	学生年级	□专科　□研究生	□本科 1/2 年级　□本科 3/4 年级

请填写您的个人信息:

学　校			
院系/专业			
姓　名		职　称	□助教 □讲师 □副教授 □教授
通信地址/邮编			
手　机		电　话	
传　真			
official email(必填) (eg:XXX@ruc.edu.cn)		email (eg:XXX@163.com)	
是否愿意接受我们定期的新书讯息通知:	□是　　　□否		

系 / 院主任:＿＿＿＿＿＿＿＿＿＿＿＿（签字）

（系 / 院办公室章）

Please send this form to: Service.CN@pearson.com
Website: www.pearsonhighered.com/educator

＿＿＿＿年＿＿＿月＿＿＿日